人 民 军 队 征 战 丛 书　　《人民军队征战丛书》编写委员会

巩固发展

1938 年 10 月—1941 年 1 月

舒 健　唐跃凡　编著

人 民 出 版 社

总　序

　　1927 年 8 月 1 日凌晨，南昌城头的枪声划破了黎明前的黑暗，中国共产党领导下的人民军队由此诞生。之后，这支人民军队在党的领导下，历经风雨，不断发展壮大。从土地革命战争到抗日战争、解放战争，再到抗美援朝战争，人民军队在每一个历史阶段都发挥了重要作用，都为民族独立和人民解放事业作出了巨大贡献。

　　在土地革命战争时期，南昌起义部队与秋收起义队伍在井冈山会师后，逐步形成中国工农红军，并在以毛泽东同志为主要代表的中国共产党人领导下，由城市转入农村，在农村建立和扩大根据地，深入开展土地革命，一次次粉碎国民党军的"进剿"、"会剿"和"围剿"。在第五次反"围剿"斗争遭到严重挫折后，中央红军进行了举世闻名的二万五千里长征，使革命转危为安，打开了中国革命的新局面。而留在南方根据地的红军和游击队则在险恶的生存环境下，紧密依靠群众，坚持了三年不屈不挠、英勇顽强的游击战争。

　　在抗日战争时期，东北各地自发成立的各抗日义勇武装，纷纷举起抵抗日本帝国主义侵略的大旗，并最终会聚成中国共产党领导的东北抗日联军。1937 年全民族抗战爆发后，红军主力部队改编为国民革命军第八路军（简称"八路军"，后改称"第十八集团军"），活动在江西、福建、广东、湖南、湖北、河南、浙江、安徽等八省的红军游击队集中改编为国民革命军陆军新编第四军（简称"新四军"）。在中国共产党倡导的以国共合作为基础的抗日民族统一战线旗帜下，中国共产党以全民族的全面抗战为总路线，以持久战为总方针，独立自立地领导八路军、新四军、华南抗日游击队和东北抗日联军等武装，深入敌后开展游击战争，创建扩大根据地，不断壮大力量，并发起百团大战。在敌后抗战进入严重困难时期后，中国共产党一面顽强地坚持独立自主与自力更生的对日作战，一面反投降、反分裂，不断粉碎国民党顽固派的反共摩擦，经过不懈的艰苦斗争与浴血奋战，终于战胜重重困难，最终迎来了抗日战争的伟大胜利，在全民族抗战中发挥了中流砥柱作用。

在解放战争时期，中国共产党为争取国内和平，一面与国民党政府谈判，一面不断击退国民党军队的进攻。到1946年6月，国民党在美国支持下，撕毁停战协定和政协协议，悍然对解放区发起全面进攻。解放区军民奋起反击，中国共产党领导的武装部队也开始陆续使用"人民解放军"称号。在连续粉碎国民党军队的全面进攻和重点进攻后，人民解放军遵照中共中央的战略计划，由战略防御转入战略进攻，将战争推进到国民党统治区，经过辽沈、淮海、平津三大战役，以摧枯拉朽之势摧毁了国民党赖以维持其反动统治的主要军事力量，转入了向全国进军的新阶段。以渡江战役为起点，中国共产党领导人民军队向仍残存于大陆的国民党军队展开了大规模进攻，并在胜利进军的凯歌声中，迎来了新中国的诞生。从此，中国彻底摆脱了半殖民地半封建社会的悲惨命运，真正实现了民族的独立和解放并走向富强。

新中国成立后不久，朝鲜内战爆发。美国立即进行武装干涉，同时侵入中国台湾海峡，将战火烧到鸭绿江边。中共中央和毛泽东等在国家安全面临严重威胁的情况下，经过艰难曲折的抉择，作出了"抗美援朝、保家卫国"的决策，组成中国人民志愿军赴朝作战。中国人民志愿军同朝鲜人民军密切配合，经过连续五次战役，将侵略军从鸭绿江和图们江边赶回到了"三八线"

附近，迫使侵略者展开谈判，并最终在停战协定上签字。抗美援朝战争的胜利，不仅保卫了朝鲜民主主义人民共和国和中国的安全，而且捍卫了远东和世界和平，对国际局势也产生了深远影响。

2027 年 8 月 1 日，是中国人民解放军诞生 100 周年纪念日。为此，我们组织编写了这套《人民军队征战丛书》。丛书分为 4 篇共 16 部：土地革命战争篇分为《星火燎原》《铁血破围》《万里远征》《烽火南国》4 部；抗日战争篇分为《孤悬喋血》《深入敌后》《巩固发展》《艰苦奋战》《反攻凯歌》5 部；解放战争篇分为《大开局》《大转折》《大决战》《大追击》4 部；抗美援朝战争篇分为《艰难决策》《席卷千里》《战场逼和》3 部。这套丛书的作者，都是从事军事历史与军事理论研究或教学的专业人员，因此特色明显。

一是宏观与微观相汇融。各部书大多以时间顺序作为纵线，不仅从战略层面记述了各场战争的来龙去脉、决策过程，而且对战争中的重要环节和场面进行了全景式地画面描绘。历史纵深感强，场景复杂宏阔。在重点叙述人民军队作战行动壮阔画卷的同时，还细致入微地记述了众多革命先烈和英雄人物，立体、具体、多元地呈现了我军征战的历程。

二是学术性与生动性相兼顾。各部书在学术上保持权威、可靠、严谨的基础上，文风鲜明活泼、语言晓畅明白，力求深入浅出地将历史讲清楚、讲生动。特别是书中融入大量权威的将帅传记内容与战争当事者原汁原味的回忆史料原文，使对人民军队征战的叙事更加活泼多姿、引人入胜，具有较强的可读性。

三是史与论相结合。各部书坚持马克思主义历史观，严格依据正史讲述战争的发生发展进程，同时引入大量的原始电报、文件、档案等历史资料，力争重要引言与对话皆有出处，不作臆断发挥，以保证严谨与严肃性。同时，各部书注重恰如其分地加入适当的历史背景分析、战略战术评价等，画龙点睛地揭示出战争发生的矛盾源头与战争发展的内在规律，以给读者以更为深入的思想启迪。

希望广大读者能够通过这套丛书，更全面更准确地了解人民军队征战的辉煌历史与优良传统，以利于更好地把握今天、面向未来，以昂扬向上的精神风貌投身于全面建设社会主义现代化国家和实现中华民族伟大复兴的事业中去。

由于我们水平有限，且本套书史料繁杂，涉及面广，难免有疏漏和不当之处，恳请读者批评指正。

《人民军队征战丛书》编写委员会

2025 年 8 月

目　录

身——周伯明心惊肉跳——上高山还是下水乡——开往海陆丰——顽军一路狂追——东移失利——"五八指示"——朝阳普照上下坪——独九旅向汕青游击队开刀——分散隐蔽，积蓄力量——纵横潮澄饶敌后

第 一 章

转入相持

广州、武汉失守——"近卫三原则"——国民党转向消极抗日、积极反共——党的六届六中全会召开，全国抗战进入新阶段

武汉地处江汉平原，是平汉、粤汉铁路的交会点。1937年11月国民政府部分机构由南京迁至武汉后，该地实际成为中国军事、政治、经济的中心，战略地位十分重要。日军大本营陆军部，早自占领南京后，就开始研究攻占武汉和广东的作战计划，但由于兵力、船舶和资材运输条件的限制，遂暂告停止。及至1938年5月侵占徐州后，日本大本营陆军部于6月15日的御前会议上再次研究了攻占武汉、广州的作战计划，认为只要占领武汉，控制黄河、长江之间的中原地区，并进占广东，切断国际上援华的补给线，就可以支配中国；而且攻占武汉、广东的兵力、船舶和资材已准备就绪，遂作出攻取武汉、广州的决定。据此，日本大本营陆军部于7月23日定出《以秋季作战为中心的战争指导大纲》，明确攻取武汉的作战目的，在于摧毁中国军队统一的指挥中枢，控制黄河、长江之间的中原地区；确定在作战指导上，首先尽力给这一地区的中国军队以"重大损害"，而后"竭力限制战局的扩大，采取紧缩持久的阵势"，"在汉口附近留下若干机动兵团"，"预期北自武胜关，南迤岳州附近构成一条持久战线"，并控制武汉以东长江沿岸各要点。明确攻取广东（州）的作战目的，在于切断国际上援助中国政府的主要补给点，挫败第三国援华意图。

1938年8月22日，日军大本营正式下达进攻武汉的作战命令，日军9

个师团共20余万人，在海、空军协同下猛攻武汉。对此，国民政府军事委员会集中了第九战区（司令官陈诚）、第五战区（司令官李宗仁）等所属部队共47个军120个师近百万人的兵力，决心保卫武汉地区。8月下旬，各路日军展开大规模进攻，战场在武汉外围沿长江南、北两岸展开，遍及安徽、河南、江西、湖北4省广大地区。中国军队进行了英勇抗击，大小战斗数百次，毙伤日军近四万人。10月24日，鉴于武汉已被日军从东、南、北三面包围，为保存军力以利长期抗战，国民政府军事委员会下令弃守武汉。27日，日军占领武汉。

就在武汉战火正酣的同时，日军又悍然发动了对华南的攻击。

其实早在1937年底，日军大本营就制订了代号为"A作战"的攻略广州的作战计划。但由于英美等列强在华南地区有着重大利益关系，彼时日本尚不敢向其公开叫板。1938年9月，机会终于来临。两个月前，在中国境内的吉林省珲春县张鼓峰一带，日军和苏军发生规模较大的武装冲突。战事最激烈时，动用了数百辆战车和上百架次飞机，苏军27个营、日军12个大队直接参战。史称张鼓峰事件。这次冲突虽然以苏军的胜利而告终，但苏联已把注意力放在欧洲危机中，防备希特勒向苏联西部发起进攻，不想在东方与日本过多纠缠。而日军内部也一直为是"南下进攻英、美、法殖民地，还是北上进攻苏联"争论不休。日本陆军在张鼓峰的失败，使主张南下的一派占据上风。8月10日，日苏签订停战协定，张鼓峰事件解决。日军在北方的威胁被解除，更增强了其实施广州作战的决心。这时，欧洲各国在慕尼黑召开会议。英法为了把德国的进攻势头引向苏联，采取"绥靖"让步政策，默许德国吞并捷克。远在东方的日本受到这个会议的鼓励，估计进攻英法利益较大的中国华南地区，也不会遭到干涉。9月7日，日本天皇召开大本营御前会议，就在这次会议上，作出了攻占广州的正式决定，并于当日下令组建实施广州作战的第21军司令部。9月19日，日军大本营下达了进攻广州的命令。

全国抗战开始后，广东地区被划入了第四战区，其防务则由余汉谋的国民革命军第四十二集团军担任。第四十二军主要是由大革命时期的国民革命军第四军第十一师的部队发展起来的，在陈济棠统治广东时期，曾利用广东政治、经济上的优势向外国购买不少新式武器，装备在当时全国军队中是属于第一流的，有些甚至比蒋介石的嫡系部队还好，后历经数次整编，实力虽比陈济棠时有所减弱，但仍为一支 10 万人以上的大军。华中鏖战正酣之际，为了保卫上海、南京、武汉等地，蒋介石从华南地区调走了国民党军六个师和几个补充团。在广东，调走的兵力就占当地驻军人数的一半，剩下的五个师及新兵三个旅约 8 万人，部署在从海南岛到潮汕间的地区。且部队内部派系林立，官兵走私贩私，贪享安逸，其战斗力实际上已大打折扣，再加上蒋介石对日军主力的主攻方向判断错误，大亚湾地区的防务在受到日军进攻之时几乎是形同虚设。

1938 年 10 月 12 日凌晨，日军在大亚湾登陆，国民党守军望风而逃。随后，日军仅用 10 天时间，于 10 月 21 日攻占了广州，10 月 23 日占领虎门，国民党军第四战区主力退向粤北地区，日军遂以广州为中心向北、南、西三个方向发展进攻并占领增城、佛山、三水等地。广州沦陷后，老百姓对广东军政要员的表现极为不满，"余汉无谋，吴铁失城，曾养无甫"[2]的讽刺民谣到处传播开来。

广州、武汉失陷后，敌、友、我三方面的战略态势发生了重大变化。

日本方面，在侵占广州、武汉后，虽部分实现了其侵略意图，但由于战线过长、兵力不足，人力物力消耗巨大、财政经济陷入困境，日本国内人民反战、厌战情绪开始滋长，统治阶级内部则因"速战速决"战略的破产和对外政策的分歧而争吵不休；再加上中国共产党所领导的八路军、新四军在华中、华北战场上对其兵力的牵制与消耗，日本大本营不得不改变其侵华的方针和政策。政治上，放弃过去"不以国民政府为对手"的立场，转而对国民政府采取以政治诱降为主、军事打击为辅的策略。1938 年 11 月，日本提出所谓"近卫三原则"[3]，声称只要国民政府允许其在特定地区驻军和开发华北、蒙疆的资源，就可以考虑撤销其在中国的治外法权、归还租界，并从华中和华南撤兵，企图以此为诱饵，引诱国民政府投降反共，以达到其"以华治华"的目的。军事上，日军停止了对正面战场国民党军的战略进攻，改以保守占领区为主的方针，将其主要兵力转移至打击我党我军，并将重点置于华北地区。1938年12月，日军大本营要求侵华日军必须确保占领区内的"安定"，实现由"点、线"占领扩大到"面"的占领。

国民党方面，在抗战开始至武汉失守期间，对日作战比较积极，与共产党关系较好，双方在正面和敌后两个战场上相互配合，给日本侵略者以有力打击。但武汉失守后，在日本的政治诱降和英、美等国对日妥协的影响下，国民党内部发生了进一步的分化。亲日派首领汪精卫于1938年12月28日潜离重庆跑到河内，公开叛国投敌。以蒋介石为代表的亲英美派，由于战争失败主义情绪的滋长，以及仇恨和惧怕共产党势力的发展，逐渐转为消极抗日、积极反共。1939年1月，国民党在其五届五中全会上，确定了"溶共、防共、限共、反共"的反动方针，通过了《限制异党活动办法》，中国抗战开始出现妥协、投降和分裂、倒退的危险。同年2月，蒋介石又秘密颁布了《共党问题处置办法》《沦陷区防范共党活动办法》等反动文件。全国各地开始不断出现国民党政府刻意制造的反共惨案。此外，国民党还以部分主力和大量游杂武装返回敌后，进攻八路军、新四军，制造反共军事摩擦，第十战区和第二、第八战区各一部共50余万兵力则包围封锁了陕甘宁边区。在1939年11月召开的五届六中全会上，国民党进一步确定了以军事反共为主、政治反共为辅的方针，随即掀起了第一次反共高潮。

战争形势发生的重大变化标志着中国抗日战争开始由战略防御阶段转入战略相持阶段。1938年9月16日至11月6日，中国共产党在延安召开了扩大的六届六中全会，毛泽东代表中央政治局作了《论新阶段》的政治报告和会议总结。报告总结了 15 个月以来的抗战经验，分析了国际国内形势，提出了新阶段全国抗战的总任务以及我党我军的方针政策。毛泽东明确指出，中日战争的长期性表现于战争的三个阶段，在我是战略防御、战略相持和战略进攻。武汉失守之后，相持局面快要到来了。相持阶段中的游击战争面临新的形势：第一，游击战争在广大地区中仍能发展。这是因为在我则土地广大，在敌则兵力不足与兵力分散。敌要限制我之发展是不可能的。第二，在某些重要的战略地区，如华北与长江下游一带，将遭到敌之残酷的进攻。平原地带将难以保存大的兵团，山地将成为主要的根据地。"为了准备转入新阶段，应把敌后游击战争大体分为两种地区。一种是游击战争充分发展了的地区如华北，主要方针是巩固已经建立的基础，以准备新阶段中能够战胜敌之残酷进攻，坚持根据地。又一种是游击战争尚未充分发展，或正开始发展的地区，如华中一带，主要方针是迅速地发展游击战争，以免敌人回师时游击战争发展的困难。"[4]全会讨论了上述报告，通过了《中共扩大的六中全会政治决议案》，批准了以毛泽东为首的中央政治局的路线，批判了王明右倾错误，从而统一了全党的认识，明确了新形势下我党我军的方针任务并最后确定了巩固华北、发展华中和华南的战略任务。

党的六届六中全会闭幕后，中共中央、中央军委决定八路军以三个师的主力，于 1938 年 12 月分别进入冀中、冀南、冀鲁豫边平原地区和山东地区，协同各地方党领导的抗日武装，广泛开展游击战争，并在斗争中发展壮大自己，巩固和扩大各抗日根据地。同时，要求新四军大力发展华中，首先开辟豫鄂边、豫皖苏边和皖东等地区。要求广东地方党组织迅速组织抗日武装，在琼崖和东江、珠江地区积极开展游击战争打击日本侵略者。1939 年 7 月，中共中央针对抗战中出现的日趋严重的妥协投降和分裂、倒退的危险，在纪念抗战两周年宣言中，提出了坚持抗战、反对投降，坚持团结、反对分裂，坚持进步、反对倒退的三大政治口号，号召全国人民同国民党中的投降、分裂和倒退的顽固势力作斗争，坚决抗战，直到最后胜利。

党的六届六中全会以来所制定的各项正确的方针政策，是我军打破日、顽夹击，继续发展壮大的根本保证。

注　释

1. 岳州，今岳阳。

2. 广州沦陷前，广东省的政治主要由第四路军总司令余汉谋、广东省省长吴铁城、广州市市长曾养甫主宰。"无甫"即"无谱"。

3. 指 1938 年 11 月 3 日至 22 日，日本近卫内阁连续发表声明，提出的所谓"善邻友好，共同防共，经济合作"三条原则。

4. 《毛泽东军事文集》第二卷，军事科学出版社、中央文献出版社 1993 年版，第 399 页。

第 二 章

烽火冀中路

贺龙、关向应东进冀中——黄新廷、廖汉生两战两捷——邢家庄遭遇战——白求恩医疗队在冀中——齐会战斗三昼夜，贺龙中了毒气弹——武装平叛柴恩波，冀中部队"八路军化"——"八面玲珑"做工作，扩大部队两倍多——张荫梧落荒而逃——贺龙笑对吕正操：你就算个"小军阀"，我可算个"大军阀"。要紧的是跟着共产党干革命，风吹浪打不回头！

贺龙、关向应东进冀中

党的六届六中全会闭幕后，为贯彻"巩固华北"的方针，并针对敌人在华北先取平原、后取山区的企图，中共中央、中央军委决定：八路军以三个师的主力，于1938年12月分别进入冀中、冀南、冀鲁豫边平原地区和山东地区，执行巩固抗日根据地、帮助当地的抗日武装提高战斗力并发展、壮大自己的战略任务。

1938年11月24日，山西岚县，第一二〇师师部，贺龙、关向应、萧克以及甘泗淇、周士第等人，围坐在一张桌子旁，正讨论着毛泽东、王稼祥发来的一封电报。

电报是发给八路军前方指挥部并第一二〇师、晋察冀军区的。电报中写道：

1. 估计今后华北形势的进展，冀中区域的中心任务是巩固现有武装部队，依靠群众力量，坚持长期游击战争。

2.为完成以上任务，做如下决定：

甲、派程子华同志带一部分干部去冀中，子华任吕纵队政治委员，加强该部之正规化是目前中心任务。

乙、决定贺关率一部去冀中，争取扩大一二〇师。

3.一二〇师一部到冀中可以推动、影响特别是当地部队正规化的过程，而冀中党应以极大力量帮助扩大第一二〇。具体计划由关到五台与聂彭依据实际情况商酌办理。

4.贺关到冀中后，吕部则归其指挥，惟建制系统仍属聂区管辖。 **1**

贺龙说道："主席在电报中讲得很明确了。在延安开会时，主席、彭老总都和我谈过，第一二〇师贯彻中央'巩固华北'的方针是向东去，到冀中平原去。主席说冀中那里没有八路军主力，冀中的部队人数不少，但部队新，战斗力不强，需要主力去帮助他们。主席还说我们到那里自己也能得到发展，那里人多呀。"

"挺进冀中是中央军委战略部署中的重要一环，这项任务必须完成。同时，晋西北根据地也要坚持，两者必须兼顾啊！"关向应说着自己的想法。

"对头。"贺龙接过话头，"晋西北的天下是我们打开的，晋西北根据地是我们东进的依托，不能丢给别的人。"

他吸了一口烟，接着说："我考虑把第三五八旅留在晋西北，让群众知道，我们去了冀中，第一二〇师还在晋西北。你们看怎么样？"

经过讨论，大家一致同意：由贺龙、关向应率第三五八旅七一六团、七一五团两个营（留一个营在大青山）和独立一支队执行东进冀中的任务；第三五八旅旅长张宗逊、政委张平化率第三五八旅旅部、七一四团、独立一团(由独立二、三两个支队合编)、独立二团(由独立四支队改称)和警六团、独立六支队留在晋西北。

贺龙最后强调：第一二〇师留在晋西北的部队同山西新军是兄弟部队关系，我们走了以后，要在区党委统一领导下，团结协作。在作战指挥上，可由第三五八旅统一协调。

1938年12月20日，贺龙、关向应、萧克发出东进冀中的命令。

两天后，东进大军冒着纷飞大雪，顶着凛冽寒风从岚县出发了。萧克亦一同前往晋察冀边区。他此去的任务是组织冀热察挺进军，和宋时轮、邓华一起创立新的根据地。

1939年1月初，贺龙、关向应、萧克率部进入冀西，在过平汉路前，他们来到阜平与聂荣臻和彭真会面。

聂荣臻向贺龙、关向应介绍了冀中的复杂情况。他对贺龙说："到冀中扩充部队，兵源是充足的。那个地方'司令遍天下'，杂牌武装多得很，希望你们多带一些干部去。第一二〇师干部多嘛！容易把工作做好，把他们带离本乡本土，改造工作也容易些。"

贺龙风趣地说："那我就不客气了。"

几天后，关向应留在晋察冀边区，准备参加中共中央北方局会议。贺龙、周士第、甘泗淇率队越过平汉线，进入冀中。

冀中军区司令员吕正操以极大的热情欢迎贺龙等人。

一见面，贺龙便风趣地对吕正操说道："你这个司令官不小啊！冀中的人口比陕甘宁边区还多两倍呢！"

话音刚落，在场的冀中军区政委程子华、已调任他职的原冀中军区政委王平、中共冀中区委书记黄敬等人都笑了起来。

会见中，贺龙说明了第一二〇师的任务：一是补充点儿人，扩大第一二〇师，因为晋西北人太少；二是帮助你们三纵队巩固部队；三是帮助冀中抗日根据地。大家商定，第一二〇师先休息几天，然后到河间县惠伯口与冀中军区领导机关会合。

1939年1月26日，第一二〇师师部到达惠伯口，两军会合后召开了盛大的联欢会。欢声、笑语、掌声、口号声此起彼伏。

随军作家沙汀坐在观众席里，感受着这火一样的热情。他望着主席台上正在讲话的贺龙，被一种欢快的情绪所感染。这些天来，贺龙给他留下了极深的印象。对此，沙汀曾有一段记述：

> 他在人丛中站着，挂着六轮子**2**，军帽掀高一点，神气活像一个刚从火线上下来的久经战斗的老兵。他把我们介绍给了军区联络部部长。……一转身，他又把我们介绍给了政治部孙主任。其次是吕正操同志，长个子，又瘦又黑，穿着相当整洁。当我们正和新相识寒暄的时候，而他忽然又走掉了。聚餐过后，我们才在大会场中见到他，并且听了他那热情而又坚决的讲演。毫无疑问，大行军的完成，太使他高兴了。**3**

主席台上，贺龙正继续着他的演讲。

> 日本鬼子有啥了不起？他不比谁高嘛！真正了不起的是毛主席领导的八路军、老百姓。冀中人民拆城墙、挖道沟、改平原为山地，是个创举。现在我们有几万人马，几万支枪，还有这么多、这么好的老百姓，力量不小呀！只要我们军民团结，照着毛主席说的去做，管他小鬼、大鬼，都能打败它！

贺龙讲话完毕，台下一片掌声。

接着，第一二〇师战斗剧社和冀中军区独立四支队剧团开始表演文艺节目。在冀中军区工作的日本人宫本幸一和刚从日军据点逃出来的一个朝鲜族妇女，也登台唱起了具有异乡情调的歌曲，把联欢会推向高潮。"这次会一直开到深夜才散，天气虽冷，但歌声、欢呼声，把会场搞得热气腾腾，真是强将鼓舞三军志，勇师振奋万人心。"**4**吕正操这样记述道。

大家正兴致勃勃地观看演出，侦察科报告：日军进犯二十里铺，有进攻惠伯口的可能。吕正操听罢有些担心，他清楚，距这里15公里外就驻有日军，于是转过头来看着贺龙。贺龙沉着地说："不用着急，调部队掩护嘛！"说完，贺龙叫来七一六团团长黄新廷，命令他调一个营负责掩护。布置完后，贺龙回过头来对吕正操说："我们照常看戏嘛！看完再走不迟。"

大家见状，都安下心来继续看演出。戏一演完，贺龙悄悄地对吕正操说："我看，还是抓紧时间行动，看样子，敌人真的进攻了。"

部队迅速转移至肃宁县东北地区。

日军的确发动了进攻。其第二十七师团、第一一〇师团和独立混成第八旅团各一部共约7000人，分别从沧县、泊头、保定、定县等地出动，向潴龙河、子牙河之间地区进行对冀中区的第三次围攻。这次围攻，规模空前，气势汹汹，非同往常，因而在冀中区军民中引起了恐慌，个别组织不够严密的抗日武装甚至有溃散的危险。第一二〇师刚刚到冀中，情况不熟悉，加之长期在山区活动，缺乏在大平原上作战的经验，因此，有些干部对能否在平原立足心中没有底。

面对这种形势，贺龙提出，当前最紧要的是要打几个胜仗，用事实证明日本鬼子是能够被打败的，以稳定冀中军民的情绪。第一二〇师也能在斗争中增强平原作战的胜利信心，使自己处于主动地位。于是，他果断决定：

1. 集中兵力先打击河间、任丘方向的敌人，命令七一六团去河间以西待机。

2. 调七一六团三个连及一部分干部组成第一二〇师独立三支队，由常德善任副支队长（贺炳炎由抗大回来后任支队长）、余秋里任政委，到大清河北岸霸县、雄县地区，配合五分区部队作战；调师直属的两个连组成第一二〇师独立二支队，由肖新槐任支队长、苏启胜任政委，到任丘、大城、河间三角地带，配合三分区部队作战；独立一支队到滹沱河以南武强、深县、饶阳、献县一带，配合一分区部队作战。贺龙给他们的任务是：扩大自己的部队，协助地方党组织和抗日民主政府开展工作。

3. 命令已经从大青山到达晋察冀军区三分区的七一五团星夜开赴冀中。

1939年1月31日，贺龙得到报告：占领河间城的日军第27师团的宫崎联队，经常以一部兵力出城抢粮、抓人，掩护修筑城防工事，企图巩固对河间的占领，进而进攻肃宁。

贺龙认为这是一个战机。日军侵入冀中以来，没有遭到过沉重的打击，将骄兵狂，常常孤军出扰，应该抓住日军这个弱点，予以打击。于是，他命令七一六团迅速去曹家庄地区捕捉战机。他指出，这是第一二〇师进入冀中以来首次作战，必须保证初战必胜。

受领任务后，七一六团团长黄新廷心里就琢磨起来："我们这支部队成长于江河湖汊，后来在山区也打过不少仗，但是还缺乏在平原打仗的经验。我们深知，中央军委赋予我们师的任务对于发展冀中抗日斗争有重要意义，慎重初战不仅是军事上的一条重要原则，也是我们要想在冀中站稳脚跟的必要前提。""为了打好这一仗，我们认真调查了解各种情况，特别是把敌情、地形搞清楚，研究平原不同于山区的特点，必须学会以村庄为依托作战。""为此，我们抓紧一切时间，在部队中逐级进行了深入的动员教育和强有力的思想政治工作。全团指战员一致表示，坚决打好来到冀中平原的第一仗，以回答冀中父老兄弟对我们的期望。"**5**

1939年2月2日，河间日军200余名，沿通往肃宁的大道向西进犯。黄新廷、廖汉生立即部署战斗，在曹家庄出其不意地给了这股日军以歼灭性打击，毙、伤敌150人，并跟踪追击直到河间城下。

日军遭此打击，恼羞成怒，于4日拂晓，从河间出动步、骑、炮兵1000余人前来报复。对此，贺龙早有预料。曹家庄战斗一结束，七一六团便移往曹家庄西南 4 公里的大曹村，伏击可能前来报复的日军。8 时许，日军开始炮击，接着步兵发起进攻。七一六团顽强战斗，一连打退日军四次冲击。日军强攻不成，大量施放毒气，但还是没有奏效。战斗一直持续到黄昏。天黑后，七一六团发动总攻，日军伤亡惨重，向河间溃退。七一六团直追到城下，又歼敌一部。这次战斗，日军被歼约 300 人，大队长汤田四凯也被打死。

三天两捷，第一二〇师给冀中的抗日军民以很大的振奋。与此同时，贺炳炎、余秋里率领的独立第三支队在大清河以北伏击由新城出动之敌，杀伤其一部，将敌击退；独立第二支队乘机收复了任丘县。这样，敌人对冀中区的第三次围攻被粉碎了。

没过几天，冀中日军为了配合冀南日军的进攻，先后出动 3000 人，发动了对冀中区的第四次围攻。

1939 年 2 月 9 日，进占饶阳的日军继续南进，到了邹村，献县日军占了武强，安平日军向南到了王庄。此时，第一二〇师师部和冀中军区机关位于深县的东、西唐旺，有可能被敌合围，情况危急。

第一二〇师作战部门提出，如果转移到沧（州）石（家庄）路以南，可以避开这几股日军。贺龙认为这个意见可以考虑。这时，得到报告，进犯武强的日军已经越过沧石路，到了护驾池。贺龙果断决定，不再南移，就地备战。他对作战部门说：

"看来，日军这次行动的主要目标在冀南。如果我们再过沧石路，就会陷入他们与冀南日军的合围。日军匆忙过沧石路，说明他们并没有发现我们，但我们必须作最坏的准备。"

于是，他一面下令师部和冀中军区迅速组织力量，准备应战；一面急电刚刚到达安平县附近的七一五团星夜南下与师部靠拢。

七一五团在王尚荣团长的率领下，由绥远长途跋涉来到冀中。他们接到贺龙的命令后，不顾疲劳，连着几个急行军，于 10 日早上刚到达武强西北的邢家庄，便与一队日军遭遇。双方发生了一场遭遇战。

王尚荣命令部队迅速占领村庄，利用房屋顽强抗击。七一五团素来打仗勇猛，打退了敌人的数次冲击。黄新廷回忆说："这次遭遇战斗，打得相当激烈，在师部也能听到密集的枪炮声，师首长几次派人前去联络，均因敌人阻隔未能实现。于是，师首长命令我团前去增援。当我团于下午 4 时赶到邹家庄时，战斗已经胜利结束。这一回，敌人满以为可以抓住我军高级领导机关，没想到半路上杀出个'程咬金'，被我七一五团打得还手不迭，死伤 180 余人。我师师部和冀中军区领导机关，在七一五团的掩护下，安全转移到滹沱河以北地区。这样，敌人的第 4 次围攻一无所获，又以失败而告终。"**6**

邢家庄战斗后不久，关向应从晋察冀边区来到冀中，还带来了一个外国人。贺龙一见，喜出望外地喊起来："啊呀，这不是白求恩大夫吗？"

"啊，贺师长，又见到你了！"白求恩与贺龙紧紧握手。

白求恩，加拿大共产党党员，为了帮助中国人民进行抗日战争，不远万里，远涉重洋，来到中国。1938 年，他从延安前往晋察冀边区时，路过岚县。贺龙留他住了一个礼拜，相处甚欢。这次敌后相见，彼此格外高兴。

白求恩告诉贺龙，他带来了一支 18 个人的医疗队，请贺师长帮助安排。贺龙想了想，说道："我看你这个医疗队可以分成两个小队，一队跟随第一二〇师行动，一队去冀中军区。白求恩大夫可以两边跑跑。怎么样啊？"白求恩表示满意。

贺龙又把师卫生部部长曾育生叫到跟前，吩咐道："曾部长，你就跟着白求恩吧。一是协助白求恩处理好一切事务，二是要照顾好他的生活。"曾育生愉快地接受了任务。

安排好白求恩，关向应告诉贺龙，他带来了中共中央北方局关于成立冀中区军政委员会和向冀中地区传达党的六届六中全会精神的意见。两人商定，马上召开冀中区党、政、军联席会议。

1939 年 2 月 14 日，联席会议在东湾里召开，程子华主持会议。

贺龙传达了党的六届六中全会精神及中共中央军委赋予第一二〇师的任

务。关向应传达了中共中央北方局关于成立冀中区军政委员会、统一领导冀中斗争的意见。根据中共中央北方局的意见，会议决定：由贺龙、关向应、周士第、甘泗淇、吕正操、程子华、孙志远、王平、黄敬等人组成冀中区军政委员会，统一领导冀中区党、政、军、民工作。为了统一军事指挥，成立以贺龙为总指挥、吕正操为副总指挥、关向应为政委的冀中区总指挥部。会议还决定，立即深入发动群众，做好基层组织的工作，加强地方武装，坚壁清野，破坏道路，抗击日寇，各级党政机关立即实行精简，精干机构，以适应游击战争的需要。

会议期间，七一六团报告，驻河间的日军几乎每天都要到城周围的村镇抓夫、抢粮，而且行动很有规律，一般是单日出西门，双日出东门，骚扰的村庄也不重复。敌人已几乎走遍了周围的村庄，只剩黑马张庄没有去。他们准备在黑马张庄打一仗。这一建议很快得到批准。

1939年3月1日，七一六团在河间西南的黑马张庄设伏，歼敌130余人，缴获轻、重机枪3挺，步枪60余支，子弹7000余发，还活捉了两名日本兵。第一二〇师取得了进入冀中后的第四次胜利。

第一二〇师驰援冀中以来，虽然四战四捷，和冀中的部队一起打破了敌人数次围攻，但敌依仗其军力优势，侵占了冀中区的全部县城和主要集镇。冀中平原上，敌据点林立，炮楼密布，各据点之间相距不过一二十公里，八路军的回旋地区大大缩小。敌人到处拼凑伪政权，推行"治安肃正"，以据点为依托，经常出来抓民夫、抢粮食，胁迫群众平道沟、修马路，企图在青纱帐起来之前消灭八路军，或将八路军逐出平原，以确保其占领的平、津等要地和津浦、平汉等铁路运输线的安全。

齐会战斗，贺龙负伤

1939年4月20日，日军第二十七师团的吉田大队800余人、伪军数十人，分乘汽车 50 余辆，携山炮两门，随带满载弹药、给养的大车 80 余辆，浩浩荡荡，由沧州开到河间县城，企图打八路军一个措手不及。吉田大队装备精良，训练有素，而且在前期作战中，因为参与了血洗南京城，屠杀中国人有"功"，从官佐到士兵，人人佩戴勋章一枚，骄横不可一世。吉田也明白，他的对手是赫赫有名的贺龙将军，预测双方将有一场激战，所以出发之前，令部下尽量多带弹药，各种炮弹、手榴弹、掷弹筒，满满装了几十辆大车，仅山炮炮弹就带了 420 多发。

4 月 22 日下午，吉田大队拖着长长的队伍，出河间县城西门，转而北进，在傍晚到达城北的三十里铺。

就在这时，第一二〇师正在师部驻地大朱村开联欢大会，庆祝第一二〇师和冀中的八路军第三纵队合编，并进行整训动员。贺龙、关向应、周士第、甘泗淇等都到会。

贺龙整整灰布军装，摸摸浓密的胡子，首先站起来讲话。

正讲着，侦察员气喘吁吁地跑来报告：吉田大队已进驻三十里铺，离第一二〇师不到 15 公里。贺龙话头一转，把联欢大会变成了战斗动员大会，他说：

"同志们！为了巩固和发展冀中抗日根据地，这三个月来，我们各部队并肩作战，密切配合，取得了一连串的胜利。同志们连续行军打仗，都很疲劳了，原想让大家休息一下，但敌人不让我们休息，现在已经送上门来了，怎么办呀？"接着，他幽默地说："既然敌人把礼物送上门来，能不收下吗？本来今天晚上叫战斗剧社给同志们演几个小戏，现在就不演了，各部队立即带回，连夜做好战斗准备，隐蔽待机，听命令行动。我们要在冀中平原上打一个漂亮仗，等战斗胜利以后，再来开一次祝捷大会！"他嘱咐指战员们："今天晚上大家辛苦一下，熬个夜，把工事修好，准备和敌人干，要注意防炮、防毒、防火（防敌人烧房子）。"

最后，贺龙号召："军民一心，团结起来，坚决粉碎敌人的进攻。敌人来了，要狠狠地打，来多少，消灭多少！"他猛一挥手，结束了这个简短有力、风趣生动的战斗动员。

部队还未带出会场，贺龙就召集旅、团领导紧急研究情况，最后定下了在齐会地区歼敌的决心。

齐会是一个有 400 多户人家的村庄。据说历史上曾有三条河流在此汇合。现在古河道虽已干涸，但在平原上，仍不失是一个地形较为复杂、易守难攻的好战场。冀中根据地创建以来，这里人民群众的抗日热情高涨，齐会逐渐成为中心村庄。在这里歼灭吉田大队是有可能的。

贺龙也估计到，这个敌人不是那么好打的，不仅敌人兵多、火力强，还因为平原地区无险可守，村庄是唯一依托。因此，贺龙特别叮嘱黄新廷：白天固守，夜间反击。白天一定要守住，紧紧抓住敌人，大量杀伤、消耗、疲惫敌人，夜间要坚决、果断地反击。敌人如果逃跑，就与兄弟部队协同，包围歼灭敌人。他并令黄新廷立即回团里部署战斗任务。

这时，著名的国际主义战士白求恩正在第一二〇师。贺龙部署完毕以后，对白求恩说："你的医疗队放在哪里好？还是跟师部在一起，好不好？"

白求恩说："还是靠前一点，放在齐会附近吧！"

贺龙问："为什么？"白求恩说："你不是说齐会是战斗的中心吗？战士需要我们和他们在一起！"听了这话，贺龙转身对黄新廷说："听见没有？告诉大家，白求恩大夫就在你们身边，和你们一起战斗！"

1939 年 4 月 23 日一早，吉田大队在路上搜索了几个村子，见无情况，大队人马直奔齐会而来。

在齐会村防守的是七一六团三营。其前身是红二方面军的第六师十六团，老底子是洪湖赤卫队，经过长征，战功卓著，战斗力很强。营长王祥发经验丰富，沉着老练。当日军进入了火力射程之内时，王营长一声喊打，激烈的战斗开始了。

枪声一响，吉田明白村里的八路军不少，当即命令炮兵猛烈射击，齐会村顿时火光冲天。战斗异常激烈，王祥发率部打退了敌人三次冲锋和毒气攻击，在村沿战斗中消灭了不少敌人，自己的伤亡也不小。黄新廷适时让在敌人侧背的七一六团一营加入战斗，于是形成了这样的态势：敌人包围着村子，八路军又夹击着敌人，双方形成阵地对峙。

滚滚硝烟中，贺龙来到作战部队。他举起望远镜，观察着战斗情况。这时，齐会周边的任丘、吕公堡、大城之敌全部出动，企图援助吉田大队。贺龙早部署了阻击部队。各部队坚决阻住了援军，使吉田大队成为孤立之敌。

突然，日军打过来几发毒气弹，有的就在贺龙附近爆炸了。大量的毒气马上散播开来。贺龙及其左右的参谋人员都中了毒。一时头晕目眩，呼吸困难，泪流满面。卫生人员赶来救护，要贺龙立即离开。贺龙向他们摆摆手，又打了一个手势，要过一只蘸了水的口罩戴上，稍事休息，又继续指挥作战了。他命令黄新廷，天黑以后，七一六团一、二营与村内的三营会合，对吉田大队实施夹击；命令独一旅七一五团和二团第一营去齐会西南的刘古寺、东西保车设伏，防止敌人南逃；命令独二旅四团到齐会以西的杨庄、四公村阻敌西逃，五团进入张庄，警戒任丘方向。其余部队作为预备队并警戒周围其他的日军据点。这样，就布置好了一张歼灭吉田大队的罗网。

晚8时，七一六团发起攻击。三营在村内向外反击。日军据守部分房屋及村沿工事顽抗。战斗极其激烈，村内、村外一片火海。七一六团三营营长王祥发受重伤，腿被打断。被抬下战场后，白求恩大夫为他动了手术。

战斗一直打到第二天拂晓。敌人坚持不住，准备向南逃窜回河间，但刚进至马村，即遭到埋伏在那里的七一五团猛烈打击，七一六团又紧追不舍，敌军只得向东逃进一个叫找子营的村庄。贺龙下令独一旅七一五团和三团对吉田大队实施第二次包围，从三面展开攻击。七一五团经过突击，将敌逐出了找子营。敌失去依托，在找子营村东集结兵力，疯狂地向南留路村发动进攻，企图夺路逃跑，遇到独一旅三团的顽强阻击。他们一连粉碎了日军九次冲击，伤亡很大。团政委朱吉昆身中数弹，英勇牺牲。

日军夺路不成，不得已退到南留路与找子营之间的张家坟，修建工事，顽抗待援。黄昏时分，我合围部队发起向心攻击，又经半夜围歼，将敌人压缩到张家坟的狭小地区。

25日3时，敌人困兽犹斗，集中火力猛攻张曹村，企图夺路南逃，但数次猛攻均未得逞；拂晓，又转而向东南再攻南留路村……敌人像无头苍蝇，乱冲乱撞，始终逃不出八路军的包围圈。

下午，贺龙来到南留路村阵地，在亲自观察了战场、了解了情况后，说："打了两天两夜，敌人死的死，伤的伤，剩下的不多了。又无弹药补充，战斗力已被极大削弱，全歼敌人的条件已经成熟了。"他命令部队补充弹药，于黄昏时发起总攻，全歼残敌于张家坟地区。

然而，总攻前半小时，平原上大风骤起，沙尘飞扬，天空一片昏暗，伸手不见五指。敌军乘机偷偷向南突围。被发现后，七一五团马上尾随追击十余公里，歼灭残敌一部，剩下的80来个鬼子，经沙河逃回了河间城。

齐会战斗，是第一二〇师在冀中平原上进行的一次规模较大的作战。经三昼夜连续作战，我军歼敌700余人，俘日军7名，吉田大队基本上全军覆灭。吉田本人不久也被解职调回国内。幸存的第三联队第八中队上等兵内匠俊三后来写道："4月26日清晨，终于开始向沙河桥行军。我是指挥班的人，所以走在中队的前头。我前面的马车上装着六七具战死者的尸体。有的人死于手榴弹和步枪，很大的伤口张开着，鲜血染红了军装，有的人头部中弹。目睹这凄惨的场面，难过地走了十几公里路。在我前面一连20多辆马车都装着战死者的躯体。仅在一次战斗中就出现如此之多的伤亡，这在中国事变发生以来，即使是南苑战斗，或武汉作战也不曾有过。若给农民们看到，也许会说我们的坏话：瞧这支残兵败将的队伍！一想到这些，真感到恼恨万分。"**7**

在延安的毛泽东和党中央对第一二〇师在平原作战中取得的成绩甚感高兴。1939年5月26日，中共中央机关报《新中华报》以《华北新胜利与贺师长光荣负伤》为题发表社论，指出："河间一役，我贺师长英勇杀敌，战况剧烈空前，我方斩获极众，获得极大胜利"，"消息传来，全国振奋。不但给了敌人的'扫荡'计划以有力回击，增加在敌后活动的其他游击队胜利的信心，并以事实揭穿了部分别有用心的顽固分子对八路军的造谣中伤、恶意宣传的诡计"。此前数日，中共中央书记处还专门致电贺龙："惊悉在此次河间战斗中，你亲临炮火，冲锋杀敌，致中毒负伤，其他指战员同志亦多中毒者，我们无限系念。尚望安心治疗，为革命保重。同时，请代中央向一切受伤指战员同志致亲切的慰问之意。"

齐会战斗后，蒋介石也分别致电阎锡山、朱德及贺龙，表彰第一二〇师。蒋介石致朱德的电文说："俭申电悉，贺师长杀敌致果，奋不顾身，殊堪嘉奖！除宣战绩外，希转电慰勉为要。"蒋介石致贺龙的电报说："贺师长，贵恙至深系念。兹发医疗费3000元，由总部承领转给，以资疗养，特电慰问。"[8]

冀中部队"八路军化"

第一二〇师到冀中，除了巩固冀中抗日根据地之外，还有帮助和推动当地部队正规化和"八路军化"的任务。

冀中部队经过几次整编，虽然在部队中建立了党的组织和政治工作制度，也经历了若干战斗锻炼，但总的来说，干部新，党员新，有些干部尚需淘汰，迫切需要加强基础建设。在这方面，贺龙、关向应做了不少工作。

1939年2月21日，冀中军区独立二支队司令柴恩波率部叛乱了。柴恩波曾在军阀吴佩孚的队伍里当过排长，后来当了新镇县保安队队长。全民族抗战爆发以后，柴恩波被保属省委委任为河北游击军第十二路司令。冀中军区任命他为独立二支队司令。此人利欲熏心，身在八路军却嫌官小，老想拉队伍，自立旗号。日本人和国民党都看准了他这一点，分别与其秘密勾结。柴恩波见风使舵，三面周旋，待价而沽。国民党新镇县县长王宗祺同他做交易，委任他为"冀察游击军第一师师长"。于是柴恩波决心投靠，将冀中军区三分区政委、参谋长等 100 多名干部扣押，散发传单，声称脱离冀中军区，扬言"拥护鹿主席 [9] 统一河北行政"。

贺龙紧急召开军政委员会扩大会议，研究对策。

会上有人提出，目前的抗日战争是在极其复杂的背景下进行的。柴恩波公开投靠的是国民党，对他动武会不会影响国共两党关系，影响抗日民族统一战线？

贺龙站了起来，严肃地说："解决柴恩波，是冀中部队内部的事，与国民党无关。而且，柴恩波确已通敌，并扣押我们的干部，这是破坏抗日，是个地地道道的汉奸！难道我们对这种人还讲客气，讲仁慈吗？"

经过研究，会议一致通过了武装平叛的决定。遂即，第一二〇师一部在冀中三分区部队的配合下，在文安城西大王庄地区只打了几个小仗，就把叛乱平息了。因为柴恩波部队的大部分战士和干部是抗日的，当他们识破柴恩波的阴谋之后，便纷纷掉转枪口打叛匪了。柴恩波见大势不利，便带着几个亲信和保镖跑到新镇，公开投靠了日军。

由于冀中军区部队中发生叛乱事件，吕正操感到不安，他对贺龙和关向应说："冀中部队成分复杂，损害了八路军的名声，我很难过。"

贺龙理解他的心情，对他说："出了个柴恩波没有什么了不起！冀中部队大部分干部、战士是好的嘛！刚建不久，就能调得动，打得赢！现在要紧的是抓紧整训。"

吕正操很受感动，下决心在第一二〇师的帮助下搞好冀中部队的整训。1939 年秋天，冀中部队分批集中到根据地的中心地区进行整训，提出了"按照八路军的样子建设三纵队"的口号，要求通过整训提高素质，从思想上、组织上加速"八路军化"的进程。整训以后，冀中军区共建成了 14 个主力团，以新的姿态出现在冀中平原上。

在部队整训的同时，贺龙还从第一二〇师选拔了一批优秀干部，充实到冀中军区的新建部队，同时要求冀中军区自力更生，多培养一些自己的干部。贺龙认为，土生土长的干部有自身的优越性，对本地区的情况熟悉，他们是冀中部队各级干部的主要来源。

一天，贺龙语重心长地对吕正操、程子华等人说："要革命，搞军队，没有一批政治上坚定的干部怎么行？光向上级要不行。你向聂荣臻同志要，他一下子生不出那么多来。向毛主席要，毛主席的担子比咱们重得多。最牢靠的办法是靠自己，自己培养嘛！"

他还以贺炳炎、余秋里两人为例，来提高大家对培养干部问题的认识。他说："贺、余两个人都只有一只胳膊，刚来冀中时没几个人，可是他们东一搞、西一搞，就搞出个队伍来。这个队伍打得很硬嘛！敌人一听见'一把手'的队伍，离老远就吓得溜掉了。"

贺龙鼓励吕正操："冀中战士的质量可不低呀！他们见识广，有文化，接受能力强，又吃得了苦，只要两块玉米面饼往肚里一填，就解决问题了。睡觉也不要铺盖，连鞋也不脱，穿着衣服往炕上一滚就睡。才补进几天，拿起枪来就冲锋。这些兵，只要有好干部带，那还得了！"

为加强干部的培养，第一二〇师帮助冀中军区举办了游击干部训练班、锄奸干部训练班和敌工工作训练班各一期，为冀中军区部队训练了410名干部。贺龙还主持第一二〇师与冀中军区干部共同参加的参谋工作会议，总结经验，交流思想。贺龙在会上亲自讲解第一二〇师在冀中作战的若干战例，传授作战经验，对冀中的干部颇有启发。

按照中央军委和八路军总部的要求，第一二〇师进入河北的一项重要任务是扩大自己。

为了扩大第一二〇师，一些冀中部队逐步与第一二〇师合编了。这些部队有：高士一领导的独立四支队、魏大光领导的独立五支队、江东升领导的独立六支队等。它们在一年多的抗日斗争中，经受了锻炼和考验，有了长足的进步。但是，要使它们成为具有高度政治觉悟和坚强战斗力的八路军主力部队，还存在许多问题。尤其是其中的一些上层人士，他们大都来自旧营垒，各自带着不同阶级和阶层的烙印。怎样帮助他们不断进步，是一个十分重要的问题。

刘伯承一次对别人说："我们军队内，对中国社会搞得透彻一点的，懂得多一点的，要算贺龙。他对三教九流那一套都懂。另一个是陈赓。"

的确，贺龙对高士一、魏大光这样从旧营垒里出来的人，可以说了如指掌。他知道，要把这些部队锤炼成八路军的主力，首要的问题是要把这些上层人士团结好，促进他们自身的变化。对于他们，贺龙说，他采取的是"八面玲珑"的办法。

什么是"八面玲珑"的办法？其实也就是在实际工作中，要注意把原则性和灵活性结合起来。比如，在团结问题上，一要表扬他们的抗日行动，这是团结的基础，不要因为有某些缺点而否定他们；二是对他们的批评，一定要谨慎；三要加强引导，主要引导他们学习毛泽东关于抗日游击战争的战略、战术。再如，在部队合编的组织措施上，一是上层领导不变；二是把第一二〇师的部队编给他们，不是第一二〇师吃掉他们；三是下面的干部因某些原因需要变动的，必须征得他们的同意。这些措施有很强的策略性，对促使这些部队的进步发挥了巨大作用。

独立四支队与七一五团合编前，贺龙召见了高士一。高士一是任丘县有名的士绅，因其排行第四，人称"高四爷"。他为人性格豪爽，有正义感，热爱祖国，接受新事物快。全民族抗战爆发不久，他在共产党员杨琪良、高万德的影响下，接受保属省委领导，举旗抗日，后被编为冀中军区独立第四支队。贺龙对他说：

"你是一位爱国人士，为了抗日拉起了队伍，我们非常欢迎。为了不断壮大抗日力量，决定你们支队与七一五团合编为第一二〇师独立第一旅，我已呈报中共中央军委，提议你担任独一旅旅长。"

高士一听罢非常激动，连声说道："感谢师长如此器重，不过由我来当旅长恐怕难以胜任。"

贺龙说："这些你不必担心，我给你配几个得力的助手。希望你坚持抗日，不断进步，革命到底。"然后，他话锋一转，"高士一呀！你来抗战，地主生活不好搞了，你得过农民生活，这很不容易，说明你抗日坚决，大家都很佩服你。你一定要坚持下去噢！"

高士一说："我跟师长抗日到底了。"

贺龙习惯性地用烟斗指着他说："啊呀，高士一，不是跟我，是跟共产党，我算个啥！"

独立四支队与七一五团合编为独一旅后，贺龙让他的老部下、七一五团团长王尚荣当了高士一的副手。贺龙对被委任为独一旅副旅长的王尚荣、政委朱辉照说："高士一参加抗日跟共产党走是件了不起的事，不容易呀！你们一定要好好同他合作，团结他，帮助他，尤其要尊重他！他是旅长，应该有职有权。他的意见，你们一定要考虑，不能马虎。他的年纪比你们大一半，你们在生活上要照顾他。你们之间发生了矛盾，我先找你们算账！"

在政治上，贺龙、关向应对高士一的要求是严格的，在生活上却十分关心他。高士一的妻子杨启，一直住在任丘乡下，在日寇频繁围攻中，贺龙十分担心她的安全。因为高士一在冀中名望很大，敌人对他举旗抗日十分恼火。1938 年冬，日军放火烧了他大哥、二哥住的高家场，还将高士一的两个侄儿抓走，杀害了一个，放回来一个，让他带信给高士一，要高士一投降。高士一断然拒绝了。敌人如此猖狂，杨启的处境十分危险。因此，贺龙亲自动员高士一，将杨启转移到平汉路西边去。贺龙说："我派人送她去。一定把她安排好，你放心。"高士一同意了。贺龙亲自派了一名副官，把杨启送到了晋察冀边区的冀西山区。

此后，高士一跟随贺龙、关向应离开家乡，转战晋察冀，保卫晋西北。1942 年，他渡过黄河进驻绥德，保卫陕甘宁边区，经受了一次次考验，从一个地方士绅转变成共产党员、八路军旅长。

1939年4月，独立五支队与七一六团合编为第一二〇师独立第二旅。贺龙任命独立五支队司令魏大光为独立第二旅旅长。

魏大光是河北霸县人，只有27岁，曾在天津当过旧警察。七七事变以后，魏大光在一些共产党员推动下，举起了抗日的旗帜，他用结拜兄弟、哥儿们义气那一套把一些人团结在他周围。后来，他的队伍归属中共保属省委领导。但是，在他的部队中，一些人受旧思想的影响很深。

贺龙知道，魏大光年轻气盛，颇为敏感，团结他比较容易，主要问题是要教育他丢掉封建帮会那一套，确立为人处世的正确立场、观点与方法。他找魏大光一连谈了几次话。贺龙对魏大光说：

"魏大光，你过去同一些人磕头、拜把子，称大哥、二哥都不错，但是，你现在参加了革命，就要反对这些东西。大哥那种封建式的感情靠不住，只有阶级感情靠得住。这方面，我最有体会。现在抗日，是民族战争。为了中华民族的生存，我们要坚决打日本。打不打日本，是当前一条辨别是非的基本标准。什么大哥、二哥，都要用这条来衡量。抗日的就是同志，不抗日的，不管是大哥还是二哥，都不是一路人。听说，你们的队伍抗日以后，有人想拉出去当土匪，你坚决反对，这就不错嘛！你一定要学会用无产阶级的观点、民族革命的观点去辨别是非。"

魏大光早就听说过贺龙。贺龙来冀中以后，指挥第一二〇师打击日寇，名震平原。他对贺龙十分钦佩。贺龙的话入情入理，他听得进去。他陆续正确处理了一些过去结拜兄弟之间的关系，坚决站在抗日一边。

这年5月，由于战斗频繁，部队减员很多。魏大光请求去大清河以北他的家乡一带扩大武装。贺龙认为他的想法有道理，可以批准他去。但又一想，魏大光一走，会不会在原五支队的干部中产生误解？于是贺龙把原五支队的团以上干部找来，征询他们的意见。这些人对贺龙如此处理问题既感到意外又极为感动。他们详细分析了情况，认为魏大光对大清河以北十分熟悉，关系也多，肯定可以扩兵。只要多带一点儿人去，安全不会成问题。至于他走了以后，对部队是否会有影响，大家认为在原独立五支队编成的两个团中引起议论和猜测是难免的，但问题不大，他们可以出面向部队说明情况，不会发生问题。他们建议贺龙批准魏大光的请求。

经过这一番工作，贺龙、关向应批准了魏大光的请求，并指派一名红军出身的干部同去大清河以北，协助和保护他。临行时，贺龙对魏大光说："到了那里，如果扩兵有困难，你就回来。大丈夫四海为家，不要恋家！"贺龙的这些做法，在魏大光及其部属中产生了强烈的反响，他们说："贺老总待人真是一片赤诚啊！"魏大光在大清河以北积极扩大武装，成立了一支抗日游击队。不幸的是1939年8月26日，在与日军激战中，魏大光英勇牺牲了。朱德、彭德怀为此于1939年10月20日通报八路军全军，对魏大光予以褒扬。

这些上层人士的进步，推动了新部队的成长。后来，经过几年战火的锤炼，与第一二〇师合编的几支冀中部队都成了该师的主力团队。

除成功地实现了与几支新部队的合编外，第一二〇师还积极动员广大青年参加抗日部队。在冀中的九个月中，第一二〇师得到了很大的发展，已由挺进冀中时的6000余人发展到2.1万人，扩大了两倍多。这个阶段，成为第一二〇师发展史上的一个黄金时期。

冀中反顽斗争

抗日战争进入相持阶段后，国民党在日本的政治诱降和美、英对日采取绥靖政策的影响下，逐步走上了消极抗日、积极反共的道路。在这种情况下，河北的国民党顽固势力活跃起来。

七七事变后，国民党河北民军司令张荫梧携其"守望队"和训练团随国民党军南逃。武汉失守后，张荫梧卷土重来，搞起"曲线救国"，指挥河北民军不断制造摩擦。

1938年9月13日，张荫梧部进攻安国、博野等地，杀害了中共深泽县委书记兼游击大队政委何昆山、农会主席何希林、地委宣传部部长宋恒钧等；1939年2月，策动柴恩波叛变，并杀了独立二支队全部政工人员，6月，乘日军"扫荡"冀中根据地的机会，亲率顽军三个旅进到深县张骞寺地区，袭击冀中部队后方机关，杀害八路军官兵四百余人。他在打给蒋介石的电报中说："倭寇扫荡八路军……在他人以为大难当前，在我以为军政展开之机会。"在另一份电报中，张荫梧又说："柴恩波为保存实力，以施行曲线救国，已与日寇接洽，被委为冀中剿匪副总司令，名虽投敌，实际仍为本党做抗战工作，俟时机成熟，定率部反正。"

张荫梧的罪恶行径，激起冀中军民的极大愤慨。贺龙、关向应、吕正操等决定消灭顽军，打击顽固派的嚣张气焰。

考虑到抗日民族统一战线的大局，他们决定先礼后兵。贺、关、吕等人让冀中一分区专门派人去做张荫梧的工作，劝他以民族大义为重，携起手来，一致对外。但张荫梧执迷不悟，一意孤行，铁心与抗日军民为敌。在忍无可忍的情况下，贺龙等人命令独立第一旅的七一五团和二团，协同冀中一分区的第十九、二十、二十一大队和挺进支队，坚决进行自卫反击。

1939年6月22日拂晓，八路军各部同时向张荫梧的顽军发起进攻。独一旅之七一五团一营、第二团之一、三营由陈二庄隐蔽接近张骞寺，以迅速的动作，突然向村内发起攻击。顽军没有料到会遭到第一二〇师主力的主动反击，所以被打得措手不及。在八路军猛烈的攻击下，少部分敌人投降，大部分被压缩在几个院子内，企图依托高墙大院进行抵抗。天明后，第一二〇师主力用迫击炮对院内顽抗之敌集中轰击，压制敌人火力，杀伤敌人有生力量。接着，在炮火的掩护下，八路军发起猛烈进攻，顽军已毫无斗志，根本挡不住第一二〇师凌厉的攻势，纷纷缴械投降。上午9时，张骞寺战斗基本结束，毙伤敌 250 余人，俘敌旅长乔明礼以下 1000 余人。

在进攻张骞寺的同时，冀中一分区的第十九、二十、二十一大队和挺进支队，也分别向高古庄、冯康庄、程家村、北马庄、魏家庄之敌发起攻击。至天明，除北马庄之敌继续顽抗，与第十九、二十、二十一大队形成对峙外，大部已结束战斗。这时才查明，张荫梧之司令部原来不在张骞寺，而是设在北马庄。贺龙等人即调七一五团投入战斗，在猛烈进攻下，敌人纷纷逃窜，最后被压在村东的一个院子内。战斗到黄昏，张荫梧也负了伤，后来通过化装，只带了 10 余骑兵拼死突围落荒而逃。

此役，八路军毙伤敌 500 余人，俘敌旅长以下 2000 余人。

在粉碎了国民党顽固势力在冀中地区的反共投降活动后，贺龙、关向应等人稍稍松了一口气。

1939 年 8 月上旬，日军将"扫荡"重点转向北岳山区，第一二〇师奉命向晋察冀边区转移。

听说贺龙要离开冀中，吕正操依依不舍地对贺龙说："贺老总，你知道，过去我是个旧军人，没有经过长征锻炼，也没有搞过土地革命，对咱们八路军这套东西还没有学会，还需要你帮助，你却要走了。"

贺龙听了哈哈大笑说："你说你是旧军人，就算个'小军阀'吧，那算个啥。我在旧军队里当过镇守使、师长、军长，可算个'大军阀'呢！但一找到共产党，跟上毛主席，有了觉悟，就有个突变嘛！过去的事提它干啥？要紧的是跟着共产党干革命，风吹浪打不回头！"

贺龙的坦荡胸怀、乐观情绪深深感染了吕正操。他说："你走了，八路军这套我向谁学？"

贺龙说："八路军这套东西，都是从毛主席那儿来的。你现在正在学习毛主席的《论持久战》、《抗日游击战争的战略问题》，这就好嘛！另外，有事多向聂荣臻司令员、区党委请示报告，一定可以把冀中搞得更好。"

8 个月的战斗，也使贺龙对冀中产生了深厚的感情，他眷恋地说："冀中这个地方多好啊！素有'平津门户'、'华北粮仓'之称，历来是兵家必争之地。将来对日本鬼子实行反攻，还是个前进基地呢。部队从这里一捅，就可以捅出关外，一鼓劲就可以把日本鬼子赶过鸭绿江。"

吕正操希望留下点儿部队，给点儿干部，不要一下子都走光了。贺龙爽快地答应了。临别时，他又对吕正操说："毛主席对冀中很关心，你现在就写信给毛主席，把这里的情况汇报一下。"

吕正操点点头与贺龙握别。回想起与贺龙戎马相随、朝夕相处的情景，特别是想到贺龙对自己言传身教、循循善诱的帮助，吕正操实在感到恋恋不舍。他后来在回忆录中写道：

　　贺龙同志和一二〇师对冀中抗日根据地的巩固，起了重大作用。概括起来，至少有这样三点：第一，带领冀中部队打仗。像齐会战斗，一二〇师教我们怎样打大仗，我们配合作战。第二，给冀中留下不少优秀的红军老干部，像常德善、吴西、肖新槐、郭陆顺等同志。第三，带作风。老红军的优良作风对冀中部队产生了深远的影响。冀中部队大都是由旧军队和农民部队改编而成的，部队中存在着极端民主化和绝对平均主义的倾向。一二〇师来了以后，帮助我们逐步克服了这些缺点。我们也向红军老大哥学到了关于军民关系、官兵关系等方面的好作风。

　　我们冀中几个领导同志深深感到，冀中部队能够长期坚持平原游击战争，能够经受住一九四二年日军发动的空前残酷的大"扫荡"，最后能为党保存下几万人的战斗部队，这是与贺龙、关向应同志的亲自指导，和一二〇师部队的传、帮、带分不开的。**10**

贺龙的坦荡胸襟以及对党的事业的一片忠诚，跃然纸上！

注　释

1.《毛泽东军事文集》第二卷，军事科学出版社、中央文献出版社 1993 年版，第 439 页。

2. 指左轮手枪。

3.《沙汀文集》第六卷，上海文艺出版社 1991 年版，第 44 页。

4. 参见《吕正操回忆录》，解放军出版社 1988 年版，第 199 页。

5. 参见中国人民解放军历史资料丛书编审委员会编：《八路军·回忆史料》（1），解放军出版社 1990 年版，第 522 页。

6. 参见中国人民解放军历史资料丛书编审委员会编：《八路军·回忆史料》（1），解放军出版社 1990 年版，第 528 页。

7. 中国人民解放军历史资料丛书编审委员会编：《八路军·参考资料》（2），解放军出版社 1992 年版，第 162 页。

8. 刘秉荣：《贺龙传》，人民出版社 2018 年版，第 298 页。

9. 鹿钟麟已被国民党方面任命为河北省政府主席。

10. 参见《吕正操回忆录》，解放军出版社 1988 年版，第 213—214 页。

第 三 章

威震冀南

蒋介石放言："如不取消共产党，死也不瞑目"——国民党河北省政府主席鹿钟麟致电陈立夫，请教"摩擦"方略——八路军总部指示徐向前："硬不破裂统一战线，软不伤政治立场原则"——"我到冀南来，这个地方不欢迎我，除了巨（拒）鹿，就是束鹿"——刘伯承、邓小平、徐向前齐会南宫——毛泽东放许世友"出山"——香城固诱伏战，陈赓"进入平原地的第一次得意之作"——日军装甲车上贴着标语：专打第三八六旅！

国民党当局积极制造摩擦

1938 年 12 月 6 日，广西桂林。

此时的华北已是冰天雪地、万木萧条，而千里之遥的南国还是郁郁葱葱、景色宜人。

待在官邸里的蒋介石却忧心如焚，无心观景。

大半年以来，他被日本人搞得焦头烂额。台儿庄会战、徐州会战、南京保卫战、武汉会战……国民党的势力被逐出，日本人的力量又不足，在敌后形成的一个个"真空"地带被共产党"钻了空子"。共产党的力量正在敌后猛烈发展，这是他最担心、最惶恐、最不愿意看到的事情。

西安事变后，迫于无奈，同时也是由于日本人步步紧逼，蒋介石在国共谈判和抗战之初的国共合作中，作了重要让步，因此国内"一时出现了生气蓬勃的新气象"，"当时全国人民，我们共产党人，其他民主党派，都对国民党政府寄予极大的希望"。[1]但历史证明，蒋介石的仇共、惧共思想是根深蒂固的。在国共谈判时，他处心积虑地要削弱红军，要"朱、毛出洋"，抗战后，他限制八路军抗战的区域，不许中共在敌后发展，不许中共在敌后建立政权，要"削弱共产党力量的五分之二"。害怕共产党的发展，可以说是蒋介石在国内问题上最大的心病。

可是，随着时间的推移，这个最让他担心、惶恐的事情还是出现了。当国统区正面战场的失败接踵而来、大半个中国沦陷之际，中国共产党领导的八路军深入敌后开辟战场，以独立自主的山地游击战狠狠打击日寇，广泛建立抗日根据地，迅速取得了辉煌战果。在武汉失守前夕，八路军即在敌后建立了晋察冀、晋冀豫、冀鲁豫、晋绥、山东和华中等抗日根据地。到 1938 年底，八路军由组建时的 4.5 万余人，发展到了 15.6 万余人，扩大了五倍多！蒋介石想到，长此以往，共产党和八路军就会如同断了线的风筝一样，完全脱离他的控制，这怎么不让这位"蒋委员长"忧心如焚？

在刚刚结束的南岳军事会议上，蒋介石就继续抗战作了新的部署。其主旨和基调虽是抗战，但也显露出了一些不协调的"杂音"。比如，他强调从此开始，"政治重于军事"，即包含对内排斥异己和反共的图谋；在敌后设立两个战区——苏鲁战区，总司令于学忠，冀察战区，总司令鹿钟麟，置三分之一的兵力于敌后，在敌后又设立战地党政委员会分会等，就是在为以后的反共摩擦做实力上、组织上的准备。

南岳军事会议之后，蒋介石飞抵桂林，正值周恩来在桂林指导此地"八办"[2]的工作。蒋介石约见周恩来，准备向他提出一个思谋已久的主张。

晚上，周恩来如约前来。寒暄几句，蒋介石抛出了他的想法：将共产党合并到国民党内，借以"溶"化掉共产党。他说："共产党跨党，大家不赞成。共产党既然信三民主义，最好与国民党合并成一个组织，力量可以加倍发展。如果同意，在西安召开华北、西北抗战将领会议后，就约毛泽东面谈。如果共产党全体加入做不到，可否以一部分党员加入国民党，而不跨党？"

周恩来不卑不亢："共产党信三民主义，不仅因其为抗战的出路，且为达到社会主义的必由之路，国民党党员则必不都如此想，故国、共终究是两党。跨党是为了取得信任，但我们也不强求。如认为时机未到，可以采取其他办法。要求全体共产党党员加入国民党而退出共产党，这不可能，也做不到。少数人退出共产党而加入国民党，不仅是失节、失信仰，于国民党也有害无益。"

这一回答，使蒋介石大失所望。呆坐良久，他怏怏地说："如果你考虑国共两党合并之事不可能，就不必电约毛泽东到西安会谈了。"

蒋介石并未死心。他飞抵重庆后，又约见了前来参加国民参政会的中共代表王明、博古、董必武、吴玉章、林伯渠，再次提出国共两党合并问题。蒋介石说："共产党员退出共产党，加入国民党，或共产党取消名义整个加入国民党，我都欢迎，或共产党仍然保存自己的党，我也赞成，但跨党办法是绝对办不到的。我的责任是将共产党合并入国民党成为一个组织，国民党名义可以取消，我过去打你们也是为了保存共产党的革命分子合于国民党。此事乃我的生死问题，此目的如达不到，我死了心也不安，抗战胜利了也没有什么意义。所以我的这个意见，是至死也不变的。"

他又特地对吴玉章说："你是老同盟会会员，国民党的老前辈，还是回到国民党来吧！"

吴玉章微微一笑："我相信共产党是相信马列主义社会科学的真理，深知只有共产主义才是社会发展的正确道路，不能动摇。如果'二三其德'毫无气节，你也会看不起我吧！"他接着说："现在世界上固然有只要一个党的强国，如苏联的布尔什维克和德国的纳粹，但也有各党并存的强国，如英、美、法等国……"

"他党可以并存，共产党与国民党不能并存！"蒋介石打断了吴玉章的话。

他情绪激动起来："如不取消共产党，我死也不瞑目！"**3**

1938年12月18日，汪精卫逃离重庆，飞往河内，于29日发出"艳电"，公开投降日本帝国主义。蒋介石严厉谴责了汪精卫的汉奸行为，同时也认为汪精卫的出走，也许是他实现取消共产党企图的一个机会。1939年1月20日，也就是国民党五届五中全会的前一日，蒋介石在重庆约周恩来晤谈，重提两党统一之事。蒋介石说：

"汪（精卫）走更是两党团结的好机会，即使暂时不赞成两党统一，也要有新办法。"

"委员长有何具体办法？"周恩来问。

"这个，这个，暂未想得。"蒋又没了主意。

周恩来敦请蒋介石解决各地国民党政权反共捉人之事。蒋介石说："根本问题不解决，不仅敌人造谣，即下级也常不安定，影响上级。"他表示无能为力。

蒋介石当然不会甘心他"溶共"企图的破灭。既然"防共""限共"未成，"溶共"又受挫，于是"反共""摩擦"之类的事情也就层出不穷了。

1938年11月，河北南宫。徐向前的日子很不好过。

1938年11月中旬，日军在围攻冀中地区的同时，以独立混成第三旅团和第一一四师团各一部共3700余人，对冀南抗日根据地进行了第一次"扫荡"，先后占领了根据地边缘的宁晋、永年、故城、恩县、高唐等重要城镇，不久，又占领了南宫。

与此同时，国民党军鹿钟麟部也积极与八路军摩擦。"有些地方的民众团体被取消了；有些民众团体的领导人被逮捕了；在冀南最有历史且最为民众所拥护的战委会也被认为不合法了；抗战最有成绩，在民众中最有威望，且为民众所选举的冀南行政主任公署，也在莫须有的罪名下被取消了。诬蔑共产党八路军，说共产党八路军'实行赤化'，'毒化青年'，'只宣传不打仗'等等谣言，被某某机关散布出来了。接着好几个县区出现了两个县长、两个

34

区长、两个专员，于是行政被破坏了。"**4**

日军如虎，顽军似狼。冀南抗日根据地处于日、伪、顽的虎狼夹击之下。八路军要前门打虎，后门拒狼，冀南进入了艰苦斗争的新环境。沧海横流，方显英雄本色。对于日本人的"扫荡"，徐向前早有预料。他说："我们在冀南搞的这个样子，对日军后方有威胁，估计日寇占领武汉之后，很可能掉过头来'剿'我们，我们要有准备。"1938 年 10 月下旬，他在南宫召集了营以上干部会议，要求各部队在困难环境下坚持游击战，保卫冀南根据地，并提出了反"扫荡"的具体措施：（一）尽快筹集大批粮食、衣物、款项，做好物资准备。（二）采用多挖路沟、设路障及破坏道路、空舍清野的方法，迟滞敌人。（三）分散作战、灵活制敌。不要死守县城和村落，而是依托广大乡村分散游击，与敌周旋，会躲、会藏、会打，不打则已，打则必胜。昼伏夜袭，打了就走。（四）坚决镇压汉奸，警惕国民党制造摩擦，防止新编杂色武装倒戈等。会后由行政主任公署下达了紧急动员令。冀南军民按照徐向前确定的方针，空舍清野，化整为零，活跃在广大平原、乡村中打击敌人。徐向前率指挥机关主要活动在南宫以南、威县以北、清河以西、广宗以东地带。八路军经过 16 天苦斗，共作战 28 次，毙俘敌伪军 600 余人，迫使日军撤出了冀南中心区。

然而，对于鹿钟麟制造的摩擦，就要讲究些策略了。

所谓"摩擦"，顾名思义就是没有全力以赴去打，但又充满了敌意，既包含着挑衅，又有试探对方的意图。其复杂性在于：双方动手时，往往"鹬蚌相争，渔翁得利"——国共"摩擦"之时，日军虎视眈眈，稍有不慎，它就会扑上来大打出手。这种情况在双方身上都发生过。如国共在石家庄以西娘子关发生摩擦时，日军从石家庄出发，从背后打了国民党军一下子；当八路军准备打国民党军"摩擦急先锋"石友三时，日军又从八路军背后袭来，使石友三溜掉了。每次出现这种情况，被打的一方都要指责对方勾结日本人。这种情况确实有，但绝不是八路军。再者，当时的大局是维护抗日民族统一战线，何时斗，斗到什么程度，是要讲究斗争技巧的。在这方面，徐向前同样干得很出色。

在冀南挑起摩擦的鹿钟麟，曾是冯玉祥的部下。北京政变时，他是旅长，逮捕曹锟，抗击吴佩孚，特别是对把末代皇帝溥仪赶出紫禁城这件事，他一直引为骄傲。全民族抗战爆发后，他被蒋介石委任为"河北省政府主席"，此行负有"收复失地"的使命。

根据中共中央关于同国民党河北省府合作的指示精神，在鹿钟麟于1938年9月来南宫时，徐向前组织了盛大的欢迎队伍。鹿钟麟在城外数里，就看见道路两旁站满了人，有数十之众，对这热烈的场面，他感到很满意。

接连几天，南宫的气氛非常热烈。行政主任公署和南宫县政府召开了各方代表欢迎鹿钟麟座谈会。徐向前、朱瑞（时任中共中央北方局驻太行区代表）、杨秀林、宋任穷、陈再道等几位领导，也都去他的驻地，向他介绍冀南的情况，真诚地想与这位省主席合作。

然而，鹿钟麟却表现得不那么真诚。双方会谈中，徐向前提出请鹿钟麟以省府主席名义，对已经选出的行署、专署领导人和各县县长正式加以委任，让人民群众更加增强在各级政府领导下坚持抗战的信心。鹿钟麟却顾左右而言他，对徐向前说："我新来乍到，一无枪炮，二无军队，今后抗战还要多靠你，多靠八路军。大家同舟共济，遇事互相商量。"他对"委任"这样的实质性问题不置可否。

到冀南一个月后，鹿钟麟给国民党中央党部社会部部长陈立夫发了一份电报。

> 本省前已处特殊环境之下，党务中断已久，各地民运团体已领导无人，遂于无形中停顿解散。本部抵冀后，各县民运，共产党早着先鞭，其组织系统县、区、村各设民族革命战地动员委员会，内分总

务、组织、宣传、动员分配、人民武装、锄奸六部。其中，最关重要之组织、人民武装二部，皆为共产党分子把持。全县之民众团体，如妇女救国会、农人救国会、工人救国会、店员救国会，悉由该会领导。各民众团体县会之上，均设有冀南总会，以求集中力量。八路军东进纵队政治部，实为各县"动委会"及冀南民众团体各总会之发号施令总机关。本部外察实情，内凛职责，深知另组民众团体，难免发生摩擦，令共党将领导权完全交出，绝非共党所愿。今后对民运工作之领导与组织，应持何种态度，采何种方式，亟盼详为指示，以资遵循。

陈立夫的回电是：

　　融合军事、政治积极进行，绝不可稍事退让，其组织方式亦只可因地制宜，分区督导，统一指挥，似不必拘定于形式。**5**

有了陈立夫的电示，鹿钟麟心中有底了。他提出撤销冀南行政公署，并要将八路军开辟的冀南20余县作为河北省府属地，由国民党和共产党各辖一半。鹿钟麟的这一要求当然遭到冀南行政公署的坚决反对，但为了团结抗日，八路军总部同意划出三个区作为鹿钟麟的行政机关驻地。可鹿钟麟并不满足，他四处网罗反共武装势力，以孙良诚为游击总指挥，将民军赵云祥部及杂色武装胡和道等部也拉了过去。1938年9月下旬，胡和道勾结枣强县的会道门组织，向八路军东进纵队独立团的一个连进攻，杀害战士13人，抢去步枪17支，后又指使"白极会"包围枣强县城，声言要"撤换县长，驱走八路"。不久，赵云祥又将新河县抗日群众团体"战委会"解散。10月底，鹿钟麟以南宫县县长赵鼎新纪念"双十节"大会迟到和写工作报告不合格式、对他不尊重为理由，提出撤换赵鼎新的县长职务。同时，鹿钟麟另外委任了一批专员、县长、区长，致使冀南出现了双专员、双县长、双区长的混乱局面。

"硬不破裂统一战线，软不伤政治立场原则"

1938 年 10 月 27 日，毛泽东等人给徐向前等人发出指示："应坚持行政主任公署，不能以任何交换条件取消……向鹿极力解释目前形势之严重。在广州失守，武汉不保，敌人已开始其肃清华北计划的状况下，各方只有依靠已得成绩，加紧工作，才能支持难局，否则只有失败。"电报指出："主任公署及军区均应与鹿建立密切关系，请其指示方针。"电报还估计："武汉失守，局势变化，我有更大可能促鹿觉悟，求得亲密合作。届时当可对鹿作某种让步。"

可事实上，鹿钟麟并未"觉悟"。1938 年 11 月中旬，日军对冀南施行第一次"扫荡"时，南宫失守。鹿钟麟等人仓皇逃往枣强，杨秀林的行政主任公署机关转移到广宗活动。"扫荡"被粉碎后，日军放弃南宫。鹿钟麟抢先返回，竟以冀南行政主任公署"不知去向"为借口，宣布予以撤销。

徐向前等人回击的方法也颇巧妙。他们当即派一个营的兵力进驻南宫，以"保护鹿主席"的名义，保卫行政主任公署，如果反共武装前来挑衅，就以"危及鹿主席的安全"为由，坚决予以反击。鹿钟麟明知是计，却也无可奈何。

为了坚持抗日民族统一战线，八路军总部指示徐向前等，在处理与鹿钟麟的关系时，要"硬不破裂统一战线，软不伤政治立场原则"，"避免与鹿武力冲突"。彭德怀还两次亲赴河北，与鹿钟麟会谈。在第二次会谈之际，鹿钟麟的老上司、主张国共团结抗日的冯玉祥从重庆给他发来一封长电，责备他"不尚容人用人，过去方法已不适宜"，要其"诚恳、合作、坦白，以坚持河北抗战"。时任国民党军第一战区司令长官的程潜也从天水行营给鹿钟麟发来长电，要求其秉持"本民族利益第一、抗战团结第一之旨，忍耐精神，无偏无党。……以武力限制共产党发展为不可能，亦不必要。……"鹿钟麟正在左右摇摆之时，他又接连收到了蒋介石的四道密电，要他坚决撤销冀中、冀南两行政主任公署，致使国共双方会谈毫无结果。不过，会谈的最后，鹿感于彭的诚意，也对彭说了句真心话：上有蒋介石，下有张荫梧，他鹿钟麟夹在其中也不好受。

在党中央和八路军总部的指导下，徐向前把原则性与灵活性很好地结合起来，领导冀南党、政、军、民进行了积极的、多种形式的斗争，诸如动员群众形成反对解散救亡团体、收编八路军枪支和取消行政主任公署的运动；加紧战争动员，各地开庆祝会，宣传八路军反"扫荡"的胜利；各专员、县长坚决拒绝交权，各军政团体组织请愿团向省府请愿；等等。这样，鹿钟麟排挤八路军、取消抗日民主政权的企图未能得逞。后来，日军再占南宫，鹿钟麟逃到冀西。他在离开冀南时嗟叹："我到冀南来，这个地方不欢迎我，除了巨（拒）鹿，就是束鹿。"1939 年 5 月 22 日，鹿钟麟叩电国民政府行政院院长孔祥熙，电文说："我军在冀南区仅职一部与少云部，兵少力单，长此以往恐有意外，如无有力部队前往镇压，政令无法推行……"流露出他奉命挑动摩擦、饱尝失败苦果的满腹哀怨之情。

1938 年 12 月中旬，为了加强冀南的斗争，奉八路军总部的命令，刘伯承率第一二九师主力抵达南宫。1939 年 1 月 3 日，参加完党的六届六中全会的邓小平也赶到冀南。在南宫的张庄，刘、徐、邓三人会合了。

这天，刘、徐、邓聚在一起，交流情况，商讨对策。刘伯承说，他到冀南后，曾到南宫县城与鹿钟麟进行过三次会谈。他向鹿严肃列举了国民党在冀南制造的一系列摩擦事件，指出这是使亲者痛、仇者快的蠢举，劝告鹿钟麟要以大局为重，立即停止对共产党、八路军的挑衅。同时，刘伯承严正指出，在日军回兵"扫荡"的情况下，如果鹿钟麟仍坚持制造冲突，行为实与汉奸无异，八路军将给予严厉制裁。鹿钟麟表示不会跟日军一致行动。邓小平也说，他已经与刚由鲁南进入冀南的国民党军第六十九军军长石友三进行了会谈，石友三答应保持中立态度。

在暂时制止了国民党顽固势力的摩擦行动后，刘伯承与徐向前、邓小平专力领导冀南抗日根据地军民的反"扫荡"斗争。

1939 年 1 月，日军经过短暂休整，以第十师团主力，第一一〇师团、第十四师团、第二十七师团、第一一四师团各一部，共三万余人，分 11 路对冀南进行大规模"扫荡"。

第一二九师领导人根据平原地形便于敌人快速部队行动、不便我集中兵力与其硬顶的新情况，确定将主力划分为三八五旅（旅长陈锡联）、三八六旅（旅长陈赓）、青纵（青年抗日游击纵队，司令员段海州）、东纵（东进纵队，司令员陈再道）、先纵（先遣纵队，司令员李聚奎）等五个集团，结合地方部队分区作战。

日军这次采取了东西夹击、稳步推进的战术。

西线日军于 1939 年 1 月上旬从石家庄、邢台、邯郸、大名等据点出动，开始向东平推，占领一地，烧杀一处，然后留置守备部队，建立伪政权，军事与政治手段相结合，招法凶狠毒辣。

东线日军于 2 月初从泊头、德州、聊城等据点向西进攻，与西线日军成夹击之势。

这期间，第一二九师的五个作战集团，用一些小部队袭扰、迟滞日军，取得了一定效果。但至 2 月 9 日，日军主力仍占据了冀南中心区的各个县城。

刘、徐、邓沉着地指挥部队转至外围后，认真研究了形势，一致认为，不给日军一个沉重的打击，就不能彻底粉碎敌人的"扫荡"。

诱伏"香城固"

1939 年 1 月 21 日，刘、徐、邓及各集团负责人在第一二九师师部共同商讨反"扫荡"的作战问题。早就憋不住火的陈赓建议：

"鬼子在平原作战气焰非常嚣张，仗着它有汽车和机枪、小炮，一发现八路军的部队就追，特别是受袭后更是穷追不舍，我看可以利用它这个特点搞个伏击。"

"这个想法很好。"刘伯承欣然赞同，"鬼子是势利的东西，这是日本法西斯狂妄独尊的必然表现。他根本看不起我们，受了袭击当然就不服气，急于报复。日军大本营不是说要利用我们退避的心理，奋勇进击，穷追而消灭吗？是可以用伏击打它一个冷不防，但关键是地形要选好。"

经过研究，大家决定把伏击地点定在威县以南的香城固。

威县是南宫以南的一个县城。日军占领威县后，继续向北进攻，威县成了日军的一个重要补给点，由第十师团四十联队一部驻守。当时其周围仅有少量日军，广大乡村仍然被掌握在抗日力量的手中。以威县之敌为歼击对象非常理想。

1939 年 2 月 4 日，陈赓率部进驻香城固。副旅长韩东山和旅参谋长周希汉对香城固周围的地形进行了勘察，发现香城固西北一带的沙滩是个理想的伏击战场：一条要干涸的河道在香城固穿过，河道两边是大片的灌木、草丛，公路就修在河道里。香城固西侧不远处有一道几十米高、1000 多米长的沙岗，岗边有个叫张家庄的村庄。东北 1.5 公里外的庄头村，地势也是隆起的，与西边的张家庄遥遥相对。不难看出，这是一个两边高、中间低的地形，是平原地带比较难得的伏击战场。

当韩、周向陈赓、王新亭汇报了敌情和香城固西北一带的地形后，陈赓连声说："好，好！香城固西北一带的沙滩确实是一个很理想的袋形伏击阵地，而威县守敌恰好可作为我诱击之对象。"王新亭也支持陈赓的决定。

在组织各团干部秘密察看了那里的地形、地貌后，陈赓作了战斗部署：第三四四旅六八八团团长韦杰率领该团第一营在香城固担任正面阻击任务，团主力进至张家庄担任从西向东的侧击任务；补充团位于庄头村一线，担任从东向西的侧击任务；新一团以一个营钳制曲周之敌，防止其增援，团主力于马落堡地区担任切断敌之退路的任务；骑兵连为诱敌部队。

部署完这个口袋阵后，陈赓对几位团领导说："你们各团派出一部分部队，在2月7日、8日、9日，连续三天袭击威县县城，要千方百计诱敌出城。"政委王新亭说："这一带群众觉悟高，封锁消息是没问题的，但要教育群众在政府组织下参战，部队要认真做好战前动员。"他又交代旅参谋长周希汉和政治部主任苏精诚："许世友副旅长刚来，动员大会和欢迎大会就合起来开吧。"

许世友是十几天前来到第三八六旅的。来之前，他在延安抗日军政大学当了一段时间的校务部副部长。全民族抗战爆发以后，他多次向毛泽东提出，要到第一线杀敌建功，"宁愿死在战场上，不愿再窝在学校里"。毛泽东欣然"放虎出山"，"封"了他一个官：八路军第一二九师第三八六旅副旅长。

陈赓对这位老战友太了解了，对他的到来表示热烈的欢迎。

许世友是河南新县人，贫苦出身；8岁入少林寺，习武8年，后到吴佩孚部队当兵；1926年，在武昌国民革命军第一师一团任连长；1927年，参加黄麻起义，曾在中国工农红军第一军任排长、连长、营长，后任第四军第十二师的团长。在鄂豫皖苏区反"围剿"作战中，他曾七次参加敢死队，两次任敢死队队长，四次负伤，屡挫强敌。1932年11月，红四方面军向川陕边转移途中，于陕西漫川关被国民党军堵截，他指挥三十四团勇猛拼杀，为全军打开通路。1934年，在川陕苏区反"六路围攻"中，身为副军长的他指挥万源保卫战，坚守阵地三个月，打垮了数量上占绝对优势的敌人，后任红四军军长。长征中，由于张国焘的分裂活动，他所在红四方面军先后三过草地，历尽艰难，备尝艰辛。

1936年底，许世友在陕北入抗日红军大学学习后，由于清算"国焘路线"涉及面太宽，使包括许世友在内的一批红四方面军干部受到株连。他们一天到晚被弄得灰溜溜的，心情很不舒畅，引起强烈不满。许世友发牢骚说：在延安待不下去，就回鄂豫皖或川陕根据地打游击去，并做了秘密策划。事后，许世友被人告发，这一事件变成了"反革命事件"，他和数十名高级干部被关押，罪名是"组织反革命集团""拖枪逃跑""叛变革命"等。

1937年6月召开公审大会，将许世友、王建安、洪学智等人分别判处了几个月至一年的徒刑。后来，这件事情在毛泽东的干预下有了一些转机。徐向前回忆道：毛主席大概察觉到有问题，要我去看看许世友等人，做点工作。我去了一趟，眼见他们被关在监狱里，心里很不是滋味，说了几句安慰的话，便告辞而归。毛泽东后来曾两次看望许世友。第二次去看望他时，毛泽东一见面就脱下了帽子说："世友同志，你打了很多仗，吃了很多苦，够辛苦的了，我对你表示敬意！"许世友心头一热。毛泽东接着说："红四方面军的干部，都是党的干部、党的宝贝，不是他张国焘的干部。张国焘是党中央派到红四方面军去的，他的错误应该由他自己负责，与你们这些同志没有关系。"毛泽东一番话，深深打动了许世友。这个刚强的硬汉子掉下了热泪。毛泽东趁热打铁，谈起张国焘路线的实质、危害和根源，张国焘的愚民政策和两面手法，及其给中国革命造成的巨大损失，等等。据说，毛泽东亲自为许世友打开了脚镣、手铐。许世友紧握着毛泽东的手，进出一句话："斗争中考验我许世友。"

几十年后，在毛泽东逝世两周年之际，许世友发表了一篇怀念毛泽东的文章，记叙了他当时的心情："毛主席的这几句话，一下子解开了我的思想疙瘩，使我感到非常舒畅，非常温暖。毛主席多么了解我们这些工农干部啊！我郁积在内心深处的苦闷情绪，被毛主席温暖的话语一扫而光。"他还在另一篇文章中说："尔后，在'抗大'多次聆听毛泽东同志讲哲学，讲政治，讲军事，讲形势，得益匪浅，更加感受到毛泽东同志是我党、我军当之无愧的英明领袖。从此，我对毛泽东思想坚信不疑，对毛泽东同志深为敬佩。"

周希汉和苏精诚组织的战前动员和欢迎许世友副旅长的大会正在举行。

许世友在会上慷慨激昂地说："日本帝国主义侵略我们，在我们的国土上实行灭绝人性的'三光'政策。我们不愿做亡国奴的中华儿女要在中国共产党的领导下，动员起来，行动起来，坚决打倒日本帝国主义。现在，日本侵略军对我们冀南抗日根据地进行'扫荡'，我们一定要坚决彻底地把他们消灭掉！"许世友的话刚落，会场上就响起了"打倒日本帝国主义""坚决彻底消灭日本侵略军"的口号声。

战斗在即，许世友的手痒痒了。他提出到新一团方向参加战斗。陈赓欣然同意了。陈赓还要到师部向刘、邓首长汇报作战计划，因此，他决定让旅参谋长周希汉在旅指挥所负责指挥。

一天后，陈赓从师部给周希汉打来电话，高兴地说："彭总和刘、邓首长完全同意我们的战斗方案，指示我们坚决打好这一仗。"

1939 年 2 月 9 日晚，战斗准备开始了。第三八六旅的干部、战士在香城固西北老沙河西岸一带，展开了一场构筑工事的紧张战斗。附近几个村的民兵模范班和老百姓也前来助战。他们按照工事构筑方案，筑成一道 2500 米长的菱形战壕。壕边移栽了一丛丛红柳树，把阵地隐蔽得严严实实。天快亮时，这个口袋阵神不知、鬼不觉地筑成了。

周希汉对阵地仔细检查了一遍后，即命令部队进入阵地，迅速做好战斗准备。这时，香城固区区长郝立顺跑来报告：100 多名参战群众、5 个向导、7 个掩护伤员的堡垒户，还有 30 副担架，都准备好了。真可谓万事俱备，只等着鬼子来送死了。

威县城的日军连续两天受到袭击。他们自知威县的位置非同寻常，所以刚开始紧闭城门，并不追击。谁知 9 日晚上，八路军再次架起云梯攻城，日军被搞得心烦意乱。第二天早上，又见城南草场村一带战马奔驰，尘土飞扬，他们判断八路军主力很可能就在鼻子底下，于是决计出城报复。

上午，驻威县的日军第四十联队补充大队一部和安田步兵加强中队，分乘 9 辆汽车，拖着 1 门山炮，载着 2 门九二式步兵炮，组成快速部队，像饿狼一样扑了过来。八路军骑兵连且战且退，诱敌步步深入。下午 2 时许，骑兵连在第什营村突然集中火力进行阻击，当场击伤敌补充大队长，击毙其翻译官和向导。当敌人跳下车组织还击时，骑兵连又故意撤离阵地。敌人被激怒了，随即爬上汽车，紧追不放。骑兵连行至耿家庄时，突然隐蔽起来，不一会儿又从香城固东南一公里外的康洼村出现，同时向敌猛烈射击。日军立即指挥汽车队离开公路，直扑骑兵连。骑兵连一看牵住了敌人，迅速朝预设伏击圈——香城固大沙河一带奔去，日军紧跟着进了伏击圈。

当敌人全部进入伏击圈，到达香城固村北街口时，埋伏在那里的六八八团立即给敌人以迎头痛击，击毁了头一辆汽车。敌人遭此突然袭击，慌忙组织兵力反击。日军安田中队长拿起望远镜一看，发现东、西、北三面什么动静也没有，只有正南面在阻击，就命令部队继续向正南八路军阵地冲击。然而，两次冲锋都被打了回去。狡猾的安田便分出一股兵力，由东向南，企图抄八路军的后路。但这股敌人刚接近庄头村，就被埋伏在那里的补充团两个营堵了回去，并被迫西窜。安田见东、南两面都遭到突然阻击，断定中了埋伏，便想突围逃命。这时，西、南、东三面各参战部队一齐开火，猛烈堵击、侧击敌人。敌人掉头向北突围。

这一面是伏击圈的入口，地势低，无法预先构筑隐蔽工事，也无法事先设伏。因此，当时决定待战斗打响后，由隐蔽在马落堡附近的新一团抢占。然而，由于敌人突然回窜，给新一团运动到北面抢占阵地造成很大困难。

情况相当紧急。如果不马上扎住北面这个袋口，敌人就将突围出去，使伏击计划落空。在这紧急时刻，许世友带领新一团二营冲了上去。当敌人的先头部队刚刚踏上大沙滩北坡时，新一团的战士们突然从西北冲上坡岗，冒着密集的子弹，向敌人猛烈射击，截断了敌人的退路，并将其团团围在大沙滩的中心——凹形洼地。

这是个椭圆形的沙窝，日军汽车大部分陷入沙窝，开不动了。有几辆开得动的汽车也被二营用集束手榴弹炸坏。安田中队长惊恐万状，即令部队下车，重新组织兵力向新一团阵地冲击。敌人以重火力向新一团阵地猛烈轰击，炮火压得人抬不起头来，炸起的沙尘迷得人连眼也睁不开。新一团指战员沉着应战。

新一团是个新团，从建团到参加这次战斗才 6 个月。这样一支新部队要在地形不利且无工事的情况下，阻击日军一个加强中队的猛扑，确实是很艰难的。周希汉不断给新一团团长丁思林打电话，询问战斗情况，并再三要他注意许副旅长的安全。激战中，许世友一直冲在前面。为了他的安全，丁思林让警卫员把他拉回了指挥所，自己带着部队继续阻击敌人。

敌人的炮火停止了，百余名日本士兵端着刺刀冲了上来。周希汉回忆说："那时候，我们缺乏弹药，象这样的战斗，每人也只发十几发子弹，经过消耗，剩下的已不多了。但是，我们的战士硬是用手榴弹、刺刀迫使敌人丢下 20 多具尸体败退下去。"[6]

从 16 时 30 分左右直到傍晚，敌人发起了四次冲锋，都未能突破"口袋"口，于是，日军朝新一团阵地投掷了毒瓦斯弹。阵地上有很多八路军中毒，但干部、战士们坚持战斗，牢牢地守住了阵地。许世友深为新一团指战员们英勇战斗的精神所感动，后来他对别人说："新一团从团长、政委到每一个战士，个个都是好样的。"战斗结束后不久，新一团被八路军总部授予"模范朱德青年团"的光荣称号。

安田见难以突围，便发出一串串红色信号弹求援，并命令日军再次向新一团东侧阵地冲来。在那里阻敌的六连弹药已经用尽，连长徐则贵、指导员刘子模率领全连端起刺刀，与冲上来的日军展开了肉搏，打退了敌人。

夜幕徐徐降临。敌人像热锅上的蚂蚁，在口袋阵内乱蹦乱跳。

这时，陈赓和王新亭从师部赶了回来，聚歼敌人的时机成熟了。只听一阵冲锋号响，突击队和武装群众跃出阵地，端着刺刀，从四面八方冲向敌人……

到深夜 12 时许，战斗进入尾声。后半夜，一辆漏网的汽车逃到第什营村时，被群众发现包围，生俘了司机，烧毁了汽车。骑兵排打扫战场时，在一个沙坡后边找到五个负伤的敌人，其中一个举刀朝排长砍去，排长翻身下马，挥刀将其拦腰砍死，其余日军全部被俘。后来从俘房口中得知，那个被砍死的就是安田中队长。拂晓，一个侥幸逃脱的日本兵，在葛村碰上两个拾粪的老乡，两人操起粪叉同敌搏斗，将这个日本兵打死。这件事后来被编成"两把粪叉战东洋"的故事。

此战，共毙敌 200 余名，生俘 8 名，毁掉汽车 9 辆，缴获山炮 1 门、九二式步兵炮 2 门、迫击炮 1 门、长短枪数十支、弹药一部，八路军伤亡 50 人。陈赓在日记中写道："这次战斗是我进入平原地的第一次得意之作。"[7]

刘伯承亦称这次战斗是一个模范的诱伏战，并总结了其经验教训。他写道："有叫'诱伏'的，就是在主力埋伏以后，再以小部队故意示弱，以引诱敌人到伏击圈内，然后袭击之。……日本强盗的军队是势利的东西，这也是它庞然自大的教育使然。它在未受我们袭致命的打击之前，惯于跟踪追我，正如日本强盗大本营所说：'此时我利用其退避的心理，奋勇进击，它必退无止境，溃乱阵形，终可穷追而打击之。'这一势利的特点，是便于我们实行诱伏的。"香城固诱伏战打得好，其经验在于：

1. 善于示弱诱敌，造成敌人轻视骄纵的心理。

2. 善于把伏击诱导到机动的围攻，而且把附近的房屋适时占领，使敌人无法固守与逃脱。

3. 善于协同动作。

同时，刘伯承也指出了其不足和教训，如协同时"力量组织还不强，特别在三面围攻时，火力的组织较差"，"打扫战场马虎的习惯并未克服。有许多军用品甚至大炮都抛弃在战场附近，次日才被民众与清查俘房的工作人员获得"。[8]

许世友在多年以后也经常提起这一仗。他在《我的军人生涯》一文中记述道：面对强敌，先不能在精神上被其吓倒。敌硬，我更硬；一抓住战机，就狠狠敲他一下，猛打善打，打则必胜，这就有可能把敌人打熊。以后再交手，敌人就会闻风丧胆，不战自怯。世上没有打不得的兵，只有打不得的官。几次硬仗一打，士气、胆量、作风、经验全有了。反之，你越避他，不敢拼，遇敌绕着走，不要几回，本来硬的部队就会变软，甚至很长时间缓不过劲来。香城固一战的意义和影响，大都在此。❾

香城固一战打出了第三八六旅的威风，也使日军对第三八六旅产生了极度的恐惧和仇恨。

日军在香城固遭袭后，第二天即集结了70多辆汽车，乘载着2000多名日军，在5架飞机及坦克、大炮的支援下，向第三八六旅发起了疯狂的反扑。但陈赓早有防备，第三八六旅于战斗结束后随即撤向馆陶县以北地区。同时，香城固附近的群众也疏散隐蔽起来，日军一无所获，更加气急败坏。在随后追击第三八六旅的七八天中，其装甲车上都贴有"专打第三八六旅"的标语。日军沿途不断地探询："是不是第三八六旅旅部？"如果不是，则开着汽车一溜烟儿走了，对我军那些地方部队根本不屑一顾。而陈赓则牵着日军的牛鼻子，在威县以南不断地机动、变换位置，拖得敌人筋疲力尽。

日军最终无法捕捉到第三八六旅，只好在文字上做文章。香城固之战，日本的报道是这样写的："××部队为了遮断由冀中向南逃窜之残敌，于当日派遣讨伐队由威县南下，但驶约八公里，即发现庞大之敌人，不幸我于此时陷入重围，于是安田中尉首先下车，拔刀率先突击。唯此时敌弹如雨飞至，汽车着火，子弹亦俱焚尽，不得已各兵乃皆白刃血战……"

1939年1月至3月，刘伯承与徐向前、邓小平，领导冀南军民艰苦斗争，进行较大战斗100余次，毙伤日伪军3000余人，粉碎了日军控制冀南平原的计划，坚持了平原游击战争。

3月以后，敌、我斗争逐步转向山地。刘伯承、邓小平总结了平原反"扫荡"的经验，安排了冀南的全面工作，率领第三八六旅主力、先遣纵队二团、冀豫支队、青年纵队三团和骑兵团等部，返回太行山区。

徐向前则继续留在冀南指挥平原的对敌斗争。1939年6月以后，他奉命调到山东工作，与奉命来山东发展的第一一五师主力，开创了山东抗战的新局面。

注　释

1.《毛泽东选集》第三卷，人民出版社 1991 年版，第 1037 页。

2. 即八路军办事处。

3. 中共四川省委党史研究室、四川省吴玉章研究会：《吴玉章传·上卷（1878—1949）》，中国人民大学出版社 2022 年版，第 216—217 页。

4. 中共中央文献研究室、中国人民解放军军事科学院编：《邓小平军事文集》第一卷，军事科学出版社、中央文献出版社 2004 年版，第 59—60 页。

5.《徐向前传》编写组：《徐向前传》，当代中国出版社 2007 年版，第 217—218 页。

6. 参见中国人民解放军历史资料丛书编审委员会编：《八路军·回忆史料》（1），解放军出版社 1990 年版，第 512 页。

7.《陈赓日记》，人民出版社 2013 年版，第 194 页。

8. 参见军事科学院《刘伯承军事文选》编辑组：《刘伯承军事文选》（一），军事科学出版社 2012 年版，第 234—235 页。

9. 参见金冶、胡居成、胡兆才：《百战将星——许世友》，解放军文艺出版社 1999 年版，第 149 页。

第 四 章

铁流山东

沈鸿烈欺负"土八路",派"洋八路"去撑腰很有必要——罗荣桓、陈光领兵马,杨勇将军是先行——樊坝之战——"草桥阅兵"——陆房突围——尾高龟藏炮制"八路军俘虏"——八路军第一纵队成立徐向前找于学忠谈判:你们的政府一不给我们粮款,二不给我们枪弹,连应该发给八路军的薪饷都不给,我们不搞政权怎么办!——"我们要当回梁山好汉,智取生辰纲"——冲锋彻夜英雄胆,歼灭整营鬼子兵

"洋八路"撑腰"土八路"

山东,位于黄河下游,北接平津,南连苏皖,西临冀豫,东临大海。津浦、胶济两条铁路纵横境内,南靠陇海路,公路、水运交通也很发达,且有众多的海口、要塞,在军事上具有重要的战略地位。

山东地形复杂,有泰山、鲁山、沂山、蒙山等众多的山区,可以凭借险要地形进行山地游击战。此外,山东物产极为丰富,人口众多且民性强悍,是理想的军需后方和兵备源地。

八年全民族抗战期间,山东根据地逐步发展,至抗战末期,已成为拥有一千几百万人口的较大根据地之一。"如果没有山东根据地,要集中那么多的兵力进军东北是不可能的;没有山东根据地,解放战争初期集中我军向北转移就没有立足点,对后来的大江南北的作战支援也将是很困难

的。"[1] 说这番话的，是在山东根据地的建立和发展过程中作出巨大贡献、新中国成立后被授予元帅军衔的罗荣桓。

1938 年 12 月，第一一五师代师长陈光、政委罗荣桓奉命挺进山东，去加强那里的抗日斗争。

此时，山东的形势已十分严峻。

全民族抗战之初，山东省主席韩复榘和青岛市市长沈鸿烈望风而逃，致使山东大好河山大部沦于敌手。1938 年 5 月徐州失守后，山东完全沦为敌后。当时的山东日、伪军共有 20 多万人，而共产党领导的抗日起义武装约为 4 万人，敌我力量对比甚为悬殊。

山东的抗日起义武装是在共产党领导下建立起来的。1937 年 9 月，中共山东省委书记黎玉在山西太原，参加了由刘少奇、杨尚昆和彭真等人组织召开的中共中央北方局省委代表会议，会议号召"每一个优秀的共产党员，脱下长衫到游击队去"。10 月，山东省委在济南召开秘密会议，具体讨论在全省发动抗日武装起义的策略。经过讨论，决定"武装起义的时机选择在韩复榘溃逃、日军尚未全面占领山东及其立足未稳的时候，全省行动，揭竿而起"。从 1937 年冬起，山东先后爆发了十多次武装起义，著名的就有冀鲁边、鲁西北、天福山、黑铁山、牛头山、徂徕山、鲁东、泰（山）西、滨海、鲁南、（微山）湖西等起义。至 1938 年 8 月，起义武装已达四万余人，并开辟了大小不一的几十块抗日根据地。但是黎玉也认识到："由于起义部队军政干部缺乏，武器落后，战斗经验不足；兵员多为农民和争取过来的地方武装，游击习气浓厚，平均主义倾向严重；加之民主政权建立较晚，没有稳定的后方，部队分散，交通不便，联络不畅，给养不足，各区起义部队的发展存在许多困难。"[2]

这时，国民党也乘机发展武装，企图恢复其统治。1938 年 1 月，沈鸿烈出任国民党山东省主席。此人对抗战并不积极，却热衷于抢地盘，抓政权，扩充实力。他很快成为各种游杂司令之首，受其影响或控制的大小股武装共达 15 万人，在数量和装备上都超过了中共的抗日武装。凭借政治上和军事上的优势，沈鸿烈大肆打击和排挤中共武装，企图把他们逼到平原地区和铁路沿线。武汉会战之后，蒋介石基于其"溶共、防共、限共、反共"的方针，决定派遣正规部队挺进敌后，与共产党争夺战略要点。东北军第五十一军于学忠部开赴山东，成立了以于学忠为总司令的鲁苏战区，要共产党在该地区的游击队受其节制。

面对敌、伪、顽、我错综复杂的斗争态势，以及敌强我弱的严峻局面，中共山东抗日武装迫切需要得到八路军正规部队的支援和加强。1938年4月，黎玉到延安向毛泽东汇报工作，要求派一个主力团去山东。毛泽东风趣地说："沈鸿烈欺负'土八路'，派'洋八路'去撑腰很有必要，一个团太少，我看还要多去一些。"

此后，"洋八路"陆续被派往山东。

——1938年6月，八路军第一一五师六八五团工兵营和部分地方武装，组成永兴支队，由曾国华率领挺进冀鲁边区。

——同月，以第一二九师工兵连与抗大分校48位干部组成的津浦支队，由孙继先率领也开赴冀鲁边区。这是八路军主力部队进入山东的先锋。

——8月，第一一五师第三四三旅司令部、政治部机关和部分干部由萧华率领，挺进冀鲁边，统一领导武装斗争。9月27日，八路军东进抗日挺进纵队成立，萧华任司令员兼政委，曾国华任第五支队队长，孙继先任第六支队队长。

——11月，第一一五师六八五团由团长彭明治（杨得志已升任三四四旅代旅长）、政委吴法宪率领，挺进到山东微山湖以西地区。

在派出"洋八路"的同时，毛泽东多次电示山东省委，对抗日武装的名义、整编等作出具体指示。1938年6月6日，毛泽东在电报中指出："山东的基干武装应组建支队，恢复和使用八路军游击支队的番号，目前可组成4至5个支队。县、区武装则以支队领导下的游击队名义出现，用抗日联军名义不好。"8日，毛泽东再次电示："凡属我党领导，已取得广大群众拥护，又邻近友党友军之游击队，以用八路军名义为宜。否则，各地国民党均将控制，如使用普遍名义，则不得不听其指挥，甚至通令解散，八路军亦无权过问，用八路军名义则无此弊。"[3]

第一一五师挺进山东

1938年12月，中共中央军委对于山东的抗日力量作出了两个重大决定：第一，为进一步统一领导，山东各地的抗日武装正式编为"八路军山东纵队"，张经武任总指挥，黎玉任政委。中央军委要求其尽快实现主力部队党军化、正规化，地方武装基干化，游击部队组织化。第二，由于沈鸿烈纠集山东顽固势力消极抗日，积极反共，不断与山东纵队搞摩擦，中央军委和八路军总部决定：第一一五师除补充团由陈士榘率领留守吕梁山根据地外，师部及六八六团由陈光、罗荣桓率领，即日挺进山东。

1938年12月20日，八路军第一一五师主力由晋西吕梁山区出发，一路通过敌军封锁的汾河及同蒲铁路，翻过白雪皑皑的绵山，于1939年元旦前夕，到达晋东南八路军总部驻地屯留附近。

罗荣桓和陈光前往八路军总部会见朱德、彭德怀。

朱德见到这两位井冈山时期的老部下十分高兴，亲自下厨，操起菜勺，炒了一盘辣椒猪肚。左权嘴馋，挨了彭德怀一顿好说：

"朱老总慰问部下，你来凑什么热闹！走走走，到司令部吃你的大灶去！"彭德怀拽着左权就往门外拉。

左权出门时回头苦笑道："谁不是总司令的部下？偏偏我没口福。"

"我老彭跟你同甘共苦，上司令部大灶去，今天是元旦，少不了猪肉炖粉条。"彭德怀拖走左权，老远还听到二人半真半假的争吵声。

陈光和罗荣桓相视而笑。

这天下午，朱德步行到夏店镇六八六团驻地慰问部队。杨勇搞了个隆重的阅兵式，欢迎总司令。随后，朱德召集全体干部开会，作形势报告。

散会后，朱德由杨勇陪同回团部。在团部门口，两列身穿日军呢大衣、头戴日军皮帽、手持日军步枪的战士夹道欢迎总司令。

"六八六团打得好，缴获大，好！"朱德赞不绝口，笑得满脸都是皱纹。杨勇见天色已晚，请朱德留下吃饭。朱德高兴地点头道："总部今晚有戏看，吃了你的饭就赶不回去了，干脆今晚在你们这里过夜。杨勇啊！你得好好讲讲'吕梁三捷'……"

副团长张仁初一听总司令要留下吃饭，立即吩咐司务长："总司令第一次到我们团吃饭，正好又碰到元旦佳节，搞丰盛点。"

"明白！"司务长高兴地去张罗。

吃饭时，朱德情绪很好，谈笑风生。当菜上到八九道时，有鱼有肉，他脸上的笑容突然消失了，严肃地说："杨勇同志，你还会唱'红米饭，南瓜汤'吗？井冈山的日子不能忘哟！"

张仁初吓出一身冷汗，连忙说："就这几个菜，没有了，没有了！"

"我们要到山东去，再见总司令就难了，这是全团干部、战士的一点心意。"杨勇解释道。

张仁初溜出去告诉端菜的警卫员："不要上菜了！"

"菜都炒好了，不上怎么办？"警卫员着急地说。

"你们吃嘛！"张仁初一挥手，"今天是新年，警卫班会餐。"

警卫员一听，欢喜得一蹦老高，张仁初连忙捂住他的嘴小声说："端到你们班上吃去，总司令在这里，不准喧哗！"

吃完了饭，朱德向杨勇他们详细讲了山东的形势，然后嘱咐道：

"那里平原多，你们要多研究平原地带的作战。你们在山西的崇山峻岭里勇猛如虎，不要一到山东就'虎落平川被犬欺'哟！"

杨勇等人开心地笑了。

第一一五师去山东，属于"先斩后奏"。考虑到抗日民族统一战线的关系，最好有个去的事由。恰好就在此时，彭德怀要去冀南找国民党的冀察战区总司令鹿钟麟，就国民党顽固派袭击八路军一个支队并强令取消冀南行署一事进行谈判。第一一五师便以东进支队的名义护送彭德怀，然后，名正言顺地翻过太行山，向平汉路挺进。

部队出发时，罗荣桓的妻子林月琴生了一个小男孩。林月琴让即将出发的丈夫给孩子起个名字，罗荣桓略一思索，说：

"部队正在东进，就叫他东进吧。"

林月琴微微一笑："你们第一一五师的部队总是喜欢用这个代号。萧华用的是'东进抗日纵队'，这次你们又号称'东进支队'……"

"将来陈士榘他们东进时，还用咱们儿子的名字作代号，你看行不行？"后来，罗荣桓给儿子取名字的故事在部队中传得很广。在以后的许多行动中，第一一五师的许多部队都用这个名字作为部队的代号。"东进"几乎成了第一一五师胜利的象征。

1939年3月1日，东进支队经冀、豫两省交界的地方越过黄河，进入山东境内。

罗荣桓和陈光站在河堤上向东望去，是一眼望不到边的大平原，这就是鲁西平原。现在，麦苗虽已开始返青，但因为缺雨，长得蔫蔫的。这里已经很久没有下雨了，可老百姓所受的人祸比天灾还要厉害。这一带，虽有中国共产党郓城中心县委在活动，但还没有党领导的较大的抗日武装和根据地。日、伪、顽、匪，各霸一方，无恶不作，人民生活于水深火热之中。他们盼望下雨，更盼望八路军赶快来到。

3月2日，罗荣桓和陈光一行抵达郓城的张楼村。说来也怪，久旱无雨的天空忽然阴云密布，一场及时雨在电闪雷鸣中倾盆而下。郓城中心县委书记梁仞千听说从平型关下来的老八路到了，喜出望外，立即率领二十多位干部，冒着细雨到张楼迎接。

罗荣桓和陈光热情地接待了他们，并向他们了解了当地的敌情，得知驻在郓城城里的汉奸头子叫刘本功，他的侄子刘玉胜带了一个保安团驻扎在郓城西北的樊坝。叔侄二人认贼作父，为虎作伥，横行乡里，百姓们早已苦不堪言。

"打他狗日的！"陈光一向疾恶如仇，早就按捺不住了，拍案而起，震得杯中的茶水四溢。

"不妨拿刘玉胜开刀，拿下樊坝，消灭伪保安团。刘本功没了队伍就威风不起来了。"陈光性烈如火，罗荣桓冷静沉着，这是一对绝妙的搭档。

两人当即决定：打下樊坝，消灭刘玉胜的伪保安团，作为给山东父老乡亲的见面礼。这个战斗任务交给了六八六团。

3 月 3 日晚上，团长兼政委杨勇率部队冒雨向樊坝疾进。他在出发前搞了个简短的战斗动员："六八六团是主力，什么叫主力？主力就是别人攻不下的，我们能攻下！别人守不住的，我们能守住！我们在山西打出了威风，今天到了山东也要打出威风，让敌人听到六八六团的番号就头疼，就胆战心惊。"

第二天拂晓，部队开始发起攻击，经过激烈战斗，冲进敌人据守的围寨，将守敌全歼，刘玉胜和他的岳父双双被擒。刘玉胜头部被手榴弹的弹片掠伤，满面血污。他的岳父身中数弹，已奄奄一息，杨勇命军医抢救。

卫生员在给刘玉胜包扎伤口时，杨勇问："小王庄是谁的部队？"

"我手下第四连。"刘玉胜垂头丧气地说。"命令他们放下武器，立即投降！"

刘玉胜见八路军军医正在抢救他的岳父，感激地朝杨勇点了点头。他写了一封信，交给一名被俘的伪军营长，挥了挥手："让弟兄们投降吧！"

十几分钟后，小王庄的枪声消失了。杨勇举起望远镜，看到一群伪军列队走来，个个左肩扛枪，右手高举着枪栓。

杨勇赶到张楼，向罗荣桓和陈光汇报战斗情况，请示如何处置刘玉胜。罗荣桓没有急于答复，他让杨勇把刘玉胜带到张楼，亲自审问。

刘玉胜是本县人，以前曾在宋哲元部队当过排长，在喜峰口参加过对日作战。后来在韩复榘部队当官的刘本功把他拉回来，让他当连长。山东沦陷以后，刘本功当了汉奸保安司令，刘玉胜也跟着当了伪军团长。

罗荣桓和刘玉胜谈了一两个小时，然后把杨勇找来问道："你看刘玉胜这个人怎么办好？"

杨勇说："在这次战斗中，他的老丈人肺部中弹，我让医务人员给他治了，刘玉胜很感动。看样子，刘玉胜有些悔罪表现。"

罗荣桓点点头，沉吟片刻，说道："我看刘玉胜这样的人是可以争取的，争取过来要比杀掉好。他在当地有一定影响，争取他一个，可以影响一大批人。"

按照罗荣桓的意见，杨勇多次找刘玉胜谈话，并派团政治部秘书吕鸿专门负责刘玉胜的思想工作。刘玉胜感激涕零，写了一份《告同胞书》，在郓城四乡广为张贴。

> 玉胜不才，身为中华民国之军人，乃受敌伪之迷诱，沦为卖国求荣之汉奸。……樊坝之役，幸被生俘，得蒙不死，备享优待，并晓以救国救民之大义，教诲良深。……玉胜扪心自问，愧悔交集，今获开释，恩同再生。……誓当重整旗鼓，投效抗战，将功折罪，以雪吾耻，以报国人……

刘玉胜不久拉起了一支200人的武装，要求编入八路军。杨勇派吕鸿去任政治部主任，后来这支队伍发展到800余人，被编为独立团。

樊坝一战，扩大了八路军的影响。当时，在老百姓中流传着这样一首歌谣：

> 正月里来正月正，
> 东进支队到山东。
> 罗荣桓、陈光领兵马，
> 杨勇将军是先行。

二月里来杏花红，

奔袭樊坝是杨勇。

活捉伪军五百七，

义释团长刘玉胜。

鲁西的局面打开后，部队继续东进。郓城百姓害怕刘本功报复，纷纷挽留八路军。罗荣桓和陈光商量后，决定将杨勇留下。六八六团三营、师直两个警卫连和教导队合编为东进支队第一团（后扩充为独立旅），杨勇任团长。张仁初、刘西元接任六八六团团长和政委，率一营和二营随师部继续东进。

1939年3月7日，东进支队渡过运河，进入泰（山）西地区。陈光在马上展开地图一看，发现离汶上县城只有十几里路。他略一思考，心生一计，收起地图对作战参谋说：

"把骑兵连连长给我叫来。"

"是！"作战参谋勒转马头，应声而去。

不一会儿，骑兵连连长策马赶到，陈光对他说：

"前面不远就是汶上县城。你带骑兵连警戒前进，侦察敌情，一律穿上日本鬼子的服装，见机行事，明白吗？"

"明白！"骑兵连连长疾驰而去。陈光望着他的身影满意地笑了。

汶上县城西北五里的草桥有个伪军据点。哨兵见一支"皇军"骑兵飞驰而来，连忙站在路边立正敬礼。

一位"太君"骑在马上叽里呱啦说了一串"日语"。哨兵愣在那里满脸茫然，不知所措。这时，骑兵队伍里走出一位"翻译官"，喝令：

"联队长来阅兵，快把队伍集合起来！"

伪军大队长闻报，立即集合队伍，并亲自出来迎接。骑兵突然冲进据点，将伪军包围。伪军大队长吓得满头大汗，慌忙解释：

"在下不知联队长大驾光临，有失远迎，请太君息怒，太君息怒！"

忽听马上的"太君"纵声大笑："老子是八路军！想活命统统放下武器！哈哈哈……"

"缴枪不杀！缴枪不杀！"

伪军在四面如雷的吼声中，吓得魂飞魄散，纷纷缴械投降。

"草桥阅兵"的故事，很快在泰西的老百姓中四处流传。

1939年3月14日，陈光、罗荣桓所部在东平县常庄，与中共泰西地委和由泰西抗日武装编成的山东纵队第六支队会合了。地委书记董君毅（即段君毅），第六支队司令员刘海涛、政委张北华等人热烈欢迎主力部队的到来。随后，统一领导泰西、运（河）西、鲁西北工作的中共鲁西区委领导人也赶来常庄，与第一一五师一起行动。区委书记张霖之紧握罗荣桓的手，连声说："你们来了就好了，我们开展工作就有靠山啦！"罗荣桓说道："你们在敌后工作辛苦喽，山东人多，真正的靠山是老百姓啊！"

不久，第一一五师师部和教导大队协助第六支队进行了整训，师政治部干部则会同地方党组织组成民运工作队，分赴附近各县发动群众，发展党组织，扩大抗日武装，建立抗日民主政权。

陆房突围

1939年3月下旬的一天，罗荣桓带了一个骑兵排，前往津浦路东沂蒙山区的沂水县王庄中共中央山东分局驻地，会见了山东分局书记郭洪涛，山东纵队总指挥张经武、政委黎玉、政治部主任江华。这次会见，为以后第一一五师与山东纵队共同坚持山东斗争打下了基础。

回到泰西后，罗荣桓与陈光一道，在当地群众和山东纵队第六支队的协助下，率领东进支队拔除了汶河两岸的所有据点，歼灭伪军1000余人，还瓦解了一万多人的反动会道门——红枪会。泰西根据地得到迅猛发展。

八路军深入泰西，严重威胁着济南、泰安和津浦路中段。

日军驻山东最高指挥官、第十二军司令官尾高龟藏中将很快查明，泰西地区集结的上万人的共产党武装，其骨干正是民间流传的所谓"从平型关下来的老八路"——著名的中共"王牌军"第一一五师。尾高龟藏决心趁八路军第一一五师立足未稳之际，一举将其击溃。

1939 年 5 月 2 日，日军从济南、泰安、肥城、东平、汶上、宁阳等 17 个城镇分头出发，大举进犯泰西根据地。日军以第一一四师团第一二八旅团为主力，集结 5000 余人，出动坦克、汽车 100 余辆，各种火炮 100 余门，另有伪军 3000 余人配合行动，兵分九路，形成铁壁合围之势。

5 月 9 日，尾高龟藏扫荡了抗日根据地的外围，开始向肥城以南中心区合击，步步紧缩其合围圈。第一一五师师部、六八六团、津浦支队与鲁西区党委机关等，共 3000 余人，陷入敌人的包围圈内。

此时，罗荣桓到汶上支队检查工作去了。陈光正苦思破敌良策之际，段君毅匆匆赶来。

"陈师长，不能犹豫，要当机立断呀！我们的第六支队大多是本地人，熟悉地形，我们在前面开路，全部人马向西南方向转移。你看如何？"

陈光未及细想，匆匆决定："好吧，就这么行动。"

5 月 10 日凌晨，泰西根据地所有军、政单位开始向西南方向转移。第六支队为先导，其后是第一一五师师部和直属队、中共鲁西区党委和泰西地委、孙继先的津浦支队，最后是六八六团。当队伍走出肥南山地，视野里全是一马平川之时，陈光不放心起来，认为还是山区保险，立即决定向北部的大峰山区转移。山东纵队第六支队由于未接到命令，继续按原定路线行动，很安全地突出了包围圈。向大峰山区转移的部队，却遭到敌人重兵堵击，不得不退守陆房地区。

陆房地区是一个拥有十余个村落的小盆地，纵横不足十公里，周围低山环绕，无法隐蔽大部队，形势十分危急。

当日夜间，陈光在陆房村召开紧急军事会议。他一旦下定决心，便显得镇静自若。他盯着方桌上铺着的那张皱巴巴的地图吸了一口烟，冷静地向围坐在四周的七八个指挥员说道：

"我们已经被重重包围，尾高龟藏的指挥部设在演马庄，离此只有十公里，形势很严峻。陆房周围群山环绕，利于防守。我们要抓住敌人不善山地作战的弱点，以己之长，攻敌之短。粉碎敌人围攻的办法只有一个。"陈光用拳头猛击地图，"打！勇敢机智地打！现在所有部队的任务是保卫师部和地方党政机关，拂晓前做好战斗准备。坚守一天，明晚再寻机突围。"

陈光是位出色的战术家，决心以陆房为中心，依托周围山冈构成环形阵地，他估计到只要一处被突破，全局便陷入危机。由于兵力有限，不得不以浅纵深维持宽大正面，他果断地采取多屯少摆的战术，宽正面、多要点、小兵力的顽强抗击与主要方向上机动兵力的反突击相结合，即机动防御与阵地防御相结合。他命令六八六团占领陆房西南的肥柱山和牙山，津浦支队和师特务营扼守陆房以东和东北的凤凰山。

11日拂晓，陆房山区晨雾弥漫，突然空中升起三颗红色信号弹，这是日军攻击的信号。紧接着，隆隆的炮声响成一片。

十几分钟后，敌人停止炮击，日军蜂拥着朝六八六团阵地攻上来。二连连长龚玉烈隐蔽在牙山悬崖附近的一块岩石旁，手握驳壳枪瞄准一名日军军官。"啪！"一声枪响，那名军官仰面跌倒，军刀甩出好几米远。战士们从岩石后、树丛中一跃而出，手榴弹纷纷抛出，在连串的爆炸声中，密集的机枪火力猛烈射向日军。仅几秒钟，敌人便纷纷滚下山去了。

六八六团政委刘西元在团指挥所见状，大声喝彩："打得好！近打猛打，不到跟前不开枪，像二连这么个打法，敌人就惨啦！"日军接连向牙山发起三次攻击，都被龚玉烈用灵活机动的战术打垮，于是绕过牙山向肥柱山扑来。日军集中炮火向肥柱山猛烈轰击，顿时，浓烟滚滚，木石横飞。

陈光给张仁初打来电话："张仁初！我们有的部队过于密集，被敌人炮火杀伤严重。只知道豁出命来硬拼，没有全局观念，一锤子买卖的思想要不得！要组织小部队反击，争取主动，挤在阵地上被动挨打怎么行？记住我昨晚交代的战术，机动防御与阵地防御相配合！"

"师长，我明白啦！"

张仁初抓起电话准备通知各营打反击时，不料电话线被炸断。

"政委，我到一营去！你在指挥所掌握全盘。"说完，张仁初将两支驳壳枪往腰间一插，纵身跳下石坎，冒着纷飞的炮火朝一营阵地摸去。

日军攻了一上午，没有一点儿进展，中午便改变战术，由轮番攻击变为集团冲锋。他们将各种火炮集中在山脚下向山头阵地猛烈轰击。由于陈光提醒得及时，八路军各阵地上的防守兵力大多撤下去了，变成了以战斗小组为单位的机动兵力，主动逼近敌人，寻机歼敌。

在牙山阵地，敌人终于攻上来了，惊心动魄的肉搏战随即展开。龚玉烈一枪击毙一名日军指挥官，夺过军刀一连砍倒几名敌人。

二营七连的阵地也面临危机。董指导员头部负伤，满脸血污，仍然挺着刺刀勇猛冲锋，转眼间便刺倒了三名敌人。当他将刺刀捅进第四名敌人的腹部时，一名日军士兵朝他侧刺过来。董指导员迅速闪身，让鬼子扑了个空。他赤手空拳与敌周旋，最后抱住那名敌人滚下悬崖，与敌同归于尽。

在三连阵地，一营教导员王六生和三连连长杨振洪指挥部队奋勇反击，打垮了敌人八次冲锋。指战员还没来得及喘息，敌人又发起了第九次冲锋。魁梧健壮的加强班班长，刺啦一下扒掉上衣，跳上一块岩石，将五枚一捆的集束手榴弹扔向敌群。"手榴弹！"他边投边喊。战友递来的手榴弹，他不管几个，咬牙跺脚，振臂一挥，手榴弹便飞向了敌群。他正扔得兴起，突然一颗子弹钻进胸脯，身体摇晃起来。他的手里还握着一束拉了环的手榴弹。只见大汉左手捂胸："来吧！小日本兔崽子！"他用尽最后的力气将手榴弹扔了出去…… **4**

下午 3 时，日军一个中队 200 余人从六八六团与津浦支队接合部，突破防线，一直挺进至陆房村附近。陈光见师部危在旦夕，提着驳壳枪率领警卫排亲自迎敌。警卫排战士一阵猛冲猛打，将敌人队形冲散。陈光和几位参谋被裹在队伍里一直冲出了包围圈。

六八六团和津浦支队接到师部告急的电话，各派一支突击队，两路夹攻，将突入之敌又打了出去。黄昏后，四面枪声稀疏下来了。

尾高龟藏为防八路军突围，控制了陆房周围各制高点和大、小路口，并燃起熊熊大火。

在六八六团指挥所，张仁初和刘西元正拿不定主意从何处突围。这时，侦察员领来一位老人，两人一看是宋大爷，喜出望外地迎上去：

"您来得太是时候啦！我们还要请您带路呢！"

"我正是为这个来的。"老人把手向牙山一指，"那边有一条小路，可以爬上山顶。"老人停了一下，接着说，"只是离鬼子的火堆太近，老鹰嘴的路也难走呀！"

"不要紧，我料想敌人在那边一定兵力空虚。"张仁初拉着老人的胳膊说，"只要您能带路就行，敌人绝不会想到我们会往火堆跟前钻。"

话音未落，师参谋处处长王秉璋赶来，传达了陆房村紧急会议的决定："立即轻装，肃静突围！"

22时许，大队人马在宋大爷的带领下开始向牙山突围。

大家深一脚浅一脚，不时有人摔倒，后面的人紧盯着前面人胳膊上的白毛巾，一个跟一个，悄悄前行。所有的人都用脚尖探着路走，稍不小心就有跌入路边悬崖的可能。部队在悬崖边蜿蜒而上，这就是宋大爷指的老鹰嘴，果然难走！

快接近崖口时，忽听山顶的日本兵厉声喝道：

"答累嘎（哪一个）？答累嘎？"

战士们无人吱声。日本兵"啪！啪！"开了两枪，子弹擦着头皮飞过。不知哪个愣头愣脑的战士回击了一颗手榴弹。轰隆一声，炸起一团火光。日本兵在山上哇啦哇啦乱叫，急促的口哨声和军犬的吠叫声将大家的心揪得紧紧的。

刘西元率领先头部队飞快地奔走，中间的机关人员紧跟着也越过了牙山，可是殿后的部队却没有跟上。刘西元只好下令原地待命，等候后续部队。

这时，山沟里突然传来草木相碰的声音，接着看到影影绰绰上来了一支队伍。

"上刺刀！"刘西元小声下令。

"是我们，二营的！"沟里的队伍已经看清了，他们胳膊上有白毛巾。原来，当手榴弹爆炸后，后面的部队怕遭到日军的阻截，灵机一动，用绑腿结成绳子吊在树桩上，一个个溜到沟底，沿沟道摸了出来。

第二天拂晓，日军再次集中火力向陆房山地猛烈轰击。当他们冲上山头时，发现上面连个人影都没有。尾高龟藏不信，亲自赶到陆房察看。他环视被炮火打得光秃秃的山头，在心中默念："神兵！神兵的有！"

这时，一位中队长报告"缴获"了一百多匹骡马。不久，又有人不断报告发现了八路军掩埋物资的地点。尾高龟藏中将看到从地下挖掘出了大批八路军的服装，灵机一动，命令士兵逼迫老百姓穿上那些服装，排队等待拍照。

几天以后，东京的报纸上便登载了皇军在山东"肃正"作战取得"辉煌战绩"的消息，大肆吹嘘，尾高龟藏中将以伤亡 1200 人（其中大佐联队长以下军官 50 名）的代价，取得了消灭共产军一万多人的"赫赫战果"。报纸上还配有尾高龟藏的大幅照片，当然还有"八路军俘房"的照片。

尾高龟藏拍完照，下令将老百姓统统杀死。日军将阵亡者的尸体扔上汽车，其中那名大佐联队长的尸体用专车拉着。日军的尸体太多，一时拉不完，便堆成 7 大堆，浇上汽油点火焚烧。

1939 年 5 月 12 日，各突围部队安全转移到了东平县无盐村。

第二天，第一一五师召开了陆房突围总结会议。会上，有人对陈光带少数人脱离主力的行为不满，埋怨道："要是罗政委在，就不会受到敌人的包围了。"

罗荣桓维护了陈光的威信，他说：

"我们伤亡了360人，但是消灭了敌人1200人，是个大胜仗嘛！虽然骡马驮子丢掉了，能更加轻便灵活，我们得感谢尾高龟藏给我们搞了轻装。"陈光低着头，闷闷地抽烟，他在内心里很感激罗荣桓，但陆房一仗对他的威信是个不小的损害。他于1927年参加湘南暴动，在十多年的枪林弹雨中由一个普通农民锻炼成为红军的优秀指挥员。但随着形势的发展，尤其是第一一五师入鲁以后，复杂的形势对指挥员提出了更高的要求，而他文化水平不高、性情急躁等缺点，也逐渐显得与飞速发展的形势不大适应。这位战功卓著的一代名将，也许就是从这一天开始，逐渐从第一一五师的至尊位置上退居次席。

罗荣桓当家作主的时代开始了。

徐向前经营山东根据地

在罗荣桓与陈光开辟泰西根据地的同时，徐向前和朱瑞带领一批干部，到山东加强抗日斗争来了。他们一行人于1939年6月初从冀南威县北的东大成出发，一路向南，从范县开始东进，于6月29日到达沂蒙山区的代庄，与中共中央山东分局和山东纵队的领导人会合。

徐向前一到山东，正赶上日军对鲁中地区发动第一次大"扫荡"。

这次"扫荡"是6月初开始的。日军两万余人，以津浦、胶济、陇海路东段及烟（台）潍（县）公路要点为出发地，分十路合击沂蒙山区。驻扎在莒县、沂水、蒙阴等地的国民党军队一触即溃。日军"扫荡"的巨大压力，全由共产党领导的根据地军民承担了。

徐向前听了情况介绍之后，即全力投入反"扫荡"的指挥。

当时山东纵队已有十来个支队，三万多人，但成立时间短，战斗经验少，干部缺，装备差。头一次遇上敌人这么大规模的进攻，部队的处境非常艰难。好在沂蒙山区地形便利，不像平原地那样无依托，加上部队指战员多是本地人，熟悉地形、民情，借助青纱帐和群众掩护，辗转游击，顽强地抗击着敌人的进攻。

1939 年 7 月中旬，反"扫荡"一结束，徐向前即开始着手统一建制，健全领导机构。8 月，经中央批准，正式组成八路军第一纵队，徐向前任司令员，朱瑞任政治委员，统一指挥山东和苏北的八路军各部队。山东分局，由郭洪涛、徐向前、朱瑞、罗荣桓、黎玉、张经武、陈光、彭雪枫（时任新四军游击支队司令员）组成，郭洪涛任书记。继而成立山东军政委员会，朱瑞、徐向前、郭洪涛、罗荣桓、黎玉为委员，朱瑞任书记。8 月 10 日、18 日，《大众日报》两次刊登徐向前、朱瑞的就职通电。电称：

案奉

国民革命军第十八集团军总司令朱、

副总司令彭委令开

兹委徐向前为第十八集团军第一纵队司令员，朱瑞为政治委员，统一指挥山东与苏北境内所有第八路军各部队，等因奉此，遂于七月中进抵鲁南就职视事。自维轻材，难膺重寄，绠短汲深，每虞殒越，唯了兹国难，只有勉竭驽骀，在总司令于、副总司令沈、韩诸公领导下，追随各友军之后，为坚持抗战，坚持统一战线奋斗到底。敬恳时赐南针，以匡不逮，谨电奉闻，伫候明教。**5**

郑重地发表这样的通电，是出于开展对敌斗争、建立抗日民族统一战线的需要。徐向前在回忆文章中写道："从我到山东时的情况看，那时山东还能算巩固的或较好的抗日根据地。就鲁南来说，还只是一个游击区。主要是政权还没有建立起来。因为没有政权，不能顺利地筹粮筹款，几万部队的穿衣、吃饭、医药、装备等，就都不好解决。没有政权也不好发动群众，你在时群众发动起来了，你一走就都散了，象流水一样过去了。"**6**

为了建立抗日民主政权，徐向前曾亲自到国民党鲁苏战区总司令于学忠那里谈判。

于学忠热情地接待了徐向前。谈话是友好的，只是于学忠不赞成八路军搞政权，他说：

"你们抗日，就不要搞地方政权了，八路军是军队，不能搞政权。你们也搞政权，我这个省政府怎么搞哇！"

"我们是抗日的军队，要搞抗日根据地，就得建立政权，发动群众。有了政权，有了群众，才好打日本鬼子。"徐向前说道。

"你们不搞政权，也可以抗战呀！"于学忠还是不同意。

"我们的部队抗战得吃饭，没有自己的政权就没饭吃。你们的政府，一不给我们粮款，二不给我们枪弹，连应该发给八路军的薪饷都不给，我们不搞政权怎么办！"

经徐向前反复解释，于学忠虽然同意了八路军可以在根据地内搞政权，但说"要合乎法律"，意思是要经过省政府的核准与委任。徐向前只接受他的前半句搞政权，不接受后半句——"要合乎法律"。他知道，要合乎蒋介石的法律，就不可能有共产党的政权。

根据当时的形势发展与特点，徐向前在建立民主政权时采取了三种方式。

一是条件成熟的地方建立民选政权。如在冀鲁边、鲁西、鲁南和胶东。1939年夏季，敌人对沂蒙山区大"扫荡"，国民党的县长都跑掉了，政权垮台。利用这个机会，我党先后在莱芜、新泰、蒙阴、沂水、临朐、东平、平阴、宁阳、长清、泰安等县建立了抗日民主政权。到1940年3月间，全山东有完整与不完整的民选县政权40多个，11月达到近80个，年底发展到90多个，还有1个行政主任公署、14个专署、250多个区政权。此外，还成立了山东省参议会，由进步人士范明枢任议长。成立了战时工作推行委员会，黎玉任主任委员，实际是行使省政府的职权。

二是建立"两面政权"。即在敌占区、敌之"巩固区"、铁路沿线和中心城市，利用敌伪政权中的进步分子或秘密派人进去，进行抗战工作。徐向前回忆说："有一些名为伪政权，实际是我们的人，象电影《平原游击队》里那样，我们过铁路时，他喊'平安无事哟'，送我们过铁路。我们临走时，把他绑在树上。敌人来了骂他为什么不报告！他就说：'你看，他们把我绑在树上，我怎么去报告呀，'就蒙混过去了。"**7**

三是促使国民党控制的政权实行民主化。这是一项长期而又非常艰难的工作。办法首先是揭露那些政权腐朽、堕落、不民主的丑恶现象，公之于众，让民众去分析、鉴别，认识到改革那些政权的必要性。其次是要求实行民主，要求使用各党各派的人才，要求减轻民众负担，改善人民生活。第三是发动群众组织宪政促进会，用以打破蒋介石长期"训政于民"的做法。1940 年 2 月，山东全省宪政促进会成立，徐向前被选为执行委员。

此外，徐向前认为，在政权的外围，普遍组织群众性抗日救亡团体，是巩固抗日根据地和民主政权不可缺少的一个环节。经过全山东共产党和八路军的一致努力，群众组织发展很快。妇女救国会、工人救国会、农民救国会、自卫团，是群众组织的主要基干力量，连同文化界、教育界，以及儿童组织，到 1940 年 4 月至 5 月间，参加的人数已达三百万以上。他们在参军参战、抢救伤员、捉拿汉奸、报告消息、掩护共产党和八路军工作人员等方面，发挥了重要作用。

激战梁山，"智取生辰纲"

陆房突围之后，根据形势的变化，第一一五师主力化整为零。

津浦支队在孙继先的率领下挺进到津浦铁路以东。随后，政治部副主任黄励和参谋处处长王秉璋率师部司、政机关也转移到路东。师直属队和教导大队也先后跟进到路东。

尾高龟藏在泰西地区反复扫荡，陈光和罗荣桓带领特务营被迫西返运西地区，来到梁山一带与杨勇会合。此时，杨勇的独立团已与游击第七支队合编为独立旅，杨勇已经是旅长兼政委了。

1939 年 8 月 1 日清晨，梁山前集第一一五师师部驻地一派节日景象。八路军战士在村东的禾场上拉起了"庆祝八一建军节"的横幅，刚刚搭起的戏台子上贴满了红红绿绿的标语。

太阳一出来，天就热了起来。罗荣桓挥着一把芭蕉扇，倚着古树，在蝉鸣声中看起《水浒传》来。

《水浒传》中描写的宋江等 108 条好汉聚义的地方，正是此地。这里位于运河以西、黄河南岸，古时四面环水，故称水泊梁山。后因黄河改道，梁山周围渐渐干涸为平地。《水浒传》演绎了一出荡气回肠的好汉歌，梁山因此而闻名天下。第一一五师师部现今所在的这所古老祠堂，据说正是当年聚义厅（后改忠义堂）的所在。

罗荣桓正看得出神，作战参谋来光祖匆匆闯入大院：

"侦察员报告，断口方向发现敌情，有一大批日本鬼子和伪军朝这里开过来了。"

罗荣桓一愣，立即放下书："有多少敌人？"

"还不清楚，距离远，侦察员没看清楚。"

"再派侦察员，查明敌人的兵力和企图。"罗荣桓命令道。

一个小时后，来光祖报告："敌人继续朝梁山开来，日军 300 余人、伪军 60 人，配有两门大口径野炮和一门九二式步兵炮。"

"有后续部队没有？"陈光急问。"没有。"

陈光双目闪光，兴奋地说："这不是给老子送炮来了吗?"罗荣桓轻摇芭蕉扇："看来敌人是孤军深入。"

"老罗！吃掉敌人，你看怎么样?"陈光紧盯着罗荣桓眼镜片后面那双明亮的眸子。

"好!"罗荣桓表示同意。

陈光走到地图前:"立即命令特务营二连和骑兵排前去阻击、迟滞敌人,独立旅一团三营火速赶到独山庄以南地区,相机歼敌。一团的其他部队负责对汶上方向的警戒,防备敌人增援。"

"是!"来光祖转身欲去,罗荣桓又交代通知独立旅政治部主任欧阳文速来师部。

欧阳文飞马赶到。一进祠堂,他见罗荣桓手摇芭蕉扇,悠然地踱着步子,不像来参谋在电话里说得那么紧急嘛!

罗荣桓挥扇指着香案上的《水浒传》说:"你看过这本小说没有?"欧阳文不知罗荣桓所指何意,没有立即作答。

"现在我们要当回梁山好汉,智取生辰纲。"罗荣桓笑道,"敌人一个大队把三门大炮送上门来了。现在陈师长带特务营出发了,你在梁山一带时间久些,找你来是想让你负责战场勤务工作。"

"坚决完成任务!"欧阳文抹了一把脸上的汗水,坚定地说。

罗荣桓拿起书,翻了翻:"在水泊梁山,一面指挥打仗,一面看《水浒传》,蛮有意思哩!"

上午11时,特务营二连的战士们在青纱帐的掩护下,神不知、鬼不觉地接近了敌人,连牵引炮车的骡马的喘气声都听得清清楚楚。

这伙敌人是日军第三十二师团一部,大队长为长田敏江少佐,是日本天皇的亲戚。这支队伍于1939年5月初才离开东京,来华不到三个月,还没有尝到过八路军的厉害,所以一副"武装游行"的架势:四匹马牵引的大炮走在最前面,其后是四路纵队。尤其那两门大口径野炮,炮筒上还系着红绸带,是刚从欧洲买来的。尾高龟藏特地把它们交给长田敏江,让他携带新式武器从济南出发,经泰安、汶上,一路耀武扬威,恫吓各地抗日武装。

骄横的日军丝毫没有察觉在其侧翼,有一支八路军正与他们平行前进。

忽然，从路旁高粱地里飞来几十颗手榴弹，继而枪声大作。长田敏江拔出指挥刀下令还击，十几挺轻、重机枪一路摆开，大炮也掉转了方向，可是还没开火，青纱帐又恢复了平静，对手在绿色的海洋中消失得无影无踪。

长田敏江认为这不过是些惯于偷袭的游击队，一旦拉开牛刀宰鸡的架势，便会把"土八路"吓得一哄而散，于是命令部队继续前进。中午12时，敌人抵达梁山脚下的独山庄。

长田敏江勒住马头，挥手下令停止前进，原地休息。他哪里料到，一张巨大的罗网正在悄悄收缩。

中午12点半左右，独立旅一团三营（原六八六团三营）接到了骑兵通信员送来的命令。营长刘阳初、教导员张云即刻带队出发，一口气急行军10余公里，来到了独山庄南面4公里处的一个村庄里。

下午4点半左右，营长刘阳初等侦察敌情、地形回来，立即召开连以上干部会，研究作战方案。据侦察，独山庄靠近梁山西南面，村里有骡马店、作坊等，还有几座石灰窑。庄北面有座小山，不太高，也不太陡，是这一带的制高点。四周的青纱帐十分有利于我隐蔽接敌。敌人进占独山庄后，派出伪军一个排，约20人，另有日军三五人，占领了庄后的小高地，但未修筑工事。绝大部分日军在庄南面一座大院外的树林下露宿，三门炮被放在院外。敌人在炎热的气候下，经过连续行军作战，已经是人困马乏、疲惫不堪了。他们胡乱地向梁山和庄外四周的青纱帐里，零零星星地打了一阵枪炮进行火力侦察后，便洗澡的洗澡，睡觉的睡觉，做饭的做饭……完全处于松懈、麻痹状态。

刘阳初给各连部署了战斗任务后，强调在全歼守敌的同时，一定要把大炮夺到手。

夜幕悄然降落。

擅长近战、夜战的八路军早就按捺不住了。晚上8点半左右，随着一声清脆的枪声打破战前的寂静，北面的特务营二连、南面的一团三营一齐开

71

火，梁山沸腾了。

长田敏江是初上战场，战斗打响时正好站在石灰窑旁，被手榴弹炸起的石灰搞得灰头灰面，一时不知所措。他的士兵们有的光着脊背，有的穿着短裤，纷纷窜向庄南面的那个大院里，躲避八路军的攻击。野炮小队的尻野小队长见大炮被弃在院外没有人管，气得挥刀哇啦哇啦乱叫，一伙日本士兵又退出来，推的推，拉的拉，将大炮吱吱呀呀拖进大院。

清醒之后的长田敏江拔出指挥刀冲进大院，将士兵分成十几个战斗小组，以四面开花的战术寻路突围，但十几次冲锋都被打了回来。长田敏江在大院里举着指挥刀，狂跳着，突然一颗子弹飞来，击中他的右臂，长田敏江负痛缩回房子，连指挥刀掉在地上也不管了。尻野小队长指挥炮兵将炮管摇得几乎与地面平行了，朝八路军占领的房屋猛烈轰击。每开一炮，炮身就像受惊的骡马似的一蹦老高，在成片的房屋纷纷倒塌的同时，日军炮兵也不断被难以驯服的大炮震得东倒西歪，大炮周围躺倒了一大片呻吟不已的伤兵。

几门大炮并不会改变这伙亡命徒覆灭的命运。天快亮时，只剩最后几十名日军在骡马大店院内的几间房子里负隅顽抗了。

这时，师政治部秘书长苏静来了解战斗情况。他和来光祖在电话里向罗荣桓汇报了情况。只听电话那头的罗荣桓说：

"你们面前的这伙敌人是孤军冒进，现遭我痛击，伤亡惨重，残敌想固守待援。但是汶上敌人兵力空虚，抽不出援兵，其他据点的援兵至少要到明天中午才能赶来。要深入动员，告诉大家不要顾虑敌人增援，当前形势对我们非常有利，要集中力量，一鼓作气，穷追猛打，争取上午10点钟前全歼残敌！"

"坚决执行命令！"来光祖在电话里向首长保证。

最后的攻击开始了。所有轻、重机枪猛烈开火，八路军战士趁机冲进大院，与敌人展开逐房逐屋的争夺战。

三班长曹大顺听到敌人的炮声就在附近，招呼战士沿着石灰窑绕到了敌人炮兵阵地的背后。六名战士一拥而上，一顿猛刺，敌人倒在血泊中，一门大炮到手了。另一门大炮还在毫无目标地轰击，开炮的正是尻野小队长。曹大顺猛扑上去，用铁钳般的双手卡住他的脖子。尻野大概会柔道，身体下蹲，屁股一撅便挣脱了。一名战士眼疾手快，用枪托猛击他的太阳穴，尻野像一摊稀泥软了下去。李占山在抢夺第三门大炮时，头部中弹，晕倒在地。当他苏醒时，发现一名日军嗷嗷怪叫着正追小战士王栓。李占山挣扎着爬起，一头将敌人撞倒在地。王栓机灵地转身，一刺刀捅进鬼子的胸膛。经过反复冲杀，三门大炮都被曹大顺班缴获了。

上午9时，罗荣桓和陈光骑马来到前线指挥所。

来光祖汇报战况之后，罗荣桓果断地说："房子打坏了，战后再赔偿，要不顾一切消灭敌人！"

来光祖立即遵照指示，临时组成投弹组、作业组和火力掩护组。作业组在火力掩护下挥锹舞镐，掘墙打洞，有的战士爬上房顶，从房顶上创洞；投弹组将集束手榴弹往洞里扔，炸得房里的敌人无处躲藏，只好拼命往外冲。骑兵连战士等在门外，敌人一窜出来，他们就追上去挥舞马刀猛砍。

特务营十连一排排长王福山发现石灰窑旁有个人影一闪，再定睛看时已不见踪影。

"三班，包围石灰窑！"王福山挥臂大声命令。

"快出来，缴枪不杀！"战士们拉动枪栓怒喝道。

"别开枪！别开枪……"一名伪军举着双手钻出窑门。

"里面还有人没有？"王福山问。

伪军哆哆嗦嗦地说："里边……有……鬼子。"

战士们吼了一阵，一点动静都没有。王福山忍不住了，带领战士冲了进去。只见几个日本兵像秋鸡似的，头朝里，腚朝外，龟缩在一起。原来，这伙日军是尻野小队的炮兵，炮丢了，个个赤手空拳。王福山下令将他们一一拎出窑洞。

独立旅旅长杨勇听到梁山一带枪炮声响了一整夜，也按捺不住参战的欲望，带领骑兵班赶来了。这时候，他们也投入捕俘战斗。

杨勇见许多战士围着一幢孤零零的房子在喊"缴枪不杀"，于是翻身下马，说："不是教了日本话吗？怎么还喊中国话！"

骑兵班班长齐宏才正好骑马赶到，高声叫道："有了！有了……"

齐宏才跳下马从怀里掏出一本油印的小册子，走到房子门口，照着小册子哇啦哇啦大声朗诵起来。小册子是旅政治部印的，里面有20多条常用的日语，注上谐音的汉字。如"日本兄弟缴枪不杀，八路军优待俘虏""你们都是劳苦人，劳苦兄弟是一家"，等等。

喊了一阵，房子里有动静了。几名鬼子将枪举到头顶走了出来。每人手里还捏着一张纸条，上面写着："我是工人""我是农民""我家里没有田地"……有个叫山国一郎的，还写了两句古诗："谁道天下无知友，白云芳草俱有情。"

时近中午，战斗结束了。

这场战斗共毙敌300余人，俘日军13人，伪军30余人；缴获野战重炮两门、九二式步兵炮一门、掷弹筒三具、轻重机枪共17挺、步枪200余支。日本天皇的亲戚长田敏江躺在石灰窑旁的凹地上，身上有两处枪伤，临死前还挣扎了一阵，滚了一身的石灰。

老百姓听说八路军打了大胜仗，敲锣打鼓，拉着西瓜、猪肉前来慰问。大家见了那两门大炮，很是稀奇，都过来摸摸。

"从来没看到过这么大的炮哇！"

"不赖！这下咱们的队伍打小鬼子，更有办法啦！"

特务营的战士奉命转移大炮。拉炮的洋马被打死了，只好从老百姓家中借了十几头牛套上拉，可是大炮摇摇晃晃不上路。

"错了！错了……我看鬼子拉炮时，炮口是朝后的。"一名侦察员提醒道。

果然，一掉头，大炮便吱吱呀呀上路了。罗荣桓在一片欢呼声中走进人群。

来光祖掏出一副眼镜，递上去，说："打扫战场时拣的，试试看，合适不？"罗荣桓的眼镜缺了一条腿，一直用棉绳拴在耳朵上。他戴上一试，笑道："就像专门给我配的！"

梁山大捷的消息轰动了鲁西各县，仅半个月就有 3000 名青年参加了八路军。中央军委和八路军总部发来贺电，表扬参战的师特务营和独立旅一团三营。蒋介石也发来一份嘉奖电："鲁西歼敌，斩获甚多，殊堪嘉慰"，并拨三万元慰劳费犒赏八路军将士。

当时负责日俘管理的独立旅秘书阎学增，曾作诗一首：

> 七月鲁西唱大风，
>
> 梁山好汉诗长缨。
>
> 冲锋彻夜英雄胆，
>
> 歼灭整营鬼子兵。
>
> 少佐长田非命死，
>
> 十三战俘得新生。
>
> 东平湖卷千重浪，
>
> 万里青纱正向荣。**8**

注 释

1. 参见中国人民解放军历史资料丛书编审委员会编：《八路军·回忆史料》(1)，解放军出版社 1990 年版，第 123 页。

2. 中国人民解放军历史资料丛书编审委员会编：《八路军·回忆史料》(1)，解放军出版社 1990 年版，第 236—237 页。

3. 参见中国人民解放军历史资料丛书编审委员会编：《八路军·回忆史料》(1)，解放军出版社 1990 年版，第 239 页。

4. 参见中国人民解放军历史资料丛书编审委员会编：《八路军·回忆史料》（1），解放军出版社 1990 年版，第 567 页。

5. 《徐向前传》编写组：《徐向前传》，当代中国出版社 2007 年版，第 224 页。

6. 参见中国人民解放军历史资料丛书编审委员会编：《八路军·回忆史料》（1），解放军出版社 1990 年版，第 573 页。

7. 参见中国人民解放军历史资料丛书编审委员会编：《八路军·回忆史料》（1），解放军出版社 1990 年版，第 574 页。

8. 参见中国人民解放军历史资料丛书编审委员会编：《八路军·回忆史料》（1），解放军出版社 1990 年版，第 592 页。

第 五 章

北岳战犹酣

第三五九旅激战上、下细腰涧——杨成武部血战大龙华——贺龙、张宗逊指挥陈庄围歼战——雁宿崖伏击战，白求恩医疗队"雪中送炭"——"名将之花"阿部规秀命丧黄土岭，蒋介石发来了嘉奖电——聂荣臻痛悼白求恩

第三五九旅激战上、下细腰涧

1939 年 5 月，日军对晋察冀抗日根据地的"扫荡"，由平原转向山区。一个月前，敌华北方面军第一军制定了对五台山地区的"扫荡"计划，确定从 5 月 8 日开始，先"将台怀镇周围之敌包围消灭"，得手后，"向五台山地夹击敌人，并在重点地点完成驻兵"；接着扫荡龙泉关一带和滹沱河谷，争取经过一个多月的作战，摧毁北岳区根据地。[1]

5 月 8 日至 9 日，日军第一〇九师团佐佐木支队和独立混成第 3 旅团加纳部队等部，共 5000 余人，由五台、繁峙、沙河、大营四路出动，开始"扫荡"台怀地区。

当时，八路军第一二〇师第三五九旅正在北岳区活动。

1939 年 5 月 10 日晚，第三五九旅七一七团接到旅部命令：迅速向晋察冀军区所在地的阜平县龙泉关地区转移。

龙泉关在台怀镇的东边，两地相距 50 多公里。为了避开敌人，七一七团选择了一条翻越大岭至龙泉关的山道。

5月11日，前进中的部队在铜钱沟一线与日军遭遇。

整个部队被挤在一条狭窄的山沟里。敌人依仗优势的兵力和武器，向七一七团发起了猛烈攻击，山炮排射，飞机轮番扫射，眼看就要冲进铜钱沟的后沟。

七一七团团长刘转连忙令第七连连长谭谦禄，带领全连迅速扑下山去，坚决堵击敌人。各营也迅速展开，抢占了两侧的高地，一场激战在铜钱沟里展开了。

战士们打退了敌人一次又一次的进攻，但不利情况也接二连三地出现了：敌人大量施放毒气，战士们的眼睛被刺激得直流眼泪，喉咙也被呛得咳嗽、作呕，气都喘不过来；电台被炮弹打坏，与旅部的联系断了；敌人的包围圈在一步步缩小。

刘转连的心情开始沉重起来。他靠在一块大石头上，默默地思考对策。

刘转连，湖南茶陵人，1930年参加中国工农红军，曾任湘东南独立师排长、红八军团二十二师连长和红六军团十七师营长、团长，参加了湘赣、湘鄂川黔苏区反"围剿"；1935年11月率部突破国民党军澧水封锁线，抢占沅江渡口，为红二、六军团主力突围打开了通路；长征中历任十七师参谋长、师长，模范师师长，是一位久经沙场的优秀指挥员。

他正思索着，政委晏福生走了过来，轻轻说道："从目前情况看，我们应迅速突出去。"

"我也这样想。"刘转连一边说着，一边再次察看地图，发现在台怀镇与五台山的东台之间，有一个约三公里的空隙地段。"政委，你看，"刘转连手指地图，"如果趁敌人合围之前，我们从这个地段钻出去，就能使敌人的合围计划扑空。"

"那就赶快简单开个干部会，让大家心里都有底。"

很快，各营营长和教导员被召集到小松树林旁边。这里，树木已被敌人的炮弹炸得东倒西歪，山风还不时吹来阵阵毒气，呛得大家直咳嗽。刘团长谈了与政委商定的方案后，对大家说：

"敌人的目的，是寻找我主力部队作战，很显然，如果恋战坚守，恰恰便于敌人发扬炮火、飞机的优势，一旦敌人集中主力，压缩了包围圈，将对我们更加不利。从正面突围，不仅主力会遭到重大杀伤，而且供给处的骡马，也必然在突围中受到损失。因此，目前我们在敌人尚未合拢口袋嘴的时候，迅速从空隙中突出去，才是上策。"

"那么，我们从哪个方向走呢？"一营长忙问。

"台怀！重返台怀！"刘转连马上回答，并补充说，"敌人既然对我们快要形成合围，那我们就大胆地乘空隙插到敌人的背后去！"

刘转连话音未落，突然，一排炮弹在附近爆炸，炮弹掀起的泥土盖了他们一身。刘转连抖了抖地图上的泥土说："就这样决定了，天一黑就行动，要保持绝对肃静。"

夜幕降临了，七一七团的大队人马像一条长龙。在当地一名老樵夫的引导下，踏上蜿蜒崎岖的山道。

天色漆黑一团，抬头不见星星，对面不见人影，只能借地上积雪反照出的一丝微光，辨认脚下的道路。山道狭窄，一边是万丈深谷，一边是石壁触天。再加上当时五台山冰封雪冻，道滑难行，稍有不慎，滑下山谷，就会被摔得粉身碎骨！开头，就有几头骡子因走滑了蹄，连同驮着的装备、器材，一起跌下了悬崖。因此，大家互相帮助，小心翼翼地向前移动着脚步，奋力向山顶攀登。

后半夜，部队行进到台怀近郊，听见台怀和东台人喊马嘶、鸡鸣狗叫。不多时，派出去的便衣侦察员回来报告说："敌人的先头部队，快接近台怀镇和东台了。"

"快！我们一定要甩掉敌人！"刘转连当即命令部队以最快的速度，穿过台怀与东台之间的空隙地段，向着更高的主峰攀行。很快，大队人马神不知鬼不觉地冲了出去，远远地避开了敌人。

在黎明的曙光中，刘转连、晏福生率部登上了五台山的顶峰——海拔3058 米的北台岭。

"我们站在山巅，俯视着一望无际的雄伟峰峦，和那些隐现在青松翠柏之中的亭阁庙宇，不禁轻松地吐了一口气，我们终于跳出了敌人的包围圈。"刘转连在回忆录中高兴地写道。**2**

1939 年 5 月 9 日，由大营镇出动之日军独立混成第三旅团一个大队 800余人，沿大寨口、神堂堡向台怀镇进犯，于 11 日到达台怀镇以北的土川里、盘道村，因前面山路有积雪，不好通行，遂企图沿原路经神堂堡回撤大营镇。

13 日，土川里、盘道村之敌由原路向大营镇撤退，当其进至口泉村地区时，遭到第三五九旅七一八团、教导营和骑兵大队的阻击，激战竟日，敌被歼一部。当晚，敌见经神堂堡撤回大营镇无望，遂改经上、下细腰涧的小路撤回大营镇。

此时，王震从军区开完会刚赶到七一八团。得到这一消息，他一边命令七一八团等部跟踪追击，一面令第七一七团先敌进至上、下细腰涧截击。但与七一七团的电台联系不上，王震非常着急。

到达五台山主峰北台岭的七一七团，于 5 月 12 日在北台岭背后的一个抗日工作区休息了一天，于 5 月 13 日沿着山背，向神堂堡方向进发。当时的第三五九旅旅部设在神堂堡。

部队走了一整天，在当天夜里来到繁峙县的上、下细腰涧，便在大山的北面宿营。哪知在大山南面的山腰间，却住着一股日军。这伙日军，正是在口泉村地区遭到打击，要经上、下细腰涧撤回大营镇的日军。七一七团与日军的宿营地虽只隔一道山梁，但因双方都是夜间宿营，彼此谁也没有发现谁。

5 月 14 日拂晓，七一七团准备出发。先头部队的一名管理员刚走出村口，抬头看见山梁上一队日军正在集合，便急忙跑回来报告，这才知道山南面有敌人。但这时，各营均在几里以外，刘转连身边只有一个警卫连。他心里十分清楚，敌我突然遭遇，狭路相逢勇者胜。于是，他马上带着警卫连，一口气冲上了山梁左边的山头，消灭了敌人的警戒，占领了制高点。

从制高点往山下一看，山南的沟里炊烟四起，原来日军正准备做饭。必须抓住这个有利战机！刘转连当即决定派政治处主任廖明和特派员分头去追二营和三营，让他们直接进入指定的山头阵地，坚决堵住敌人；警卫连即刻向集结在鞍部的敌人进行攻击，打他个措手不及，给王震旅长写信，说明这里的情况。

刘转连将写好的信交给通信排排长黄念怀，让他立即送往旅部。黄念怀接过信跑下山，正巧有一匹敌人受惊的军马驮着一门残缺不全的迫击炮跑过来，他奔上去拉过马，卸下炮筒，腾身上马，向神堂堡方向飞奔而去。他身后，传来了激烈的枪炮声，那是警卫连同敌人干上了。

警卫连是全团装备最好的连，仅机枪就有 10 挺，随着一阵猛烈的射击，战士们铺天盖地冲下鞍部。敌人遭到这意外的打击，措手不及，顿时人仰马翻，乱作一团。不一会儿，敌人清醒过来，发现归路被切断，开始了疯狂的反扑。

战斗从早打到晚，指战员们始终坚守阵地，又一股敌人冲上来了，连长谭谦禄抱着一捆手榴弹冲进敌群。敌人被炸死一大片，连长谭谦禄也壮烈牺牲。

日军的尸体，横七竖八地躺满了垭口。敌人激战一天，硬是没有走出垭口一步。

刘转连焦急地看着手表，时间一分一秒地过去，电台和旅部还没有联系上，送信的黄念怀也没有回来。是旅部转移了位置，还是黄排长半路遭遇了不测？他心里忐忑不安。

正准备再派人往旅部送信时，黄念怀突然策马奔回。他浑身汗水淋漓，脸色发白，战马全身也湿透了。战士们把他扶下马，他手中拿着信，"团长，信……送到了……这是王旅长的……回信……"话未说完，他就昏过去了。

"警卫员，马上安排黄排长好好休息！"刘转连一边说着，一边着急地打开信。

王震旅长在信上表扬他们打得很好，并说他正在调动部队，从敌人的后路包抄上来，只要七一七团坚决堵住敌人的退路，就能歼灭钻进口袋的这股敌人。

"太好了！"刘转连把信交给晏政委，"两下夹击，小鬼子这回完蛋啦！"

当天深夜，当日军刚刚向七一七团发起猛烈的冲锋时，在敌人后边，突然响起了清晰的枪炮声，这是王震旅长亲自带着七一八团和教导营，从敌人的侧后包抄上来了。顿时，战士们忘记了整日战斗的疲劳，一个个精神振奋、信心百倍地投入了围歼战斗。

经过一天一夜激战，共毙伤日军500多人，俘虏日军11人，缴获山炮和九二式步兵炮五门，轻、重机枪22挺，步枪300多支，战马200余匹。

天亮了，王震旅长和刘转连他们在一条山梁上会合了。王震紧紧地握住刘转连的手，高兴地说：

"你们打得很好哇，七一八团也打得很漂亮！"

当他看见战士们正兴高采烈地抬着缴获的火炮往骡子上绑的时候，兴奋地说：

"你们看，小鬼子给咱们三五九旅装备了第一个炮兵营哩！"

几个人大笑起来。

杨成武部血战大龙华

日军在"扫荡"龙泉关地区的同时，以一部于5月7日占领了河北易县大龙华镇。

当时，晋察冀军区第一军分区的部队，正在北娄山一带整训。

杨成武根据侦察员的报告判断：敌人在大龙华安下据点，是想打通涞（源）易（县）公路，扩大其占领区。

涞易公路全长100多公里，蜿蜒在崇山峻岭之中，从西到东，横穿一分区北部地区。一年多来，经八路军多次破路和袭击，它已基本瘫痪，敌人重要的运输队根本不敢通过。敌人这次占领大龙华，立起铁丝网，修筑碉堡，并派兵监督民工往西铺筑汽车道，是想打通这条公路，以便通过它运送兵员、物资，进攻晋察冀军区腹地，深入太行山。而"从我们一分区的角度看，一旦敌人打通了涞易路，就等于拦腰砍了我们一刀，把我们根据地的南部与北部分割开了"**3**。杨成武作了这样的分析和判断。

大娄山司令部里，杨成武他们连夜开会研究歼敌计划。

"打嘛。出来了就打掉它。否则，敌人在涞易路上修起碉堡，安上据点，连成一气，就不好打了。"副司令员高鹏摩拳擦掌地说，"敌人不多，我们整训已近三个月了，部队静久思动，一旦出击，准保如同猛虎下山。再说，整训的成果如何，正可以通过这一仗检验一下。"

"鬼子一来，路两侧的村庄被祸害得不浅啊。上千人的小盘石村，被烧得一干二净，就剩下一个小戏台子，那还是由于敌人的指挥官站在那里指挥烧杀，才留下的。要是敌人打通涞易路，成天兵马不断，沿途村舍的百姓就别想安生了。"政治部主任罗元发沉重地说。

看来是非打不可，可关键是怎么个打法？

大龙华的敌人虽然不多，但武器精良，特别是周围易县、梁各庄、涞源等据点的敌人，很可能出兵增援。最后，分区司令员杨成武根据大家的意见，作出先歼大龙华之敌同时准备打援的决定。

一天，侦察参谋快步赶来，身后跟着一位放羊装束的男子。参谋说："他主动找来的，要提供大龙华的敌人活动情况。"

杨成武请他坐下，问："你叫什么名字？""张宝贵，支部书记叫我来的。"张宝贵憨厚地笑了。他望着杨成武说："杨师长，我认得你。听支书说，你们要打大龙华,我们都欢喜。""你是哪个村的?"杨成武又问。

"就是大龙华的。""是党员吗?"

"是。我还是游击小组的。""你知道敌人住的地方吗?"

"嗨!就住我家里。别处也有,东南西北我都清楚,带你们去看看好不?你们认准了才好打呀!"

杨成武大喜,握住他的手说:"感谢你!仗还没打,你就先立下一功!"

张宝贵呵呵一笑:"不说这了。只要你们用得上我,我什么都敢干。"当即,杨成武派人把张宝贵送到一团,他带着进攻部队的干部潜行到大龙华南面,指点着告诉他们:敌人驻在九座大房子里。哪里有炮,哪里有电台,指挥部在哪个小楼里,哪里放了岗,哪里有暗哨。他指着不远处一座灰屋说:

"那就是我家,住了十一个鬼子,你们可劲打,房子打倒了我再盖新的!"

当时,大龙华的碉楼还只盖起小半截子,敌人都住在民房里,比较分散,有利于八路军集中兵力一股一股地将其歼灭。若是等敌人把碉楼盖起来,再攻打就比较困难了。

根据张宝贵提供的情报,杨成武制定了周密的进攻计划。

傍晚,杨成武又问张宝贵:"打起来时,你敢给我们带路吗?"

张宝贵昂首正色答道:"敢,打鬼子嘛,死了就死了,怕个甚!我和你们一块儿上。"他不但一口应承了,还连夜动员了六位乡亲给进攻部队当向导。

杨成武向聂荣臻司令员报告了决心和战斗部署:一路攻点,三路打援。保证全歼大龙华之敌,同时争取聚歼敌之援兵。聂司令员复电同意。

1939年5月19日傍晚,四路兵马按照预定计划,饱餐一顿后,借着昏暗的天色,从驻地出发了。

深夜,攻打大龙华的二营副营长邓南风率第七连在那七位乡亲带领下,秘密绕过三道铁丝网,直奔敌人住的九座大房子。这时,敌人已被游击队连续半月的袭扰搞得困倦不堪,在死睡。四周的阵地哨也十分麻痹,待察觉到八路军冲进村时，想阻拦也来不及了。战士们的枪口对准他们的胸脯，一阵急射，打翻了数人。房内敌人听到枪响，顾不得穿衣服，光着脊梁扑到机枪上朝八路军射击。战士们纷纷投出手榴弹，随着爆炸声冲进房内，与敌人拼杀。经过三小时激战，九个大房子被攻破三个，敌人死伤50多名。

天大亮时，二营副营长留下一部分人与敌对峙，其余的撤出村外休息。邓南风一点人数，七连竟无一阵亡，仅五人轻伤。干部、战士全都笑了，这场夜战打得着实漂亮。

休整过后，战士们又提起枪，沿着沟坎、矮墙、土台，悄悄地进入了村庄。

突然，远处传来密集的枪声，这是打援部队和敌人接上火了。大龙华的敌人正焦急地等着增援，一听到东面枪响，像挨了一针强心剂似的，猛然蜂起，纷纷端枪蹿出大房子，边打边冲，直向东面奔去，妄图与援兵会合。

"不能让敌人跑掉！"战士们猛然从隐蔽物后面跳出来，扑了上去。没想到，早已死寂了的大房子墙上的枪眼，突然又喷出火舌，几个战士猝不及防，当即倒下。原来，敌人分成两股，一股向东拼命突围，一股留下拼命掩护。

于是，攻击部队也一分为二，一部分围住大龙华守敌，一部分追歼东逃的敌人。向东突围的敌人在枪林弹雨之中纷纷毙命，剩下一百三四十人依然不顾死活地狂奔，沿着涞易公路往东窜到小龙华附近。这时，埋伏在那里的战士随着枪声、手榴弹爆炸声跳出来，堵住了敌人，会同追击部队，把这股敌人包围在一片稀稀拉拉的树林之中，不容敌人喘息，又歼灭敌人大半。剩下的敌人继续向东，没逃出多远，就被分区特务营歼灭了。

随后，一营和二营以绝对优势的兵力，把大龙华团团包围起来，从不同方向开始攻击。战士们冲进村时，喊着刚在整训中学会的日语口号：

"日本兄弟，放下枪，别为军阀卖命！"

"停止抵抗，优待你们！"

"顽抗者死路一条！"

"你们父母姐妹在盼你们生还！"

......

此时，大龙华村里的残敌，只剩下几十个人，他们绝望了。一名年轻的日军士兵听到八路军喊的口号，便把枪一丢，坐在地上号啕大哭。一人放声，众敌垂泪。战士们冲进大房子时，再未遇一弹，却只见十几个敌人东倒西歪、满面泥尘和泪水，痛哭不止，叫也叫不应，拖也拖不动。

上午 8 时，梁各庄增援之敌开出来五辆装甲车，车上枪管四伸，边走边朝两侧山头射击，向大龙华搜索前进。谁知，埋伏在这里的五支队隐蔽不好，阵地太突出，被敌人发现。敌人随即下车向五支队进攻。随后赶来的敌人也向五支队据守的山头猛烈轰击。

敌人的进攻虽被击退，但全歼敌援兵的意图已经暴露，杨成武即令一团火速迂回到敌人背后出击，三团三营、骑兵营、特务营也从敌侧翼进攻。敌腹背挨打，丢下 100 多具尸体和大量枪支、弹药，仓皇逃回梁各庄。

战利品满山遍野。一团副团长打电话给杨成武，报告缴获了一门山炮，完好无损，还有几箱炮弹。杨成武高兴地连声说：

"拉回来，不惜一切代价拉回来！"

他在回忆录里高兴地写道："出师以来，国民党反动派一枪一弹也没给我们补充过，我们只有几门小口径迫击炮，算是重火器了，可照样打胜仗。如今有了这门山炮，我们以后打碉堡、炮楼就更不愁了。"[4]

这时，杨成武听说，给攻击部队当向导的张宝贵等七人在战斗中非常勇敢和机智。其中有名老乡抱起一块大砖把敌人一个士官砸死了；另一位扯住一个死不投降的敌人的两腿猛跑，把他活活拖死了；还有一位居然缴到两挺机枪。不幸的是，他们之中牺牲一人、负伤三人。打扫战场时，他们默默地抬走了那位乡亲的遗体，谁都没有一句怨言。

杨成武特意去看望他们时，那位烈士的弟弟流着泪说："我哥虽不是八路，可他是为消灭日本鬼子死的，死得光荣！"

"他的话感动了我，我不知该怎样感谢这些普通而伟大的乡亲们。后来，我写了篇文章《群众的力量是伟大的》，登在晋察冀边区刊物《新长城》上，专谈这七位同志的事迹。我深深感受到：在任何一个战场上，群众和我们不仅心连在一起，而且血也是流在一起的。没有他们的支持，也就没有我们的胜利。"[5] 杨成武这样写道。

俘虏押来了，一共 11 个，个个狼狈不堪，在周围群众怒目逼视下连头也不敢抬。杨成武瞅着那群俘虏，问道：

"不是一共 17 个俘虏吗，还有的在哪里？"

身旁的人报告说："被群众用锄头劈死了！"

原来，这半个月，大龙华的敌人在村内无恶不作，光是敌酋的那条狼狗，就先后咬死两个小孩。群众见到俘虏说什么也按捺不住胸中的怒火，趁八路军看守不注意，一拥而上，当即打死了六个。

这时，杨成武发现俘虏中，有几个人看模样也就十六七岁，不禁有些奇怪，简单一问，原来，他们中学刚毕业就应征入伍了，只经草草训练便被送上中国战场。而且，他们有的人的父亲和哥哥早已被派往其他战场，死活不知。说着，几个敌兵哭了起来。杨成武心想，日本军阀发动的这场战争，不仅给中华民族带来了深重的灾难，而且也给日本人民造成了难以言传的痛苦。现在战争刚进行两年，日本已经显出国力不支的先兆了。再打几年，他们必定彻底失败，这是毫无疑问的。

走在后面的是一个黑瘦的高个子，到了杨成武面前，他忽然站住，弯腰鞠了个九十度的躬：

"杨太君！"

杨成武问站在身边的敌工科科长刘原亮："这是谁？""他是敌人的翻译官，朝鲜人，叫金范俊。"刘原亮回答。

金翻译站得笔直，跟着说："是的是的，我是朝鲜人。我的祖国沦陷了，我是被迫到中国战场上来的。"

杨成武正色道："日本侵略者是我们两国人民的共同敌人，你应该和我们站在一起，反对他们。"

金翻译被带走了，杨成武问刘原亮："你看，能不能把这个人争取过来，留在分区当翻译？"

"可以试试。分区的翻译太少了，我也缺敌工人才。"

后来，经过教育，金翻译当上了敌工科干事，大家都亲切地称他为"老金"，跟他学战场上用的日语口号，这些在后来的战斗中发挥了很大的作用。

过了一会儿，一团派人送来两个大铁箱，里面是几十册装订好的文件。杨成武粗粗一翻，见有日军华北方面军司令部颁发的《关于剿匪与警备的指针》《关于使用特种器材（毒气）之参考》，以及日军第 110 师团颁发的《对山区方面匪团封锁计划》等等，马上领悟到，"大龙华战斗中，我们共歼灭敌人四百多，这是抗战以来我们分区消灭敌人最多的一次战斗，胜利可谓不小。但是此刻，我忽然明白了。大龙华战斗最重要的胜利，不是别的，而是缴获了这些文件！"[6]

杨成武立即派专人将这些文件连夜送往军区。过了几天，聂荣臻在电话里兴奋地告诉杨成武：

"你们缴获的这批文件，比缴获敌人几百支枪、几门炮的胜利还大。他们的大量核心机密都被我们掌握了。我已经写了报告，随文件一起上送延安，供党中央参考。"

几十年后，聂荣臻还清楚地记得这件事情，他在回忆录中写道：

这些文件"共五十多册，厚厚的一沓子。我从头至尾看了一遍。日文里面有好多是中文字，军用文件又特别严格，用的中文更多。这些文件，我不用翻译，基本上可以看懂。那上面很详尽地载明了敌人对付我们的计划，对于研究敌人，确定我们的斗争对策是很有参考价值的。我看完这些日军机密文件，写了一个说明，全部送到延安，供党中央参考。毛泽东同志后来对我说，他看到送去的这些敌军文件，觉得非常重要，中央制定的对敌作战的一些方针原则，有的就是据此而定的"**7**。

张宗逊指挥陈庄围歼战

1939 年 9 月下旬，由冀中回师晋西北的第一二〇师主力，在贺龙率领下到达北岳区。

聂荣臻得知贺龙来到北岳区，即同抗大总校副校长罗瑞卿前来看望，表示欢迎和慰问。10 月 7 日，晋察冀军区举行了盛大欢迎会，并向贺龙献了一面锦旗，上面写着"铁的国防军"。

这时，驻石家庄及正太铁路沿线的日军独立混成第八旅团第三十一大队及驻灵寿县、行唐县的伪军共约 1500 人，由旅团长水原义重少将指挥向西进犯，企图袭击和进占陈庄。陈庄是晋察冀边区的南部重镇，位于灵寿县城西北五十余公里处。那里驻有边区的后方机关及抗大二分校。

贺龙同聂荣臻商量，第一二〇师在河北的部队除七一五团已去上寨地区接替第三五九旅在雁北地区的任务外，**8** 主力全部集中在这一地域，这是日军没有料到的。他们是盲目深入，我们完全有条件吃掉这股敌人。他笑着对罗瑞卿说：

"要不把敌人'扫荡'打下去，不打掉敌人的进攻，你们抗大要转到太行去就困难了，不好转过去了。"

聂荣臻同意贺龙的意见，请贺龙全权指挥。

贺龙连夜听取了周士第的敌情汇报，并在第二天清晨，与关向应、周士第、甘泗淇一起，爬上山头，考察地形，研究作战部署，最后决定诱敌深入，在陈庄地区打一个伏击战。贺龙指定张宗逊为前线指挥员，负责指挥参战各部队。

1939 年 9 月 25 日，日军进占慈峪镇，进行试探性进攻，在灵寿县南的北五河及东白头山地区，遭到了张仲瀚率领的津南自卫军[9]及晋察冀军区四分区五团的顽强阻击。

这一次，日军十分狡猾。他们采用了一种"新战术"。第三十一大队主力占领南谭庄以后，便停止前进。当夜，津南自卫军几次诱其出战，他们都是只用火力还击，一步不动。张宗逊下令停止进攻，等明天再想办法。

次日上午，日军依然按兵不动；下午 4 时，忽然全部退回慈峪镇。

张宗逊十分纳闷：鬼子想干什么？傍晚，张宗逊又接到四分区五团的电话报告：慈峪镇上的日军辎重正向灵寿撤退，大炮已经走远。张宗逊疑惑不解，猜不透日军的花招，就把情况向贺龙报告。贺龙让他多派侦察员，确实掌握敌情的变化。

27 日清晨，贺龙接到报告：日军第三十一大队只留下几百人控制慈峪，主力 1000 多人正沿鲁柏山南麓，经燕川、长峪这条小道奔袭陈庄去了。撤退，是敌人故意制造的假象。

贺龙担心陈庄后方机关面临危险。聂荣臻对他说，晋察冀军区预先有准备，机关、学校、群众都已转移了。贺龙这才放了心。他说："鬼子这一着不能说不狡猾，不过，他是在班门弄斧。我可要抓住时机，从容不迫地调整部署，让鬼子自己走进包围圈来。"

"给张宗逊打电话。"贺龙对作战参谋说，"鬼子孤军深入，北无据点接应，南边接济也十分困难，他们在陈庄必定不会久留，会很快撤回去。等敌人回窜的时候，必须抓紧时机，在运动中把敌人消灭掉！"

接到贺龙的指示，张宗逊立即研究调整部署。

研究时，大家认为关键是要弄准鬼子会从哪条路撤回去。"从以往的经验来看，如 1938 年 11 月的滑石片战斗，向我根据地奔袭的日军，是从哪条路来就沿哪条路回去的。我们依此设伏，取得了胜利。但是，敌人的行动规律开始变化了，我们不能不重新考虑。既然敌人来的时候玩了一套'花招'，那么走的时候也可能来个'新战术'，改变过去的老规律，不走来时的小山路，而顺东南的大路逃跑。敌人这样做，既可以避免象过去那样遭我伏击，又可以和慈峪的日军相呼应。"张宗逊这样分析道。**10**

"敌变我变！"张宗逊果断决定，改变以往在敌人来路上设伏的做法，对作战部署重新作出调整：以七一六团集结于慈河北岸的东、西寺家庄，从北面严密控制敌人东逃的大路；独立一旅二团进入慈河南岸的冯沟里、坡门口、高家庄地区，从南面控制敌人东逃大路，如发现敌人从原路撤逃，则迅速向长峪地区机动，协同独立一支队坚决阻击敌人南逃；为了防止万一，另派独一支队和二团各一个营进到陈庄南面的长峪，防止敌人可能由来时的小路南撤。

果然，敌人在陈庄扑了一个空。陈庄这个八九百户的大镇看不到一个人影，找不到一粒粮食，家家户户都空荡荡的，什么也没有，而迎接他们的却是沿街墙壁上的大字标语："打倒日本帝国主义！""把侵略者赶出中国去！"入夜，日军又不断受到袭扰，陈庄周围彻夜响着枪声，搞得敌人整夜不得安宁。

28日拂晓，陈庄上空腾起烟柱，敌人放火焚烧陈庄，开始撤退了。

8点多钟，侦察人员报告：敌人出了陈庄，向东沿大路撤退，在七祖院同独立一支队打上了。这个消息令人振奋，敌人就要进入伏击区了。可是，半个小时以后，独立一旅来电话说：一位侦察参谋亲眼看见，敌人的主力离开大路，涉渡慈河，有沿来路逃跑的迹象。

综合各方面情况，张宗逊坚持原来的判断：敌人并没有觉察我军的伏击部署和我军的设伏位置。因此，他们顺来路逃跑的可能性很小。但为了慎重起见，他还是命令二团主力由冯沟里以南的山地赶到陈庄南面长峪一线，协同独立一支队和二团在那里的部队，防止敌人真的由来路逃回。

一个小时以后，前沿侦察部队报告：敌人主力过慈河以后，又转换了方向，利用河边的芦苇和树丛作掩护，正沿慈河南岸鲁柏山脚的大路向东逃窜。大家不约而同地长吁了一口气：敌人虽然狡猾，但到底还是朝着给他们安排好的死路走来了！

战斗很快打响了。开始，敌人以为八路军上了他们"新战术"的当，八路军已把主力集中在他们的来路上，他们现在遇到的只不过是一些小小的游击队，因而并不在意，大摇大摆地向东撤退。敌人走了不过二三公里，到坡门口一带，遇到了二团特务连和七一六团一营的猛烈阻击。正向长峪疾进的二团主力，听到这边的枪声，也从敌人后面追来。敌人开始慌乱了。

日军开始强攻，企图打开一个缺口突围出去。他们先向左边突，连续发动了四次冲击，都被七一六团打了回去；再向右边冲击，经过多次反复冲杀，也被独立一旅二团顶了回来。贺龙为了扎紧口袋，又把独立二旅四团调来，守在坡门口以东，挫败了日军两次东窜的企图。日军死伤惨重，不断发电报紧急求援。

袭击陈庄的敌人被包围，灵寿县城的敌人着了慌，急忙向慈峪镇增兵300 余人，连同留在慈峪的四五百敌人，于当日下午 4 时，向南北伍河、白头山一带发动进攻，企图打通到坡门口的大路，接应那里的日军突围。但是，守卫在那里的津南自卫军的指战员，在敌人猛烈的炮火轰击下顽强阻击，使敌人前进不得。

黄昏时分，陈庄以东各部队向被围之敌发起攻击，占领了日军的前沿阵地，把日军压缩到坡门口、冯沟里这两个不大的村子里。此时日军极为慌乱，死伤狼藉。但是，由于第一二〇师的部队刚从冀中水灾区过来，手榴弹大部受潮，十之八九炸不响，未能解决战斗，攻进敌占村内的部队只得退出来补充手榴弹，和敌人形成对峙。夜里，攻击部队的号兵不断吹冲锋号，刺刀班、投弹班轮番袭击敌人。被困在两个小村子里的残敌，惊恐万状，又渴又饿又累，几次组织突围都被打了回去，有些伪军悄悄地跑过来投降，剩下的敌人只得依靠村子作垂死挣扎。

29 日晨，贺龙为保障主力顺利歼灭被围之敌，令独立二旅四团转移到东、西岔头，以增强对白头山之敌的防御。上午 7 时，津南自卫军对攻占白头山之敌发起反击，收复了阵地，余敌退回南、北伍河。与此同时，陈村被围之敌改变突围方向，集中兵力上鲁柏山，企图越山而逃。鲁柏山又高又陡，敌人趴在光秃秃的山崖上，既无掩护，又无依托，七一六团迅速追击并以各种武器猛烈射击，又给敌人很大杀伤。敌军官在后边压阵，举着战刀砍那些走不动的士兵，辎重和重火器等丢了一路，等敌人爬到山顶时，活着的也只剩下二三百人。

残敌满以为爬上鲁柏山就可以摆脱重围，从山背后溜走，没想到又被晋察冀第四分区五团主力堵住了逃路。敌人几次冲锋，都被打退，最后被围困在方圆不过 500 米的鲁柏山主峰上，已成了瓮中之鳖。

下午 6 时，贺龙骑马来到横山岭张宗逊的指挥所。他到前边观察了形势，笑着回来，坐在柳荫下，端着烟斗安详地吸着，指示张宗逊说："要补足弹药，安排好伤病员，准备打好最后一仗。"

黄昏时分，贺龙指示发起总攻击。命令一下，枪炮齐鸣，杀声震天。第三十一大队就地被歼灭，大队长田中省三被击毙。

30 日上午，慈峪方向的敌人又增加了 200 多人和 3 辆坦克，企图绕路沙湾方向北进，被及时赶到沙湾的四团所阻击，无法前进。到了下午，这路敌人得知北犯陈庄的日军已被歼灭，垂头丧气地用汽车载着死尸和伤兵，经慈峪退回灵寿县城。

至此，陈庄战斗胜利结束，共歼敌 1100 余人，俘虏 16 人。在抗日战争相持阶段中，它是模范的歼灭战之一。

雁宿崖伏击战，白求恩医疗队"雪中送炭"

陈庄大捷后，晋察冀军区的部队也憋足了一股劲，想打个痛快的大胜仗。而在日军方面，也发誓要对北岳区进行冬季大"扫荡"，以报陈庄的一箭之仇。

1939 年 10 月下旬，聂荣臻等在阜平青山村参加中共中央北方局召开的组织工作会议。30 日晚上，杨成武急步来到聂荣臻住的房间，把刚刚接到的一份情报向聂荣臻作了报告。

坐镇张家口的"蒙疆驻屯军"司令兼独立混成第二旅团旅团长阿部规秀中将，派辻村宪吉大佐率日军第一大队和伪军共 1000 多人进驻涞源城后，将在近日分三路向一分区进行"扫荡"。其中东路的敌人全是日军，由辻村宪吉大佐亲自率领，计一个大队、一个炮兵中队和一个机枪中队共 600 多人，有经白石口、鼻子岭向银坊镇袭击的迹象。

聂荣臻把马灯拧亮了一些，注视着桌上的地图，问道："情报可靠吗？"

"涞源情报站的站长是一分区参谋崔喜峰。他们送出的情报，是根据涞源维持会和宪兵队的我内线情报员的报告，然后又汇集了五回岭情报站的情报，经过与各地情报人员的核实、分析，再报到分区司令部来的，一向都是比较及时、准确的。"杨成武回答。

聂荣臻点点头。他显然知道这些无名英雄。

"聂司令员，让我们打个伏击战吧！"杨成武激动的脸被马灯灯光映得通红。

"敌人有三路，你打哪一路？"

"打东路。"

杨成武对这一带的地形太熟悉了。他说道："从涞源到银坊的路上，全是连绵险峻的大山，不难找到伏击地域。虽然东路是敌人的主力，可是由于大山阻隔，另外两路敌人很难策应，敌主力便成了孤军一支。我们分区主力多数在管头以东，打东路也方便。"

聂荣臻听完，说："我同意你的意见，打！你去请彭真、贺龙和关向应同志来，我们再征求一下他们的意见。"

贺龙、关向应是应聂荣臻和中共中央北方局书记彭真的邀请，来阜平参加晋察冀军区成立两周年庆祝活动的。听完杨成武的敌情汇报与作战设想，贺龙高兴地说：

"送上门来的，打嘛！打一个胜仗，庆祝军区成立两周年！"满屋的人都笑了。

聂荣臻当即命令杨成武：

"会议你就不要参加了，立刻赶回去组织、指挥这个战斗。"

在从阜平赶回一分区司令部驻地管头村的路上，杨成武又绕道白石口、雁宿崖一带细致地勘察了地形，并构思了作战方案。1939 年 11 月 2 日，杨成武将经过研究的作战方案报给聂荣臻：决定以一分区的一团（团长陈正湘、政委王道邦）、三团（团长纪亭榭、政委袁升平）和三分区的二团（团长唐子安、政委黄文明）共三个主力团 6000 人的兵力，对付辻村宪吉大佐率领的这路敌人；以曾雍雅支队诱敌进入伏击圈，另以部分兵力和地方游击队钳制和堵截另两路敌人。

聂荣臻同意了这个方案，并指示杨成武说：

"我不会离开电话的，你要随时报告战斗进程。彭真、贺龙、关向应同志都很关心这场战斗。"

1939 年 11 月 3 日是个好天，晴空之下，万岭苍苍，旭日抹红山尖，清凉的穿谷风阵阵扑面，一场激战正要拉开帷幕。

7 时许，出犯之敌部 600 余人，进至三岔口时，与曾雍雅支队接触。该支队按预定计划节节抗击，将敌诱入雁宿崖地区。预先埋伏的部队立即发起攻击，将敌压缩于雁宿崖峡谷内。激战至下午 4 时，600 多日军被歼灭 500 多，生俘 13 名，并缴获各种炮 6 门，轻、重机枪 13 挺，步枪 210 支，骡马 300 匹。

硝烟还未散尽，一团七连连长钟茂华，穿着一件日军将校呢大衣，十字披红地挎着一把指挥刀、一把王八盒子，笑眯眯地大步走到营部。营长宋玉琳和教导员郑三生一见，都被他这副模样逗笑了。他们看大衣上金晃晃的军衔，知道这是个大官，但不清楚有多大，翻开衣襟，见里面用金丝线绣着"辻村"二字。钟茂华说："我们迂回到敌人炮兵阵地侧后时，打倒一个鬼子官儿，缴获了这套'行头'。"

可惜，部队在打扫战场时，没找到辻村宪吉大佐的尸体，所以并不能确定这家伙是死是活。

杨成武命令部队连夜打扫战场，迅速转移。

忙到午夜，他刚想抓紧时间睡几个钟头，只听外面有人敲门，打开门一看，分区卫生部部长张杰站在门口，喜悦地说：

"司令员，白求恩大夫来啦！带着医疗队来的！"

"哦？"杨成武又惊又喜，急忙奔出门，"白大夫来了，这可真是雪中送炭啊！"

当时，部队的医疗条件十分困难，仅有的一些药品都是从战斗中缴获来的，伤员们经常在没有麻药的情况下接受手术，奎宁、止血剂都是难得的宝贝，一支针剂往往就决定一位战士的生命。分区医院大手术不能做，重伤员只好连夜送往晋察冀军区五台医院，因为伤重路远，常常在半路上就因为流血过多牺牲了。所以白求恩大夫的到来，将会挽救多少伤员的生命啊！

黑暗中，一个高大身影跳下马，阔步走来。杨成武急忙迎上去，握住他的手说：

"您怎么到我们这里来了？"

"聂司令员派我来的。说你这里要打个大仗。"白求恩大夫声音洪亮，翻译员翻译着他的话。

"已经打了一个，可能还要再打。"

"那么，我来对了。"

"是你自己要求来的吧？"杨成武笑着问道。

"是我要求的，聂司令员批准了。战士们在前方倒下，我们应该在前方救治他们。要是我们在后方医院等伤员，有些伤员就会死在路上。"

白求恩大夫身披土黄色粗布军袄，腰间扎一条宽皮带，下身却没有穿棉裤，只在单裤外面紧紧地扎着裹腿，脚上是山里人常穿的那种笨重的布鞋。看他这装束，谁会相信他竟是英国皇家医学院的院士呢？

白求恩大夫进屋刚刚坐定，就开口用中文说："杨，我跟你要东西来了。"

"要什么？说吧。"

"500副夹板，1000条绷带，还有担架、拐杖……"他说了一大串名目。

"什么时候要？"

"明天中午12点！"他做了个手势，表示坚定不移。

这么多东西。杨成武感到很吃惊，不过，还是应承了："就12点吧，交给你东西！"

白求恩大夫笑了，立即站起身和杨成武握手告别："你我都忙，我走啦。"到院门口，他又叮嘱一句："12点！"

这下杨成武也睡不成了，连忙找来卫生部部长张杰和供给部部长董永清，要他们设法在明天中午12点以前，把白求恩大夫要的东西做出来，以供医疗队使用。

第二天中午，白求恩看到所需要的器具全部按他的要求制作完毕，高兴地连连点头："好！好极了！我十分快活。让我把伤病员的感谢转赠给你，我亲爱的杨！"

杨成武请他吃了一顿午饭，桌上最好的菜就是一盘炒鸡蛋，这是当时唯一能弄到的好菜了。吃罢饭，白求恩大夫率领医疗队，带着刚刚做成的医疗器具出发了。

"名将之花"命丧黄土岭

日军作战有个规律，每次失败，必然出兵报复，失败得越惨，报复得越凶，而且常常是败兵刚刚归巢，大队人马就立即扑来，妄图趁八路军正在

"消化"胜利果实时，打一个猝不及防。

果然，1939年11月4日一大早，杨成武就得到情报：驻张家口日军4个大队、1500多人，分乘90多辆卡车急驰涞源。涞源城里彻夜不宁，到处抓夫。敌人显然是报复来的，要找八路军主力决战。

杨成武在管头司令部把这一情况用电话报告给聂荣臻，并且建议再打一仗。

"部队情况怎样？"聂荣臻在电话里问。

"刚打了个胜仗，伤亡很小，士气很高，正在银坊、司各庄一带休整，出击方便。银坊以东，直到黄土岭，地形仍然利于设伏，只要敌人敢于由银坊东进，我们一定能伏击成功。"杨成武信心十足。

"那好啊。"聂荣臻指示说，"你们先以小部兵力在白石口一带迎击敌人，把他们引向银坊，让他们扑空。然后你们隐蔽起来，让敌人寻找你们决战。你们在银坊北面示以疑兵，诱敌东进，等他们进到黄土岭后，你们再利用有利地形集中兵力歼灭它。"聂荣臻接着又说："你们先做准备吧，我和彭真、贺龙、关向应三同志再商量一下。"

很快，聂荣臻又来了电话："彭真、贺龙、关向应同志都赞同我们的意见。成武同志，你争取打个更大的胜仗吧！贺龙同志怕你兵力不足，决定让第一二〇师特务团从神南北上，天黑前赶到黄土岭地区，归你指挥。此外，我们让二十团、二十六团、三十四团钳制易县、满城、徐水等地的敌人。"

杨成武一听非常高兴。有这么多部队参战，胜利就更有把握了。

他当时并不知道，率领日军前来报复的指挥官，竟然会是赫赫有名的阿部规秀中将。

阿部规秀是接替常岗宽治少将，来统领独立混成第二旅团的。该旅团在日军中堪称精锐。而阿部规秀又是在日本军界享有盛誉的"名将之花"，是擅长运用"新战术"的"俊才"和"山地战专家"。日军的旅团长一般由少将出任，中将够得上出任师团长之职了。阿部规秀一个月前刚晋升中将，让村宪吉大队被歼，使他在刚刚晋衔之后如同挨了八路军一记耳光，所以，他急于用战功来洗雪"耻辱"，报效天皇。临行前，他在一封家信中写道：

　　……爸爸从今天起去南方战斗！回来的日子是十一月十三四日，虽然不是什么大战斗，但也将是一场相当的战斗。八时三十分乘汽车向涞源城出发了！我们打仗的时候是最悠闲而且最有趣的，支那已经逐渐衰弱下去了，再使一把劲就会投降。……圣战还要继续，我们必须战斗。那么再见。**11**

阿部规秀怎么也没有想到，这封信竟成了他的遗书。

1939 年 11 月 5 日，阿部规秀率大部人马浩浩荡荡杀来，在白石口与曾雍雅支队接火。曾雍雅支队忽而坚决堵击，忽而大踏步后撤，敌人求战不能又追赶不及，气得暴跳不止。当晚，敌人追至银坊，未见八路军主力，遂焚烧民房发泄兽性。银坊一带村庄大火冲天，彻夜不熄。

第三天，敌人急不可耐，离开银坊镇，倾师东奔黄土岭，于当晚行至司各庄、黄土岭一带宿营。杨成武指挥各部队乘着夜色展开，在敌人毫无察觉的情况下，完成了对敌人的包围。

11 月 7 日，一场惊天地、泣鬼神的战斗在黄土岭发生，使这个普普通通的地方一时名闻天下。

上午，敌军主力由黄土岭出发，沿山谷向东移动，于下午 3 时左右陆续进入峡谷中的小路。杨成武一声令下，各部队迎头杀出，将敌人团团围住。日军受到突然的打击，就像受伤的野兽那样拼命挣扎，抢占了几个山头，企图冲出包围圈。

激战中，聂荣臻打来电话，要杨成武调整部署，缩小包围圈，无论哪个方向，都不能让敌人冲出去。

杨成武立即向战场发出指示，并且把分区炮兵营的迫击炮连也调了上去，配属给一团。迫击炮连上去后，恰好一团团长陈正湘在望远镜里发现黄土岭东一座独立家屋的门外，站着一群穿黄呢子大衣的日军军官，也正用望远镜朝山头眯望，急忙把目标指示给迫击炮连连长杨九秤。

杨九秤是位训练有素的指挥员。他指挥迫击炮连连发数弹，正打在敌军指挥官人群中。随着“哐、哐、哐”几声巨响，敌军官随即倒下一片。目睹这一场面的独立家屋的女主人梁金花，后来对人们说：洋鬼子们把我们18个人关在东边那座小屋里。嘿，咱们八路军长着“千里眼”，早就瞅准了他们。“呜——呜——”接连打来了炮弹，第四颗炮弹就把老洋鬼子打倒了。当场打死他们12个人，还有两头毛驴、一条洋狗。我们18个老百姓连一根汗毛也没伤着，八路军真是神炮手啊！

这群日军指挥官当中，就有阿部规秀。后来日本报纸《朝日新闻》报道说：

> ……阿部中将亲临第一线，以便视察敌情，随时下达命令。当到达上庄子以南约一公里的一处人家时，敌人一发炮弹突然飞至身旁爆炸，阿部中将右腹部及双腿数处受伤，但他未被重伤屈服，仍大声疾呼“我请求大家坚持”，然后俯首向东方遥拜，留下一句话：“这是武人的本分啊。”负伤后约三小时，即七日晚九时五十分，中将壮烈死去……[12]

失去指挥官，敌人极度恐慌。绿川纯治大佐命令部下抬着阿部的尸体，回头朝黄土岭方向突围，遭到三团、特务团的痛击后，又折回头向寨坨突围，又被击退，不得不收缩兵力固守了。

入夜，敌人残存兵力尚有七八百人，由于八路军各团之间联系困难，不便于乘夜攻击，杨成武便命令各团固守已有阵地，派出小部队袭扰敌人，等拂晓再开始总攻。

11月8日凌晨，飞来五架敌机，在战场上空盘旋侦察，过了一会儿，投下七个降落伞，那降落伞上吊着的除了弹药、粮食外，还有人，很可能是派来指挥黄土岭残敌突围的。

8时许，敌人留下200多人在上庄子掩护，其他人开始向司各庄方向突围，各种枪声像海潮般轰响着。一团和二十团果敢地插上去，切断了敌人突围部队和掩护部队的联系。三分区的二团、一分区的三团和第一二〇师的特务团也开始全线攻击……

中午，聂荣臻得到情报："保定方面增援的敌一一〇师团已经到达黄土岭以南，涞源增援的敌人也赶上来了，四面八方的敌人都赶来解围。我考虑到，情况已经改变，我军需要及时跳出包围圈。于是，我通知杨成武，立即指挥参战部队脱离战场。"**13**聂荣臻在回忆录中写道。

这样，著名的黄土岭围攻战，以八路军歼灭日军900多名、击毙其中将指挥官阿部规秀而宣告结束。

阿部规秀中将被击毙在黄土岭的确实消息，聂荣臻是从敌人的电台广播中得知的。很快，毛泽东也从延安发来电报查证此事，并要"总部向各方公布，广为宣传"。聂荣臻高兴地给杨成武打电话：

"成武同志，好消息啊！延安拍来贺电，说你们打死了阿部规秀中将，我祝贺你们啊！"

杨成武又惊又喜，放下电话，冲旁边正在统计战果的秘书陈子端喊道：

"老陈，聂司令员说，我们打死了阿部中将，总部祝贺我们哩！"

陈子端一怔，拍着统计表叫道：

"中将？我们还不知道有这个死鬼哪，哈哈哈……"

在场的人们都高兴得开怀大笑。

杨成武急忙给一团挂电话，转告了这个喜讯，并要他们立刻到战场寻找阿部中将的遗物。当天，阿部的绣着两颗金星的黄呢大衣，以及刀把上镶金包银的指挥刀都被找到了。杨成武立即派人把这些东西送到了军区，军区又把它们送到了延安。

击毙日军中将级高级指挥官，这在华北战场上是第一次。那几天，聂荣臻接到了一封又一封来自中共中央、八路军总部和全国各地的友军、抗日团体、著名人士的贺电。蒋介石也发来了嘉奖电：

> 朱总司令：
>
> 　　据敌皓日播音，敌辻村部队本月江日向冀西涞源进犯……支日，阿部中将率部驰援，复陷我重围，阿部中将当场毙命。等语。足见我官兵杀敌英勇，殊堪奖慰。希饬将上项战斗经过及出力官兵详查具报，以凭奖赏，为要。
>
> 　　　　　　　　　　　　　　　　　　　　　　　　中正。**14**

阿部之死震动日本朝野。陆军省发布了阿部阵亡的公报。《朝日新闻》连续三天的通栏标题，都是"名将之花凋谢在太行山上"。文章中说："自从皇军成立以来，中将级将官的阵亡，是没有这样例子的。"其他各报也频频报道阿部的生平、战功。他的骨灰被送回东京时，"帝都降半旗致哀"，"以高龄的柴大将为首，杉山大将、东防司令官稻叶中将、代理陆军大臣中村以下各位将领到车站持吊旗致哀。'爱妇' **15**、'国妇' **16** 等团体和很多遗族前往迎接"。可谓"哀荣"至极！

黄土岭战斗结束后的一天，五回岭情报站转来日军的一封信，信是写给杨成武的，信口还插着三根鸡毛，以示"万分火急"。

杨成武拆开一看，竟是驻张家口日军警备司令小柴写的。信中写道：

> 杨师长麾下：
>
> 　　中日之战是中日两国政府的事，麾下与鄙人同是人类一分子，没有私仇，参加战争仅是为了吃饭，国家的争论与我们无关，别因此影响我们的友谊。麾下之部队武运亨通，常胜不败，鄙人极为敬佩。现鄙人有

两件事求教：一是请通知鄙人在黄土岭、雁宿崖被麾下部队生俘的皇军官兵数目、军职、姓名及他们的生活近况；二是战死的皇军官兵是否被埋葬？埋在何处？可否准予取回骨灰，以慰英灵？

杨成武把此信拿给大家看，大家会心地笑了。

杨成武当即复小柴一信，信中首先驳斥他所谓"参加战争仅是为了吃饭，国家的争论与我们无关"之类的言论，指出他自己就是日本法西斯的侵略工具。八路军进行的是正义的战争，正义的战争是必胜的。然后，杨成武通知他，八路军一向优待俘虏，对于放下武器的敌人，一律宽大处理。日军俘虏们生活得很好，已开始认识自己的侵华罪行，表示反对这场侵略战争。对于那些做了日本当局炮灰、蒙受日本当局给予灾难的死者，八路军已妥为安葬，并立有石碑，以资标志。

聂荣臻痛悼白求恩

1939 年 11 月 12 日，即黄土岭战斗四天之后，聂荣臻正在翻阅电报，突然接到电话报告："白求恩大夫逝世了。"

"什么？你再说一遍！"

"白求恩大夫不幸于今天凌晨 5 时多逝世了。"说话的是白求恩的陪同翻译郎林，他在电话里已泣不成声。

聂荣臻开始是愣神，慢慢地放下电话，一仰身倒在了床上，顿时泪流满面。

白求恩是在 10 月初，在一分区甘河净后方医院为一名伤员动手术时，由于掏取碎骨，左手中指被碎骨刺破，受到了致命的感染。紧接着他又参加了雁宿崖和黄土岭战斗，在炮火中为大量伤员做手术。病情发作后，他带着高烧和疼痛，冒着增援日军步步逼近的危险，仍然奋不顾身地抢救伤员，直到战斗结束。当陪同人员发现他的病情严重，用担架抬着他向晋察冀军区急送时，已经来不及了。这位加拿大人民的优秀儿子，伟大的国际主义战士，中国人民、中国共产党人的伟大朋友，在送往军区的途中停止了呼吸。噩耗传开，边区军民，特别是他救治过的伤病员都失声痛哭。

两天后，白求恩的遗书、遗物被送到了聂荣臻的手里。白求恩在信中写道：

亲爱的聂司令员：

今天我感觉非常不好，也许我会和你永别了！请你给苔姆·布克[17]写一封信……用同样的内容写给国际援华委员会和加拿大民主和平同盟，告诉他们我在这里十分快乐，我惟一的希望就是能多有贡献。

也写信给白劳德[18]并寄上一把日本指挥刀和中国大砍刀，报告他我在这边工作的情形。

……

每年要买 250 磅奎宁和 300 磅铁剂，专为治疟症疾病患者和极大数目的贫血病患者。千万不要再往保定、平津一带去购买药品，因为那边的价钱比沪、港贵两倍。

告诉加拿大共产党和美国共产党，我惟一的希望就是能够多有贡献。

最近两年是我生平最愉快、最有意义的时日，感觉遗憾的就是稍嫌孤闷一点……

我不能再写下去了！

让我把千百倍的谢忱送给你，以及其余千百万亲爱的同志！[19]

多么高尚的情操啊！聂荣臻越看越激动，热泪止不住地涌流。

1939 年 11 月 17 日，寒风哀号。聂荣臻赶到河北唐县黄石口村，向白求恩大夫的遗体告别。白求恩的遗体被停放在打麦场中间一个蒙着白布的台子上。当聂荣臻一眼看到那张原先非常熟悉，现在却因颧骨高耸、两腮下陷、面无血色、胡须杂乱而略显陌生的脸时，他的心不由得一阵阵发疼。他用手轻轻摘下军帽，露出满头短发，满脸悲痛地在白求恩大夫的遗体旁肃立默哀。晋察冀边区军民的代表排着长队，迈着沉重的脚步从白求恩大夫的遗体旁边走过，向他作最后的告别。

12 月 1 日，延安各界召开了追悼白求恩的大会，毛泽东为白求恩写了挽联，并于数日后写下了经典名篇《纪念白求恩》。这篇文章，后来成为中国共产党和中国人民宝贵的精神财富。

1940 年 1 月 5 日，聂荣臻出席了在唐县军城召开的悼念白求恩大夫的万人大会。白求恩大夫的遗体被移至军城厚葬。在悼念大会上，聂荣臻用略带哽咽的声音，宣读了祭文：

> 聂荣臻谨率晋察冀军区全体指战员，悼于加拿大医学家伯琴[20]同志之灵前，曰：呜呼！伯琴，以天赋之英才，造医学之极峰；抱高尚远大之理想，献身革命。高爵不足羁其鸿志，厚禄不足系其雄心，誓讨佛朗哥之不义，投身西班牙之战争。[21]地中海边，波浪未平；太平洋上，烽火方殷。君不辞劳，万里长征，深入敌后，赞助吾军。寒衣土布之服，饥餐粗粝之粮，救死枪林之下，扶伤炮火之场。运斤神于轮匠，奏刀妙于庖丁。无轻伤不速愈，虽重创而皆生。日劳病榻之间，夜书膏火之旁。行遇路人之疾，止予治疗之方。医术精于华伦，精神比于墨翟。非热爱乎人类，谁曾至于此极。革命未竟，英雄先亡。噩耗传来，云胡不伤。为君执绋，送葬军城。临穴涕泣，不知所云。[22]

宣读完祭文，聂荣臻号召晋察冀边区医务工作者向白求恩学习，宣布将晋察冀军区卫生学校改名为白求恩学校，附属医院改名为白求恩国际和平医院，并为修建白求恩墓和纪念碑奠基。

所有这一切，无不寄托着聂荣臻以及八路军将士对这位伟大的共产主义战士的无限哀思。

白求恩，一个不朽的名字！中国人民将永志不忘！

注　释

1. 参见中国人民解放军历史资料丛书编审委员会编：《八路军·参考资料》(2)，解放军出版社 1992 年版，第 170—171 页。

2. 参见中国人民解放军历史资料丛书编审委员会编：《八路军·回忆史料》(1)，解放军出版社 1990 年版，第 559 页。

3. 参见《杨成武回忆录》，解放军出版社 2014 年版，第 260 页。

4. 《杨成武回忆录》，解放军出版社 2014 年版，第 266 页。

5. 参见《杨成武回忆录》，解放军出版社 2014 年版，第 267 页。

6. 参见《杨成武回忆录》，解放军出版社 2014 年版，第 269 页。

7. 参见《聂荣臻回忆录》(上)，人民出版社 2022 年版，第 353 页。

8. 1939 年 8 月，为加强陕甘宁边区的防御力量，中央军委命令第三五九旅除留一部组成雁北支队继续坚持恒山地区的抗战外，主力开赴陕甘宁边区之绥德警备区，于 10 月初到达绥德地区。

9. 此时的津南自卫军已同第三五九旅七一九团合编，但仍称津南自卫军，后于 1940 年 10 月恢复七一九团番号。

10. 参见中国人民解放军历史资料丛书编审委员会编：《八路军·回忆史料》(1)，解放军出版社 1990 年版，第 596 页。

11. 参见《杨成武回忆录》，解放军出版社 2014 年版，第 279 页。

12. 《杨成武回忆录》，解放军出版社 2014 年版，第 281 页。

13. 参见《聂荣臻回忆录》(上)，人民出版社 2022 年版，第 358 页。

14. 《中国抗日战争军事史料丛书》编审委员会编：《八路军·参考资料》(2)，解放军出版社 2015 年版，第 100 页。

15. "爱妇"即日本"爱国妇人会"，以保护日军伤病员遗族为目的的团体。

16. "国妇"即"大日本国防妇人会"，日军军部在第二次世界大战时成立的妇女组织。

17. 当时的加拿大共产党总书记。

18. 当时的美国共产党总书记。

19. 章学新：《白求恩传略》，福建人民出版社 1984 年版，第 205—206 页。

20. 即白求恩。

21. 1936 年德、意法西斯侵犯西班牙时，白求恩曾经赴前线为反法西斯的西班牙人民服务。

22. 参见韩海山、宗健、陈勇、史登顺编：《白求恩在唐县》，河北人民出版社 1990 年版，第 170 页。

第 六 章

东进北上

白崇禧"未雨绸缪"——叶挺到江北——高敬亭被错杀——陈毅临江向北畅想——管文蔚"架"起渡江"桥"——周恩来亲赴云岭——叶飞化名叶琛——"江抗"东进——夜袭浒墅关——火烧上海虹桥机场——陈毅单刀赴会——挺纵接"镖"——向北发展的两只拳头——陈毅二进泰州

白崇禧"未雨绸缪"

1938 年 9 月的延安，一片繁忙的景象。

1938 年 9 月 29 日至 11 月 6 日，就在新四军各个支队先后挺进敌后，在大江南北迅速展开的同时，中共中央在延安召开了六届六中全会。9 月 30 日上午，党的六届六中全会举行第二次全体会议，执行主席博古在宣布会议开始后，项英在热烈的掌声中，作了《关于新四军的成立与现状》的报告。

此时，新四军成立一周年的时间已经临近，中共中央于 10 月 1 日给新四军发来贺电，肯定了新四军成立一年来的成绩，同时提出殷切的希望。

叶军长、项副军长暨全体将士：

在新四军成立的一周年纪念日，中央特向你们致贺！

……新四军在与日寇血战的一年中，取得了很大的胜利，打击了日寇，壮大了自己，创设了游击区域。我们相信，新四军以原有的艰苦卓绝的奋斗精神，丰富的游击战争的经验，定能克服当前的一切困难，提高部队的政治觉悟与战斗力，成为大江两岸的一支模范军队。同时，我们相信，新四军本着共产党的正确路线，依靠着共产党的骨干，一定能够与一切抗日军队亲密团结，共同进行反对日寇的持久战争，争取持久战的胜利。

祝新四军的成功与胜利！

中国共产党中央委员会

十月一日 [1]

华中地区人口众多，物产丰富，交通发达，是国民党统治的政治、经济、文化中心，是日本侵略者力图夺取的主要地区，战略位置极为重要。日军大本营指示华中派遣军要确保合肥、芜湖、杭州一线以东占据地区的"安定"，特别要迅速恢复上海、南京、杭州间地区的治安，并确保主要交通线。

于是，"发展华中"不仅是新四军的战斗任务，而且成为全党全军共同的战略任务。为此，中共中央作出了一系列重大部署：派周恩来视察皖南，批准叶挺过江整理江北部队，派刘少奇重新进入华中，派黄克诚率八路军主力一部南下华中，令新四军江南部队主力北渡，并陆续从延安、中共中央北方局、八路军总部抽调大批干部支援华中等。这些重要决策，对新四军的发展壮大起了巨大的作用。

1938 年 11 月 5 日，党的六届六中全会胜利闭幕。会议决定撤销长江局，成立中原局，由刘少奇兼任书记；成立南方局，由周恩来任书记；东南分局改为东南局，仍以项英为书记；派遣担任过红十二军、红二十二军军长和红九军团长等重要职务、在中央苏区历次反"围剿"作战和长征中功勋卓著的战将罗炳辉到新四军工作。不久，经中央军委批准，罗炳辉被任命为第一支队副司令员。

党的六届六中全会期间，由于武汉保卫战正在激烈进行，叶挺电催项英回部队。于是，项英没有等到会议开完，就于 10 月初提前离开延安。

武汉以北，一辆轿车正在急速行驶。路面上一个接一个的弹坑，把车颠得老高。车上坐着的是桂系将领汤垚。上个月，由于身体有病，他辞去了第五战区兵站总监的职务，跑到鸡公山养病去了。

　　昨天，白崇禧突然来电话，要他速到汉口，有要事商量。

　　这个时候找他，汤垚实在想不出白崇禧葫芦里卖的什么药。难道老蒋要放弃武汉？但这么大的事情，跟他汤垚也没有更大的瓜葛。

　　几个月不见，从黄梅、广济大败而归的白崇禧更瘦了。汤垚一进门，白崇禧眼睛直直地看着他说："武汉不能久守了，陈诚不但力量用尽，连我们的第 11 集团军都用上了，第 5 战区几无一完整部队，老蒋决定放弃武汉了。"汤垚不知所措，跟着叹了口气。

　　"这次找你来，是想让你帮我做些事。你也不能长期休息下去。你还记得临走时我们谈论的事吗？"

　　上次离开白崇禧时，汤垚刚从沦陷区回来，随便说到在蒋军溃散时，遗留在民间的武器也不少，各种地方武装风起云涌，新四军已潜入活动，等等。白崇禧听了这话，思考了很久，说："老蒋逐次西退，日本三岛的敌人都搬了来，也占不了偌大地盘。如他只守点线，则八路军趁此潜入，利用民众爱国抗日的热忱，加以组织起来，这不是日本人替朱毛造反吗？将来即使抗战胜利，大片膏腴，无数子女，将不复为国民党所有了。"说罢在室内来回踱步，沉默不言许久。到晚饭时，白崇禧忽然拍桌对汤垚说："有了，你来写个签呈给老蒋，把我所顾虑的事说一说。主张用强有力的正规军开入沦陷区作游击骨干，组织民众，训练民众，和共产党争夺沦陷区的政权和民众武力。"汤垚说："恐怕老蒋未必采纳这个建议，因为他舍不得他的徒子徒孙去牺牲。"白崇禧拍案大笑说："很对，就因为他不肯去，才轮到我们去呀，好事便宜事能轮到我们吗？"后来白崇禧到前线指挥作战，汤垚也因病请假，此事没有再提起。

　　"这次我找你来，是要你快把我的计划写一写。你和张靖白[2]都去，你们安徽人去发动安徽民众一定比较容易。我已决定派廖燕农 **3** 的第 21 集团军进入大别山，先巩固安徽的政权，以免你们的安徽未亡于敌，先亡于共产党。"

在白崇禧的授意下，一份文件很快呈给蒋介石。大意如下。

1.（法国）霞飞国境失利后，立即安排作 10 日以上的连续退却，使德军追送不及，补给失灵，由优势转为劣势，法军始得转败为胜，而有巴黎会战之结果者。敌愈深入，则处处薄弱，强弩之末，不足穿缟素也。徐州失利，精锐尽失，武汉势难久保。但患不在武汉之不守。敌愈深入，强弱将易势也。

2.武汉失陷后，敌之战线愈长，兵力愈分散，虽竭三岛军民之力，亦不足占领我之广大土地。惟有固守点线，以与其第一线大军联络供应。此际如以精锐之正规军一部，进入沦陷区，建立根据地，组织各地区民众武力，对敌后方联络线广泛游击，敌必疲于奔命，无法深入，从而达成我之持久消耗战之目的。

3.我如计不出此，则必有先我为之，共产党是也。惟是持久三年之后，即使敌力不支，胜利属我。但广大中原之子女、土地，已非我有，大好河山，必为变色。而滨海交通足以联络于国际，东南膏腴，足以饱腾其士焉，殊非杞人之忧天也。

4.惟是大战方殷，疮痍满目，主作战之兵力尚感不足，更何以舍本求末，钧座鞅掌万冗，尤难兼顾，职不揣愚昧，原为钧座谋之，亦即以职部第 5 陆军之一部，约两个军兵力，先进入大别山区，建立根据地，徐图延伸至苏北、鲁南，推进韩德勤、缪澂流（当时两部接近苏北）、于学忠（于的第 51 军在商城）等部与八路军争夺沦陷区政权及民众，尤以壮丁、学生为主，免被赤化。一则以慰陷区同胞喁喁之望，二则限制朱毛之扩展，职以为当务之急，莫过于此。

人称白崇禧"小诸葛",从这份呈文可见其足智多谋。

1938 年 10 月,蒋介石决定放弃武汉的同时,同意了这一计划。

蒋介石一点头,白崇禧迫不及待地命令廖磊率领第七军、第四十八军退入大别山区,并以廖磊为安徽省主席。同时,将在西南的桂系官员急急送往安徽。

临行前,白崇禧嘱咐道:"要作到以下几点:1. 此去与共产党争夺沦陷区政权及壮丁、学生,限制共产党的扩展,任务重大。我认为桂系兴亡,在此一举。最小限度也要做到战后我们能与共产党在沦陷区内平分春色,和老蒋鼎足而三,角逐中国,你们寄语燕农,放手干就是了。2. 和共产党不要直接冲突,必须善与周旋,你们有政治和军事的力量,总比共产党赤手空拳的好得多。必要时倭过与老蒋,叫他和共产党冲突,我们还能从中取利。3. 淮河南北,四战之地,民风强悍,足可利用,主要在于如何领导他们,组织他们,你们和靖伯必须放下身份,亲自下去和民众一齐混,你们的事业也就发轫于此。"4

廖磊等一到,立即以抗日之名,抢先向淮南路东敌后派出行署主任、专员、县长,恢复旧政权,收编土杂武装,扩充反动势力,与新四军争夺皖东地区。

张云逸劝说高敬亭

皖东的情况,让中共中央甚为着急。抗战初期,党内争论最激烈的问题有三个。

一是如何开展统一战线。是一切服从统一战线,还是坚持独立自主前提下的统一战线,或者完全不合作。

二是作战形式采取游击战还是运动战。毛泽东坚决主张独立自主的山地游击战,在洛川会议上,毛泽东说:"从中日战争的特点出发,游击战争最能发挥我军优势。敌人武器装备好，机械化能力高，我们硬碰硬，运动战就成了消耗战。而且日军是孤军深入，我们只有放进来打，放进来就有基础了，人民群众在我们这一边啊……"

但当时对于不少红军将领来说，他们早已习惯了过去那种正规军的运动战，对于抗日游击战争的战略地位，一时还认识不到，思想上也转不过弯来。

考虑到讨论中的不同意见，毛泽东把作战方针的提法做了一些变更，这就是"基本的是独立自主的山地游击战，不放松有条件下的运动战"。

三是向敌后发展问题。这个问题在新四军中表现得尤其突出。新四军刚成立时，一些主要领导人认识不到向敌后发展的急迫性，不敢放手活动：有的怕破坏统一战线；有的担心敌后环境不熟悉；有的依恋旧根据地。

中共中央早就指示新四军第四支队东进。但高敬亭在东进问题上就有些抵触情绪，认为："若操之过急，又会生变，而且无效"；"如能争取在敌侧后方打一二次游击，取得小胜利，提高其打击日寇信心，总可以推动其部队前进"。**5**

为了抓住时机发展皖东，动员高敬亭率第四支队主力继续东进，毛泽东、王稼祥、刘少奇电示项英：派新四军参谋长张云逸过江活动，最好派两至三个营随同前往。**6** 同时，鉴于第四支队一时难以全部东进皖东，新四军军部根据党中央和周恩来的指示，命令第八团首先挺进皖东。

项英和军分会立即命令张云逸率军部特务营渡江北上，抵达皖中，向第四支队领导传达中央和军部指示，加强江北抗日斗争的领导。

1938 年 12 月中旬，张云逸到达第四支队司令部所在地舒城的西汤池，对高敬亭进行耐心的说服、教育。同时，又以坚决认真的态度，向第四支队广大干部传达贯彻党的六届六中全会精神和党中央的东进方针，强调军队要服从党的领导。他还派干部深入各团，做干部、战士的工作。

对拥护党的东进方针、如实反映情况而被打击、排挤的干部，张云逸采取了极慎重的态度处理。他一方面向高敬亭说明，军部和第四支队都应执行中央的东进方针，干部要求积极执行中央的东进方针是对的，不应指责和打击；另一方面动员被打击、排挤的干部回第四支队工作，团结高敬亭共同贯彻中央的东进方针。

但高敬亭东进不积极，意欲在舒、桐、庐一带建立抗日根据地。其理由为：

一、形势有利。日军西侵，国民党军队向西溃退，这一地区已成敌后，第四支队英勇抗战，收复了这个地区，得到了人民的衷心拥护；

二、地形有利。这里属大别山余脉，地形险要，进可攻，退易守；

三、共产党的基础好，中共地方组织工作活跃，并掌握武装；

四、群众条件好。这里接近老区，有光荣斗争传统；

五、人民生活比较富裕，是部队赖以斗争和生存的好地方。

因此，高敬亭对要支队离开皖中占皖东的指示持保留意见，只是同意派部分部队开到合肥以东一带活动，支队指挥机关仍停留在舒城东、西港冲。

12月底，为了第四支队的进一步发展，张云逸到当时安徽省政府所在地的金寨，向桂系二十一集团军总司令兼安徽省政府主席的廖磊进行统一战线工作。张云逸原籍广西，早年参加辛亥革命和北伐战争，在国民党军队中尤其是在桂系上层军政官员中有较大的影响。中央派张云逸来江北，也有此考虑。

廖磊虽然一直尊重和敬仰张云逸，但谈到新四军的活动时，廖磊表面上表示支持，实际上却加以限制："你们没有供给，兵要精，不要多。"

张云逸当即反驳道："我们的力量不是多了而是少了。你们为什么要住在大别山，不住在安庆、合肥；蒋介石为什么要到四川，而不到上海、南京，就是因为中国的抗日力量不够嘛！"张云逸越说越激动："你们不给我们发饷，发枪，叫我们怎么去同日本鬼子打仗？你们还限制我们部队在津浦路西三十里以内活动，叫我们怎么去开展游击战争？"

1938 年 4 月，新四军第四支队奉命首先挺进到皖中的时候，曾派出张学文、林英坚等协助皖中、皖西党组织负责人李世农、张恺帆、桂蓬、曹云露等人，发展了一支游击武装。经过张云逸的努力争取，廖磊不得不给予这支游击武装以"江北游击纵队"的番号。

但为了限制新四军发展，规定新四军军饷不得就地自筹，不得收缴民枪。

张云逸由金寨返回无、庐地区后，以合法名义，以他从江南来的军部特务营为骨干，并将无、庐地区党领导的一部分游击队和人民自卫军统一整编为江北游击纵队，以孙仲德为司令员、黄岩为政委、桂蓬为政治部主任，担负开展皖中地区的抗战任务。并恢复了由于项英的"精兵主义"错误的影响而被解散了的第九团建制，以詹化雨为团长，胡继庭为政委。

张云逸见高敬亭东进不积极，只好结束在皖中的活动，于 1939 年 2 月由舒城来到皖东，直接领导第四支队第八团和江北游击纵队，开辟皖东地区。

这时，尽管张云逸已掌握了 4000 多人并到达全椒地区，但高敬亭手上还有六七千人。为了调整和加强江北部队及发展工作，叶挺、项英准备在江北设立指挥部，建立第五支队和皖东抗日根据地。

叶挺到江北

1939 年 3 月 29 日，叶挺致电蒋介石："职军江北支队现位置于沿江，为含山、巢县、全椒、亮山、定远县一带，担任津浦南段及沿江作战，总计高（敬亭）、周（骏鸣）两部官兵九千余人，与军部隔江相距颇远，以往工作联系因之欠密切。现因该部急须调整及伤病兵员之救护治疗与军需之补充储积各项工作亟待解决，职拟 4 月间前往巡视，并将军部职员分拨一部于舒城附近暂设指挥部或办事处，藉资便利。"**7**

3 月 30 日，叶挺、项英把设置江北指挥部一事也报告了毛泽东和刘少奇。毛泽东等批准了军部的部署。3 月 31 日，蒋介石也复电叶挺："该军长拟巡视江北支队并设指挥部或办事处一节，准如所请。"

但是，在具体操作过程中，面对国民党的压力，项英表现了妥协态度，并于 1939 年 4 月向中共中央报告了《关于江北工作方针》。

（一）在军事上，向北、向东发展，以津浦线为中心积极行动，控制该路，另一部控制淮南路。

（三）在政治上，以巩固扩大统战为主……

……

（六）……目前不宜提出创造皖东抗日根据地的口号作号召。否则，使同盟者害怕而我对我更防范和限制。……**8**

对于项英的错误主张，中共中央进行了坚决纠正，并对华中抗战进行了全面部署。1939 年 4 月 21 日，中共中央书记处发出《关于发展华中武装力量的指示》，指出，江南地区国民党的统治力量雄厚，且对中共武装诸多限制，新四军要在江南求得发展将十分困难，而地处长江以北的鄂、豫、皖、苏等省的华中广大地区，则有很大的回旋余地。这个地区保存有一万多人的新四军及抗日游击队，"因此华中是我党发展武装力量的主要地域，并在战略上华中亦为连系华北华南之枢纽，关系整个抗战前途甚大"。特别强调蒋介石已批准新四军在江北成立指挥部，"我应利用此机会来作发展的布置"。

基于这样的分析，中共中央作出如下的决策："从华北、陕北派遣一批干部与武装南下华中，江南也须立即抽调军政干部渡江北上华中，东南局及新四军应决心抽调一批营以上军政干部到江北"，成立江北指挥部，使之"成为华中我武装力量之领导中心"。中央在这份指示中强调指出，此一指挥中心"应有大将主持"，希望东南局及新四军领导"顾全全国局势及华中之重要，抽调大员及大批干部到江北"。**9**

4月24日，中共中央书记处发出《关于建立皖东抗日根据地的指示》，再次一针见血地指出了项英的错误。

　　一、目前，我党新四军在皖东的主要任务是建立皖东抗日根据地（目前在一切敌后的任务都是建立根据地）。这是我们一切工作的中心和目的……不必把这任务秘密起来，而应当主要努力去做。

　　二、但依皖东目前情况，必须我们长期努力进行统战工作，坚决打击汉奸和顽固分子，尽力扩大党和群众运动，推动地方进步，才能达到建立根据地的任务。

　　三、……迅速扩大和巩固新四军民为皖东抗日武装的主力，并积极向东、向北发展，建立后方，而不是单纯的以控制两条铁路为目的（因控制两条铁路，对我们工作无大帮助，也控制不了）。……

　　……

　　五、……对坚决反对我党、新四军的顽固分子，必须实行坚决的斗争，不要轻易让步。……**10**

为了贯彻党中央和东南局的指示，迅速打开皖东抗战局面，1939年4月底，叶挺军长带领邓子恢、罗炳辉、赖传珠等领导从皖南到江北。

罗炳辉很舍不得离开陈毅。在陈毅送他上路时，他紧紧地握着陈毅的手说："我真不愿离开，情愿做你的副手。和你一起工作，心胸豁然。就是你骂我、打我，我都情愿。"陈毅劝他说：五支队的工作很重要，你的担子更重了，应该去。这样，罗炳辉才依依不舍地出发上路。

5月5日，在叶挺的主持下，新四军江北指挥部在庐江东汤池宣布成立，由张云逸任指挥，徐海东任副指挥，邓子恢任政治部主任，"统一指挥新四军江北部队。

5 月 9 日，叶挺、张云逸、邓子恢赴舒城西港冲高敬亭驻地，向高敬亭传达了中共中央军委和新四军军部关于江北部队的有关指示，敦促高敬亭率支队部和仍在皖中的部队东进皖东地区。

正在这时，中共中央 4 月 24 日关于江北部队的"中心任务是建立皖东抗日根据地"的书面指示也传到江北。

5 月 11 日，叶挺主持召开第四支队干部会议，传达中央军委和军部关于第四支队东进皖东抗日的指示。

第四支队大多数干部拥护中央军委和军部有关东进的指示，高敬亭当时也表示拥护东进，但行动上依然对中央的决定有抵触行为。中共中央书记处在接获高敬亭问题的报告，并研究了第四支队的情况之后，于 6 月 15 日复电江北指挥部，决定撤销高敬亭的第四支队司令员职务，另从延安派原第二十五军副军长徐海东前往淮南担任江北指挥部副指挥兼第四支队司令员。

1939 年 6 月 24 日上午 8 时，由于种种错综复杂的原因，32 岁的高敬亭在青龙厂被错杀。

两个小时以后，中共中央发来电报，指示将高敬亭送延安学习。然而人死不能复生。这位在鄂豫皖苏区曾经使得国民党军闻风丧胆的赫赫战将，就这样付出了他年轻的生命。

高敬亭 1929 年加入中国共产党，在长期斗争中是于革命有功的，尤其是临危受命，重建红第二十八军，在三年游击战争中，坚持了大别山革命战略支点，为革命保留了一批干部和一支革命武装，成为这一地区革命的一面旗帜；抗战开始后，又较早地实行了战略转变，在改编谈判和率队挺进皖中抗战中，是有重大贡献的。但由于长期脱离中共中央的领导，在国共合作抗日的转变时期，对抗战全局形势和中共中央的战略意图缺乏了解，滋长了居功自傲的思想，不信任不尊重中共中央和新四军军部派到第四支队工作的干部，对离开山地，到平原水网地区作战信心不足，怀疑上级要第四支队东进皖东指示的正确性，行动上犹豫迟疑，错失了开辟皖东的一段大好时机。

高敬亭有错，但错不当杀，采取过渡办法进行冷处理效果会更好。1975年11月30日，毛泽东主席亲自批示有关部门重新审查高敬亭一案，并于12月14日在审查报告上作了重要批示，澄清了高敬亭的问题。1977年4月27日，中国人民解放军总政治部发出《关于给高敬亭同志平反的通知》："高敬亭同志参加革命后，在毛主席、党中央领导下，在坚持鄂豫皖地区的革命斗争中是有功的，虽在四支队工作期间犯有严重错误，但是可以教育的，处死高敬亭同志是错误的。"该通知对高敬亭的功过作了实事求是的评价，正式宣布对高敬亭给予平反，恢复名誉。

管文蔚"架"起渡江"桥"

江北如此一折腾，极大地影响了新四军的发展战略。好在挺进苏南的第一、二支队迅速壮大起来，从初入江南时的4000多人，到1939年1月已经发展到1.4万多人。且陈毅在党的六届六中全会期间，就已经开始谋划东进北上的发展蓝图。

1938年10月中旬，陈毅带一个警卫排到丹北视察的时候，就和管文蔚研究新四军以后发展方向的问题。

陈毅说：茅山地区太小，活动困难，你有何看法。

管文蔚取出当地爱国老人朱渊的一封信，上面建议管部早日渡江北上，拿下两淮[12]。并指出如果控制了两淮，进可以攻，退可以守，能处于不败之地。

陈毅很有兴趣地询问了朱渊的情况。当他得知朱是江苏知名度很高的老前辈并有抗日爱国思想时，对管文蔚说："你一定要把此人的工作做好，他的意见很好嘛！我党中央早就有命新四军一部渡江北进的指示。你们挺纵[13]

能不能尽快率先过江，向北发展？"

其实早在数月前，管文蔚已命令原直属第二大队去沿江的大港、大路一带进行游击活动。7月中旬已攻克新老洲，接着又攻占了江北的门户三江营，准备逐步向江北发展。

陈毅听了频频点头说："这样很好。我们一定要冲破国民党顽固派的种种限制，大胆地向东向北发展，狠狠地打击日军，尽量壮大自己的力量。东进的任务准备交给叶飞同志的部队去执行；北进的任务就交给你们去执行。"

陈毅也是个急性子，马上提出要去新老洲看看。新老洲位于大江之中，有十万居民，情况比较复杂，且挺纵进驻不久。管文蔚怕有危险，提出是否要过一段时间再去，但陈毅执意要去。管文蔚了解陈毅的迫切心情，便做了周密的部署，然后陪同陈毅从大港附近的江边趁夜幕上船。

日军对长江封锁得很严，巡逻艇每20分钟经过一次。管文蔚竖着耳朵，眼睛紧紧盯着江面，掐着指头计算日军巡逻艇行进的时间和距离。一艘巡逻艇刚过去，管文蔚马上命令趁此间隙迅速抢渡。

木船实在太慢，当离新老洲不远时，静夜中传来日军巡逻艇的马达声，紧接着探照灯如鬼火一样照射过来。

蒙混过关是不可能了，管文蔚果断命令警卫班战士先发制人。在新四军猛烈火力的扫射下，日军巡逻艇歪歪扭扭地逃走了。

管文蔚陪同陈毅在新老洲视察了两天。在返回大港途中，陈毅说："这边江面太宽，危险性较大，江对面又是游击区，大部队行动无法保密。要早点把扬中拿下来，并加强江北的工作。这里只能作为第二渡江点，但工作也不能放松。"

管文蔚送走陈毅，立即布置挺纵第一支队打下扬中，收复了老郎街、八字桥等地，又集中兵力解决了三茅镇。部队进攻时，却发现三茅镇是一座空城。管文蔚派通讯参谋向陈毅报告情况。陈毅判断可能有诈，果断地派副官送去亲笔信，命管文蔚立即把部队撤回，并将撤兵情况报告他。

果不出陈毅所料。扬中守军事先得到挺纵要攻打扬中的风声，即把兵力分散隐蔽到乡间，并从江北增兵一个团，准备挺纵占领三茅镇后，就以四个团的兵力合围而消灭之。管文蔚遵照陈毅的指示，立即将部队撤回，才避免了大的损失。

部队撤回后，管文蔚马上去见陈毅。陈毅说："你们没有受到损失就好，以后可要十分注意。战争这种事，是你死我活的搏斗，你要想法吃掉他，他要想法吃掉你，是一种斗智的艺术。一不小心，就会灰飞烟灭。要知道一切敌人都是很狡猾的，要学会不上敌人的当，就要懂得军事知识，'兵不厌诈'嘛！"

管文蔚吸取教训，第二次攻打扬中时，挺纵采取突然袭击的战术，全歼守敌。挺纵司令部随后跟进，在扬中站稳了脚跟。管文蔚迅速增派第三、四支队一部由梅嘉生、韦永义率领北渡长江，奔袭中闸、大桥、嘶马，紧接着又乘胜追击，攻克了吴家桥，七里长庄、曹王市、刁家铺等地。

这样，挺纵控制了长江以北通扬运河以南宽20余里、长40余里的桥头堡阵地，又有了扬中、新老洲两处江中"跳板"。1月中旬，陈毅来到扬中老郎街挺纵司令部，非常高兴，叮嘱管文蔚等一定要守住，不能丢失，这渡江的天然跳板和江北岸的桥头阵地，乃是以后大军北渡的重要条件。

粟裕后来说："控制了扬中和江都所属的大桥一带沿江北岸阵地，这里的位置十分重要，控制了这个地区，使新四军获得了向苏北发展的跳板。"陈毅也讲过，他在"丹北遇到了管家三兄弟"，"管文蔚（挺进纵队）为我们（新四军）架了一顶（座）桥"。

向东向北发展的蓝图已经十分醒目了，只要茅山再发展一些，就可以分派主力跨出茅山东进北上。

因此，第一支队在不断粉碎日军"扫荡"的同时，主动袭击敌人，巩固茅山根据地。

1938年10月底，新四军在宝埝击毙日军中队长1名。日寇联队长松野

大发传单，说"新四军太恶毒了，不仅搞破坏，搞袭击，还把我们烧死"。"新
四军不讲道义，不会打仗，只会杀人放火，偷偷摸摸的，不配作一个堂堂正
正的军人"。"有胆量，公开来打一仗"。

陈毅看到传单，捧腹大笑，说："强盗的日本军阀在挨打之后，居然板
起面孔来讲什么仁义道德了，何等可笑！"并亲写传单答复松野："我新四军
向来堂堂正正，对文明人就用更文明的办法，对野蛮人就用更野蛮的办法，
仅此而已，别无他哉！"**14**

1939 年 2 月 4 日，第一支队袭击丹阳城西门，突入城内，歼敌伪 50 多
人。2 月 6 日，王必成率领二团，攻克东湾据点，全歼守放日伪军 50 多名。

2 月 18 日，即农历除夕之夜，在陈毅的亲自部署下，段焕竞率领二团
一营长途奔袭延陵。按预定计划，由一连占领简渎河东北地区，监视大庙内
日军；第二、第三连突袭河西南的两个大碉堡，俘虏了里面的全部伪军。随
即全营向日军发起总攻，用长竹竿捆绑集束手榴弹炸开围路枪眼，攻入庙
院，逐屋激战，最后用火攻歼灭了顽抗的日军，攻克延陵。此战全歼日军川
野中队一个分队和伪军 100 多人，还生俘日军 1 名。

到 1939 年春，新四军第一、二支队的活动范围，已经覆盖江苏省的丹
阳、武进、金坛、句容、镇江、溧阳、溧水、高淳、江宁等县及安徽省的当
涂、芜湖、宣城等沿长江南岸的 10 多个县，建立了茅山、丹北、横山、江
句、小丹阳等若干块小型游击根据地，抗日的烽火燃遍了整个江南地区。

周恩来亲赴云岭

此时，有的人认为陈毅在江南敌后行动过火，开展双减，解放扬中，发
展武装，刺激了友军友党，是什么"人、枪、款主义"。

恰在这时，陈毅得到通知：中央军委副主席周恩来即将来皖南军部视察
工作。

1939年2月23日，春寒料峭。在新四军部所在地泾县云岭附近的章家渡，陈毅与项英等迎来了周恩来，并在第二天晚上召开了欢迎大会。

会上，何士德演唱歌曲《歌八百壮士》。大家发现陈毅在场，请陈毅也唱一首。陈毅用法文唱了《马赛曲》。

会后，陈毅很有感触地表示，新四军应该创作一首《军歌》，让全军唱起来，以统一思想认识，统一前进步伐。

不久，陈毅即拟成新四军军歌初稿，歌词热情歌颂新四军继承着北伐第四军、红军第四军和坚持南方游击战争的红色游击队前后十余年的光荣传统，为取其整数，故名《十年》。后经项英、李一氓等集体修改定稿，由何士德谱曲。这样，新四军终于有了自己的军歌。歌词的初稿和改定稿一起在《抗敌》杂志上发表。**15**

周恩来一到云岭，同到其他地方一样，首先进行周密的调查研究。他不但听取新四军领导人的汇报，还找军部各部门座谈，听取各支队负责人的意见，到附近的机关、医院、抗大分校和连队驻地了解部队的学习、军事训练、生活等情况。通过这种实地的观察和调查，使他对新四军情况的了解，比原来只是通过电文往来所了解的，要清楚和具体得多了。

当时，新四军虽有一部已挺进苏南，又派张云逸率一个特务营从皖南过江。但从整体来看，仍处于十分不利的态势：新四军的主力驻扎在皖南，而长江沿岸据点被日军占领，军部背后是国民党第三战区司令部驻地，左右两侧也有国民党军队密集布防，可说是一面临敌、三顶受围；它的活动区域被限制在东起芜湖、宣城，西至青阳、大通镇这个横宽约100公里、纵深不过50公里的狭长条带中。在新的复杂局势面前，如有不测，几乎没有回旋的余地。周恩来亲临新四军军部，首要任务是贯彻党的六届六中全会精神，讨论并确定新四军的发展方向问题。

3月6日，新四军召开军分会会议，听取了周恩来关于《目前形势和新四军任务》的报告。

周恩来指出：

……根据敌人、我们、国际三方面的情况可以看出，今天新阶段的中心问题是在敌人占领区，在中国的东部，在黄河以东、平汉路粤汉路以东的广大地区。不仅仅是因为中国东部被敌人占领了，而且更主要的是，这是中国人口最多的地区，是交通便利、土地肥沃、经济发达，文化程度高的财富地区。整个的中国东部，代表了中国走向近代化的最有力的地区。中国的西部当然不如东部，尽管西北、西南可以成为我们的大后方，但是，假如中国东部完全被敌人统治，我们的西部就要一天一天地贫弱危困起来，困难就要无形地加深，而敌人就能够利用中国的人力物力财力来克服自己的困难。我们要认识这个环境，这就是新四军的环境。新四军就处在敌人占领的中国东部。新四军今天所处的客观环境恰恰使得新四军的地位更加提高，落在新四军肩上的任务也就更加重要。

正是因为这样的形势和环境，所以我们新四军是有发展前途的。为什么这样说呢？

一、我们愈向敌人的后方，愈能够得到发展的机会。

二、愈在困难的条件底下，愈能够显出我们的特长，愈能够锻炼我们。我们不求在安逸的地区发展。因为安逸的地区谁也要来，谁也能够存在。我们主要地要向困难的地区发展。因为困难危险，国民党的许多部队和工作人员克服不了，忍耐不了。而我们新四军能吃苦耐劳，不怕困难。

三、愈深入到民众中间，愈能够创造根据地。我们如果打算把新四军所在的地方建立成根据地，就要依靠这个地方的广大群众，深入到群众中去。深入群众才能够保障我们的发展。

四、愈复杂，愈能够使我们的统一战线发展。中国统一战线的特点就是复杂。只有在复杂的情形下，我们才能够造成民族统一战线的模范区域。

五、愈有竞赛，愈能够使我们本身进步。国民党五中全会提出了彼此竞赛，我想江南江北地区特别是江南地方政府、民众团体各方面同我们竞赛，更能够锻炼我们，使我们进步。

六、愈坚持，愈能够影响全国全世界。我们要坚持游击战争，创造大江南北的根据地，给敌人看，给全国全世界看：我们绝不退后，绝不逃避。在这样困难的地区，我们能够发展游击战争，就用事实证明游击战争在中国的自卫抗战中是能够发展的。**16**

接着，周恩来又分析了新四军面临的有利条件、困难及克服办法，并提出了新四军的战略、方针和任务。

> 我们在江南敌后地区确定发展的方向，有三个原则：
>
> (1) 那个地方空虚，我们就向那个地方发展。
>
> (2) 那个地方危险，我们就到那个地方去创造新的活动地区。
>
> (3) 那个地方只有敌人伪军，友党友军较不注意没有去活动，我们就向那里发展。这样可以减少磨擦，利于抗战。
>
> 根据过去三年游击战争的经验，我们认为，现在在跟民族敌人作斗争的时候，大江南北游击根据地的创造是完全可能的。尽管敌人封锁严密，只要我们能够深入广大的群众，善于进行游击战争，我们就不会让敌人完全占领这个地区。**17**

在云岭，周恩来与新四军领导人叶挺、项英、袁国平、周子昆、陈毅、粟裕等共同确定了新四军的战略方针，那就是"向南巩固，向东作战，向北发展"。

周恩来在云岭的时候，还用了很大的精力来做项英的思想工作，调整改善项英和叶挺的关系，这是周恩来亲赴云岭的另外一项重要使命。这位工人出身、自认为在三年南方游击战中立下赫赫战功的项英，是很难听进别人的批评意见的，但对周恩来代表中共中央的批评意见还是注意倾听的。

周恩来严肃地批评项英说：叶挺是个好同志，很有军事才能，这样的将领如不去团结，还要团结谁呢？又说：叶挺是热爱党的事业的，热爱人民解放事业的，不能认为他现在不是党员就不欢迎他。他参加党，不如留在党外对党的工作有利。

在周恩来帮助下，项英作了自我批评，表示要同叶挺搞好团结。

周恩来离开云岭后，项英初时有一段时间对于叶挺的态度有所改善，但事实上仍没有消除对叶挺的成见。1940 年，周恩来从苏联回到重庆，又当面叮嘱正在重庆的新四军政治部主任袁国平：如果项英再不团结叶挺，可在党内开展思想斗争，批评项英的错误。[18] 袁国平回新四军后又不敢传达，一直到皖南事变发生。

送走周恩来回到茅山，陈毅立即着手布置东进北上。

这时，江南斗争形势不断发生变化。在新四军的不断打击下，日军被迫放弃了所谓的"梅花桩"式的小据点，集中兵力到大据点，并加紧了对新四军的跟踪"扫荡"。3 月 7 日凌晨，日军第十五师团第五十一联队由镇江、句容、丹阳、金坛等地出发，分八路突然向上下会新四军第一支队第二团驻地合击。新四军第二团在团长王必成指挥下，奋起反击，经浴血苦战，终于打退敌人，冲破敌人两道包围圈，胜利突出重围。此次战斗，毙伤敌近百人，第二团也遭受很大损失，团政治处主任萧国生等 58 人光荣牺牲。

消息传来，陈毅悲痛欲绝，写下了《追悼模范政工人员——萧国生》一文，其中这样描写自己的心情："一颗炸弹粉碎了我的心田！我神经震撼，我心志昏眩，我口禁目呆，我稍稍定心之后，流下我数年来不会出眶的眼泪。这为什么？这就是我第二团政治主任萧国生同志阵亡哀耗射入我耳鼓的情景。"[19]

同时，东路地区也出现危机。所谓东路地区，是指常州以东宁沪[20]铁路两侧的长江三角洲地带，南起太湖，北至长江，东接上海。它交通方便，经济文化发达，战略位置十分重要。日本帝国主义侵占东北之后，在大举进犯华北的同时，以重兵占领了这个地区。而在南京、上海沦陷后，江南地区陷入混乱的无政府状态，广大人民群众热望新四军进入江南敌后领导抗战。

"江抗"东进

1938 年 9 月开辟茅山根据地的同时，陈毅就根据中央关于"在茅山根据地大体建立起来之后，还应准备分兵进入苏州、镇江、吴淞三角地区，在分一部渡江进入苏北地区"[21] 的指示，派王必成率领一个营，经丹北向东进行战略侦察；自己则亲往丹北沿江一带视察，为东进北上做准备。

在此期间，第二团在江阴西石桥与梅光迪、朱松寿两支游击武装取得了联系，并把他们带回茅山。陈毅将两支部队合编，授予江南抗日义勇军第三路的番号，重回澄（江阴）锡（无锡）虞（常熟）活动。1939 年 1 月，陈毅又派第一支队参谋长胡发坚到江抗三路任副司令。但由于梅光迪下辖的一些大刀会等地方势力，在顽固派进逼的形势下发生动摇，胡发坚在到处奔波处理紧急情况时不幸牺牲，致使江抗的工作更加困难。

陈毅与支队其他领导人研究后，决定先分兵向东作战。

这个任务落在了第一支队第六团身上。

六团团长叶飞刚刚吃过晚饭，支队部门来电话，说陈毅司令员要他去。

叶飞放下电话，立即跨马向第一支队司令部所在地溧阳县水西村奔去。十多里地，一会就赶到了。当叶飞走进陈毅住房时，看见屋内只有陈毅一个人，默默地抽着烟。见叶飞进来，陈毅用手指指旁边的竹凳，一句话也没说。叶飞坐下后，陈毅仍是一言不发。

叶飞心里一沉，问道："你叫我来有什么事啊？"

陈毅还是不说话，慢慢从口袋里掏出一份电报递给叶飞。电报是项英发给陈毅的，内容是坚决反对东进。理由有两条：一是东进超出了国民党划定的"地盘"，会破坏统一战线；二是东路地区铁路、公路、河网交错，日军兵力强大，据点林立，部队到那里去会被敌人消灭。

陈毅在屋里走来走去，先慢后快，越走越快，大约过了十多分钟，突然坐下来问叶飞："你看怎么样？"

叶飞一时不明白陈毅问的"怎么样"是什么意思，没有回答。

陈毅见叶飞没吭声，又"呼"地站起来，点燃一支烟，狠狠吸了几口，走几步，在一张竹凳上坐下来。一会儿，陈毅猛地站到叶飞面前，问道："哎！叶飞，你看你们到东路去会不会被消灭？"

叶飞立即回答："你问这个呀！我们有把握，不会被消灭。不仅不会被消灭，还会发展。我可以向你保证。"

陈毅追问了一句："喂，你有把握？"

"有把握！不只我一个人，全团的营连干部讨论过，都认为有把握。我敢给你立军令状！"

陈毅摆了摆手，说："那好！你们走，照原计划行动！"

叶飞站起身，又问："那个'破坏统一战线'的问题怎么办？"

"你们走你们的，不要管。这不是你们的事。"说着，陈毅用右手拍拍胸脯："破坏了统一战线，我负责！"又指指叶飞："部队被消灭了，你负责！"**22**

陈毅还向叶飞指示：你们这次到东路去，一要发展队伍，二要搞到武器装备自己，三要筹集款子。用一句话来说，就是"人、枪、款"。并叮嘱还要相机建立抗日根据地。最后，为应付国民党第三战区，确定第六团以当地"江南抗日义勇军"**23**番号出征，梅光迪任总指挥，叶飞任副总指挥。"几位团领导人也改用化名，团长叶飞化名叶琛，副团长吴焜化名吴克刚，参谋长乔信民化名汪明。陈毅还亲自为团政治部主任刘松青改名为刘飞，其寓意是'汉武帝有飞将军李广，昭烈帝有飞将军张冀德，我陈毅有飞将军刘松青。'"**24**

在叶飞率部出发后，陈毅复电项英，说该部已经出发，追不及了。**25**并让军部转告顾祝同：叶飞因病告长假，其职由段焕竞代理。

第六团东进后，很快和梅光迪和强学曾的游击队会师，正式成立"江抗"总指挥部，总指挥梅光迪，副总指挥叶飞、何克希。第六团改称二路，司令员吴焜；梅光迪部改编为三路，梅光迪兼司令员。每路辖3个相当于营的支队。

地方党组织和广大群众热情欢迎抗日队伍的到来，送水送粮，充当向导，介绍情况。为了鼓舞士气，树立群众的抗日信心，扩大"江抗"的影响，叶飞和地方党组织商量，决定在这里打一仗。首战目标选中日军在沪宁铁路中段的重要据点——浒墅关车站。

1939年6月24日，"江抗"二路夜袭浒墅关车站，炸死炸伤日军警备队长等20多人，烧毁车站，破坏路轨一段，使宁沪铁路一度中断。与此同时，"江抗"三路袭击黄棣伪军据点，歼伪军水警队30余人。

"江抗"声威大振。

英、美为了出日本的洋相，通过上海租界上出版的《大美晚报》等，大量刊载新四军东进，已打到上海外围的消息。7月2日，上海《申报》转载了《大美晚报》所报新四军全歼驻浒墅关日军的情况。

　　英文《大美晚报》云：今日（1日）据可靠方面消息，京沪铁路苏州与无锡间之小站浒墅关，6月25日夜3时，有游击队袭击，该地日驻军悉被歼灭。游击队约350人，系江南抗日军，进行夜袭，逼近车站。小队日驻军，即宿站上营中。游击队先悄然"清除"放哨日兵5名，然后以火油灌于驻军所宿木舍，并以手榴弹投入门内，木舍起火，尽毙其中日兵，共死23人。该地日驻军原为25名，惟两名暂时离队，入乡参加喜宴，遂得幸免。惟据另一方面称，该次突袭中丧生之日兵，约有50名，因浒墅关为公路与铁路上之要镇，故驻有较强之日兵。游击队引退之前，并纵火焚烧车站，拆毁铁道一段，使京沪交通停止数日。**26**

上海和香港的一些中外报纸，也发表了消息，刊登了美国进步记者史沫特莱关于这次战斗的通讯。

日军大为震惊，广大人民欢欣鼓舞。

国民党第三战区很快发现"江抗"已经不是原来的"江抗"，可能是陈毅把茅山的主力调过去了，便让冷欣几次向陈毅追查。但冷欣没有确凿的证据，提出陈毅派人去东路联系。陈毅提出：派人可以，但必须带电台；人少了不行，起码得去一个营；等等。冷欣害怕新四军打着合法的旗号进一步"越界"，连忙拒绝。六团东进的事只好不了了之。**27**

浒墅关战斗后，"江抗"继续东进，不久就在长江三角洲的水网地带，初步建立起以阳澄湖东塘寺为中心的苏（苏州）、常（常熟）、太（太仓）和澄（江阴）、锡（无锡）、虞（常熟）抗日根据地。有了根据地，新四军就如鱼得水，进退自如，进行了火烧上海虹桥机场这样惊动中外舆论的胜利战斗，人枪也翻了好几倍，由东进时的不到千人发展到了6000人，枪支弹药和经费源源不断地往茅山和军部输送。

"联李、抗日、孤韩"

陈毅在派遣第六团东进后，就匆忙赶到挺纵，研究向北发展的方针。

苏北地处敌后，位置重要，幅员广大，敌、伪、顽三种力量并存，形势错综复杂。日军占领的主要是扬州、仙女庙、靖江、如皋、南通等沿江重要城市，以保证长江通航，而伪军力量较弱。因此，大部分地区仍为国民党江苏省政府主席、鲁苏战区副总司令韩德勤所控制。韩德勤盘踞兴化、东台、盐城，自诩拥兵十万，积极推行蒋介石的消极抗战、积极反共政策，暗中勾结日伪，摧残抗日力量。这个实足的顽固派是新四军向北发展最大的绊脚石。

韩德勤的主力部队是八十九军和独立第六旅，其他大多是地方实力派的部队。其中有李明扬、李长江为正副总指挥的鲁苏皖边区游击总指挥部，驻泰州，所辖约三万人；陈泰运的税警总团，驻溱潼、曲塘一带，共四个团，约4000人。二李和陈泰运的部队名义上虽归韩德勤指挥，但实际上与韩有尖锐的矛盾，不愿意受制于韩，而且目前表现出对于挺纵过江的部队尚能够容纳，因此可算作苏北的中间力量。

陈毅根据党的抗日统一战线策略，从苏北的实际情况出发，认为新四军在苏北可以大有作为，并向挺纵提出发展苏北的方针是："联李、抗日、孤韩。"

陈毅分析苏北的情况，指出：日军是第一种势力，它是中华民族当前的大敌，是新四军打击的主要对象，绝没有妥协的余地。韩德勤是蒋介石在苏北的代表，属于第二种势力，当他抗战时，我们联合他；当他反共时，我们就孤立他。现在韩德勤本人和他周围的一帮亲信，都不易联合，只好采取孤立政策。这些反共顽固派是不可能和我们真正合作的。二李则是苏北最有影响的地方实力派，是中间势力。所谓中间势力，就是指其在敌我之间摇摆着，观望着，谁对他们有利就向谁靠拢。一切决定于条件的变化。在条件起变化时，他摇摆的方向也就跟着变化。这就是中间势力的特性，也就是我们可以争取他的根据。[28]二李的部队分驻在泰州一线，正处在新四军到江北向东发展的大路旁。同二李的关系搞好了，还可以使二李成为新四军和由兴化一线南进的韩德勤部队的缓冲。

整个战略计划中最关键之处是"联李"。

1939年7月中旬，陈毅到扬中，向管文蔚提出要亲自去泰州见一见李明扬。平时，挺纵三支队政治部主任惠浴宇与李部二纵司令颜秀五交往颇多，管文蔚通过惠与颜取得联系后，颜向二李转达了陈毅想去拜访的意向。

顾祝同、韩德勤资格比二李低多了。在辛亥革命时，李明扬为老同盟会，辛亥革命湖口之役，李明扬首先发难，资格比蒋介石还高。但蒋介石及其嫡系部队长期把二李视为异己，并在 1931 年一下将江苏问题交顾、韩包办，二李对地位愤愤不平。抗战开始后，二李虽然受李宗仁、白崇禧扶助，但又受顾、韩压迫，心里很不平衡。

韩德勤虽然不能随心所欲地指挥他们，但经常扣二李的军饷，收买二李的部属，几次企图兼并二李的部队。但二李也不敢公开得罪韩德勤。他们之间错综复杂的矛盾，正好为新四军介入创造了条件。

挺纵进入该地区，二李正可借新四军的军威，牵制韩德勤的力量，在两不得罪的矛盾中获得好处。且二李部属季恺、张公任等早已与管文蔚有秘密联系，常在二李面前说挺纵的好话。新四军的到来，二李总的来说表示欢迎。

那天上午，晴空万里，朝阳万丈，陈毅、管文蔚、惠浴宇等驰马奔赴泰州。虽然身后紧跟 6 名久经战斗的连排干部，并亲自对他们作了具体布置，管文蔚心里还是极为不安。

二李派了交际处处长季恺远到九里沟迎接，恭恭敬敬地把陈毅、管文蔚引到泰州的西山寺二李司令部。

李长江早已在门口迎候。

李明扬虽然年长，在国民党军队中的资历又深，把陈毅、管文蔚等以后辈对待，但一见陈毅进来，不禁前驱到客厅门口迎接。

陈毅一贯爽快做法，一见二李便开门见山地说，这次特来拜访，为的是谋求团结一致、共同对敌。二李听了连连点头，表示同意。

陈毅见二李态度友好，便取出以朱德、毛泽东名义写的一封问候信札。信中称赞李明扬辛亥革命湖口之役首先发难之壮举，并说玉阶[29]与师广[30]兄皆属同盟会反袁起义伟人等等，措辞恳切，态度诚挚。李明扬看后颇受感动，对陈、管非常热情，待之以上宾之礼，并再三表白他们决不跟着韩德勤反共。陈毅、管文蔚对二李讲了新四军在江南深受三战区顾祝同、冷欣种种歧视和压迫的事实，表达了为避免冲突想移师到江北来抗击敌寇的意思。李明扬对新四军在苏南的处境深表同情，并表示如果部队北移，他一定大力支持。

李明扬此后常对友人说："如果我被打坍了，到延安玉阶会招待我的。"

陈毅这一进泰州，使新四军与二李合作抗日的关系进一步得到了发展和巩固。

1939年8月20日，鉴于张鼎丞当选为党的七大代表，并已赴延安，项英致电中共中央、中央军委，建议第一、第二支队统一由陈毅指挥。11月7日，第一、二支队领导机关合并组成江南指挥部，陈毅任指挥，粟裕任副指挥，罗忠毅任参谋长，刘炎任政治部主任，钟期光任副主任，统一领导苏南地区的抗日斗争。江南指挥部下辖二团、四团、新六团、挺进纵队、江抗和苏南各地抗日武装，主力部队及地方武装共计一万四千余人。

新四军江北、江南指挥部的先后成立，表明了新四军的发展壮大，有利于开展大江南北的抗日斗争，也表明新四军初步完成了在大江南北的战略展开任务。

就在江南指挥部正式成立那一天，宝埝日军一个加强中队采取夜间出动、拂晓攻击的战法，奔袭延陵。陈、粟早有准备。日军扑了个空，灰溜溜地撤回据点。

日寇既然来了，怎可轻易让其回去。陈、粟早已安排好了击敌方案。日军还在途中，王必成团长率领的新四军第二团突然杀了出来，会同新六团、丹阳独立支队，将日军包围在贺甲村。

11月8日下午3时，王必成指挥各部发起总攻。

这是一场恶战，日军依托有利地形，构筑环形工事，负隅顽抗，增援的日军又很快赶到，与固守祠堂的日军合兵一处。新四军前仆后继，连续攻击拼搏，经过26小时强攻，全歼日军一个加强中队，击毙武村中队长以下日

军168名，生俘3人，缴获轻机枪4挺、步枪28支、掷弹筒2具、指挥刀
2把。

这是一场与以前江南新四军所打的完全不同的战斗。过去新四军打的是
游击战，这次打的是正规战，是运动攻坚战。这次被称为"延陵大捷"的战
斗，开创了江南敌后歼敌的新纪录，并标志着江南新四军的成长。

陈毅二进泰州

此时，全国局势正急速发生变化，江南局势也越来越严峻。国民党张荫
梧部袭击冀中八路军后方机关，残杀八路军干部战士四百人，杨森部包围新
四军湖南平江通讯处，残杀了新四军干部涂正坤等制造了"平江惨案"。新
四军在国民党顽固派和日军的进攻中处境更加困难。

1939年11月7日，博古、董必武、叶剑英等在重庆与新四军军长叶挺
商谈，一致认为新四军只有坚决而秘密地执行以一部坚持江南现地区，主力
向江北发展的方针，把工作重心移到江北去，才能保全武装，继续发展。

中共中央和毛泽东进一步指出：华中为我党、新四军最重要的生命线，
我党我军不控制华中不能生存。并在军事上派八路军主力两万余人南下。这
样，发展苏北的任务使由关系新四军发展方向的一个局部问题，上升到关
系对日、对顽斗争的全局位置上来了。"向北发展"已到了时不我待的程度，
应当采取更有力的措施，力争主动。

陈毅准备二进泰州，进一步联络二李。

这时，正好出现了一个团结和争取二李千载难逢的良机。二李派人带上
亲笔信来和管文蔚联系，说有一批子弹在苏南，需要派人去领取，请求新四
军给予帮助。

这批子弹来之不易，是李明扬向自己的同乡、国民党第三战区副总司令
兼二十五军军长李敬久要的，但要李明扬自己去取。李明扬无力运输，韩德

勤曾帮助运过一小批，但在路上不知被谁调包，运到的子弹全都不能用。

二李派来求助的人是第三纵队第八支队司令陈玉生，李明扬认定他与新四军有瓜葛的。事实上陈玉生确实是中共地下党。

将子弹从位于浙皖交界处的第三战区弹药库运到江北，需要穿过整个苏南地区，突破日军多道封锁线，危险极大，除了新四军是办不好这件事。

11 月 11 日，陈毅得到管文蔚报告，十分高兴，同意帮忙，并立即找粟裕商量。

在新四军的安排下，陈玉生只带一个连，而由挺纵派一个加强连带路，越过敌人的几道封锁线，经丹北，到宜兴，领到了弹药。弹药数量不少，计子弹 13 万发、迫击炮弹 5000 发和盒枪子弹 2 万发。运输有困难，粟裕帮他安排，找了 300 多名挑夫，让陈玉生将部分弹药先运回苏北，其余部分由新四军代为运送。在新四军的大力支持和帮助下，陈玉生顺利完成了任务。留在苏南的部分弹药，随后由新四军送去泰州。

趁派部队帮助二李运送弹药的机会，管文蔚从挺纵缴获的战利品中挑选了 30 支三八式步枪，送给李部第二纵队司令颜秀五；并选了一匹好马，配上新的鞍鞯送给李长江；选了一把日酋的指挥刀送给李明扬。

这些缴获日军的战利品，在二李的心目中是相当珍贵的礼物。二李、颜秀五收到礼物，非常高兴。在二李与韩德勤冲突激化时，管文蔚又暗中支持二李子弹两万发。双方关系进一步融洽。

同时，陈毅和粟裕以协助护送弹药为借口，由卢胜、陶勇率领第四团团部及第二营，借机渡江北上，进入苏皖边区。为了遮蔽国民党第三战区的耳目，与先前渡江北上在那里活动的梅嘉生支队合编为苏皖支队。

二李对于新四军帮助押送弹药的事情感激不尽。李明扬觉得新四军有能力、有诚意，与新四军的关系立即亲近起来。这自然是统战二李最好的机会，陈毅准备抓紧时间"二进泰州"。

就在这时，东路的叶飞告急。

"江抗"东进的胜利，引起了日军和国民党顽固派的嫉恨和恐慌。国民党第三战区三十二集团军和"忠义救国军"以新四军"越界"活动，违反"军令""政令"为由，责令新四军撤出东路地区，并不断挑衅和袭击江抗部队。9 月，江抗在向西转移过程中，不断遭到忠义救国军的袭击，副总指挥吴焜牺牲，形势十分险恶。

　　对于新四军的东进北上，蒋介石早已十分重视。八路军南下，新四军北上，一旦携起手来，发展苏北，那对他来说后果将是不可想象的。苏北是打开华中抗日局面的关键所在。新四军占领扬中，跨江北上已是大患；江抗如果也来个掉头向北，出江阴北渡进入靖江、泰兴、南通地区，那就更危险了。因此，蒋介石把韩德勤急急召去重庆述职，面授机宜，密令他务必严密注意新四军的动向，并正式任命他为江苏省政府主席，授予军政全权，便于处理苏北事务。同时，命令顾祝同务必将江抗等部堵在江南，在江南江北形成两面包围新四军的战略态势，并寻机拔掉。

　　此时，陈毅当初交给江抗发展"人、枪、款"和"开辟根据地"的任务已经完成。为了向北发展华中，在国民党的战略部署还没有完全成型的情况下，陈毅命令江抗抓紧时间实行战略转移，把主力撤出东路，渡江北上。

　　江抗西撤后，环境更趋险恶，梅光迪叛变当了汉奸，日军进行一次次野蛮的"扫荡"。作战处处长夏光和三十几个伤病员不能随部队撤离，但他们在群众的掩护下，不但养好了伤，夏光还以他们为骨干，配合当地抗日武装，又组织了一支新的"江抗"，继续在苏常大地区坚持斗争。沪剧《芦荡火种》和京剧《沙家浜》，就是根据他们的事迹编写的。

　　1940 年 1 月 20 日，中共中央东南局派苏皖区党委书记吴仲超、"江抗"第二团政治委员何克希等人到达东路地区，调整了新"江抗"的领导力量，由何克希任司令员，吴仲超任政治委员，杨浩庐任副司令员兼政治部主任，夏光任参谋长。

　　1940 年 3 月，在陈毅的建议下，军部派三支队副司令谭震林到东路来，将江抗东路司令部改称为江南抗日救国军东路指挥部。到1940年11月，江抗东路指挥部所属部队发展到一支拥有7个支队共3000多人的抗日武装力量，巩固和发展了东路抗日根据地。1941年"皖南事变"以后，东路抗日武装改编为新四军第六师第十八旅。

"江抗"经江阴安全撤至扬中，与管文蔚部合编为新四军挺进纵队，管文蔚、叶飞分任正副司令，姬鹏飞为政治部主任，下辖四个团："江抗"一团改编为"挺纵"一团，"江抗"二团改编为"挺纵"二团，原挺进纵队第一、第四支队合编为三团，第二、第三支队合编为四团。随后，部队渡过长江，到达江都吴家桥地区开展游击战争。

此时，新四军第五支队已成立，所属的第八团正在淮南活动，沿长江北岸逐步向东发展。取得二李同意后，陶勇率领苏皖支队西入扬州、天长、六合、仪征地区活动，与第五支队相呼应。

到此，新四军共有四千余人到达江北沿江地区，挺进纵队和苏皖支队如两只向北发展的有力拳头；大江两岸的苏南、苏中、淮南三面联通，互为犄角，造成了新四军足跨长江两岸随时可以向北发展的有利态势。

陈毅于是二进泰州，会见二李。

因新四军上月为二李运送子弹帮了大忙，以实际行动表明了与二李团结抗日的诚意，二李对陈毅等人待以上宾礼。李明扬私下将蒋介石、韩德勤等的反共秘密文件的内容告诉陈毅，再三表白决不跟着韩顽反共。

陈毅也再次向二李解释中共新四军的抗日方针和统一战线的方针，希望继续和他们合作，共同抗战。同时，还向二李讲述新四军在江南深受第三战区顾祝同、冷欣压迫与歧视的事实，为了避免与他们冲突，想移到江北抗击敌寇。

二李对此表示同情，说：如果贵军北移，要去启东、海门、如皋、东台一线，我们一定大力协助，到时候贵军可以借用鲁苏皖边区游击总指挥部的番号。

陈毅对二李愿意帮助新四军东进表示感谢，提出希望双方能签订一项团结抗日的协定。因二李怕韩顽找碴，遂未签成。中午，二李设宴款待陈毅一行。晚上，二李还请陈毅等到苏北大戏院看戏。[31]

陈毅等回到吴家桥驻地之后，李明扬还曾专程回拜，陈毅等也待以上宾礼，双方关系非常融洽。

注　释

1. 《中国抗日战争军事史料丛书》编审委员会编：《新四军·文献》(1)，解放军出版社2015 年版，第 187 页。

2. 国民党第四十八军军长张义纯。

3. 国民党第二十一集团军总司令廖磊。

4. 文思主编：《我所知道的白崇禧》，中国文史出版社 2003 年版，第 116—118 页。

5. 新四军战史编审委员会编辑室：《新四军抗日战争战史资料选编——新四军成立，进军华中敌后抗战》第 3 册，1964 年印行（内部版），第 598、593、599 页。

6. 参见《中国抗日战争军事史料丛书》编审委员会编：《新四军·文献》(1)，解放军出版社 2015 年版，第 206 页。

7. 《中国抗日战争军事史料丛书》编审委员会编：《新四军·文献》(1)，解放军出版社2015 年版，第 292 页。

8. 《中国抗日战争军事史料丛书》编审委员会编：《新四军·文献》(1)，解放军出版社2015 年版，第 294 页。

9. 《中国抗日战争军事史料丛书》编审委员会编：《新四军·文献》(1)，解放军出版社2015 年版，第 187 页。

10. 《中国抗日战争军事史料丛书》编审委员会编：《新四军·文献》(1)，解放军出版社2015 年版，第 309 页。

11. 毛泽东当时在延安。

12. 两淮指淮阴、淮安。

13. 新四军挺进纵队。

14. 刘树发主编：《陈毅年谱》（上），人民出版社 1995 年版，第 233—234 页。

15. 参见刘树发主编：《陈毅年谱》（上），人民出版社 1995 年版，第 240—241 页。

16. 《周恩来选集》上卷，人民出版社 1980 年版，第 102—104 页。

17. 《周恩来选集》上卷，人民出版社 1980 年版，第 105—106 页。

18. 参见郑洪泉主编，重庆新四军史料征集研究会编：《周恩来与新四军研究文集》，中国广播电视出版社 2009 年版，第 35 页。

19. 刘树发主编：《陈毅年谱》（上），人民出版社 1995 年版，第 242 页。

20. 当时叫京沪铁路。

21. 《中国抗日战争军事史料丛书》编审委员会编：《新四军·文献》(1)，解放军出版社 2015 年版，第 111 页。

22. 参见《叶飞回忆录》，解放军出版社 1988 年版，第 122—123 页。

23. 简称"江抗"。

24. 刘树发主编：《陈毅年谱》（上），人民出版社 1995 年版，第 247 页。

25. 参见刘树发主编：《陈毅年谱》（上），人民出版社 1995 年版，第 248 页。

26. 中国人民解放军历史资料丛书编审委员会编：《新四军·参考资料》(1)，解放军出版社 1992 年版，第 88 页。

27. 参见《当代中国人物传记》丛书编辑部：《陈毅传》，当代中国出版社 1991 年版，第 211 页。

28. 参见《管文蔚回忆录续编》，人民出版社 1988 年版，第 18 页。

29. 朱德号玉阶。

30. 李明扬号师广。

31. 刘树发主编：《陈毅年谱》（上），人民出版社 1995 年版，第 260 页。

第 七 章

风雨豫东

回师睢、杞、太——彭雪枫声南走北——给敌人以无限苦恼——
敌伪联合部队分兵三路进攻亳县——滕海清舌战苗司令——夜袭芦家
庙——遭遇严重春荒——彭雪枫卖马——天下第一文明军——进军淮
上——东征淮上第一仗——开辟豫皖苏——新四军第六支队成立——真
打"乌龟壳"——痛失鲁雨亭

回师睢、杞、太

1938 年 10 月 27 日，新四军游击支队在彭雪枫的指挥下，曾在窦楼取
得了进军豫东敌后的首战胜利，毙伤日军 10 余人，并缴获了部分弹药和军
用物资，鼓舞了敌后人民的抗日斗志。

窦楼战斗后，新四军游击支队迅速转移，一路急行直指鹿邑，于 1938
年 10 月 30 日抵达大刘庄，受到魏凤楼等人的热情欢迎。魏凤楼名为国民党
河南省鹿邑县县长，实为中共地下党员。

这时，天气已经冷了，但新四军游击支队却没有停息的迹象。11 月 2 日，
彭雪枫致电周恩来、叶剑英并报毛泽东，详细叙述了最近的活动和下一步
计划。

> 我们于三十日到达鹿邑，三日来与宋克宾、魏凤楼、吴青旺（原西
> 北军师长）、宋铁林（原西北军师长）及西北军王丹岑活动周旋之结果

如下：

甲、宋、魏等及此间一般干部对我军信仰颇好，因之颇为兴奋。

乙、宋、魏坦白表示，要求我军整理并教育此间武装（约五六千人），组织并发动第二行政区（民众），配合他们军事行动。

丙、补充我军棉军衣六百套及棉大衣若干件，挽留我军在鹿邑多驻几天，宋、魏即调军政干部开办训练班训练。

丁、宋、魏已派武装三千包围永城，拟占取之，并拟派队夺取柘城。此后即前出宁、睢、杞等县，形成对归德[1]大包围。虞城有宋组织之联庄自卫会，已与我们沛、萧、砀区域取得联络。

戊、我们计划：

（一）先在鹿邑补充整顿半月，然后北出亳县，穿过河商公路，西转宁、睢、杞、太地域，整理原在该地之游击部队。消灭该区域之汉奸土匪武装，与宋、魏相配合呼应。

（二）相机与丰、沛、萧、砀北山间我军取得联络。

（三）建立第二行政区及各县党的基础（地方工作由随军行动之特委书记吴纯甫同志及政治部民运科长负责）。

（四）拟电华中部队东出太、淮活动，打击并相机占领太康，以便与鹿、柘、杞、睢打〔连〕成一片。

（五）（张）爱萍如未在周口分配工作，即调来宋、魏处工作[2]，并与亳县淝河口之余亚农、王丹岑联络。由于以上形势观察，如我有大批坚强军政干部及强大武装力量、党的基础，并进一步发展统战工作，即在豫皖苏鲁边游击区域可进一步形成抗日根据地。[3]

11日，彭雪枫率领部队回师睢、杞、太。

游击支队开始西进后，准备于当晚在鹿邑玄武附近宿营，乘着夜幕渡过涡河渡口及穿过柘太[4]公路。但因部队晚到，而且得知日本鬼子已经控制玄武涡河大桥，以阻游击支队过河，遂改变了原定计划，向西南撤至十二三公里远之试量集，声言要打淮阳去。

日本鬼子估计游击支队不再过河，傍晚便撤回柘城县城。

善于驾驭局势的彭雪枫抓紧时机率领部队突然回师，返回玄武，通过大桥，日夜兼程九十余公里，连续通过了敌人几道封锁线，摆脱了敌人追击，来到睢、杞、太（康）三县交界的砖角楼宿营。

砖角楼距日伪据守的太康 25 公里、睢县 30 公里、柘城 40 公里，且在几条公路的交叉点上，敌人的汽车队可以在一两个小时内赶到这里。然而，由于彭雪枫等支队领导人对日伪军的兵力配备及兵力集中时间摸得十分清楚，所以部队不但安然地在这里停留了一天一夜，而且还召开了群众大会，做了抗日宣传鼓动工作。

日寇得知消息后，急忙调集归德、太康、睢县、宁陵等处军队，分乘八九十辆汽车，另附一部分骑兵及数百名汉奸武装，气势汹汹地向砖角楼扑来，企图合击游击支队。但是，当敌军赶到时，游击支队已离开砖角楼一天半了。彭雪枫在后来所写的《平原游击战的实际经验》和《豫皖苏边两年来平原游击战总结》两文中，曾把这次行军称为"声南走北"，作为"我们怎样操纵敌人"的一个成功战例。

回师后，为了打击敌伪汉奸的嚣张气焰，迅速扭转睢、杞、太地区的被动局面，彭雪枫根据豫东平原的地形特点，指挥游击支队，灵活运用游击战术，在睢县、杞县、柘城、太康一带，乘敌不备，声东击西，严惩威胁最大、助敌肆虐的伪匪武装。

目标首先锁定睢县西陵集的马培善。这个家伙在抗战初期拉起了一股地方武装，两百多人，后被新四军编入二团，马培善任第三大队队长。1938年 8 月，马培善带队投敌叛变，引领日本鬼子袭击第二团，打死、打伤多人，党代表王鸿均的三兄王鸿祥大队长在战斗中壮烈牺牲。彭雪枫为了给烈士报仇，为民除害，决定指挥部队首先歼灭马培善部。

1938 年 11 月 15 日夜晚，部队接近西陵寨墙。

敌哨兵问："干什么的？"新四军部队根本不加理睬，在机枪的掩护下，一举攻入寨内，激战一小时，全歼马培善部。

马培善被活捉后，磕头哀求彭雪枫给他留条狗命。彭雪枫说："这我可作不了主，让群众当家吧。"马培善一听吓得魂不附体。彭雪枫根据群众要求，批准处决了马培善，真是大快人心。**5**

随后，游击支队又在杞县后李庄、唐郭楼两次袭击汉奸胡祥生部，在陈寨击溃土匪彭玉宝部，在宋庄生擒汉奸刘子坚。一个连一个的胜利，震慑了敌人，稳定了局势，使豫东敌后出现崭新的抗战局面。

对回师睢、杞、太的战略行动，彭雪枫曾作过精辟的概述。他说：

> 从鹿邑北出柘太睢杞侧敌行军，穿插封锁，几乎无日不在战斗中与行动中。围绕着柘太商睢的敌人，来往于汉奸土匪多如牛毛的地面，我们唯一的决心是"打"。日以继夜，夜以继日，针对着打击目标，分散以到处袭扰，集中以各个击破。敌装甲坦克，经常迷失方向，骑兵汽车，往往落伍掉队。战士们不愧为"地上的空军"，神出鬼没，给敌人以无限的苦恼，铁流终于泰然自若地满载胜利而归了！**6**

夜袭芦家庙

游击支队返回鹿邑白马驿后，为培养支队主力，支队整编为两个团和一个独立营。第一团团长张太生，政委李跃；第二团团长滕海清，政委谭友林；一独立营营长冯胜，政委张辑五。游击支队由最初的 373 人，发展到1735 人，各种枪支 1154 支。

同时，拂晓剧团正式成立，团长左奇。

整训期间，正赶上 1939 年元旦，豫东鹿邑白马驿镇上到处张贴标语、搭彩门，军民欢欢喜喜，共庆游击支队整训、扩编的双胜利。

但日寇却不让大家这样高高兴兴。第二团团长滕海清得到侦察员报告：敌伪联合部队分兵三路进攻亳县。

情况相当危急，该如何应对呢？这时，支队通讯员来了，说彭雪枫请团长去。

滕海清在路上想：这段时间，支队领导人一直在研究下一步的行动计划，特别是把根据地的中心区选在哪里。由于豫皖边区形势非常复杂，亳县、永城、夏邑、涡阳、蒙城一带的情况如何，大家心里没有底。支队决定继续东进，到徐州附近地区实施战略侦察，并派第二团先行，直驱亳县，彭雪枫和张震率领主力随后跟进，并把计划报告了中共中央。据说支队已经收到中共中央复电，毛泽东在电报中对此大为称赞："你在豫皖苏地区发展游击战争，创立根据地的计划是很对的，并已开始获得成绩，望放手去做，必收大效。"**7**

莫非又有什么新变化？

滕海清赶到支队司令部后，彭雪枫很亲热地说："海清同志新年好！你们部队吃到饺子没有？"滕海清说："你老早就讲，过年要让战士们吃顿饺子，那还能不执行吗？"彭雪枫笑了。彭雪枫一笑，滕海清就不着急了：人所共知的"儒将"心中，一定早有妙计了。

"我叫你来研究一下，想给你们二团一个特别任务。"彭雪枫的桌子上放着一份五万分之一地图，这是程潜送给他的。彭雪枫用手指给滕海清看，然后说："昨天下午，商丘敌人占领了鹿邑县城。我想要你们团提前行动，插到商（丘）亳（县）公路两侧，威胁鹿邑敌人后方，积极主动地打击敌人，支援友军。明天出发，怎么样？"

滕海清向他保证："明天按时出发。"

走时，彭雪枫拉着滕海清的手说："祝你们胜利，听你们的好消息！"

1939 年 1 月 3 日，游击支队第二团共计 310 多人，从白马驿出动向北进发。

第二天，他们在安徽与河南交界的苗楼地区，遇着亳县地方部队的苗司令。当新四军先头部队与他接洽时，他根本不让通过。滕海清也是一个犟脾气：不要我们通过，我也不绕道，干脆就不走了。他下令部队在苗楼南边村庄驻下，自己带了两名通讯员前去找苗司令。顿时，苗司令部戒备森严，如临大敌，三步一岗、五步一哨，门口还架了机枪，滕海清带的两名通讯员也被挡在了门外。

苗司令身着狐皮大衣，挺胸凸肚，鼻子里不时地哼哼几声，装腔作势。滕海清蔑视地看了他一眼："苗司令是不是抗战的？"

"是的，鄙人的队伍是坚决抗战的。"

"既然是抗战的，为何不借道于我呢？再说，就我一个人，又何必这么紧张呢？这样又如何打鬼子呢？"

苗司令没有想到滕海清一上来就是"一梭子机关枪"，张口结舌，便转向部下吼道："滚蛋，谁让你们来的！"

看着苗司令的部下一个个收起枪灰溜溜地走了，滕海清心里不由得好笑。滕海清进而向苗司令宣传中国共产党抗日救国的主张，说明新四军只在此驻扎两天，望苗司令全力合作，并注意商丘守敌的动静，帮助新四军解决给养等问题。苗司令答应一一照办。

过了苗楼不久，天已擦黑，滕海清率部转移到亳县东北王牌坊宿营。第二天下午，侦察员报告：商丘敌伪军两千余人，沿商亳公路南犯，先头部队三百余人已经到亳北的芦家庙，正在做工事。

这真是个好机会！滕海清来不及请示，便果断下决心：乘敌立足未稳，抢时间，先下手，坚决打击进占芦家庙的敌人。

当晚，滕海清即派第六连连长去芦家庙侦察。8日下午，第六连连长回来说，芦家庙敌情没有变化，地形有利于新四军行动，四面都可以进去，芦家庙东、西村庄都没有驻敌人。

滕海清决定当天晚上就打。

战前，滕海清与亳县附近国民党军的两个地方部队取得联系，尽可能地争取他们的配合。驻王牌坊的亳县特务大队和驻张集的张甫清部队，都同意配合新四军夜晚的行动，攻击时间定在当晚 11 时。

但滕海清在部队出发前，叮嘱各连干部要准备单独作战，不能有依赖思想，配合打仗的国民党军两个单位，不能对他们过于放心。各连的干部一致同意：不依靠他们，我们干我们的。

8 日晚，部队从王牌坊出发，滕海清随第四连尖兵排走在前面。

这夜，明月当空，万籁俱寂，薄薄的一层冬雪覆盖着大地。为了保密，部队没有走村庄，静悄悄地走野地，直插芦家庙。

11 时，部队接近了芦家庙。滕海清带尖兵排和第四、第五连从芦家庙正北，第六连从芦家庙东，两路人马如两只钳子杀进芦家庙集内。新四军攻势迅猛，使敌人措手不及，没费多大力气就抓了一批俘虏。集镇内没有大房子，敌人都散住到老百姓家里，搞了他们一部后，其他的被惊动了，全街枪声响成一片。滕海清令各连分班、排、小分队，大胆、勇敢地向里面猛插，采取分割包围战术。不到半个小时，敌人被分片包围。

凶狠的敌人守着各房屋的门和窗户，拼命反抗。游击支队从地面不好接近，各连就组织战斗小组，爬到敌人住的房顶上，把房子扒开个洞，向里丢手榴弹，炸得敌人嗷嗷叫，不是被炸死就是被炸伤。经三个多小时的激战，新四军痛歼伪军一个大队五百余人，生擒伪军司令部参谋长崔学善及参谋、队长以下百余人，缴获机枪三挺、步枪百余支。残敌向亳北商南之坞墙集溃窜。**8**

9 日早 7 点，当第二团回到出发地王牌坊时，同第二团驻在一起的特务大队和驻张集的张甫清部都说他们昨夜走错了路，没有赶上芦家庙战斗。鬼才相信！

芦家庙战斗震撼了敌人，使其进占亳县的企图落了空。这次战斗也是游击支队进入皖北后的第一仗，进一步扩大了游击支队在皖北的声威。

为了扩大战果，在军事上，游击支队决定兵分两路。

一路由吴芝圃率领，再征睢、杞、太，广泛开展游击战争，扩大抗日武装。这时，八路军杨得志旅南下睢、杞、太，不久与吴芝圃部会师，大大推动了这一地区的抗日斗争。游击支队建立了第三团，团长周时源，政委孔石泉**9**。

另一路主力由彭雪枫率领经亳南向豫皖苏边的永城县进发，继续转战商丘、萧县、永城、宿县一带，在消灭伪军、抗击日寇过程中，发展力量。

永城是豫东一个偏僻小县，这里土匪蜂起，敌伪如麻，十里一"司令"，五里一"队长"，群众称他们为"杂八队"。他们到处"号人"**10**、"号树"**11**、拴泥蛋**12**，横行乡里，无恶不作，人民群众恨之入骨。

游击支队到达后，首先在县城东北的刘集，生擒了伪旅长李颜良、副旅长郭滚洲和参谋长王克勤等以下官兵百余人；接着又在县城东南的高庄集、姜庄，消灭了土匪"两黄加一周"**13**各一部和伪军团长王福来；随后，再攻打古城寺。新四军连战皆捷，迅速打开了永南、亳东、涡北地区的局面。

彭雪枫卖马

1939 年 2 月 13 日，彭雪枫率领游击支队主力和司令部机关进驻永城西南的书案店。

在书案店的耶稣教堂，彭雪枫召开了团以上干部会议，总结出征四个月来的工作，研究今后的方针和任务。通过讨论，大家一致认为，萧（县）、永（城）、宿（县）一带地处豫皖苏边，战略地位重要，北靠陇海路，东傍津浦路，西临黄河，不管向哪个方向发展，都可以作为游击支队的落脚点和出发点。会议提出建立豫皖苏抗日民主根据地，并设想以永南、涡北为基本区，逐步向永城、萧县、宿县、夏邑、亳县等地发展。但此时，游击支队遇到了严重的春荒。

中共中央曾决定游击支队归中原局领导，但给养、弹药、经费补充问题没有明确。江南新四军以为游击支队归八路军序列，而八路军则以为游击支队已属于新四军的建制，游击支队成为"两不管"，而游击支队自己没有建立政权，只能靠打鬼子、捉汉奸搞点物资，补充经费，或是与国民党地方政权商量，靠统战关系，解决部队的供应。

彭雪枫司令在1939年2月11日给中共中央的电报中是这样讲的：

（一）经费万分困难。干部给养不够，每天每人菜钱四分，共计一百三十六元，外加特别费、杂支费，如负伤费、统战费、印刷费、津贴费每十天非一千六百元不可，外加服装费、零用费，均巨大款项。一般说来，每月预算需一万元，向富户勉强开销。我们的财政来源，主要靠统战关系……现在连他们本部都不能自顾了；其次靠汉奸罚款。一般大地主有钱人，有的逃走乡下，大部逃入失陷城市，尚在城外者又多有坚固堡塞，拥有武装，或合法名义。因之在军事上、政治上，都不宜下手。在战争胜利中所捉获者，多落伍军人、地痞流氓等等之徒，款子不能多得，进来七千元，过两天就完了。

（二）粮食困难。豫皖边境驻不游不击的地方武装，如宋、魏部近万余人，估计五千人，涡阳、亳州、永城、宿县各数千，都假借政府威力，每日派队下乡去催粮款，外加土匪横行，汉奸武装遍地，到处抢劫，因之民间十室九空，痛苦不堪。我军吃红薯及高粱，即算高于群众一等。另有安徽地方政府对我表面拉拢，暗中限制给养，则更不易筹。由于我军模范纪律及战斗胜利，各处群众对我印象极好，称为天下文明第一军。但由于吃百姓的粮食太多，某些地方表示不易负担，并由于敌情、地形、任务及政治关系诸原因，部队又不能十分分散，常住一地，（青黄不接之春荒已到）必将引起群众不满及部队情绪

低落。¹⁴

革命何其难！游击支队的干部、战士不仅每月几毛钱的零用钱都发不出，连每天 3 分钱的菜金也没保证，每天能吃到红薯干、高粱面窝窝头就很不错了。大家风趣地把红薯叫"无产阶级香肠"，把黑乎乎的窝窝头叫"猪肝"。

按照部队规定，作为司令员兼政委的彭雪枫，是可以有所照顾的，但他同干部、战士一样，衣食寒暖，同甘共苦。一次，第三大队政委张辑五要调地方工作，谈完工作后已近中午，彭雪枫和张震要留他吃饭，结果警卫员端来三碗红薯，连一点菜都没有。

彭雪枫苦笑着对他说："实在过意不去，你今天离军远征，本来应该弄点好吃的，实在没有办法，就这样吃一顿吧！"饭后送别，雪枫司令给张辑五 2 元钱作路费，张辑五说啥也不收。还是张震在一旁相劝，他才只收了 1 元钱。¹⁵

眼看春节就要到了，供给处处长资凤报告说：库里仅剩下 1 元 5 角钱了，连伤病员的菜金也发不出来了。但彭雪枫对资凤和供给处的人说："部队经费确实困难，但目前春荒严重，我们绝不能再增加群众的负担。共产党人应该'先天下之忧而忧，后天下之乐而乐'嘛！"

正要揭不开锅时，萧望东带领部队在永城东北打了个胜仗，缴获了十多匹战马。这事提醒了彭雪枫。

在春节前一天，彭雪枫召集支队直属机关干部和警卫连开会。他说："同志们，明天过年，我们能够吃上一顿饭了，并且以后每人每天有 3 分钱的菜金。钱是从哪里来的呢？当年秦琼受困时曾卖过一匹黄骠马，今天我们也把和我们一起东征的红骠马、白骠马，数十匹心爱的马都一齐卖掉了。"这时，包括彭雪枫心爱的坐骑、直属机关负责同志骑的马及其他一些战马，全都被拉到书案店、观音堂集上卖掉了。

他脸色严肃，牙齿紧咬着下唇，激动地说："同志们，我们是无产阶级

的队伍，有坚强的阶级意志，有崇高的共产主义理想，我们不会，也不可能
见难而退。眼前暂时的困难比起长征时的困难，那真算不了什么。先保存下
抗战的人，然后再从敌人手里夺马！""今天，我们的队伍比长征时壮大了许
多倍，我们永远是'贫贱不能移，富贵不能淫，威武不能屈'的革命队伍。
这就是我们胜利的保证。"[16]

过了年，春耕生产开始了，农民缺少耕牛，彭雪枫带头给贫苦农民拉犁
拉耙，把书案店一带的农业生产搞得热火朝天。当地苏老先生集资并亲自撰
文，立了一块 9 尺高、3 尺宽的高大石碑，盛赞彭雪枫带领的部队为"天下
文明第一军"，同时按照传统方式给彭雪枫送来了千人旗、万人伞[17]：

> 新四军彭师长，谁提起来谁夸奖。
> 你种田他帮忙，你打麦子他扬场。
> 日本鬼子来"扫荡"，抗敌拿起手中枪。
> 军民团结一条心，打跑鬼子保家乡。[18]

彭雪枫在《斗争一年》中对这段艰苦岁月的回忆，今天读来仍然让人热
血沸腾。

然而我们的生活，可并不如战斗胜利那样顺利。我们经常在饥荒困
苦中过日子，寒冬雪天，部分同志着单衣，炎夏热天，还贴着掏出棉花
的烂衣衫，书案店五个月的"高粱馍"锻炼了同志们的胃门。大家没有
薪俸，不要薪俸，就是一个月照例一块钱的零用费，一年以来仅发了四
次，一个人三个月支配着这唯一的一块大洋。然而凭着民族战士们的
觉悟程度，布尔什维克党员们的坚定性，从来没有听见过一个同志叫过
苦的。相反的，大家表示着愉快，鼓舞……五更半夜工作着，到处飘荡
着歌声，到处充满着欢笑。……人们忘记了忧愁，不在乎困难，而且决

心克服困难。没有衣服么？耐着、工作着、战斗着，以后就有了。没有鞋子么？耐着、工作着、向南方的同志学习着——穿草鞋，打草鞋教徒弟……敌人是仗着"足下"所俘虏了来的，胜利是仗着"足下"换得来的啊！

虽然大家没有薪俸，然而并不是没有"报酬"的，而且那报酬还超过了薪俸十倍百倍。那报酬是光荣的切实的，是最能提高同志们的斗争情绪的。什么是我们的报酬呢？我们的报酬是我党领袖毛泽东同志在扩大的六中全会报告中对全体党员的嘱托，他说："共产党员无论何时何地都不应以个人利益放在第一位，而应以个人利益服从于民族的和人民群众的利益。因此，自私自利，消极怠工，贪污腐化，风头主义等等，是最可鄙的；而大公无私，积极努力，克己奉公，埋头苦干的精神，才是可尊敬的。共产党员应和党外一切先进分子协同一致，为着团结全国人民克服各种不良现象而努力。"我们实现了或是正在实现着"克己奉公，埋头苦干"的伟大精神而引以自慰！

我们的报酬是广大群众对我们出于至诚的爱护，他们用送万民伞、万民旗以及立石碑等古老的方式来表示他们对抗日军的拥护和"歌功颂德"。过年过节，他们连续不断相互竞赛，鼓乐喧天，抬着慰劳品堆上门来。他们关心着我军的战斗，当侦探，送消息，抬伤兵，帮看护，甚而至于配合作战。他们拿"天下文明第一军"的荣誉称呼加在同志们头上，他们如家人父子兄弟姊妹一般的关怀，对待着全体同志，这真是使我们感激，使我们振奋！

我们的报酬是我们用自己鲜血换来的胜利。"将能用命，士有斗志"是我们的光荣传统。提起打仗，谁不是摩拳擦掌。进行袭击，组织战役，苦心孤诣，获得了伟大战果之后，等于文学家欣赏着自己写成的作品，工程师观摩着自己修成的建筑，无上的愉快欢喜。每一捷报传来，往往口啃高粱馍而狂舞，身穿烂军装而高呼，居陋巷而不改其乐，吃粗饭而不知其苦，快活经常振动着每一个人的心！**19**

在人民群众的大力支持下，游击支队不断壮大，使萧、宿、永、夏、亳、商一带的抗日烽火，如火如荼地蔓延开来。此前 2 月，鉴于游击支队的迅速发展，为加强地方建设和部队工作的领导，刘少奇指示建立豫皖苏省委，书记张爱萍，副书记吴芝圃，并在 4 月成立了永城县政府。这是游击支队东进后建立的第一个在中国共产党领导下的抗日民主政权。

以永南、涡北为中心的豫皖苏抗日根据地的开辟和战略展开，标志着该区一个新的发展阶段即将到来。

尽管如此，游击支队的粮草问题还是没有得到根本解决。

进军淮上

1939 年 4 月 21 日深夜 2 点，书案店的老百姓正在熟睡，享受着这份来之不易的短暂宁静。一盏或明或暗的油灯下，彭雪枫和党政军委员会的委员们正在开会。破旧的桌子上摊着两份电报。

一份是当天中共中央发出的《关于发展华中武装力量的指示》："我在华中之游击战争及武装力量有很大发展前途，过去由竹沟出发之少数部队，如八团队、彭雪枫部现已发展合计万余人，在鄂境我新成立之游击队亦有数千人，便是证明。""华中是我党发展武装力显的主要地域，并在战略上华中亦为联系华北、华南之枢纽，关系整个抗战前途甚大。"

中共中央的部署很明确：发展华中，大力发展武装力量。但人员呢？经费呢？粮食呢？弹药呢？

十天前的 4 月 11 日，彭雪枫在发给中共中央的电报中，曾列举了游击支队面临的种种困难，要求中共中央明确游击支队的军事管辖系统，以便弹药、给养、装备都有来源补充。

另一份刚收到的电报，就是朱德、彭德怀给彭雪枫的答复："必须自力更生来发展、巩固自己，部队番号问题待战局变动和本身发展后再定。"

怎么办？难道束手无策，坐以待毙？

这时，黎明已经到来，春风从窗外轻轻吹来。

彭雪枫起身，临近窗口，想让凉爽的晨风拂去饥饿和一夜的疲惫。这湿润的风，是从东面不远的淮上吹来的。

"淮上！"当这两个字从彭雪枫脑海中掠过时，他心中不由一动：这是对临近淮河并相毗连的宿县、蒙城、怀远、凤台、蚌埠地区的习惯称呼。这个地区沃野千里，物产丰富，水陆交通便利。淮河及其支流横贯全境，东面有津浦铁路。"走千走万不如淮河南岸"的民谣，并非只是淮上人的恋乡之言，而是对真实情形的表述。

对！五六月间，正是收获的季节，进军富庶的淮上，打击日伪，筹集给养，开辟新的根据地！

正好，6月14日，中共中央明确彭雪枫部划归新四军江北指挥部领导，并立即出兵淮上，沟通游击支队与新四军江北指挥部的联系——这与游击支队的战略蓝图不谋而合。

游击支队进军敌后9个月来，经过大、小战斗30次，毙敌600余，俘敌1065名，缴获步、短、机枪共1187支，迫击炮2门，部队也发展了8倍，作战能力大大提高。[20]

于是，游击支队决定分路出击。

支队参谋长张震率主力一团留永、涡、萧、夏中心区，协同地方武装，坚持斗争，在发展中巩固，在巩固中发展。省委副书记吴芝圃加强中心区地方工作，集中一批干部，深入中心区各地，发动群众，建立基层抗日政权，配合武装斗争。

由省委书记张爱萍带领少数干部东进，与八路军苏鲁豫支队、南下支队以及共产党领导的其他地方武装取得联系，共同开辟皖东北地区，并搞好与皖省第六区专员盛子瑾的统战关系，统一领导该区工作。

司令员彭雪枫、政治部主任萧望东，率支队领导机关和主力第二、第三两个团，进军淮上，开辟淮河以北、津浦路以西之怀远、凤台、宿南、蒙城之广大地区，在游击支队与新四军江北指挥部之间打开一条通道。

进军淮上的战略行动正式开始！游击支队指挥机关和直属队居中，第二、第三两个主力团为两翼，英姿勃发，逐步向淮上推进。

彭雪枫率部一路利用青纱帐，迅速沿涡河北岸向东南方向挺进，先后收复了龙亢集、河溜集两个商业重镇，一直打到怀远县城附近。在怀远县城郊山上，新四军攻下了伪军安设的据点，俘伪军连长以下数十人。

游击支队的目标又指向了包集。

包集设有伪政权"维持会"，并有一个排伪军驻防。虽然是个小据点，但它东靠日军盘踞的津浦线要冲固镇，实际上是一个非常敏感的日伪前哨阵地。奉命开辟这片根据地的是游击支队二团。

团长滕海清告诉大家：已经派出代表前往谈判，争取"维持会"投降，但要立足于打进去。

时间过去了大半天，谈判没有结果。谈不成就打。滕海清传令部队："以战斗队形，向包集进击！"

可恨的维持会见重兵压境，感到大为不妙，顿时转变态度同意合作，欢迎新四军部队进驻。

滕海清下令，要雄赳赳、气昂昂地以胜利的姿态开进包集。第二团从南门进入包集时，受到两种人欢迎：一是老百姓热烈地夹道欢迎，烧着香，高呼"欢迎中国的新四军""打倒鬼子和汉奸"等口号；二是"维持会"相约有20名伪军欢迎，他们把枪放在地上，打着五花八门的旗子，其中有一面最引人注目，它是红黄蓝白黑五色旗，这本是北洋军阀时期的中国国旗，他们以为打出这面旗子就算是"爱国"了。

接着，游击支队又收复了北面的大营集、罗集。这样，一块不大的敌后根据地就算开辟出来了。

这时，伪军据点湖沟，成了敌我争夺的焦点。湖沟位于津浦路西侧，距离控制铁路两侧一大片地区的日本鬼子据点固镇不远，它威胁着根据地的建设和发展。打掉湖沟据点，把这块距铁路较近的地段开辟成游击区，对根据地的巩固和发展将会大有好处。

黄昏，团长滕海清亲自率领一营摸进湖沟。不料守备的伪军一个连因怕游击支队袭击，已不敢驻在村上，只留少数人看家，多数人都在湖沟周围活动，骚扰老百姓。一营扑了空，只抓到几个"二鬼子"和十多个伪军。在湖沟外围地区活动的伪军，听到枪声就往东向固镇逃去，遇到游击支队警戒部队，放了几枪就溃逃了。

没有达到预期的目的，战士们心中闷闷不乐。

游击支队正在审问刚被俘虏的"维持会"头目，忽然听到了马达声，侦察员报告说日本鬼子的汽车来了。

其实不是汽车，而是两辆坦克。坦克在前面开路，后边紧随近百个日本鬼子，向游击支队驻地进行突袭。

滕海清大声说："来得好！天马上黑了，鬼子不敢打夜战，拖住他们！"七八天来，游击支队的几次小行动，闹得日伪不安，使日军不能不考虑出动"清剿"。驻蚌埠日军独立第13旅团出兵一部，会同宿县伪军，共四百余人，由几十辆汽车运载，在坦克的掩护下，向固镇车站以西地域攻击前进。

敌人发觉有新四军部队阻击，即向第二营阵地实施炮击，并以机枪掩护其部队发动攻击。

滕海清到底是一位转战南北、富有作战经验的指挥员。他马上指挥部队占领制高点，以出其不意的猛烈袭击，一时打得日军不知所措。

但日军很快缓过神来，展开了凌厉的攻势，两辆坦克边射击边向第二营阵地冲击。

激战半小时后，滕海清心想："日寇的火力太猛烈，这样打可不行。"为避免伤亡，滕海清命令各营撤出战斗，向西转移，以且战且退的办法诱敌深入，使其远离铁路线上的据点，同时拖延时间以待天黑，消耗并最后吃掉这伙日伪军。

但狡猾的敌人不再追击，而是携带着他们同伙的尸体向来时的方向撤退。

这场前后约两个小时的战斗，毙伤日伪军 30 余人，击毁汽车 4 辆。当时，《拂晓报》发了号外，宣传了东征淮上的第一仗，极大地鼓舞了淮上人民的抗日信心。

英勇的游击支队继续向淮上纵深地带挺进。

20 日，第二团一部夜袭怀远县城，击溃守敌一个中队，毙伤日伪军数十名。

22 日，第二团又以一部分兵力第二次夜袭怀远县城，毙伤敌伪 60 余人。

26 日，第二团一部配合当地武装，攻克安乡的伪军据点，击溃伪军孙立春部；同时以另一部分兵力隐蔽在常家坟淮河边，伏击由蚌埠开往田庵的 4 艘敌军汽船，击毁 1 艘，毙敌数十人，敌军跳河者大部被淹死。

1939 年 8 月 10 日拂晓，怀远县城守敌派日军 30 多人，与伪军张天柱部 150 余人，携重机枪 1 挺、轻机枪 3 挺，出城西门偷袭游击支队的驻地——支子湖西北的村庄，不料扑了空，游击支队不知去向。

日伪军只好耷着脑袋返回县城，第二团却早已在牛王庙与孙小庄之间的青纱帐里隐蔽，等着他们。

当敌人进入预伏地带后，新四军两个排以突然的动作，步、机枪齐射。成两路纵队的敌人顿时手脚慌乱，边逃边还击。两个排一鼓作气，边追边打，直到敌人逃入城内才罢休。

8 月 20 日，新四军军长叶挺、参谋长张云逸为游击支队进军淮上屡获胜利致函嘉勉："捷报频来，不胜欣慰，你们艰苦奋斗，为国家、为民族效命疆场，不但增加了本军的战绩荣誉，更大大提高了我党的威信。"

开辟豫皖苏

新四军游击支队在挺进淮上的两个多月中，共毙、伤、俘日伪军1800余名，缴获枪支2500件、迫击炮3门，初步建立了民主政权，开辟了淮上根据地。从包集向西，经罗集、板桥、曹市集一线的南北地区，便是这块根据地的中心区。再往西北，经石弓山，便与萧（县）宿（县）永（城）根据地连成一片，达到了预期的战略目的。

8月下旬，游击支队回归涡阳县曹市集地区，随同凯旋的还有1800多名淮上新兵。

紧接着，游击支队在以彭雪枫为首的豫皖苏边区党委领导下，集中全力加强和开展军事斗争、政权建设和地方工作，把各种抗日力量整合起来。

8月29日，鲁雨亭率永城抗日游击支队966人，参加新四军，后被编为游击支队第一总队，总队长鲁雨亭，政治委员孔石泉，参谋长许遇之，辖四个大队。年底，其四个大队扩编为两个团。第一团团长刘子仁，政治委员王静敏；第二团团长孔庆同，政治委员萧学林。

12月11日，原西华人民抗日自卫军改编为新四军游击支队第二总队，总队长胡晓初，政治委员向明，下辖第四、第五团，第四团团长屈申亭，第五团团长侯香山，共1500余人。

12月，游击支队将中共领导的萧县游击支队和宿县独立团合编为新四军游击支队第三总队，总队长耿蕴斋，政治委员谭友林，辖第七、第八团。第七团团长赵海枫，政治委员李中道（李砥平）；第八团团长李时庄，政治委员周启邦，共约2500人。

12月底，新四军游击支队将中共领导的在皖东北活动的抗日武装，统一整编为第四总队，总队长兼政治委员张爱萍，辖第十、第十一、第十二团。第十团（由第一团改称）团长兼政治委员张太生；第十一团团长赵汇川，政治委员蔡明；第十二团团长徐崇福。在这期间，还建立了独立一团，团长石青；永城独立团，团长寿松涛；睢杞太独立团，团长兼政治委员兰侨；支队特务团，团长程致远（程咏吾），政治委员蔡文福（蔡永）。

到此时，新四军游击支队胜利地完成了挺进豫皖苏边区、实行战略展开的任务。

1939年夏，叶挺在接见新四军游击支队代表谭友林时，鉴于新四军已编有五个支队，提出游击支队可编为第六支队。但叶挺在重庆向蒋介石要求核准新四军江北部队的实际编制时，因叶挺拒绝蒋介石要他加入国民党的要求，蒋介石也拒绝了叶挺关于增加新四军编制的要求。

在此情况下，新四军军部于1939年11月2日指示彭雪枫部可改称新四军暂编第六支队。12月27日，刘少奇、张云逸等致电项英、袁国平并报中共中央书记处"彭部番号仍以游击支队名义太小，且汉奸部队接头反正，至仍不便委以较大名义。近雪枫来电要求将游击支队名义改为纵队，我们已复电同意"[21]。

经新四军军部决定，于1940年2月1日正式下达了授予新四军第六支队番号的命令，彭雪枫仍任司令员兼政委。支队下辖两个主力团、一个特务团、四个总队（各两个团）和三个独立团，共计1.78万人。活动范围东抵津浦路，西依黄泛区，北达陇海，南跨涡河。

同时，为适应部队建设和根据地发展的需要，经中共中央批准，在支队随营学校的基础上，于3月18日在永城县麻家集成立了中国人民抗日军政大学第四分校，校长由彭雪枫兼任，副校长由吴芝圃兼任。

当时部队发展之速，地区开辟之大，兴奋了华中全党同志，成为推动华中各抗日根据地建立与发展之榜样。当时部队发展之快，固有其便利之客观环境与主观条件，但与雪枫同志能正确运用党的政策，在党中央与当时中原局领导之下，独立负责，抓住时机，大刀阔斧地进行工作，以及雪枫同志大胆的负责精神，卓越的指挥才能，精密的组织能力是分不开的。**22**

新四军游击支队的发展和豫皖苏边抗日根据地的创建，证明了中共中央关于挺进敌后、进行游击战争的方针是正确的，在敌后发展抗日武装是大有可为的，在平原地区是能够开展游击战争并建立抗日根据地的。

但是，新四军第六支队的发展、壮大，已经成为日军侵占中原的严重障碍。敌人为了除掉这个心腹大患，抽调各线兵力，加紧"大扫荡"。初生的新四军第六支队各部在豫皖苏边开展了空前激烈的反"扫荡"斗争。

痛失鲁雨亭

1940 年 2 月 25 日清晨，砀山敌人鬼鬼祟祟地向新四军六支队第一总队驻地摸来。彭雪枫立即派人把消息送给第一总队总队长鲁雨亭与政委孔石泉。

鲁雨亭，一个传奇并令人景仰的人物。

他生于河南省永城县山城集一个开明士绅家庭。1938 年 5 月 12 日，日寇侵占了永城。鲁雨亭为永城沦陷而痛心疾首，愤然离开永城去豫南筹集抗日资金，决心把永城从日寇手中夺回来。因在豫南筹集抗日资金无结果，他于 8 月上旬返回家乡山城集，派人暗中找到中共永城工委委员陈建平、王卓然等，通过秘密串联找到 17 个人，酝酿成立抗日游击队。1938 年 11 月 20 日，在萧县边境吕楼村的古庙内，鲁雨亭正式宣布湖西人民武装抗日义勇队第二总队第二十九大队正式成立。大队领导成员是：大队长鲁雨亭、副大队长刘子仁、政治处主任王卓然、联络处主任陈建平、经理处主任**23**何叔朗，全大队总计 60 余人。

此后，游击队在芒砀山周围一带活动，枪决了大汉奸赵春元和当地罪恶最大的土匪头子——"永夏游击队"机枪营营长郭恒新。永夏砀地区大小土匪、"杂八队"纷纷归顺来降。

1939 年元月，彭雪枫率领新四军游击支队挺进永城西南书案店。鲁雨亭闻讯后，即派陈建平前往联系。1939 年 8 月 10 日，由新四军游击支队参谋长张震和张先舟介绍，后经中共中央批准，鲁雨亭光荣地加入了中国共产党。8 月 29 日，鲁雨亭率领他组织的抗日游击队，参加了新四军游击支队。**24**

鲁雨亭抗日游击队的归编，不仅壮大了游击支队，而且使游击支队活动的中心地区——永（城）南、涡（阳）北和夏（邑）东、永（城）北、砀（山）南连成一片，扩大了豫皖苏抗日民主根据地，打通了和陇海铁路以北八路军苏鲁豫支队的联系。

此时，鲁雨亭得到日本鬼子出动的消息后，马上命令各营加强戒备。日本鬼子来得好快，东北的鱼山方向已经传来机枪声音。一团三营的队伍紧急集合，顺路沟前进直插山城集北面，隔河看到了敌人。

"咦！真是'乌龟壳'呀！"战士们指着坦克小声议论着。太阳照耀下发出绿色闪光的坦克，一辆跟着一辆，像十几只乌龟在爬行，满载着穿黄色军装的鬼子兵的灰黑色汽车散乱地失去了行列。

这时，从磨山东、西两个方向，第三营第七连和第八连正分别直趋碱河并顺路沟抄到敌人的后路。

不一会儿，山城集东北、僖山脚下的敌人，已陷入游击支队的包围圈。"轰！轰！"日寇依仗炮兵火力，向山上新四军阵地发射了上百发炮弹，每一个小山头、森林、坟墓、沟渠都成了他们的射击目标。浓厚的黑色烟柱和炮弹爆炸时掀起的黄土一起飞上天空，山谷中响起沉重的回声。

第三营政委陈迎荣带领第七连战士顺路沟接近了河滩内的日军车队。趁敌人还未展开，他大喊一声"冲啊！"带头跳出了路沟。第七连战士随着陈政委，像潮水一样冲向敌人阵地。

"咯咯咯……啪啪啪……"七连的机枪发挥着威力，排子枪有效地射击，密集的子弹打中了跟随坦克前进的日本鬼子步兵，敌人横七竖八倒了一大片。

"嘶……嘶……啪……啪……"尖锐脆利的响声，听得出是日本鬼子的六五式子弹。这些子弹是从侧后方打来的，可恨的敌人已占据了僖山的北坡。陈政委左肩膀上中了一颗敌人的子弹，他身体晃了一下，没有跌倒，血从他的袖子里流了出来，但他仍然继续指挥战斗。

两颗残忍的子弹打中了勇敢的排长朱志超。他咬紧牙关，纵身跳起，把两颗手榴弹投进了敌人的汽车里。"嘭！嘭！"手榴弹发出闷雷般的轰鸣，把车上的日本鬼子兵炸得血肉横飞。

第七连的第九班班长白青山敏捷地爬上了日军坦克，随着坦克转了三个圈子后，他把拉了火的手榴弹从坦克的瞭望孔里塞了进去。一声爆炸，坦克停止了转动，变成了一只"死乌龟"。

英雄的新四军指战员们凭着大无畏的牺牲精神，用血肉之躯战胜了日寇的钢铁壳体和机械动力。十几辆日军坦克向北退却了。

避难到芒砀山上的老百姓，亲眼看到了山下新四军同日本鬼子兵、坦克、汽车的搏斗。他们不再害怕，而是兴奋鼓舞，高声叫好，赞扬着新四军的胜利和英勇。在后来许多年里，芒砀山周围十几公里的人民群众中，还盛传着新四军"小蛮子"追打日本坦克和汽车的动人故事。

在碱河西顺路沟前进的第三营第八连，悄悄尾随敌人的汽车到了磨山东北的河边，然后隐蔽在一片树林里等待时机。

中午时候，日寇下车休息，准备吃饭。机会来了，第八连梅韩方连长、叶英指导员立即下令攻击！早已架好的机枪和几十支步枪瞄准密集的日本鬼子兵一齐开火，稠密的子弹，像一阵飓风把日本鬼子扫倒了几十个。

日军炮兵发现了树林中有人，立刻向这片树林里发射了上百发炮弹。第八连退回到山边的路沟中，日军又向路沟发炮轰击。第八连排长陈文秀、战士冯德功不幸壮烈牺牲，第三营营长郑席卿头部被弹片打伤，血流满面。

这场血战一直打到太阳落山，害怕夜战的日寇只好以几辆坦克用钢丝绳拉着被打坏了的坦克和汽车，狼狈地向北退去。鬼子兵的死尸装满了 3 辆汽车，在河滩大路上斑斑点点留下了不少血污。

这时，血红的太阳已西沉。

山城集血战后，第一总队在总队长鲁雨亭与政委孔石泉的率领下，以迅雷疾风之势，主动伏击、袭击"扫荡"之敌，接连获得胜利。1940 年 3 月 13 日，在永砀公路伏击敌"天皇御慰团"，击毙敌佐野联队长以下官兵 60 余人；25 日，迎击自王白楼出扰之敌步、骑兵百余人，与敌激战于丁楼、柳楼附近，毙敌数十名、缴获战马 3 匹；26 日，夜袭王白楼敌人据点，毙敌 30 余，并破坏桥梁 1 座；31 日晨，与敌血战阎井、蒋庄，伏击由砀山开往永城之敌，击毁敌汽车 3 辆，毙伤敌 70 余人。仅半月内，第一总队就进行大、小战斗 20 余次，毙敌联队长佐野、大尉北山、尉官板木什平等官兵数百名。

第一总队的纵横驰骋，给敌人带来了极大恐慌。在徐州日军总指挥部的部署下，驻扎在永、夏、砀、萧以及徐州、商丘的敌军开始增加兵力，增设据点，形成对芒砀山地区的包围。

1940 年 4 月 1 日晨，日军步、骑兵 3000 人，汽车 30 多辆，从砀山、黄口、萧县、永城分四路向芒砀山地区侵袭过来。8 时左右，第一总队各个部队陆续与敌军交火。

在四处炮火硝烟中，第一总队司令部搬到夫子崖指挥战斗。

鲁雨亭、孔石泉与参谋长许遇之立在一道短墙边，用望远镜望着四野攻来的日本军队。汽车闪亮的外壳同跃进的步兵，不断地从他们眼底闪过。东南角，碱河沿岸的第一总队守卫部队，在爆起的炮弹尘灰与机枪声里逐渐地退却了。敌人的炮火太猛烈，死守硬拼不是新四军的战术。

部队撤退得整齐而有秩序，一部掩护一部……缓缓攻来的敌兵，渐次涌进山城集了。

一颗炮弹轰然落在山坡上，爆起飞扬的尘土，弹片四散，划出尖利刺耳的声音。接着，第二、第三颗炮弹继续射来，不间断地落在战士们的阵地边。

"通讯员，传命令！"

鲁雨亭与孔石泉略微商量以后，下达了命令。鲁雨亭以敏锐的眼光，直视着山后，人们看见他满脸的络腮胡子，嘴角微微地抖动着。

"特务连一部从后山——山北部，掩护辎重杂务人员、工作人员，往邸楼的方向，撤向安全地带去。其他的跟我们来，到李黑楼！一营必须守住陶山，至少两个钟头；三营就近在蔡花楼，与从夏邑方向来进攻的敌人周旋，牵制他们……"

于是，守在山城集的新四军队伍散开了，一部往北，一部从山前向西南方向跑去。

第一总队司令部率领特务连等部从夫子崖下，沿王引河运动，冒着敌人的密集炮火向南突围。队伍赶到李黑楼东南侧时，朱英华、刘焕民带领两个尖兵排已突出了敌人的合围圈，而总队部却被来自永城、宋河、王白楼的敌人拦阻在王引河边。这时，敌6辆坦克已占领了正前方的王枣园。情况非常危急。

久经沙场的鲁雨亭临危不惧，果断命令："部队各自进入掩体，投入反阻击战斗。通信排跟我在最前边，参谋长许遇之带特务连守河东岸，孔石泉政委负责守河西岸。"

这时，从东南方攻击的敌人用机枪及坦克上的小炮向第一总队阵地猛烈扫射、轰炸，顿时硝烟弥漫，弹如雨下。一个弹片正好打在鲁雨亭的鼻尖上，鲜血直流，染红了他的胡须。继许遇之胳膊中弹负伤后，又有张卫民参谋和其他五六人负重伤。在此紧要关头，警卫连副连长葛庆之奋不顾身，抱起机枪对准敌人几梭子过去，把疯狂进击之敌压了下去，鲁雨亭立刻沉着指挥部队迅速抢占了王引河西岸的李黑楼阵地。

李黑楼位于保安山西南山脚下，东枕王引河西岸，白洋沟由村东绕北向南。村四周皆有数尺深的寨壕，并有四面八方相通的"抗日沟"，可以说是一个难攻易守的要地。新四军部队进入李黑楼后，鲁雨亭命令参谋人员抓紧侦察地形，迅速展开兵力。村东南侧小石桥是出入要塞的重要阵地，鲁雨亭即命朱浩带6人抢先占领了小桥。

这时，其他几股分头行动的部队已经突围出去，疯狂的敌人只好把怨恨都撒在固守李黑楼的守军身上。第一总队队部遂陷入了数倍于己的敌人的重重包围之中。

此时，艳阳当空，春意正浓。如果是和平年代，在午后暖洋洋的阳光中睡个觉，那是多么惬意的事啊！

下午2点，敌人从西南、东南方面向李黑楼阵地猛扑过来，在日军炮火的猛烈轰击下，第二连从前沿阵地被挤了回来。在此紧急情况下，总队部重新调整力量，向敌英勇还击，一举把敌人压了回去。战士们越战越勇，机枪，长、短枪一齐上，有的带伤坚持不下火线。特别是小桥上6人小组，与第二连构成前沿阵地火力网，打退敌人多次进攻。经三次交锋后，敌人不但知道了6人小组的火力点，而且知道了小组的兵力部署，遂纠集全部炮火向小组主要阵地小桥左右猛轰。最后，6人火力组在小桥实在无法坚守，只得撤了下来。敌人以死伤30余人的代价占领了小桥。

小桥阵地失守后，对总队部的威胁更大。鲁雨亭手握二十响，始终站在最危险、炮火最激烈的地方。从村南跑向村东，忍受着伤口的剧烈疼痛，来往指挥战斗，抚慰伤亡。

他向指战员高呼："同志们，我们一定要坚守住阵地，绝不能让敌人前进一步！李黑楼便是我们的坟墓。我们必须死守！""当年我抛家弃官，同志们离家别亲，不就是要抗日打鬼子吗？现在能真正打鬼子了，我们一定要狠狠打！人在阵地在，我们就是死在这里，也不能丢掉阵地！"

战士情绪激昂，齐声应道："我们愿和总队长生死与共！"激战近一天，大家滴水未进，连续打退敌人七八次进攻，阵地前横七竖八地躺着300多具日寇尸体。

下午5点左右，敌以全部兵力从四周压来。机枪手池国忠，连长李俊峰、孙广业，副连长乔茂材，连指导员秦传民，文书张建标，警卫员李学勇，班长吴效合及李传香、展自皖和司号长李干臣……一个个英勇地倒下了……敌人施放了烟幕弹，整个阵地被淹没在弥漫的烟幕中。

第一总队已弹尽兵微，无反攻力量。为免遭全军覆没，鲁雨亭和孔石泉决定趁机向东突围。刚突到东门外，鲁雨亭在从沟西转向东边小路时，被敌军发现，一阵机枪扫来，他身中七弹，倒在战壕边。鲁雨亭用前肢撑着刚想站起来，终于又倒下了，倒在了殷红的血泊之中。战士们急忙跑过来救护，他只挥动了一下手，轻轻蠕动着嘴唇，发出无力的声音："……党……万岁！"鲁雨亭壮烈殉国，时年41岁。

此时是下午6点，残阳如血。日寇怕第一总队夜袭，用7辆汽车拉着死尸仓皇逃回各据点。孔石泉带领20余人也撤出了阵地。

此役，共毙伤日军400余人。第一总队牺牲134人，伤90多人。[25]

1940年4月5日，是中国传统的清明节。新四军六支队司令部在驻地新兴集的后街上，把军民合作、自力更生兴建的一座礼堂——精忠堂布置得庄严肃穆。鲁雨亭的画像被悬挂在灵堂祭台黑白天幕的正中，两旁排列着各部队、各机关团体、各界人士送来的许多花圈、挽联。游击支队指战员和当地人民近千人饱含泪水缓慢地走向灵堂，参加鲁雨亭追悼大会。彭雪枫司令员含泪在大会上致悼词，他对鲁雨亭作出很高的评价："鲁雨亭同志是一个只知有党不知有己、只知有国不知有家的真正出色的民族的布尔什维克的英雄！"

"抗日英雄鲁雨亭同志永垂不朽！为鲁雨亭同志复仇！打倒日本帝国主义！"激昂的口号声震荡夜空。在此后的新兴集战斗中，仅第一总队的阵地上，日本鬼子就死伤120余人。

1940年4月26日出版的新四军《拂晓报》这样记载的："某些资本家仅

以赢余利润的千万分之一贡献给民族，而鲁雨亭同志不仅捐弃了官职，捐献了土地，而且英勇地捐献了自己的身躯。"

第一总队取得的一系列胜利，打开了永夏砀地区的抗日局面，建立了初具规模的永夏砀抗日民主根据地。

注　释

1. 现商丘。

2. 1938年11月20日，张爱萍奉中原局命令来鹿邑，对内任中共豫皖边工委书记，公开以河南省第二行政区保安副司令魏东楼部参谋长和干部训练班主任的身份活动。

3. 《彭雪枫军事文选》，解放军出版社1997年版，第111—112页。

4. 柘城到太康。

5. 参见中共河南省委党史资料征编委员会编：《功垂祖国·纪念彭雪枫同志牺牲四十周年专辑》，河南人民出版社1986年版，第240页。

6. 《彭雪枫军事文选》，解放军出版社1997年版，第155页。

7. 中国人民解放军历史资料丛书编审委员会编：《新四军·文献》(1)，解放军出版社1988年版，第475页。

8. 参见中国人民解放军历史资料丛书编审委员会编：《新四军·回忆史料》(1)，解放军出版社1990年版，第301—304页。

9. 后为方中铎。

10. 号漂亮的姑娘，霸占侮辱。

11. 号下大树，据为己有。

12. 夜间于户主门口放泥蛋，大者索洋一千，小者索洋五百不等。

13. 即黄殿雨、黄殿臣、周德新三个土匪头子。

14. 《彭雪枫军事文选》，解放军出版社1997年版，第128页。

15. 参见《张震回忆录》上册，解放军出版社2003年版，第150—151页。

16. 《忆彭雪枫同志》编写组：《忆彭雪枫同志》，河南人民出版社1979年版，第210页。

17. 也称清官旗、清官伞。

18. 中共河南省委党史资料征编委员会编：《功垂祖国·纪念彭雪枫同志牺牲四十周年专辑》，河南人民出版社1986年版，第350页。

19. 《彭雪枫军事文选》，解放军出版社1997年版，第156—158页。

20. 参见中国人民解放军历史资料丛书编审委员会编：《新四军·文献》(1)，解放军出版社 1988 年版，第 480 页。

21. 中国人民解放军历史资料丛书编审委员会编：《新四军·文献》（1），解放军出版社 1988 年版，第 499 页。

22.《忆彭雪枫同志》编辑组：《忆彭雪枫同志》，河南人民出版社 1979 年版，第 17 页。

23. 负责后勤。

24. 参见新四军第四师老战士回忆录编委会编：《抗战在淮北》第 2 辑，华艺出版社 1997 年版，第 149—152 页。

25. 参见新四军第四师老战士回忆录编委会编：《抗战在淮北》第 1 辑，长征出版社 1995 年版，第 345—357 页。

第 八 章

挺进武汉外围

李先念化名李威——智闯龙门关——落脚四望山——会合信阳挺进
队——周志坚三战三捷——枪声是联系抗日武装的好办法——李先念
南下应安——抗日细流汇江河——养马畈分歧——公开打出新四军旗
号——憨山寺伏击鬼子——日军"慰问"朱堂店

智闯龙门关

1939 年 1 月 17 日，一场大雪刚刚停息，漫野银白，寒风呼啸。李先念
率领新四军独立游击大队，冒着严寒，踏着冰雪，向武汉外围敌后挺进。这
是抗战以来从竹沟走出来的第三支队伍，由竹沟新四军第四支队第八团留守
处的两个连队 70 余战士和 60 余名干部组成，武器只有 1 挺轻机枪、90 多
条步枪和几十颗手榴弹。因为部队太小，怕一时声张，有碍行动，李先念故
化名李威。

这时，武汉外围的局面极其混乱，矛盾错综复杂，斗争艰难残酷。20
余万日伪军沿着铁路、公路、长江、汉水布防，控制重要城镇和交通要道；
40 万国民党军队和数万地方实力派武装退守大别山、大洪山、桐柏山、幕
阜山等地；汉奸、土匪活动猖獗，广大人民群众处在水深火热之中。

在这民族灾难深重的时刻，武汉外围的党组织和共产党员，纷纷起来组
织抗日人民武装，开展敌后游击战争，点燃抗日的烽火。

日军占领武汉后，中国共产党虽然对日军下一步攻略方向还不明确，但

武汉外围这些力量汇集起来，组成一支强大的抗日武装力量，却是一个急迫的问题。

早在六中全会即将结束之际，刘少奇就找到李先念，转达了中共中央和毛泽东关于派李先念到中原参与军事领导工作的指示。李先念随即带领数十名红军干部由延安出发，于12月底到达河南省确山县竹沟镇，传达六中全会精神，并很快筹建了新四军独立游击大队「，李先念任司令员，周志坚任参谋长，谭子正任大队长，下辖三个中队。

1939年1月17日，李先念率部离开竹沟，大踏步地向武汉外围挺进。进军的第三天下午，独立游击大队到达了四望山麓的龙门新店。只见四周群峰耸立，一条必经隘道蜿蜒于悬崖峭壁之间。隘道入口处，挺立着一道雕刻着"龙门"两个大字的石门，地势十分险峻。跨进石门，独立游击大队进入了一个有20户人家的小村。在一座地主庄园高大的门楼前面，两个持枪的哨兵拦住了去路。

一个戴着少校军衔的国民党军官走出来，左手叉腰，右手高举，恶声恶气地高叫："站住，哪一部分的？"

"新四军。"独立游击大队战士边回答边继续前进。

"哪里去？"

"到敌后打日本鬼子！"

"站住，不然就开枪了！"

一听这话，参谋长周志坚火"腾"地一下蹿到脑门顶上，随即从腰间拔出手枪："你敢！为了抗日，中国的地方我们都可以去！谁也拦不了！"战士们也摩拳擦掌，子弹上膛。

"队伍停下！"李先念冷静地命令道。"我们是新四军，打算通过贵军防地去打鬼子，请给予协助。"

"你们稍候片刻，我去通报一声。"说罢，那个少校转身进屋。

新四军独立游击大队遇到的是国民党的一支杂牌"游击队"，司令名叫吴少华,手下有好几百名士兵。他们以为独立游击大队也是一支散兵游勇,想来个大鱼吃小鱼,把独立游击大队吞并。

不一会,那个少校出来说:"你们谁是司令啊?"

"我们没有司令。"周志坚怕暴露李先念,脱口答道。

但李先念从容不迫地走出队伍:"我就是司令,有何贵干?"

那少校一见,声气小了许多,满脸堆笑地双手往里一让,毕恭毕敬地说:"我们吴司令有请。"

大家都担心李先念的安全。周志坚说:"司令员,这虎穴还是不闯好。"

李先念镇静地紧了紧皮带,又摸了摸风纪扣,说:"不要紧,我去一趟,你在外面好好掌握部队,相机行动!"说完,带着警卫员大步跨进院门去了。

不一会儿,大门口突然楼上六道岗哨,12 个哨兵亮出寒光逼人的刺刀,只见那个少校闪现出来,神气十足地喊道:"参谋长到!"

一个身穿黄呢军服的烟鬼子出来了,他傲慢地环视了一下:"你们是非法,不许通过!"

"什么?"周志坚刚刚压下去的火又升了起来,"什么叫非法?我们是堂堂正正的国民革命军新编第四军,是抗日的队伍,哪一点非法?你不许我们过去打鬼子,你就是破坏抗日!"

说着,周志坚甩掉身上穿着的棉衣,拔出手枪,挥手命令部队:"马上展开,一排把机枪对准大门,二排占领左边高地,三排占领右边山包,给他点颜色看看。"

战士们闪电般地把吴少华的司令部包围起来。

大烟鬼一看势头不对,那副傲慢之相顷刻全无,脸色煞白,慌忙掉转屁股,钻进屋去汇报。

再说李先念带着警卫员走进吴少华的司令部后,那位吴司令跷着二郎腿佯装没看见。李先念沉着而威严地将棉衣一敞,露出胸前"国民革命军新编第四军"的上校标识。吴少华见状,慌忙站起来让座,命令勤务兵赶紧倒茶,还装模作样地说："不知阁下光临，有失远迎，望李司令多加原谅。"

"武汉沦陷，敌后空虚。我军挺进敌后，是为了发动群众，开展游击战争，打击日伪汉奸，配合正面战场的作战。"李先念笑了笑，首先开口："不知这里是贵军防地，未曾先取得联系，还要吴司令谅解哪。"

口气一转，李先念严肃地说："我看贵军在我前方道路两侧的山上摆满了士兵，莫非是……"

"不！不！那、那是我们的军事演习，不必多虑。"吴少华狡诈地辩白说。

李先念站起来："那好，请吴司令派人送我们出警戒线吧！"

"当然可以，不过……"吴少华眨了眨那双流露出狡猾目光的小眼睛，又道："李司令初来乍到，鄙人备了些薄酒素菜，为我们初次见面干上一杯，如何？"

话音未落，那个参谋长慌慌忙忙进来咬着他的耳朵嘀咕了好一阵，新四军战士的怒吼声也清晰地传进了他们的司令部。吴少华脸色都变了，忙站起来说："李司令，这、这是干什么？"

"酒不喝了！"李先念斩钉截铁地说，"我们公务在身，要赶往敌后抗日，时间紧迫，不便久留，吴司令的盛情我们领了。"说罢，披上大衣就走。吴少华手足无措，只好吩咐一个姓王的副官陪行，并一再交代说："你一定要护送李司令安全出境，若有差错，严惩不贷！"又说："李司令，祝你一路顺风，后会有期，后会有期！"**2**

就这样，部队顺利地通过了蜿蜒数里的山间小路，离开了龙门新店，进入了绵延在豫鄂边的四望山。

四望山会师

登上四望山主峰极目远眺，可望见桐（柏）信（阳）应（山）随（县）四县县境——四望山因此而得名。1月20日，李先念率领独立游击大队到达白雪皑皑的四望山北麓的黄龙寺，和豫南特委及其领导的信阳挺进队会合了。

信阳挺进队是由中共豫南省委、豫南特委及信阳中心县委，争取了国民党信阳县进步县县长李德纯[3]组织起来的抗日武装，还有县常备队一个中队及警察共 200 余人，部队编成三个常备中队，接受共产党人的军事训练和政治教育。

1938 年 9 月，中共秘密党员朱大鹏[4]在国民党军第七十七军副军长何基沣支持下，从第七十七军军士训练团内挑选了武装工作人员，其中大部分是共产党员和中华民族解放先锋队队员，组成了"77 军桐柏山区工作团"。该团装备有 50 支步枪，3 挺轻机枪，2 个掷弹筒，5 万发子弹。11 月初，中共河南省委派新四军竹沟留守处参谋王海山率一个分队南下信阳王岗，经中共豫南特委与李德纯协商并取得意向，从"77 军桐柏山区工作团"调出两个分队，从信阳尖山区自卫队调出一个分队，加上"战教团"40 多名干部，并汇集信阳常备队与警卫队，于 12 月初合编为信阳挺进队，共 300 多人。司令李德纯兼，副司令朱大鹏，参谋长王海山，政治部主任由中共信阳中心县委书记危拱之（女）兼。同月，已拥有 170 余人枪的信阳谭家河农民自卫队、百余人的泌阳牛堤自卫队，也编入了信阳挺进队。整编后的信阳挺进队，开进四望山地区，发动群众，创建抗日根据地。1939 年 4 月，信阳挺进队扩编为三个支队。

这些坚持敌后斗争的中共抗日武装，因为远离上级领导机关，正急切地期待着上级党的指示。李先念的到来，令他们喜出望外。

在四望山北麓的信阳黄龙寺，李先念向他们传达了党的六届六中全会决议和中共中原局刘少奇的指示，明确指出：豫南的党组织应该把组织和扩大抗日武装、保证党对部队的绝对领导作为自己的首要任务。他还同特委其他人一道，对豫南敌后抗日游击战争，作了具体研究和部署，进一步推动豫南敌后游击战争迅猛发展。

和信阳挺进队会合后，又将竹沟管卫大队一中队编入新四军独立游击大队。这样，新四军独立游击大队便扩大成为一支拥有 200 人枪的队伍了。

1939 年 1 月底，四望山上白雪皑皑。独立游击支队的营地虽然选了一个背风的地带，但寒风依然裹着雪片，不时地从门缝中灌入。

这几日，李先念着急上火，嗓子痛得厉害。各路消息传来，鄂东、鄂中都有共产党领导的抗日游击武装在活动，可就是联系不上。

前段时间，李先念又回了一趟竹沟，参加刘少奇主持的中原局和豫鄂边省委会议，朱理治、陈少敏、王国华、王澜西等 14 人也参加了会议。对于这几个月的工作，刘少奇进行了充分肯定。但强调要注意两点：一是在发动群众进行抗日斗争中，要注意着重建立党领导的人民武装；二是在执行抗日民族统一战线中，要严格执行独立自主的方针。同时还提出党的各项工作应区分不同地区、采取不同方法和策略以适应不同形势。要求豫鄂边省委把大批力量送到后方，开辟敌后战场，广泛地开展独立自主的抗日统一战线工作，最大限度地争取群众站到我们这边来，团结一致，打击日寇、汉奸和卖国贼，孤立反共分子和顽固派。

李先念返回四望山之前，刘少奇再三向他叮嘱：为避免摩擦，目前新四军游击大队的活动方针，应沿铁路两侧国民党不去之区域发展，目标尽量缩小，并多组织过渡形式武装，要多求质的巩固。

回到四望山以后，李先念找到周志坚说："组织上决定派你带领部队，跨过平汉铁道，插进大别山，到信（阳）、罗（山）边进行一次侦察性游击活动，联系那里的党组织和党领导的武装。蔡韬安是地方党的负责人，找到他就行。"

这时，信阳已经沦陷。周志坚和大队长谭子正带着部队乘着夜幕悄悄地越过平汉铁路，经群众帮助，很快找到了蔡韬安。不久，又联系上"二七"平汉铁路破坏总队这支由铁路工人为主组成的抗日武装，并顺便一举歼灭了为虎作伥、残害人民的游杂武装甘润民大队。

部队返回四望山途中，尖兵排正过铁路时，突然从南边隐约传来一阵隆隆声。只见远处一辆鬼子巡道车从柳林车站开来，车上满载着戴钢盔的日本兵。

周志坚略一估计，吃掉这帮鬼子问题不大。随即命令部队在铁路两边埋伏下来，等着敌人车子靠近。

"打！"鬼子车子一钻进火力网，战士们手中的机枪、步枪一齐咆哮起来。一颗颗手榴弹朝着车上飞去。车上刚才还在谈笑的鬼子，顷刻就抱头号叫起来。巡道车装着败兵，狼狈地向北逃去。

新四军将士觉得，这一仗打得还不过瘾。一路上，大家都议论纷纷。

第二天中午，周志坚率领部队到达了信（阳）应（山）公路边，只见沿着两旁竖立的一根根电线杆，依着地势的起伏，高高低低地排成一行。劲疾的北风，把电线刮得嗡嗡鸣叫。周志坚于是琢磨开了："割断电线，把敌人调来，打他一个伏击多好啊。"于是部队选好地形，埋伏起来。几个战士在一片开阔地段，把电线掐断了。

不到一小时，10多个日本骑兵，带着器材、工具赶来了。当日寇跳下马，正动手修复电线时，新四军狠狠揍开了。打得日寇人仰马翻，当场打死敌人3名，击毙4匹战马。其余敌人狼狈逃回信阳县城去了。

李先念听了汇报后，高兴地说："好哇！你们这次双倍地完成了任务！"指战员们听着首长的表扬，更加欢欣鼓舞。

这时，日军发动了襄东战役。

2月7日，为牵制日军，配合国民党军队正面战场作战，中原局作出决定：派李先念迅速南下应山、安陆，甚至可以到应城附近去开展游击战争。

尽管急于南下，但李先念还是在刘子厚、娄光琦的陪同下，先到大洪山做李范一的统战工作。

李范一曾任国民党南京政府中央交通部电政司司长、湖北省建设厅厅长，是一位爱国的民主人士。抗战爆发后，应董必武的邀请，曾出任在湖北应城汤池举办的"湖北农村合作人员训练班"的班主任,主动与实际主持此项工作的中共湖北省委宣传部部长陶铸搞好合作,先后训练了500多名包括部分中共党员在内的进步青年,为敌后游击战争准备了干部。

李先念与李范一进行了彻夜恳谈,共同签订了合作抗日协议,允许新四军使用"豫鄂边区抗敌工作委员会"的名义开展活动。因此,独立游击支队的活动区域迅速扩大到了鄂中地区。

两天后,李先念、刘子厚、娄光琦等一行到达随县长岗店,与鄂中区党委负责人陶铸、杨学诚、夏忠武等取得了联系。

陶铸是黄埔五期生,先后参加过南昌起义和广州起义,1933年任中共江苏省委军委书记,并于5月被捕。他在国民党监狱待了近5年,直到抗日战争爆发后,才被共产党营救出狱。

在武汉沦陷前夕,陶铸筹集了一笔经费,从香港购买了24支驳壳枪、300发子弹,组成了汤池抗日游击大队。1938年8月,陶铸派顾大椿等人到京山县石板河组建抗日自卫队。10月23日,应城县城失陷,杨学诚率刚组建的应城潘家集商民自卫队转移至京山县丁家冲。12月,中共鄂中特委决定,将汇集于京山县丁家冲一带的府城地区各路武装,如京应抗日游击队、应城汤池自卫队、应城巡检司抗日游击队、应城陈家河抗日游击队、潘家集商民自卫队、应城县常备三中队,正式编成应城县抗日游击队(简称"应抗"),以后改称应城县国民抗敌自卫总队,共500余人枪,由国民党应城县县长孙耀华任司令,共产党人张文津任参谋长,辖三个大队。

1939年2月18日,北风呼啸,鹅毛大雪漫天飞舞,第二天就是农历1939年春节。虽然岁月艰难,鄂中人民也没有忘记自己的传统节日,噼噼啪啪的爆竹声,四处可闻。而李先念等一行却急匆匆地从天河口过均川河,直往应山浆溪店奔去。

刚到达浆溪店后,李先念即令周志坚率部去联络应山地方党和抗日游击队,并进行统战和筹款工作。途中,周志坚部队进驻余家店附近的罗家庙。

乌云翻滚着扑来。跟往常一样，趁着节日，日寇出动了。大约 10 点多钟，一队日本侵略军百余人及伪军数十人从应山城出发，经龙泉镇分路"扫荡"来到余家店。

日军人未到，几十发炮弹已呼啸而至，落在距独立游击大队驻地不远的地方。

"鬼子兵'扫荡'了，准备战斗！"

周志坚带着司号员，跑到庙前一棵松树下，用望远镜一看，只见百多个鬼子，配合着几十名伪军，正向西急进。驻在余家店附近的国民党桂系军一个营，像一群胆小的兔子，亡命奔逃着。

周志坚一面观察一面想：用枪声联系地方党的同志，这倒是个好机会；也可做个榜样，给这些只知道逃跑的家伙看看。就在这时，"嘘"的一声，一颗炮弹落在土地庙后爆炸了。周志坚伸手抱住司号员，两个人一翻身，滚到一个土坎下。几乎同一瞬间，又一发炮弹打来，将刚才隐蔽的松树拦腰炸断。司号员和周志坚的身上，都盖上了一层土。

"狗娘养的，太猖狂了！"周志坚愤怒地骂了一声。

司号员说："打吧，参谋长！"

"打这些狗东西！"周志坚命令部队迅速展开，司号员吹起冲锋号。

冲锋号一响，部队迅速冲向敌人。敌人受到突然的攻击，慌忙缩回余家店镇里，负隅顽抗。第一中队队长、老红军张日新，带着一中队从右翼迂回到余家店东，转入街北，向敌人发起猛攻；第二中队由中路向街南口进攻。敌人撤到镇外，钻进东边一片高地上的丛林中死守待援。战斗整整打了一个下午，黄昏时，敌人 20 多具死尸摆在阵地上。

战斗结束后，中共应山县委的领导果然循着枪声来了。从他口中得知，应山地方党经过艰苦努力，已经建立了一支游击队，随时准备与主力会合。

余家店战斗，是我们新四军独立游击大队踏上鄂中敌后战场以来，第一次打着新四军的旗帜，摆开阵势打击日军。战后，方圆百里的群众，都纷纷传颂："共产党领导的新四军，是真正抗日的队伍！"许多群众赶来慰问，许多爱国青年跑来要求参军，不少国民党游击武装也主动找我们联系。**5**

李先念南下应安

春节刚过，李先念又率领部队离开四望山，向大别山挺进。

大别山，是李先念战斗过的革命战场。这次回到大别山，碰见群众，就拉着问长问短：问红军长征后老苏区遭受的苦难；问日本侵略者给老苏区带来的灾难。灵山寺狮子口的一个老赤卫队员，拉着李先念的手说："早就盼望着你们回来呀！回到大别山，重新摆战场。"李先念说："是的！我们一定不辜负大别山人民的希望。"

1939 年 3 月 1 日，游击大队在九里关附近，与贺建华、罗厚福、熊作芳等率领的第六大队会合。该大队是在新四军第四支队高敬亭部东进后，以该支队留守处的小股武装扩建而成，归鄂东特委 **6** 领导，队伍的骨干全是坚持大别山游击战争的红军战士。会合那天，他们还是穿着黑色的红军服，背着红军常戴的斗笠帽。很多人还把缀着红星的红军帽，珍藏在自己的背包里。

随后，李先念在灵山寺主持召开了军事会议，向罗（山）、礼（山）、经（扶）、光（山）中心县委书记贺建华和新四军游击第六大队的负责人罗厚福、熊作芳等人传达了六中全会精神。

会议期间，贺建华向李先念汇报了以张体学为大队长的独立游击第五大队的情况：

1938 年 7 月，鄂东的共产党组织手里仅有七条半枪。半条是因为有一条锯去了枪托，由黄冈贾庙支部秘密保存。原红色便衣队员在武汉沦陷的当天，就以这七条半枪为基础，在黄冈张家山正式成立"鄂东抗日游击挺进队"，到 11 月已发展到 400 余人枪。1939 年 1 月改为抗日游击第五大队，在黄冈、麻城一带活动。

李先念听了十分高兴，眼看着敌后许多的革命星火，马上就要汇合成一股抗日洪流。

会议确定贺建华、罗厚福、熊作芳等率领第六游击大队沿平汉路东侧向陂安南敌后深入，设法与程坦、张体学、吴林焕等带领的鄂东独立游击第五大队联系，传达中原局的指示，迅速深入鄂东敌后，组织群众抗战，打开鄂东局面。

第六大队出发前，李先念拉着贺建华等人的手，亲切而严肃地说："党中央和毛泽东同志号召我们深入敌后，开展游击战争，建立抗日根据地。实践证明：深入敌后，只要取得人民群众的支持，就可以立于不败之地。告诉张体学、程坦他们，一定要见缝插针，遍栽杨柳。千万不要缩手缩脚，把自己陷在一个小窝窝里，特别是不能陷在顽军的窝窝里。那样，不仅不能发展，反而会被吃掉！这意见一定要向鄂东特委的程坦及其他同志传达到，向独立游击五大队的同志传达到！"

1939 年 5 月 4 日，第六大队南进途中，在礼山县板桥一带与前来"扫荡"的日伪军遭遇。第六大队主动出击，把敌人打退到余家河死守，毙伤日伪军 30 余人。5 月 7 日，第五、第六大队带着会合后的喜悦，在孝感东北的车阳岗地区，趁着大雨倾盆，突然袭击正在酣睡的伪军第二十五师，将几千伪军打得晕头转向，俘虏伪旅长以下数百人，缴获大量枪炮。接着，5 月下旬，又在第五大队第三中队配合下，在分两路袭击李新湾和接见寺伪军驻地，打击伪"中国人民自卫军"第八军李汉鹏部。在事先套取伪军口令后，趁天黑冒充伪司令部特务连，采用"挖心战术"，直取伪司令部，打垮伪军第八军李汉鹏部，俘伪旅长以下官兵 300 余名，缴迫击炮 3 门、重机枪 9 挺、长短枪 500 余支。

李先念也率独立游击大队离灵山冲大寺口继续南下，在小悟山青山口与许金彪领导的"湖北省抗日游击大队"会合。许金彪是从延安南下的红军伤员，回到家乡后，一直没和党组织接上关系。日军的铁蹄践踏了他的家乡后，组织了抗日自卫队，用国民党军队溃逃时丢掉的武器武装自己，并建立了一块抗日根据地。

5月7日，许部主力与新四军独立游击大队联合地方武装曹省三部，夹击与日伪勾结的胡翼武部，歼该部百余名，缴枪百余支，为开辟安（陆）应（山）地区扫除了障碍。5月中旬，中共应山县委军事部部长杨焕民率应山抗日武装两个中队开抵赵家棚与李先念部会合。

为实行统一领导，经中共中央中原局批准，新四军独立游击大队与许金彪的湖北省抗日游击大队、杨焕民的应山县抗日自卫队两个中队，编为新四军挺进团——这是新四军在豫鄂边区的第一个主力团，团长许金彪，政治委员周志坚，参谋长杨焕民，下辖3个大队，在安陆、应山、孝感边界地区开展抗日游击战争、开辟抗日根据地。

1939年3月23日，中共中央中原局代理书记朱理治致电刘少奇等，认为"目前应城、安陆一带，友军完全退出。应城县长同情我们，并望我们新四军前去，给养等均可供给。地方上武装亦多，这一地区是今天我们最有利的发展方向"[7]。4月5日，王稼祥、刘少奇复电朱理治："李宗仁既不反对新四军在鄂中活动，而应城县长又要求新四军前去，应即将信阳挺进队与李先念部合编为新四军游击支队前往鄂中行动。"[8] 于是，陈少敏奉命率领信阳挺进队两个中队150多人，及竹沟留守处的干部50余人，自四望山向鄂中挺进，6月6日与李先念会合后，所部也编入新四军挺进团。

在这期间，陶铸率"应抗"挺进大队和特务大队，在京山县公安寨设伏，袭击日军护送的"慰问团"，毙日本慰问团长（皇室贵族）以下10余人，伤日军10余人。4月30日，陶铸又率"应抗"夜袭云梦县城。陶铸率部由南门城墙缺口攻入，歼伪军20余人，烧毁伪维持会驻地大庙，解救被关押群众多人后，顺利转移。这是鄂中抗日武装第一次攻入日伪军占领的县城。当驻孝感的日军派出坦克部队赶来增援时，挺进大队已安全转移。

新四军挺进团成立前后，原鄂边地区国共合作的局面发生逆转。曾经与共产党保持过一段较好统战关系的第五战区，特别是李宗仁的桂系势力，在蒋介石的指令下，向右转的劲头有增无减；一些在日寇进攻面前闻风而逃的土顽势力卷土重来，反共摩擦事件频频发生。1939年5月，国民党鄂中专员石毓灵竟下令扣押了陶铸等人，并撤销了与共产党有较好合作关系的孙耀华的国民党应城县县长职务，另委顽固分子曾宪成接任。

当时中共在鄂豫边领导的抗日武装虽有一定发展，但还弱小和分散，没有形成一支足以打开一个光明局面的力量，为了开创武汉外围的敌后抗战局面，建立敌后抗日民主根据地，急需创建一支由共产党直接领导的，能够承担这一地区战略任务的人民军队。

在这关键时刻，6月中旬，中共鄂中区委在京山县养马畈召开会议，李先念传达了党的六届六中全会精神和中原局整编和发展鄂中抗日武装的指示。

会议讨论时，对于是否打出新四军旗帜问题有不同的意见。李先念、陈少敏主张要公开打出新四军的旗号。李先念说，我们的工作已经公开，再也不能把自己陷在一个小窝窝里，特别是不能陷在顽军的窝窝里。那样，不仅不能发展，而且还很危险，要尽快跳出来，打出自己的旗帜。杨学诚等坚决支持李、陈的主张。有的人则认为"应抗"公开新四军的旗帜还不到时候、主张各用各的名义。于是，李先念一方面同意将会议讨论的问题及意见上报中原局，听中原局的指示；一方面与陈少敏研究，如果不能打出新四军旗帜，就组成一个"点线"支队，即沿平汉铁路线作点、线发展。

6月19日，刘少奇与朱理治联名来电，其中明确指示："在目前鄂中党的中心任务，是在于最短期内，扩大与创立一支五千人以上的党可直接领导的新四军。只有完成这一中心任务，才能在目前及可能的长久摩擦之下，确立我党在鄂中之地位，才有可能应付各种事变。""鄂中顽固派正竭力打击应城我党力量，应抗[9]三、四支队我党工作已无法再掩护，望勿再迟延，立即编为新四军，免蹈杨威队之覆辙[10]部。""新四军的指挥与编制要统一，只有这样才能增强战斗力量。"[11]

根据这一指示，会议决定组成新的中共鄂中区委，书记陈少敏，将共产党领导的豫南、鄂中武装统一整编为新四军豫鄂独立游击支队，司令员李先念，政治委员陈少敏[12]，政治部主任廖毅（后郑绍文）。6月底，部队编成四个团队。第一团队由挺进团一部（原独立游击大队）和"应抗"第四支队合编，团长张文津，政治委员周志坚；第二团队由信阳挺进第一支队和中共信罗边组织领导的武装合编组成，团长王海山，政治委员钟伟；第三团队由"应抗"第三支队和京山抗日游击队合编组成，团长蔡松荣，政治委员杨焕民；挺进团队由原挺进团一部组成，团长许金彪，政治委员杨学明。中共豫南特委因对鄂中部队整编的情况不明，在这同时将留守信阳的四个中队与第七十七军工作团合编成第三团队，团长朱大鹏，政治委员任质斌（兼）。7月，中共豫鄂边区委将竹沟留守处及中共信阳尖山区委的武装一部，充实已南渡淮河的确山抗日游击大队，整编为第五团队，团长萧远久，政治委员刘子厚。8月，又将汉川自卫队第三小队，与第三团队调出的第二大队合编为第四团队，团长李人林，政治委员雍文涛。

新四军豫鄂独立游击支队的成立，是在国民党顽固派正大肆吞并和阴谋驱赶共产党领导的抗日武装的形势下，公开打出新四军的旗帜，这是中共豫鄂区委坚决贯彻党的六届六中全会精神，独立自主发展抗日武装的胜利成果，为实现开创鄂豫边抗日根据地的战略任务，迈出了关键的一步。

憨山寺伏击战

新四军豫鄂独立游击支队一成立，它所属的四个团队，分别深入鄂中、豫南、汉水和淮河两岸的敌人后方，广泛而猛烈地开展机动灵活的游击战。

李先念率第一团队首先向东挺进，并在憨山寺一带与日寇首次交锋。

憨山寺一带丘峦纵横，松林茂盛，由平汉铁路上日军大据点花园至襄阳的襄花公路从这里经过。公路从山沟底下穿过之处，有一个将近 90 度的急转弯。

据前几天团政委周志坚带人侦察，日军每天早上有车从花园出来，或为军车，或为货车，经过这里，到安陆去；下午又有车从安陆到花园。

周志坚根据李先念的指示，带领第一团队两大队，决定在这里布下一个"口袋"阵势，狠揍日寇。

"口袋"入口部位的山头，由中队指导员韩水带第四中队的第二分队埋伏，监视花园方向，发现远处敌车开来，即打旗语，通告各阵地，并放敌车进来；第五中队队长沈文卿带第五中队全部埋伏"口袋"底部——公路的 90 度急转弯处，并在此挖一横沟，斩断公路，砍伐一些树木，横堆路上，以为阻拦；又在公路正中，树堆之内，隐置全团队唯一的一挺水连珠重机枪，以作迎头痛击之用，周政委和第二大队队长毛恺在此指挥。

公路东侧，山峦陡突，居高临下，派第六中队队长张跃武带第六中队全部埋伏于此。公路西侧，地势略平，一块块麦田，已经收割，由第四中队队长张飞鹏带第四中队的第一、第三分队，借田埂为掩护埋伏于此。

1939 年 8 月 1 日深夜，天地间一片漆黑。部队悄悄地从大鹤山出发，在蜿蜒曲折的山间小道一口气走了十多公里，来到憨山寺脚下隐蔽起来，单等擒拿自投罗网的猎物。

8 月 2 日清晨，东方渐渐出了微明，只见太阳冉冉升起，金色的阳光洒满了树梢。

在朝阳的照射下，憨山寺尽收眼中。憨山寺，名虽如此，实则只见山，并未见寺。关于憨山，传说很早以前，有一位神仙挥动着神鞭驱赶着无数大山，昼夜兼程，东去填海。其间有一座大山，憨头憨脑，实在疲于奔波，行至此地，再也不肯动弹一下，留了下来，就是今日的憨山。

"怎么鬼子还不来呢?"

正在大家心急之时，日寇一队卡车从远处开来，一辆、两辆……一共五辆。

第二分队分队长立即打出旗语通告各部。卡车越来越近，载头戴钢盔、全副武装的日本鬼子兵的卡车若无其事地开进了新四军神不知鬼不觉布下的"口袋"，驶向"口袋"底部。

"打!"周志坚一声令下。

"哒哒哒，哒哒哒哒……"第五小队的水连珠重机枪怒吼起来，四面八方的步枪、轻机枪也一齐开火。日军被突如其来的打击打得蒙头转向，想掉转头，从来路逃窜。但路窄拥挤，无法掉头，车上鬼子，纷纷跳下，有的被击毙，有的拼死顽抗。

"打呀! 打呀"两侧的第四、第六中队一边高喊，一边猛烈射击，包围圈逐渐收缩。

惶惶如丧家之犬的敌人，企图孤注一掷，竟百倍凶猛地向第四中队第二分队阵地猛扑过来，妄图在此打开缺口。这时，第二分队正在冲下山进入麦田，收缩包围圈。指战员们当即以田埂为掩体，冷静地瞄准敌人。等敌人来到离自己阵地约50米时，步枪手榴弹一齐开火，敌人一个个倒下了。此时，各路队伍一齐发起进攻，一时枪声大作，杀声连天，很快结束了战斗。

打扫战场时，一个战士发现荆棘丛中藏着一个鬼子，叫他出来，他死也不肯出来，还端着枪对着新四军战士瞄准。战士眼疾手快，一枪把他打死。

这次战斗，新四军无一伤亡，毙敌十余名，缴获步枪数十支和其他军用品，有罐头、饼干、汽水、香烟、牙膏和慰问信。战士们风趣地说："鬼子送礼，慰问新四军来了!"

战斗刚结束，花园之敌，派出大批骑兵，匆匆增援。待赶到憨山寺，新四军已撤离阵地。敌人无可奈何，只得放火焚尸，烟高数丈。

日军"慰问"朱堂店

在第一团队取得胜利的同时，第二团队主力也马不停蹄，向路东的罗（山）礼（山）经（扶）光（山）一带挺进，准备与鄂东的张体学、罗厚福的第五、第六大队配合作战，以利集中优势兵力，打击敌人，建立和扩大豫鄂边区敌后抗日民主根据地。

1939 年 8 月 13 日，部队到达朱堂店。

朱堂店位于罗山县城西南，是一个有一百多家店铺的小镇。方圆几十里的山峦、溪涧、丛林围着这座小镇。每逢集日，四周的农民都来赶集，显得非常热闹。战士们精神抖擞，步伐整齐，高唱《抗日救亡》和《三大纪律八项注意》的歌曲，浩浩荡荡地穿街而过。镇上的老百姓见自己的部队来了，都不约而同地拍手欢迎。

当天深夜，风起云涌，大雨倾盆而降，茫茫山乡漆黑一片。狡猾的日军趁恶风暴雨偷偷出洞了。

他们纠集信阳、东双河、李家寨、柳林等几个驻点的日军，共 400 余人，穿着雨衣，背着各式各样的先进武器和电台，几十匹战马驮着炮、重机枪和其他军用物资，从王家店出发，经杜家畈向二团队驻地运动。进到离第二团队驻地约两公里的土门后，兵分两路：一路经芦家大松林向高场推进；另一路从东南向古佛山推进，成钳形向朱堂店扑来。

8 月 14 日天刚亮，日军到达刘庙。第二团队设在高寨的排哨发现敌人后，赶紧鸣枪报警。团长王海山和政委钟伟按预定的部署，命令第二大队和警卫队进入短缺山和松树嘴一带的正面阵地；第三大队以三个中队的兵力在左侧的山岭卡住敌人，其余的兵力到东南占领保安山担负警戒，以防顽军背后捣鬼；第一大队从右侧的易家湾山岭向古佛山方向迂回包围。

日军很快接近了第二大队和警卫队的正面阵地，炮弹像断了线的珠子一样，一个接一个地落在新四军阵地上。敌人妄图先发制人，摧毁新四军工事和火力点，然后进攻。

果然，炮火过后，敌人在轻、重机枪的掩护下，像疯狗一样，"吼、吼、吼"地乱叫着向新四军阵地扑来。新四军沉静等待，把敌人放到距阵地一百多米远时，机枪、步枪猛烈向敌人射击，打得敌人东栽西倒，退下山去。日军指挥官恼羞成怒，又集中兵力，组织了第二次更疯狂的进攻，子弹瓢泼似的向我阵地扫来，一群群的敌人成斑点形向我阵地冲来。新四军在打退敌人的第一次进攻后，斗志更旺，越战越勇，机枪、步枪、手榴弹一起向日寇开火，打得敌人血肉横飞，连滚带爬。紧接着，新四军指战员如猛虎下山，冲上去与敌人短兵相接，展开了激烈的搏斗。敌人招架不住，节节后退，新四军乘胜追击，从南向北，接连攻占了几座山头，控制了制高点，压住了敌人。

第一大队在对敌人实施迂回包围中，在古佛山与敌人遭遇。

大队长张牧耘、教导员黄德魁命令第二中队攻占古佛山，第一、第三中队继续向西迂回包围。

第二中队队长李鹏飞、指导员杨书乐率领部队冒着敌人的炮火和机枪的扫射，沿着一条山沟，穿过敌人的火力封锁线，占领了古佛山对面的一座山头。这座山与敌人占领的山头相距只有三四百米，中间夹着一条田冲，田冲里的秧棵齐膝盖深。中队长指挥一排用两挺机枪和其他武器组成火力网，压住敌人，第二、第三排向敌人发起猛烈进攻。

熊振华和熊沛霖带五、六班在火力的掩护下，凭借绿色屏障前进。运动到田埂时，被敌人发现。敌人的机枪哗哗啦啦地扫射过来。子弹像雨点一样，打得泥水四溅，睁不开眼。部队迅速前进到敌人的山脚下，闪电似的钻进树林，利用树木和有利地形，边打边往上冲，很快接近了敌人。冲在前面的副班长张凤银，猛地向敌人的机枪投去一枚手榴弹，只听轰的一声响，敌人的机枪哑了，但年仅18岁张凤银也中弹负伤牺牲。新四军指战员从不同的位置，纷纷向敌人投去一颗颗手榴弹，炸得敌人东躲西藏，拔掉了敌人的主要火力点。部队也乘势冲上了山，朝逃跑到山腰的敌人猛烈扫射。

经过半天的南北夹击、东西合围，第二团队把敌人压缩到了纵横不到一公里的刘家洼一带。

下午二三点钟，敌人把他们官兵的尸体堆放在一起，把不能运走的重伤员补上一枪，然后淋上汽油和化学药剂进行焚尸。敌人阵地随即乌烟升起，一股难闻的腥臭味扑面而来。

毁尸后就突围——这是日寇一贯的程序！

日军先用迫击炮向第二团队一线阵地猛烈轰击，然后在轻重机枪的掩护下猛烈冲锋。第二团队战士英勇还击，打退了日军冲锋。

一个多钟头后，敌人再次组织突围。可恶的日寇先施放了大量毒瓦斯，新四军阵地很快被滚滚浓烟笼罩，指战员头发晕，流眼泪，打喷嚏。大家立即解下身上的毛巾，浸上水，捂住嘴巴和鼻子，冒着弹雨和毒烟，顽强坚持战斗，一次又一次地打退了敌人的反攻。这时，天已黄昏，敌人武器优良，新四军缺乏攻坚的重武器，如果强攻，必然会造成大伤亡。为了保存有生力量，以小的代价换取大的胜利，新四军决定诱敌出洞，打埋伏战。

第二团队很快部署好部队，几十个号兵一起吹响了冲锋号。敌人阵地的三面激烈地响起枪声，而靠西面丘陵的枪声稀少。敌人果然中计，慌忙把炮和死亡者的枪扔进水塘，集中人马，轻装向枪声稀少的丘陵地带突围。

当敌人逃到新四军埋伏圈时，在路两旁等待的第一、第二中队一排排子弹齐向敌人猛烈扫过去，一枚枚的手榴弹在敌人中间开花，打得敌人人仰马翻，队伍像散了群的鸭，纷纷向西奔命。新四军乘胜追击，重创了敌军，取得了整个战斗的胜利。[13]

这次战斗，据不完全统计，打死打伤敌人80余人，缴获重机枪1挺、步枪20支、各种子弹30多箱、战马5匹、雨衣数十件，还有一批药品、钢盔、防毒面具、罐头等物资。

朱堂店对日作战的胜利，像春风一样，吹遍了豫鄂大地。在新四军这次战斗的震慑下，附近伪军的一个中队，主动向新四军投降。国民党第五战区的桂系军派一名主任带着两名军官到新四军团队部表示慰问，并保证精诚团结，枪口对外，协同抗战。随后，国民党罗山县县长梅志朝，也派副官到新四军团队部表示钦佩，愿意组成统一战线，支援新四军抗日。

当地各界进步团体、爱国人士和广大人民群众更是欢欣鼓舞，许多父母或妻子踊跃地把儿子或丈夫送到新四军中来。

注　释

1. 对外仍称豫鄂独立游击支队。

2. 参见中国人民解放军历史资料丛书编审委员会编：《新四军·回忆史料》(1)，解放军出版社 1990 年版，第 307—309 页。

3. 又名朱毅。

4. 又名朱军。

5. 参见中国人民解放军历史资料丛书编审委员会编：《新四军·回忆史料》(1)，解放军出版社 1990 年版，第 310—312 页。

6. 书记郑位三；副书记方静吉，即方毅。

7. 《中国抗日战争军事史料丛书》编审委员会编：《新四军·文献》(1)，解放军出版社 2015 年版，第 291 页。

8. 《中国抗日战争军事史料丛书》编审委员会编：《新四军·文献》(1)，解放军出版社 2015 年版，第 296 页。

9. 应抗，指应战县抗日游击队。

10. 指杨威领导的应山县抗敌自卫团第二大队被国民党一八九师所吞并一事。

11. 《中国抗日战争军事史料丛书》编审委员会编：《新四军·文献》(2)，解放军出版社 2015 年版，第 42 页。

12. 不久由陶铸代理。

13. 参见中国人民解放军历史资料丛书编审委员会编：《新四军·回忆史料》(1)，解放军出版社 1990 年版，第 327—329 页。

第 九 章

初试锋芒

廖承志拍案而起——在"间谍天堂"中筹划——曾生返东江——"老模"成立——峡口阻击——榴花塔如剑——广东人的尚武精神——英雄之乡——日军回师"扫荡"——碧岭山脚布阵——解读日军师团——东宝游击战——汕青游击队成立——云步墟俘日寇——三战乌洋山

在"间谍天堂"中筹划

日军大举进犯广东的消息传来，八路军驻香港办事处主任廖承志就提出要在东江地区打游击，说不搞抗日，那就是"天诛地灭"。

当时，日本尽管已决计把战火燃遍中国，但暂时还不敢触犯香港。美丽的"自由天堂"，一时成为一个战争"避风港"。对香港特殊的环境和条件，中共有着清醒的认识：一方面，香港是商业自由港口，是中国与世界联系的重要通道，通过它既可把中国共产党坚持抗战的主张，敌后抗日军民浴血抗战的事迹，向海外侨胞和国际友人广泛宣传，又能把海外侨胞和各国朋友热情援助八路军、新四军的物资真正送到抗日队伍手中；另一方面，港英当局对中国战事的中立态度，使国内外各种政治势力得以在这里存在，从而为在抗战中刚刚取得合法地位的中国共产党，提供了活动和扩大影响的空间。

当然，香港也号称"间谍天堂"。利用香港特殊地理位置，收集国内外形势最新动态及各种情报，供大山深处的中共中央参考，这是八路军驻香港办事处不言而喻的工作。

战争中双方的较量，不仅来自硝烟弥漫的前方战场，也来自寂静无声的隐蔽战线。全民族抗战开始后，以国、共、日三方为主角的特工，在中国大地上展开了波澜壮阔的大搏杀。中国共产党不断调整情报、保卫机构以适应这种新形势。1937年12月，中共成立"中央特别工作委员会"，由周恩来任主任，统管全党的情报工作，开创了中共情报、保卫工作的健全期。1939年2月，中共中央又成立了"中央社会部"，完全将各地区的情报和保卫工作整合在一起。中央社会部部长一直为康生，这个部门也一直工作到1949年夺取全国政权的前夜。先后在中央社会部担任过副部长的人物，如潘汉年、李克农、孔原、陈刚、罗青长等，都是情报战线上闻名遐迩的卓越人才。在统一战线旗帜下，中共很快在西安、南京、武汉、长沙、桂林、重庆、兰州等地设立八路军的公开办事机构，统称"八办"。"八办"一个重要职能就是办事人员以公开身份进行情报工作。

卢沟桥事变之后，周恩来首先向中央提议，让廖承志去香港筹建八路军、新四军办事处。廖承志的父母亲廖仲恺先生、何香凝女士，是国民党的著名元老、孙中山的得力助手。廖承志出生时，父母亲为探求救国救民的真理，正在日本东京留学。他们希望孩子长大以后，能够继承革命先辈的志向，为中国的独立自由而奋斗，因而给他起了个名字，叫"承志"。

毛泽东对周恩来的提议深以为是。廖承志临走时的一天晚上，毛泽东派人把他找去，见面便说："恩来同志很会选人，知人善任，我也举了手，这是中央的决定！小廖，统战工作很重要，政策性很强，你在国民党那边有许多朋友，你要团结左派，争取中间派，扩大统一战线，推动抗日救国运动。小廖，你到南京跟剑英同志先工作一段，熟悉熟悉'行情'，再到香港开分号！"

廖承志辗转各地到达香港后，在中共香港市委的协助下，很快在香港皇后大道中十八号设立了八路军办事处，但公开的招牌是"粤华公司"，表面经营茶叶批发生意。廖承志任办事处主任，并作为八路军、新四军的代表，领导八路军广州办事处和协调、指导南方各省的工作。

1938 年 10 月 13 日，也就是日军在大亚湾登陆的第二天，廖承志就召集中共香港市委书记吴有恒和中共海员工委书记曾生开会。

夏天早已过去，但香港依然有些闷热。外号"胖子"的廖承志头上汗珠不停渗出，脸色却是极为冷峻："党中央早已掌握日军要在广东沿海登陆的动向，鉴于国民党军队缺乏坚决抗战的意志，估计东江地区将会很快沦陷，要求我们迅速在东江敌后组织人民抗日武装，开展敌后游击战争，开辟抗日根据地。"

廖承志顿了一下，扫了两人一眼，说："我们要尽快从香港抽调一批得力的干部，由市委或海委一位负责同志带领回去。今天找你们两位来就是研究这件事。"

室内灯红酒绿，窗外歌舞升平。香港尽管毗邻广州，但香港人觉得离战争很远。谁舍得离开这里呢？但廖承志话音刚落，吴有恒和曾生都迫不及待地表示：

"我回去！"

"我回去！"

两人相持不下。曾生急了，按住吴有恒的胳膊说："老吴，回东江打游击我比你适合。第一，从个人来说，你是恩平县人，语言不通，人地生疏；我是惠阳县人，语言通，了解情况。同时，我在家乡坪山地区进行过抗日宣传工作，团结了一批青年，在地方上有一定的群众基础。第二，从组织上来说，惠阳县淡水、坪山地区的党组织是由我们海委直接领导的，我从任海委组织部长到任海委书记期间，负责指导他们的工作。现在家乡沦陷，乡亲们陷于水深火热之中，我有责任回去组织群众，开展救国救民、保家保国的抗日游击战争。"

曾生是惠阳坪山人，土地革命时期就参加了党组织。早年在中山大学读书时，曾领导过广州学生运动。在香港担任中共海员工委书记期间，为组织香港海员工人运动作出了很大贡献。

廖承志听后点头表示赞许，说："曾生说的有道理，我看就曾生回去吧！有恒的积极性可嘉，但你们两人不能都回去，香港的工作也很重要，仍要加强领导。有恒同志留在香港的担子也不轻啊！你们要做好支持内地开展抗日游击战争的工作。"

当时革命，不是仅凭一腔热血。廖承志接着说："我们回去一时没有武器，没有经费，更重要的是没有经验，可能会碰到很多困难。但是，我们也有很多有利的条件，比如东江是土地革命战争时期农民运动蓬勃发展的地区，人民群众有革命斗争的光荣传统；而今东江各地又有我们的党组织，有更好的群众基础；现在又是很好的时机，敌人在大亚湾登陆之后，国民党守军溃败，群众彷徨无主，在这情况下我们回去开展抗日武装斗争，群众必定会支持我们，估计国民党军政当局也不会马上反对或阻挠我们的。同时，敌人刚入侵，一时还难站稳脚跟，敌伪统治秩序也未建立。我们要抓住这一时机，高举团结、抗日的旗帜，大力发动群众支持和参加抗战，努力做好统战工作，特别要做好争取国民党驻军的工作。我相信，只要我们的工作做好了，是可以很快打开局面的。" **1**

香港八路军办事处直属南方局领导，与广东省委并不存在从属关系。1938年10月18日，当广州即将沦陷时，省委决定将多数干部撤离广州，分散各地，省委机关撤往粤北，成立中共西南特委、东南特委和东江特委。10月24日，东南特委在香港成立，下辖中山、番禺、南海、顺德、惠阳、东莞、宝安、广州、香港、澳门等地党的组织。

最后，廖承志与中共广东省东南特委书记梁广一起研究后，最终决定由香港市委抽调市委组织部长周伯明和香港区委书记谢鹤筹和曾生一起回去，组织中共惠阳、宝安工作委员会，并从海委抽调几名得力干部一同回东江。

一行人中，只曾生有一支左轮手枪，还是临行前从家里拿的。

峡口阻击

就在廖承志、吴有恒和曾生等人在香港开会的同一天，广东东莞抗日模范壮丁队已经宣布成立。这是中共东莞中心县委直接领导的一支抗日武装，由王作尧任队长，全队共 150 人。

王作尧是东莞县厚街镇人，出生在一个封建大家庭。祖父是清朝的武举人，在乡里"横行霸道"，也算个"大人物"。王作尧长大后，离开家庭到外地求学，后参加革命，与家庭分道扬镳。1930 年前后，广东军阀陈济棠在广州燕塘开办军事学校，王作尧曾在这个军校经过严格的军事训练，因此颇具军事才能。1936 年，王作尧参加中国共产党，受党组织的派遣，仍然在国民党军队中从事兵运工作。1938 年初，王作尧暴露身份后，党组织干脆让他离开广州，回东莞老家担任中心县委宣传部部长兼军事部部长，组建人民抗日武装。

日军登陆前，东莞中心县委不仅在农村建立起五个游击小组，而且赤化了东莞县社训总队。

社训总队是国民党政府设立的一个全县性的地方武装，主管全县的壮丁训练，一般由县长兼总队长，选拔一个略懂军事的人物担任副队长。东莞社训总队副总队长是一个海丰人，名叫颜奇。

土地革命期间，彭湃领导农民暴动时，颜奇曾参加过青年团。大革命失败后，颜奇先是逃到上海，后到庐山参加国民党的游击训练班。毕业后，颜奇回到东莞任少校副总队长，掌握着社训队的实权。总队部直接掌握一个常备大队，每个区有一个常备中队，乡有一个常备小队。颜奇本就对共产党很有好感，经过中共地下党员何与成的争取后，接受一些共产党员到总队受训。常备大队中的两个壮丁常备队，班长以上的干部逐渐被换成了共产党员。

东莞位于广东省中南部，东江下游。这里土地肥沃，到处都是稻海麻田、蕉林蔗地，是一个美丽富饶的鱼米之乡。东莞人民有着勇于抵抗外来侵略的光荣传统。南宋末年当元兵南侵之时，熊飞将军"军门一呼天地动，义士响应多如胆"，壮怀激烈的斗争场面影响着一代代东莞人。明末清初，东莞各乡纷纷组织起来抵抗清兵。道滘战斗中，"血染春江半江水，士兵同时俱战亡"。沿海的虎门，就是鸦片战争的战场。销毁鸦片的大池，炮台上的巨炮，都记载了东莞人民可歌可泣的战斗事迹。

日军登陆后，东莞形势十分紧张。国民党驻军一夜之间不知去向，国民政府的衙门内连狗都没有一只。

日军进展迅速，很快占领攻击广州的必经之路——石龙，并准备选择江面较窄的石竭渡口过东江。渡过东江上岸后，日军必须经过峡口。

1938 年 10 月 14 日黄昏，凭着满腔热血，刚成立的"东莞抗日模范壮丁队"第一小队和东莞县社训总队壮丁常备队第一、第二中队，在副队长颜奇、政训员何与成率领下，到东江河畔的要塞——峡口去阻击日军。

峡口是距东莞 14 里的一群小山岗，由龙、虎、兔、狮、龟五个小山组成。靠江的龙山高二十丈，周围三里，俯瞰着沿江一带的冲积小平原。龙山是熊飞将军"慷慨义旗夜半起"兴兵勤王之地，他率领义军在这里阻击元兵达三个多月。山顶上有一座榴花塔，山脚下有一间熊飞庙，据说是明朝时东莞人民为纪念熊飞所建。

榴花塔高高地屹立，就像远古英雄把宝剑插在东江河畔，剑柄高高地竖立在龙山之上。谁能倚天拔剑，誓屠群倭？

11 月 15 日清晨，薄雾刚散。

颜奇站在江边一个小山坡上，不停用望远镜观察着对岸。只见河边上停泊着几条空木船，远处的河岸上朦朦胧胧，一堆穿黄衣服的日军蠢蠢欲动。

颜奇毕竟经过正规训练，深知队员们素质。他们从未打过仗，有些人甚至没有经过任何训练。如果战斗开始后，各打各的，乱放一气，火力分散，很难抵挡敌人的进攻。

在如此紧急的情况下，任何刻板的战术教导都是多余的。颜奇干脆命令全体战士各自找个地方卧倒，听命令后齐放"排头火"。

队员们一听说战斗要开始，忘记了一夜露宿山头的疲劳，个个精神奕奕，哗啦哗啦地装上子弹，伏在阵地上紧盯着江面。

江面上，几十个敌人分乘着几条船，哇哇啦啦地吆喝着，大摇大摆地划了过来。日军一路杀伐，国民党正规军也望风披靡，哪里料到这里有一支"愣头青"部队还敢伏击他们？

山脊上，何与成在一线排开的队伍之间奔走，压低嗓门喊道："同志们要沉住气，手指别放在扳机上，一定要听口令才射击，注意，一定要听口令！"

日军运载兵士的船只已划到江心，距河岸只有一百米左右。眼看狰狞的面孔逐渐逼近，一个队员心一慌，"砰"的一声，子弹脱膛而出。枪声惊动了船上的日军，机枪子弹朝着枪响处"嗖嗖"飞来。

不能再等敌人靠近了！颜奇赶紧一猫腰，放下望远镜，向后一挥手："瞄准——放！""瞄准——放！"几次"排头火"的威力不下于几挺机枪，只见船上的敌人像狗吃屎似的扑在船旁，有的哆哆嗦嗦地跳进江中。

所有人都是第一次真枪打日寇，根本不知道是怕还是不怕，就想多撂倒几个敌人。特别是模范队的一些女战士，觉得卧着打枪不方便，索性坐在山脊线上，把枪支在膝盖上，瞄得准准地才扣扳机。

日军突遭到打击，不知底细，只得退回对岸。

在这一天中，日军发起了一次次进攻，准备强渡东江。在敌人的炮火声中，何与成还指挥队员们高唱起抗日救亡歌曲，利用有利地形，一次次给予敌人以沉重打击。

太阳偏西后，日本兵在河对岸像一群受伤的野兽一样嗷嗷乱叫又无可奈何，又没有渡江的大船，只能眼睁睁地瞪着霞光中的榴花塔。

如剑一样的"镇妖塔"傲然屹立，直指蓝天，宁折不弯！

战斗胜利后，附近乡村的老百姓高兴地说，模范队果然名不虚传，并亲热地称他们为"老模!"后来，这支部队与曾生部组建为东江纵队后，东江人民仍习惯把他们都称为"老模"。

当天晚上，刚打了胜仗的指战员们觉得不过瘾，特别是一条枪都没有缴获，太吃亏了。要知道，那时抗日武装本钱极小，战斗绝对不能拼消耗。战前必须计算好，不划算、没有缴获的战斗是不能打的。再加上日军几天来经常到沿岸奸淫掳掠，无恶不作，指战员们满腔义愤，纷纷要求过江袭击敌人。

日军每次出来搜索也就是几十人，我军也过江几十个人，埋伏在对岸的竹林里，待他们来到跟前，一阵"排头火"，起码撂倒十几个，跟着冲出去，再撂倒十几个，不就解决问题了吗?

战士们七嘴八舌，颜奇、何与成被说动了。

第二天拂晓，挑选出来的40多名战士，在颜奇、何与成率领下，分乘两条大泥船从峡口出发，横渡东江河，隐蔽在刘屋村边的竹林里，侦察敌情，伺机伏击日军。这些人当中还有两个勇敢的女战士，一个是颜奇的文书陈福媛，一个是模范队的梁霞冰。

上午9时，日军果然来了。

没有想到这次日军出来搜索的是骑兵，而且与伏击方向相反。仓促之间，队员们与日军展开激烈交战。战斗中，王尚谦、樊炳坤等11名队员英勇牺牲。好在日军也不知虚实，一阵扫射后立即策马远去。

经过与日军的几次交手，王作尧等人深深感到，必须动员广大群众，才能取得斗争的胜利。于是，各分队负责人分散到各乡，发动群众支持抗战。

广东民风剽悍，民间一直存有大量武器。特别过去各个村子由于遭受封建观念的愚弄，争山争水，长期械斗，都存有护乡队一类的组织，拥有各类武器。

1926年4月有报章称：据前年调查，南海一县有二十万枪以上，番禺与顺德都有十八万以外。孙中山估计，他的家乡香山县有两万支枪掌握在农民手中。1924年10月《香港华宇日报》的一篇文章说："中国枪械以广东为最多，合商团乡团各种自卫枪械与现役军队并土匪等军，共有四百万（支）。"1924年前后，广东境内的各派军队总数为16万余，当时的军队的装备率还不能达到一兵一枪。也就是说，军警的枪械总数也不过十几万，尚不及民间武器数量的零头。

1926年底公布的《查验人民自卫枪炮章程（续）》[2]提到的广东的民间枪炮分为四等：甲等包括"各种管退炮、各种架退炮、各种药包炮、各种水旱风机关枪、各种轻手机关枪、各种机关炮"；乙等包括"各种五响步马枪（属于无烟枪范围以内者）、驳壳手枪、碌架手枪、左轮手枪、曼利夏枪、曲尺手枪、金山擘飞针手枪、其他各种新式手枪、千斤以上重量大炮"；丙等包括"洋造鸟枪、毛瑟枪、村田枪、黎意枪、云啫坚地利枪、马的利枪、士乃打枪、来福粤枪、们拔兰枪、其他各种逼码针枪、五百斤以上重量大炮"；丁等包括"大唥[3]长枪、大唥抬枪、大口扒枪、六响拗兰手枪、金山擘明制手枪、五响打心手枪、土造大唥手枪、土造鸟枪、五百斤重量以下大炮、土造单响枪"。[4]

广东民间这些五花八门的枪炮差不多反映了19世纪中叶以来中国的火器史。

在外敌当前的情况下，经过王作尧等人的劝说，各个护乡队共弃前嫌，约定组成联防队，一致抗日。规定一旦发生敌情，就擂鼓为号，一起出动参加战斗，保卫家乡。

这种方式很有效，接连几次赶跑了外出抢粮的日军小股部队。特别是在虎门北面白沙乡的战斗中，扛着太阳旗的日军刚翻过一个山地，就被瞭望哨发现了。哨所响起的鼓声一下子便传到了白沙乡，联防队纷纷出动。在震天的大鼓声中，日军吓得拼命进行还击。不料忽然从林子中蹿出一股浓烟，接着"轰"的一声巨响，把日军吓得赶紧把头伏在地面。这是日军华南登陆以来第一次听到还击的炮声，不知底细的日军赶紧逃跑了。原来这里也是英雄之乡，当年林则徐曾在这里抵御过英兵的军舰，吓跑日军的只是抗英时的老旧土炮。

鸦片战争中，英军的猛烈炮火轰开了中国的大门，激发了中国人对大炮的崇拜，拼命购买无数开花大洋炮，放置在上至旅顺、下至虎门的几十座炮台上，等着洋人登陆。但清朝大员们不知道那是一个炮舰合一的进攻型时代，军队装备炮的同时必须装备军舰。大炮理应装到军舰上，开往海上与敌军对轰。这种只重视炮不重视船的结局可想而知，洋人的舰队根本不向防御森严的炮台接近，而是迂回到清军意想不到的地方进攻。晚清重金购买的这些大炮，几乎几十年间没有派上多大用场。清政府一倒台，大多数被附近老百姓拉回家里，用于家族之间争水争地的械斗。

日军回师"扫荡"

考虑到日军不会罢休，必定会来反扑，王作尧等人立刻组织模范队和联防队进行战斗准备。但仅靠各村现有的前膛炮、松树炮、抬枪等鸦片战争时候使用过的"重武器"，无法应付拥有现代化装备的日军。好在原驻守白沙的国民党一五三师一个刘营长，曾经与王作尧有联系。这次在王作尧和众乡亲的恳切要求下，连夜带领部队开回了白沙。当然，刘营长事前也侦查到虎门之敌，不过是四五百人的海军陆战队。

三天后，虎门日军几乎倾巢而出，驱赶着强征的百多名民夫，再次向白沙袭来。他们以为游击队很快就可以被赶走，带上民夫搬运抢来的物资。

来势汹汹的日军逐渐逼近，王作尧跟刘营长商量，是不是赶快向上级报告，请求相邻"国军"增援。刘营长极为淡漠地说："报告是要报告，但是他们不会增援的。"

在东莞要是有一支共产党领导的强大武装多好啊！这个念头在王作尧心

中稍纵即逝——目前最迫切的事是如何击退日军。

王作尧和刘营长一面指挥部队作战,一面高叫擂鼓手赶快发出信号,召集各乡联防队参战。

日军炮火虽然猛烈,但正规军、模范队、联防队的各种武器一起开火,阵势也颇为吓人。日军发起了几次冲锋,但最终不得不退回山脚下的灌木丛中。

到下午,各乡的联防队先后赶到,漫山遍野都是旌旗招展。"冲啊""杀啊"和震天的鼓声,就像一百年前鸦片战争中虎门人民追歼英国侵略军的场面一样。

鏖战半天的日军已疲惫不堪,在猛烈火力的交叉掩护下,从大路上匆匆逃窜。

几次小规模的抗日战斗,尽管激发了当地民众的应战情绪,但丝毫改变不了当时的局面。接下来的几个月,是"老模"极为难熬的日子。

1938 年 11 月底,日军为了巩固对广州的侵占,从四面八方对广九铁路沿线两侧进行回师"扫荡",以肃清广州外围的国民党军和地方抗日武装。

在敌人疯狂扫荡的日子里,这支年轻的抗日游击队就像大海中的一叶扁舟,孤独地与狂风暴雨艰难地搏斗。

"老模"名义上是属于国民党县政府的,现在是拖出来,还是继续"统一"下去?如果拖出来单独活动,以后国民党的正规部队、一股股的土匪集团、各大宗族的地主武装将怎样对待他们?是在山乡还是在水乡活动为好?在长期的游击战争中,怎样解决粮食、武器、弹药、被服等补给问题?

这时广东省委已经撤离广州,王作尧等人已经与上级失去联系。不得已,他们只好兵分两路:一部分进入东莞、宝安的大岭山区坚持活动;另一部分随国民党东莞县政府向南撤退,在深圳的上涉附近将武器分散埋藏后,越过深圳河到新界待命。

王作尧率领的一部进入宝安后,好事却接连而来。

先是与共产党掌握的"东宝惠边人民抗日游击大队"取得了联系。这支队伍原为国民党九一三团的一个政治大队，受共产党员王启光、黄木芬等人的掌握。九一三团在日军进攻广州时已开走，政治大队留下来并取得了国民党承认的合法番号。经过讨论，王作尧部和王启光、黄木芬部合在一起，番号仍用"东宝惠边人民抗日游击大队"，王作尧任大队长。同时，派去寻找上级的同志也进展顺利，带回了东南特委、广东省委甚至延安的许多指示和令人鼓舞的消息。

在此期间，日军一部沿东江河面经增城县仙村一带向广州进犯。广东民众自卫团增城县第三区常备队——这也是一支中国共产党掌握的队伍，在阮海天、杨步尧的指挥下，埋伏在仙村圩的竹园涌附近，打击行驶于东江河上的日军船只，击沉敌橡皮艇1艘，击毙日军10多人，缴获木船1艘和军用物资一批。不久，这支队伍也开过来，加入东宝惠边人民抗日游击大队。

1939年元旦，整编后的东宝惠边人民抗日游击大队由王作尧任大队长，何与成任政训员，卢仲夫任副大队长，黄高扬任党总支书记。全队人员斗志高昂，不断加强军事训练，广泛开展群众工作，积极对日作战。

撤退到深圳去的王作尧的一部"老模"，划归曾生领导，在惠阳、宝安交界一带活动。

曾生和周伯明等到达坪山后，随即召开会议，成立了中共惠阳、宝安工委，曾生任书记。会后，以"香港惠阳青年会回乡救亡工作团"的名义，动员广大党员和群众献枪。叶挺的兄弟叶汉生、叶维儒献出了7支全新的长短枪，坪山党组织又送来8支步枪。

当时，有两支国民党部队在坪山和龙岗驻防：一支是国民党第七战区余汉谋所辖温淑海旅，一支是国民党地方部队罗坤支队。

温淑海也是惠阳人，早年投笔从戎，有勇有谋，从排长逐渐擢升到旅长、师长。抗战中，温淑海部作战较为积极，对共产党也颇有好感。新中国成立后，温淑海去了香港定居。

在惠宝工委的争取下，温淑海同意给予"惠宝人民抗日游击总队"的部队番号，并给曾生发了总队长的委任状，提供 10 多支步枪，100 多发子弹；罗坤同意提供 5 支步枪。周伯明虽然是广东人，却在张学良的东北军中当过二等兵，当过连指导员，熟知军事。这支 30 多人枪的抗日武装队伍，就在周伯明的带领下进行训练。

正在这时，日军经淡水向坪山、龙岗一带进犯。曾生部虽然有了正式的番号，又有一支约 30 人枪的武装队伍，但所有人不仅没有作战经验，有的人连枪都未打过。曾生等人当时对温淑海的部队还有点迷信，以为他们有两个团，可以和敌人打一阵子，就拉着队伍随温淑海的部队向碧岭方向撤退。但没有料到，温部听到日军来了，跑得比谁都快。途中，周伯明和红军出身的彭沃挺身而出，带领队伍在碧岭山脚一条战壕里散开布防。日军完全没有想到游击队会在开阔地上布阵，当战士们的子弹从战壕里一排排射出时，日军一下子乱了阵脚。由于不知我方虚实，日军竟然不敢贸然挺进，只是在对面山头向着碧岭方向开炮。

1938 年 12 月 2 日，这支抗日武装游击队正式命名为"惠宝人民抗日游击总队"，共 80 余人，总队长曾生，政治委员周伯明，郑晋任副队长兼参谋长。

自从广州沦陷后，广大军民经过与日军的多次交锋，发现日军战斗力与传说中的情况不一致。

要了解日军陆军师团的战斗力，还要了解日军的师团建制并追溯其历史。

日军师团制仿照德军建立，师团下编两个步兵旅团和其他直属部队。每旅团编两个步兵联队，每步兵联队编三个步兵大队。

最初陆军师团为六个，番号从第一至第六。按照其征集地，它们分别被称为东京、仙台、名古屋、大阪、广岛、熊本师团。后来为保卫皇宫，又建立了近卫师团。甲午战争——日本叫"日清战争"——前成立的七个老牌师团，一直被日本陆军视为一等师团。但由于受地域民风影响，来自富庶之地东京和大阪的第一、第四师团战斗力较弱，被称为"商人师团"；而来自环境条件差，民风强悍之地仙台、名古屋、广岛、熊本的四个师团较凶顽，在亚洲各地犯下滔天罪恶。

甲午战争后，日本军国主义急剧膨胀。为与俄国争夺中国东北和镇压朝鲜人民反抗，先后组建了第七至第二十师团。它们被日本陆军视为二等师团，与先前的七个师团为日军战前的常备师团。

日本时刻准备侵略战争，按照有限财力，大量训练预备役。1937年中日全面战争爆发，日军常备师团一分为二，新建师团的番号排在一〇〇之后，如第一〇一师团为第一师团预备役人员组建，称为"特设师团"，属于第三等师团。

中日全面战争开始后，中国人民的抵抗能力和顽强意志超乎日军估计。1938年至1941年间，日军从常备师团中抽调一个精锐联队为基干，先后组建了打头番号为"二十"的新建师团、"三十"至"五十"之间的治安师团和"五十"以后的补充师团。它们虽然被称为第四等部队，但由于军官来自常备师团，兵员年轻、血气方刚，战斗力往往高于第三等师团。

太平洋战争爆发前，日军陆军精锐已消耗过半。为应付日益扩大的战争，日军开始大量建立增设师团，番号在"六十"至"一〇〇"和"一二〇"之后，属于第五等师团。这类师团缺乏重装备，兵员年龄往往在16岁以下、45岁以上，战斗力大大减弱。日本投降前，日本陆军师团虽高达169个，但增设师团为主要成分。

华南日军陆军的战斗序列中，先后有第五师团、第十八师团、第一〇四师团、第三十八师团、近卫师团、第四十八师团、第五十一师团、第二十二师团、第一二九师团、第一三〇师团及数个混成旅团。

第五师团属于日军精锐，杀戮成性。自1937年8月中旬日本登陆大沽后，先后参加南口作战、张家口和蔚县作战、平型关作战、忻口作战、太原作战、临沂作战、台儿庄战斗、广州作战、昆仑关争夺战等，在中国辽阔的大地上作战范围最广，作恶多端，罄竹难书。在中国期间的师团长是板垣征四郎、安藤利吉、今村均、中村明人、松井太久郎。日本战败投降时，在南太平洋马鲁古群岛塞兰岛的比鲁向澳军缴械。

第十八师团由日本九州岛的产业工人组成，所有官兵极为凶悍，是日本陆军的主力王牌。自 1937 年 11 月 4 日在杭州湾金山卫以东登陆，先后参加淞沪会战、南京作战、广州作战、桂南作战。在中国期间的师团长是牛岛贞雄、久纳诚一、百武晴吉、田中新一。日本战败投降时，在泰缅边境向英军缴械。

另外，除了第一三〇师团及数个混成旅团外，其他几个师团的战斗力都强。特别长期驻扎华南地区的第一〇四师团，原属于关东军，骁勇好斗。

东宝游击战

日军把华南看作"对华南航空作战及封锁作战基地"，"切断河内和缅甸援蒋通道""向南方扩展的根据地"，"控制整个南太平洋""囊括东南亚的基地"。但武汉会战后，日军兵力早已捉襟见肘。由于要完成如此艰巨繁多的任务，日军对于远离据点风起云涌的抗日队伍，或者无心作战，或者心有余而力不足，只固守广州周围主要城镇及交通要道。因此，尽管华南日军战斗力并不薄弱，但在以后数年的作战中，其表现并不十分凶悍。

日军在大亚湾登陆后，国民党军大踏步后退，丢下了大量的枪支和散兵，是中共创建抗日武装的大好时机。但由于中共广东省地下党早已遭到国民党的严重破坏，省委对日军进攻广州的严重性也估计不足，白白错过了这个绝好机会。1938 年 11 月 1 日，中共中央组织部致电广东省委，要求在广州及其他敌占区进行秘密工作，组织游击队，开展游击战争，广泛组织自卫军。

为了加强对东江地区抗日游击战争的领导，中共中央和广东省委抽调了一批批骨干奔赴东江地区。

最先到达的是随同东南特委书记梁广前来的梁鸿钧，他曾参加过广西左右江起义，来之前的职务是陕甘宁警备区的参谋长。

梁广到后不久，就吩咐曾生把王作尧找来开会，传达广东省委指示。

会议在坪山竹园村一个破旧的炮楼里举行。会上正式成立了东江军事委员会，以梁广为书记，梁鸿钧负责军事指挥，成员有梁广、梁鸿钧、曾生、王作尧、何与成。

梁广是广东省新兴县枫桐乡人，这时还不到 30 岁，刚从苏联列宁学院学习回来。他在苏联受到系统的培训，特别是重点学习了军事和特工。从单兵作战到大兵团作战，从游击战到阵地战，他都用功学习。为将苏联在特工方面丰富的经验学到手，他接受了严格的训练，很有收获。梁广打仗冲锋陷阵不负伤，在敌人眼皮下奔走不被捕，被称为"福将"，或许与他长期从事地下工作和严格的训练有关。

梁广代表省委表扬了游击队采用"白皮红心"的做法。他说："目前，我们的力量还很小，不能过早暴露党的面目。像当前八路军、新四军那样以党的武装向国民党当局争取公开合法的番号，对我们来说，目前还不合适。一方面，国民党看见我们力量太小，看我们不起，未必能接受我们要求合作的主张；另一方面，我们的面目公开了，国民党害怕我们发展壮大，就会趁我们还弱小之时消灭我们。因此，以抗日青年自发组织的抗日武装的面目出现，去争取国民党军队的番号，是我们当前开展斗争的正确途径。"

会后，大家分头行动，经过几个月的努力，两支部队都争取到了国民党的番号。1939 年 4 月，东宝惠边人民抗日游击大队改为第四战区第四游击挺进纵队直辖第二大队，王作尧任大队长，何与成任政训员；5 月，惠宝人民抗日游击总队改为第四战区第三游击挺进纵队新编大队，曾生任大队长，卢伟良任政训员。但老百姓称曾生带领的部队为"曾生大队"或新编大队，把王作尧部称作"王作尧大队"或者干脆仍旧叫"老模"。两支部队携起手来，东西呼应，如同两条刚劲有力的臂膀，不断给予日军以沉重打击。

不久，在梁广的争取下，上级又先后抽调卢伟良、李振亚、邬强等人来到东江地区，一面充实干部，一面进行军事干部的培训工作。

卢伟良是广东省梅县人，参加过长征，曾在红军总部、新四军、东南局等重要部门任职。卢伟良到达坪山后，担任新编大队政训员，周伯明改任副大队长，原副大队副郑晋派往南洋做华侨的统战工作。

李振亚又名李松、李伯崇，广西省滕县人，参加过百色起义，在长征中任干部团营长，后任第三十三军参谋长，到延安后在抗日军政大学任中队长。1938年随叶剑英到湖南，在国共两党合办的南岳游击干部训练班任教官。1939年调到广东省委，在省委党员干部训练班任教官。

邬强是广东省英德县人，早在1931年参加英德县鱼湾暴动，任苏维埃秘书。1936年到中央军校南宁分校学习，毕业后在国民革命军第三十一军任副连长，参加过徐州、台儿庄大会战。

游击队发展壮大之际，华南日军却基本上停止了战役性的进攻，改为分散兵力，组织伪军，扼守交通要道。于是，曾生和王作尧分别指挥两支部队，主动出击，不断袭击各个据点的日伪军。

新编大队在大小梅沙、葵涌、沙头角、横岗一带，与日军作战大小30余次，马峦头阻击战、沙井头夜袭战、鸡心石伏击战……一次比一次打得漂亮，揭开了惠宝边抗日游击战争新的一页。

活动于东莞、宝安地区的第二大队，大胆深入宝深公路沿线，不断袭击日伪军车辆，割电话线，使日军由南头至深圳的交通联络陷于瘫痪。

在日军抽调兵力进攻粤北、东宝地区兵力减弱时，第二大队挺进南头外围，袭扰、封锁、断粮，迫使守城日军由海上逃窜。王作尧率领第二大队第一中队直插蛇口追击，何与成率领第三中队收复南头。这是抗日战争中，在广东首次解放县城的胜利。

在广大人民的大力支持下，两支部队逐步发展壮大，在东至惠阳，西抵珠江口，北讫广州郊区、增城、从化，南濒大海的地区，不断取得对日作战的胜利。到1939年底，新编大队发展到500余人，第二大队发展到200余人。东江南岸，时常可以听到军民同声合唱抗日救亡歌曲：

> 河里水，黄又黄，
> 东洋鬼子太猖狂，
> 昨天烧了黄家寨哟，
> 今天又烧张家庄。
> 大家齐心团结紧哟，
> 拿起刀枪保家乡！

云步墟俘日寇

潮汕地区位于广东省东部，东与福建省毗邻，西同惠阳地区接壤，北靠兴梅，南临南海，境内之汕头市是中国华南沿海一个重要港口和商埠，战略地位十分重要。1939年6月6日，日本侵略军大本营为实现强化封锁华南沿岸并获取对华侨进行谋略工作据点的计划，下达了攻占中国沿海最后一个国际口岸汕头市以及潮州城的命令。

6月21日是中国的传统节日端午节。凌晨1时，日军向潮汕地区发起大举进攻。进攻兵力包括由陆军第二十一军司令安藤利吉指挥、后藤十郎任支队长的粤东派遣支队，由日本海军第五舰队司令近藤信竹指挥的40多艘军舰、44架飞机和一支海军陆战队，其总兵力共约一万人。

22日凌晨，汕头市失陷。27日，潮州城陷落敌手。7月16日，日军攻战了澄城。国土沦丧，百姓遭殃。日军对手无寸铁的百姓实施了灭绝人性的屠杀，犯下的罪行罄竹难书！

潮汕人民是富有革命斗争传统的人民，早在第一、第二次国内革命战争时期，周恩来、彭湃、徐向前、古大存、方方等都在这里从事过革命活动。

在日军进犯汕头时，汕头市党的组织和汕头青年抗敌同志会会员，按潮汕中心县委的预定部署行动，积极开展抗日斗争。

1939年7月7日，潮汕青年抗日游击队在桑浦山宝云岩正式成立，大队政委卢叨，大队长罗林，黄玉屏、冯志坚任副大队长。这是中共潮汕地区组织在抗日战争时期组建的第一支人民抗日武装，对外公开称"汕头青抗会武装大队"，简称"汕青游击队"。

为取得公开合法的地位和武器、给养来源，汕青游击队领导人经过与国民党独九旅谈判，在保证中国共产党的领导和队伍独立性原则下，改用"国民革命军陆军独立第九旅游击队"的番号，进行合法公开的抗日活动。

在战火中诞生的汕青游击队，以誓与敌人血战到底的大无畏气概，在地域狭小、日伪重兵布防的险恶环境中，英勇打击敌人，战绩累累。

1939年8月下旬，汕青游击队在潮安北厢地区一带活动时，第一小队接获一股日军向西塘进扰的情报。

初生牛犊不怕虎。第一小队队长林克清当即带领队伍，埋伏在西塘附近的甘蔗林中。他们利用熟悉的地形，采用麻雀袭扰战术，打一枪换个地方。茂密的甘蔗林，深深地掩藏了游击队的行踪。日军只闻枪声，不见人影。当日军试图钻进去搜索时，甘蔗叶锋利的边，不时划破他们裸露在外的皮肤。这股日军折腾半天，被打得狼狈不堪，拖着伤兵狼狈逃回潮州城。

几天后，一股日军掩护一队汉奸到云里村进行卖国宣传。汕青游击队接报后，立刻派林克清带三名队员，悄悄摸进云里村侦察。

等他们赶到村里时，日军及汉奸已撤走。而另一队过往的日军骑兵，正准备进入云里村。

村里到处都是高低的土墙和弯曲小巷，村四周也是茂密的树林，极不利于骑兵行动。林克清等人当机立断，掩藏在土墙后突然开火，打得敌骑兵纷纷跌落马下。日军用机枪扫射一阵后，因不明情况，或因有其他任务在身，匆忙撤退。

在北厢地区，汕青游击队也进行了数次战斗，共毙伤日军十多名，游击队无一伤亡。小股敌人不敢轻易进入这一地区，保护了群众免受敌人骚扰。

9月间，国民党的第四战区司令余汉谋因数千军队在潮汕作战三个月，不但抓不到一个活的日本兵，连死尸都捞不到一具，为探明敌情并挽回面子，下令悬赏：活捉日军一名奖国币500元。

国民党军独九旅旅长华振中为了拔头筹，决定再增加500元，以鼓励全旅官兵积极寻机作战。

根据番号，汕青游击队也属于独九旅。几个领导人商量后认为：日军轻易占领了汕头、潮州、澄城，并接连挫败国民党军两次对潮州的反攻，非常骄横，根本不把中国军队放在眼里，经常单人就敢离开营地外出抢掠奸淫。游击队只要胆大心细，完全可以伺机活捉日本兵。为打击敌人气焰并鼓舞士气民心，汕青游击队经过仔细研究，决定深入敌据点，活捉日本兵。

10月初的一天凌晨，副大队长黄玉屏带领侦察班，早早就化装混入日军据点云步墟，潜伏在最热闹的柴铺巷。两人假装理发，两人假装购物。

活捉一个俘虏很容易，但最关键的是行动之后安全撤离。为确保圆满胜利，第一小队埋伏在云步墟外羊头村，第三小队推进到云步墟对面的东边村接应，掩护侦察班节节撤退。

在距离云步墟1.5公里远的英塘，大队部和第二小队也时刻待命策援。

上午9时许，日军的特务长加藤始助不穿军装、不带武器，睡意惺忪地走出营房。他哪里料到游击队正在寻找猎物？仍然像往常一样，大摇大摆来东看西瞧，最后到柴铺巷一个烤鱿鱼的摊子前，准备白吃一顿。黄玉屏左右环顾一遍，见四处都没有日军及汉奸，果断发出暗号。侦察员们一拥而上，将加藤勒住打昏，然后将他绑在一架梯子上。三个过路群众见了，扔下手中物件，也上前帮助扛着俘虏，随游击队员悄悄撤出云步墟。

等到日军获得消息、调集人马追出墟外时，黄玉屏等人早已挟着加藤始助不知去向，却迎面遭到游击队第一、第三小队夹击。日军以为是游击队诱敌深入之计，吓得拖着伤兵退回据点，用迫击炮向墟外田野乱轰。

第二天，游击队又再进云步墟，活捉了伪维持会长。

这是潮汕前线开战以后第一次生俘日军，消息迅速传开，民心大振，附近百姓纷纷跑来观看。汕青游击队由此声名大振，不仅受到普通群众的爱戴，而且国民党部队中爱国官兵，也对他们表示敬佩。揭阳的南侨中学和潮安青抗会还输送了一批青年参加游击队。由此游击队组建了第四小队，队长洪勉之，汕青游击队发展至100多人，下辖四个小队，一个侦察班和后勤、救护等班、组。

三战乌洋山

10月28日拂晓，日军为了报复并护卫潮汕铁路，驻云步墟的100多名日军分两路突袭铁路西侧的乌洋山中国军队阵地。

驻在离乌洋山不远的汕青游击队得到消息后，迅速推进到日军侧后，分散在甘蔗林中，向敌人猛烈射击，主动配合山上的保安团部队保卫乌洋山。

乌洋山上的中国军队依托有利地形，打退了日军突然袭击。8点左右，败退下来的日军途经羊头村时，恰好与潜伏在路边的汕青游击队侦察班遭遇。狭路相逢勇者胜，侦察班突然开火，当场击毙3名、击伤2名。

日军进攻受阻，只好又从云步墟派遣日伪军增援，并兵分两路再攻乌洋山。

汕青游击队侦察班猛然袭击日军后，由于兵力悬殊，很快撤出阵地。不料在返回队部的路上，却有意外收获：在羊头村外高地上，日军设置的炮兵阵地警戒非常松懈。

汕青游击队第一小队接到侦察班情报后，当即会同侦察班利用甘蔗林作掩护，向日军炮兵阵地悄悄接近。

临前一看，只见日军炮兵部分向乌洋山开炮，部分正坐在地上抽烟、吃罐头。游击队马上向日军展开火力急袭，在毙伤一批敌人后迅速撤回英塘村前沿阵地。

受到袭击的日军在山野到处乱窜，但游击队早已失去踪影。日军更加恼羞成怒，集中兵力向乌洋山发起猛烈进攻。中午，战况愈烈，飞机和装甲车也开始增援进攻乌洋山。

汕青游击队的领导人判断：敌人倾巢进攻乌洋山，云步墟据点兵力必然空虚；当即决定采用"围魏救赵"之计，收拢兵力猛向云步墟扑去。

汕青游击队只有步枪，连一挺轻机枪都没有，也缺乏攻坚经验，未能攻下云步墟敌据点，却给敌人造成很大威胁。下午4时左右，进攻乌洋山的敌人攻占了乌洋山，但由于云步墟告急，山上的日军大吃一惊，赶紧全部撤回云步墟。

汕青游击队的英勇杀敌行为，让潮汕各界人民刮目相看。潮汕的国民党顽固派却将日益壮大的人民抗日力量视为心腹大患，不断对汕青游击队及抗日组织进行打压、渗透瓦解，甚至阴谋借刀杀人，企图借日伪之力消灭共产党领导的汕青游击队。

12月，独九旅获知日军准备再次攻打乌洋山时，强令汕青游击队固守乌洋山。

游击队没有任何重型武器，根本不能防御作战。国民党顽固派如此布置，完全是以游击队之短击敌之长，以达到借刀杀人的目的。此时，汕青游击队第二小队开赴韩江东岸开辟新区，其余队员因疟疾病倒了约三分之一，战斗力大大减弱。

1940年1月2日，日军800多人分路向乌洋山一带发动大"扫荡"，其中一路直取乌洋山。

汕青游击队不畏强敌，居高临下与日军展开激战。

与乌洋山相隔不远的青麻山上，驻扎着国民党的保安团。但他们隔岸观火，冷眼看着汕青游击队孤军作战，却不予配合支援。

但汕青游击队仍然顽强坚持三个小时，给敌以一定杀伤后，终因敌众我寡、力量悬殊，不得不借蔗林作掩护撤退转移。第三小队队长许英在掩护队伍撤退时不幸负重伤，送独九旅后方医院救治时又受到军医虐待，不幸在第二天牺牲。

许英是一个华侨青年，当初是瞒着父母和未婚妻返回祖国参加抗日的。在弥留之际，许英仍断断续续唱着《八百壮士歌》："中国不会亡，中国不会亡……"情景极为悲壮，连同病房的国民党军伤员也无不为之落泪。

此时，由于春节将近，部分队员产生了思家情绪，个别人甚至擅自离队。为此，游击队中展开了"我不回家过年，我要干，干到胜利才团圆"为主题的思想政治教育工作。大队部提出了打个漂亮仗、过1940年春节的口号。

1月25日夜，月朗星稀。汕青游击队在阁州乡公所人员的引导下，向阁州乡公所扑去。

乡公所设在一个祠堂里。当黄玉屏带领第一小队和侦察班潜到祠堂边时，不料因月色明亮，被敌哨兵发觉开枪报警。

枪响后，突击队员不再隐蔽行踪，干脆赶紧冲到墙边，把抬着的梯子架上屋顶。第一小队和侦察班凭梯登上屋顶，居高临下向屋内伪军猛烈射击；第二、三小队却从两侧冲向祠堂。伪军从梦中惊醒不及抵抗，均穿着内衣抱头鼠窜，各自逃命。

这场战斗，打伤伪军多名、俘9名，缴长短枪19支、物资一批，在潮汕战区创造了仅用三十分钟便彻底毁敌一个据点的范例。

此后不久，在独九旅旅部情报栏上出现了以"潮汕发现毛泽东部队，敌甚恐慌"为标题的秘密情报，叙述日军判断夜袭阁州者为"毛泽东的部队"。**5**

注　释

1. 参见《曾生回忆录》，解放军出版社 1992 年版，第 94—95 页。

2. 《查验人民自卫枪炮章程（续）》，《广州民国日报》1926 年 12 月 7 日。

3. "唔"：粤语，指撞针出现以前的旧式枪支的击发装置。

4. 转引自邱捷、何文平：《民国初年广东的民间武器》，《中国社会科学》2005 年第 1 期。

5. 中共汕头市委党史研究室、中共梅州市委党史研究室：《韩江纵队史》，广东人民出版社 1995 年版，第 42 页。

第 十 章

琼岛怒潮起

美丽的宝岛——阴谋泛起——古炮雄风——孤军的历程——孤岛英雄冯白驹——潭口洒热血——太平洋上的"九一八"——"第二个台湾"——广阔的战场——永兴奇袭——围困那大——琼西抗日根据地的奠基礼——琼侨回乡服务团——"符韦惨案"

日寇阴谋琼岛

海南岛是仅次于台湾的第二大岛，古时候称珠崖、琼崖或琼州，位于南海西北部，北隔琼州海峡与雷州半岛相对，西濒北部湾与越南相望，东面和南面分别与菲律宾的吕宋岛和马来西亚、印度尼西亚遥遥相望。这种地理位置决定了海南岛具有极其重要的战略地位。公元前 110 年，西汉王朝在海南岛设珠崖、儋耳二郡，标志着海南岛被正式纳入华夏王朝的版图。宋代始出"海南"一名，渐渐专指海南岛，沿用至今。岛上美丽富饶，矿产、海洋、森林等资源极为丰富。宋朝大文豪苏东坡流放此处三年后写道："九死南荒吾不恨，兹游奇绝冠平生。"

1938 年 4 月，日本海军在台湾总督府设立海军武官府，研究南进政策及有关计划。同年 9 月，以台湾总督府名义拟定的《海南岛处理方针》文件中提出："鉴于海南岛在军事上和经济上的重要性……应着眼于帝国对外扩充统治的精神，确立对该岛的全部统治实权"，"要以统治台湾的经验，灵活运用于统治海南岛"，"确保开发海南岛资源，乃帝国国策所必要"，"确立对以海南岛为中心的东沙群岛、西沙群岛和新南群岛的坚强支配权，使之与台湾相结合，作为帝国南方政策的前进据点，以图强化遂行我国既定国策"。

另外，日军攻占广州后，香港路线被切断，国外援蒋路线就移向河内和缅甸路线。要切断这些路线，只能依靠航空攻击。然而对此两条路线的航空作战基地，目前只有台湾和三灶岛两基地。如能再在海南岛建设航空基地，则航空作战可进一步延伸到切断缅甸路线。[1]

为此，日军大本营命令在华南的第二十一军，在 1939 年发动了"以切断补给路线为主要目的"的作战，攻占海南岛、西江的江门和新会、汕头、潮州、深圳、钦州湾和南宁等地。

1939 年 2 月 10 日，日军台湾混成旅团一万余人在第五舰队 30 余艘舰艇和 50 余架飞机的配合下，在琼山县天尾港、马袅港登陆。

国民党军在海南岛上没有多少兵力。武汉失陷前，只有余汉谋下属约一个半师 1.5 万人驻防，以后也逐渐撤回大陆。目前，只有保安第五旅旅长王毅指挥的保安第十一、第十五两个团 1000 多人，再加上其他非正规部队，也就约 5000 人。日军登陆时，除了秀英炮台守军奋起开炮还击外，国民党守军只作微弱的抵抗，即丢弃阵地，仓皇逃窜。日军的战史中，把这次作战称为"几乎不流血的登陆"。

海口以西的秀英炮台靠近琼州海峡，是清朝末期两广总督张之洞为抗击法军而建造，包括"拱北""镇东""定西"三座大炮台和"振武""振威"两座小炮台，装备清一色德国克虏伯炮。当时与广东虎门的沙角炮台、上海的吴淞炮台、天津的大沽炮台并称大清四大炮台。

炮台设台长 1 名，炮长 1 名，什长 5 名，炮手 60 名。这些炮兵除部分是川人和粤人外，多为海口秀英村及附近村庄的民团兵勇。

炮台建好后，张之洞亲临炮台试炮。一颗颗炮弹呼啸着掠过海面，把漂浮的木制靶船炸成片片碎板，漂在十里外的海面上。试炮即是示威，加之两广水陆防备严密，冯子材又在镇南关痛击法军，法军不敢登陆作战，远望着椰影婆娑的琼岛悻悻离去。

辛亥革命之后，民国接管秀英炮台。炮长陈起纲、川籍兵勇徐亚清父子等人扛上锄头务农为生；粤籍号手凌兵等兵勇们均自求生路。但这批前清兵勇及其后人都没有离开炮台，他们在无人管理、无薪无饷的情况下轮流值岗，坚守炮台达二十年之久。

全民族抗战开始后，由于国民党军队对古炮一窍不通，只好重新启用这批清代老兵。

1939年2月10日早晨，日本海军的舰艇还没有靠近岸边，那几尊静坐了半个世纪的德国老炮突然怒吼起来。日军做梦也没有想到，打得他们狼狈不堪的不是国军的精锐，甚至不是精壮的乡勇，而是一群年逾半百的前清老兵。

但经过近两个多小时的激战，在日军海空夹击和多路围攻下，秀英炮台守军大半殉难。

接着，登陆日军在飞机掩护下，分左右两翼向前突击：左翼队以台湾混成旅步兵第二联队为主力，向海口突击，国民党守军稍作抵抗，随后溃退，海口沦陷；右翼队以台湾混成旅步兵第一联队为基干，向琼山县府城突击，很快占领了府城。

孤岛英雄冯白驹

阵阵大炮的轰击声和飞机飞行的轰鸣声，隐隐约约地从海口方向传来。驻在云龙附近儒来村的琼崖抗日独立队第一中队，正准备着手进行第二期一个月的军政训练，知道有事变发生，立即停止了操练，七嘴八舌地议论了起来：

"准是日本鬼子登陆了！"

"一点儿不错。飞机和大炮的声音一直不停，准是日本人来了！"

"不知道海口、府城的国民党军和他们干上没有？"

"那当然啦！琼崖国共谈判时，他们满口答应和我们团结抗日嘛！"

"着啰！国难当头，匹夫有责。日本鬼子来了，他们在前面不顶住，那还是人吗？"

"琼崖抗日独立队"为国共联合抗日的产物，全称为"广东民众抗日自卫团第十四区独立队"，由琼崖红军游击队改编而成。独立队为一个大队建制，下辖三个中队，冯白驹任队长，马白山为副队长，张兴为独立队政训室主任，黎民为政训员，谢李森、陈玉清为独立队副官；黄大猷为第一中队长，黄天辅为第二中队长，张缵薪为第三中队长（后为吴克之）；陈克邱、林豪、莫逊分别负责三个中队的党务和政治工作，职务名称为司书。

以上职位都经过琼崖国民党最高领导人同意。另外，根据当初琼崖国共双方的谈判协议，国民党派遣刘振汉为独立队副队长、符荣鼎为第一中队副中队长、陈卓为第二中队副中队长、吴定中为第三中队副中队长。

改编前，按协议规定冯白驹将红军游击队按一个大队300多人枪的建制，编成三个中队和一个特务小队。但琼崖当初3000多红军，经过国民党反复"围剿"后，此时仅剩下五六十人。怎么办？特委和冯白驹号召各县委动员群众，开展有钱出钱、有枪献枪的抗日献枪活动；同时，动员进步青年和选拔地武装中的优秀分子参加红军，收缴土匪武装。仅一个多月时间，琼崖红军急速扩大到300多人、近300支枪。

改编后，独立队队部和第二中队驻云龙墟，第一中队驻云龙墟附近的儒来村，第三中队驻云龙墟附近的多能村，开展紧张的政治教育和军事训练。国民党按一个营的编制，每月发给独立队军饷8000元。南洋华侨、港澳的琼崖同胞，积极响应共产党"支援祖国，保卫家乡"的号召，成立了"援冯（白驹）委员会"、"援八（路军）援四（新四军）委员会"、华侨救济总会、华侨回乡服务团、工商友爱社等团体，捐献大量金钱、物资和药品，支援海南抗日军民。

同时，琼崖特委冲破国民党的限制，积极发展人民武装。不久，琼山、文昌、澄迈、临高、定安、琼东、乐会、万宁等县都先后成立了一个游击中队，直属独立队领导。

大家正在议论时，独立队队长冯白驹带几个警卫员和传令员从云龙的大队部疾步走来。

冯白驹是琼山县大山乡长泰村人，1926 年 9 月加入中国共产党前，就参与组织海南农民运动。"四二一"事变后，冯白驹和共产党人一起，积极开展武装斗争。1927 年 9 月，琼崖特委把各县的工农讨逆军统一改编为琼崖工农革命军，冯平为司令员，下设东、中、西三路总指挥部，辖十一路军——每个县为一路军，全军 2000 余人，冯白驹任中路第六路军的党代表。不久，在国民党军的"围剿"下，许多领导干部牺牲，红军主力遭到重大损失。1928 年底，琼崖苏维埃政府和红军仅存下 130 多人，改编为琼崖独立团。

但冯白驹等人没有气馁。1930 年，冯白驹化装成商人，带着一个交通员，到上海参加中共广东省委召开的第三次代表大会。会议期间，冯白驹见到了党中央的领导李立三和周恩来，也听取了省委对琼崖工作的指示。回到琼崖后，冯白驹在母瑞山主持了琼崖党的第四次代表大会，决定开展红五月攻势计划，在全琼实行武装暴动；普遍建立苏维埃人民政权，实行土地革命；扩大红军，策动白军兵变和组织士兵暴动，成立红军独立师；发动群众，反对国民党各种剥削和压迫的斗争。大会选出冯白驹、梁秉枢、冯国卿、陈骏业、王业熹、王志超、林树芹、符明经等 13 人为特委委员，冯白驹等 5 人为特委常委，冯白驹为特委书记。1930 年 7 月，琼崖工农红军第二独立师成立，下辖三个团、一个独立营和一个女子军特务连——即后来人们所称的红色娘子军连，全师共三四千人。此外，琼东、乐会、万宁、定安、澄迈县苏维埃政府都有一个中队的赤卫队，还有少年先锋队、劳动童子团，配合红军作战，保卫革命政权。

后来，在国民党军的大举"围剿"和肃反扩大化的双重影响下，琼崖党、政、军损失惨重。全民族抗战前夕，红军游击队只剩下几十人。

当时，琼崖已与中央失去联系。冯白驹是从华侨带回来的报纸上，第一次看到中共中央公布的《为抗日救国告全体同胞书》，了解到中央正在号召全国各个政治集团停止内战，集中一切国力去为抗日救国的神圣事业而奋斗。

1938年11月，在全国抗日形势的影响下，经过与国民党琼崖当局的艰难谈判，海南抗日民族统一战线终于正式建立，琼崖工农红军改编为广东民众抗日自卫团第十四区独立队。

这时，冯白驹虽然已36岁，但仍然改变不了年轻时的急脾气。他一到达训练场地，不等大家发问，就亮开嗓门大声说："同志们！日寇从海口方向登陆了！你们一中队立即吃饭，饭后赶到湾口渡口去。海口如果被占，敌人必然经湾口渡江东进。你们赶到那里后，要协同友军坚决阻击敌人，阻滞日军前进，掩护人民群众安全撤退！"

交代完任务，冯白驹对符荣鼎说："符中队副，你熟悉国民党方面的人，就由你去做联络友军的工作。怎么样？有困难吗？"

琼崖红军云龙改编前，共产党员符荣鼎利用社会关系秘密潜入国民党军事教育机关中受训和任职。改编时，他与国民党方面的几个人一起被派到独立队，对国民党方面的情况比较熟悉。

队员们仓促吃完早饭就紧急出发了。

渐渐地，天已大亮，日军的飞机在上空不停盘旋侦察，中队长黄大猷命令大家都折下一把带叶子的树枝放在头顶作伪装，并成一路纵队拉开距离前进。

一路上，既没有看见一个老百姓，也没有发现国民党军的一兵一卒。一直走到潭口，仍然没有发现国民党军队前来阻击日军。

指战员们哪里知道，友军早就消失得无影无踪了。此刻，处于最前线的也就是一个不足两百人的独立队！

而这么几十个衣衫褴褛、提着一些土洋结合破枪支的人，竟然兴冲冲地要去阻击成千上万、配备飞机和大炮的日军！

多年以后，参加此次阻击的人，或者听说此次阻击的人，谈到此事，莫不感慨万千！

潭口是南渡江上的一个渡口，是日军东进的必经之道。河边附近的树木已被炸得东倒西歪，几间房子有的已被炸塌，只剩残垣断壁。

可能独立队的行动已被敌机侦察到，在部队进入阵地后不久，敌机更加频繁地飞来，对渡口轮番轰炸扫射。一时间，渡口被炸得沙石横飞，浓烟翻滚，火光冲天。

埋伏在渡口近处的李文奇，被炸弹爆炸掀起的泥土埋了大半截身子，左脚被炸断，血流不止。那时根本没有急救包，连止痛片都没有，只能用撕下的衣服布条给伤口包扎。但李文奇忍着巨大的疼痛，一声不吭，只是怒目瞪着满天呼啸轰鸣的敌机。最后，他终于因流血过多而牺牲了。他是日军侵琼后独立队牺牲的第一位勇士。

李文奇牺牲的消息传开了，大家怒不可遏，有的对着敌机大骂，有的则咬着嘴唇默默地监视着对岸的敌人，眼睛喷射着仇恨的怒火。

当敌机俯冲时，守渡口的部队用排枪对空射击；等敌机掠过再回头轰炸时，又立即向后面的丛林里转移。敌机炸来炸去，炸的是一个空目标。可是，敌机却一直不肯飞走，而且轰炸越来越凶。

这场对峙整整坚持了一天。傍晚，冯白驹队长下达了收兵命令。

首战潭口，独立队没有消灭一个敌人，没有缴获一颗子弹。但战果如何，已不重要。在这种风口浪尖上，需要的是一种敢于逆风潮头立的精神！

在回来的路上，许多群众从丛林里走出来。当他们得知这支部队是共产党领导的独立队，又看到抬着李文奇的遗体，纷纷议论起来：

"看共产党的独立队，人少枪劣还顶上去打日本，可国民党却逃得比黄猄还快。究竟谁是英雄谁是狗熊，这一下子全看分明了！"

"我回去和家人说一声，参加独立队打日本鬼子。"

"我也参加！"[2]

太平洋上的"九一八"

1939 年 2 月 14 日拂晓，日本海军第五舰队的海军陆战队 2550 人，也在三亚湾登陆。由于没有遇到抵抗，当日中午就占领了三亚、榆林、崖县。随后，日本海军太田泰治少将带领第四根据地队，在海口附近建立起一个大飞机场，又在文昌的潭牛、临高的加来、崖县的三亚以及北黎治附近各建一个机场。它们与澳门西南的三灶岛、台湾、北部湾的涠洲岛机场构成有机联系，不时从这些机场起飞，轰炸两广等地和作为将来向东南亚进攻的跳板。

占领海口、琼山方面的日军，先后占领了定安、文昌、嘉积、乐城、新州、那大等重镇，继续向全岛推进。海南各县城，除白沙县城外，其他交通要道、重镇、沿海港口等先后沦陷。

3 月 30 日，日本政府宣布：南沙群岛也为日本之领土，并归台湾的高雄市管辖。

海南之战，地区很小，时间又短，但意义深远。当初，日军大本营对进攻海南岛非常慎重，因为它直接损害英、法在该地区附近殖民地的利益和引起东南亚局势的变化。因此，蒋介石把日军进攻海南岛称为"太平洋上的'九一八'"，标志着日本军阀南进派将以海南岛为跳板，把战争扩大到整个太平洋，在亚太地区"赤道以北东经 90°—180°之间"的广大地域内，最终建立起以日本为霸主的"东亚新秩序"。

日军占领海南岛后，在各重要城镇、重要港口及交通要道加紧修筑碉堡、炮台和防御工事，驻扎大量军事力量，海军舰队亦在琼州海峡不断巡弋监视，封锁海面。到日本投降时，海南岛的日军海军官兵共有 39729 人，也有资料显示为 49400 人，其中正规部队人数为 10004 人——这些数据都是日军自己统计的。同时，日军对海南岛丰富资源的疯狂掠夺，使海南各族人民遭受了历史上最为惨痛的人为洗劫和摧残，造成极为深重的社会灾难。

日本对海南岛占领政策的核心，除了军事上对中国大陆的军事封锁、经济上对海南岛的资源进行掠夺的目的之外，还有一个日本不想说出来，但又按捺不住，终于要显露出来的目的，即日本对海南岛的领土野心。

在抗战时期日本人有关海南岛的著作中，许多日本人喜欢把台湾和海南岛比作中国的两只眼睛，把中国的这两大岛比作兄弟岛。1895年，日本侵占了台湾之后，把海南岛变成第二个台湾就成为日本的新目标。

日本为了把海南岛建成永久性殖民地，一是建立殖民统治机构，二是大力向琼岛移民，三是加强奴化教育。

特别是作为日本殖民统治的重要方面，教育一直是受到日本占领当局的重视。而其中的日本语教育更是其教育政策的重要内容。

日军侵粤后，在其侵占的地方几乎都办有日语学校，尤以广州、佛山、汕头、庵埠、三灶岛，海南岛的陵水县、保亭县、东方县、安定县、临高县、乐东县等地为多。

在陵水县，办有日语学校5间，学生300多人。在临高县，凡是被日军侵占的乡镇都建有日语学校。日军开办的日语学校均由日本人担任校长、教师。如在海南岛陵水县城创办的日语学校，校长上野，副校长竹井收藏。教师有中山中雄、大武利雄、阿津川俊宏等人。

语言是人类交往的工具。常言说，要消灭一个民族，首先消灭其语言。日军在日语学校对中国人进行的奴化教育首先就从语言下手，强迫学生学习日语，大讲日本的地理与历史，即使学校的音乐课也以教唱日本歌曲为主，目的就是要让中国年青一代忘掉自己祖国的五千年文化，充当会说话的机器和工具。

由于有广大人民群众的参军参战，在潭口阻击战后不到一个月的时间里，独立队由300多人枪迅猛发展到有1400多人枪。3月，中共琼崖特委将独立队扩编为琼崖抗日独立总队，下辖三个相当于营的大队和一个特务中队。冯白驹任总队长，总队副为马白山、符振中。第一大队队长黄大猷，大队副吴定中，政训员莫逊；第二大队队长吴克之，大队副林诗耀，政训员李汉；第三大队队长马白山，大队副符英华，政训员张兴。从此，琼崖人民抗日的怒潮汹涌澎湃，席卷全岛。

3月6日，在海（口）文（昌）公路上的罗牛桥，独立总队第一大队伏击日寇军车两辆，歼日军大佐以下20敌人，戳破了在海南岛"皇军不可战胜"的神话。

6月，独立总队第一、第二大队根据冯白驹的指示，主动与琼山县游击大队配合作战，围攻琼山县文岭、龙发两个日军据点，迫使这两个据点的日军分别退出据点或龟缩在据点内，打破了日军对文岭、龙发地区的控制。

同月，活动在文昌县城附近的独立总队第一大队第二中队，在打入敌人内部的共产党秘密党员黄守全的配合下，由中队长陈水泰带领短枪班9名战士，趁赶集之机，化装潜入文昌县城，袭击日军北门哨所，击毙日军6名，缴获步枪5支、短枪1支。

接着，第一大队第一中队和第二大队第五中队，又先后在琼山县罗板铺伏击敌军车一辆，袭击进驻文昌县城、琼山县文岭、石桥等地之敌。

独立总队还动员和组织爱国民众，挖断公路，拆毁桥梁，截断电话线，使敌人的运输和通讯陷入瘫痪；严厉打击汉奸活动，使敌人耳目不灵。

整个琼崖都成为抗日的广阔战场。

独立总队在琼文地区对日作战多次取得胜利，日军对此坐卧不安。从1939年6月起，日军集中1000多兵力，向琼文抗日游击根据地"扫荡"，妄图消灭琼文地区的抗日武装。冯白驹和琼崖特委主要领导商议，决定采取内外结合的作战方针，一部兵力在琼文游击根据地内线积极打击入侵之敌，一部兵力推进到琼山县西部的龙塘、十字路、龙桥、永兴、石山等地区，展开外线作战，袭击敌人据点，破坏敌人的交通运输线，伏击运动中的小股日军，把抗日游击战争向外线发展。

游击琼崖

1939 年中秋节前夕，在琼山县西北部，出击外线的第一大队第二中队取得一系列胜利后，来到了二遵乡儒全村休整。

这时，奉命到永兴镇侦察敌情的驳壳枪班班长杜绍元回来报告，说是有机可乘。

永兴是琼山县西南的一个集镇，距海口市 20 余公里，是通往内地的交通要道，军事上十分重要。日军占领这个集镇后，便驻有一个约 100 人的分遣队，作为相机向内地挺进的前哨。杜绍元在侦察中发现，这里的日军从阴历八月以来，每天都出发到罗板铺一带"扫荡"，据点内只留下不足一个班的日军。

后天就是中秋节，永兴市是大集日，正是个好机会。杜绍元建议手枪队出击。

第二天一早，杜绍元带着王庆耀、符烈军、周密和符惠英等人，挑着肥鸡和本地著名土产永兴柑子，走出村子，混杂在赶集的人群里，向着永兴走去。这时，太阳从地平线上露出半边笑脸，灰蒙蒙的晨雾正慢慢消失。

集市闹哄哄的，到处拥挤不堪。符烈军、王庆耀挑着两箩筐的柑子、两笼肥鸡，刚在咖啡店不远的地方放下来，一些商人就走过来缠住他们探问价钱。两人故意把价钱说得高高的，以便尽快地把这些商人打发走。

不久，热闹平常的街头，突然出现了一阵异样的骚动。三个背着枪的日本兵，衣履不整地在街上游荡着。日军从寒冷的北国来到华南后，经受不住当地炎热，就是在战斗中也经常光着膀子。

他们有的人手里提着一两只母鸡，有的边走边剥吃甜柑。

离王庆耀和符烈军不远的符惠英，很快吸引了日本兵淫秽的目光。躲在茶馆里正在喝茶的杜绍元，早已把这些看得清清楚楚。他穿过人群，一直走到摆在炮楼对面的两笼肥鸡面前，故意蹲下来向卖鸡的人问价，乘机问道：

"情况怎么样？"

"没有什么变化。除了哨兵和几个在集市上追赶花姑娘以外，还有几个鬼子在炮楼里。"王庆耀低声回答道。

"想办法把他们引到外面来。"

说罢，杜绍元故意把鸡笼打开，让鸡四处乱跑；假装卖柑子的符烈军也故意弄翻了筐，柑子滚得满地都是。

日军占领海南后，连续进行了几次"扫荡"，他们根本没有想到游击队竟然来据点袭击。炮楼里的日本兵见了，呼啦一下涌出来，一个捉鸡，一个抢柑子，忙得满头大汗得意忘形。

王庆耀、符烈军等人，各自从怀中拔出驳壳枪，扳开机头，"砰，砰"几枪，两个日本兵立刻被撂倒在地。没被打死的日本兵，一时慌了手脚，赶忙往炮楼里跑。杜绍元早已堵住去路，只听手起枪响，剩下的几个日本兵，一个也没跑掉。

在街口的符惠英，也一枪打死了日军哨兵，疾步跑回街道来会合。

刚才还在街上耀武扬威的几名日本兵，见势不妙，扔下手里的鸡和柑子，慌忙往据点跑。没想到杜绍元、王庆耀等人早在墙角边等候他们。又听得"砰，砰，砰"几枪，敌人立即应声倒地。[3]

这场战斗，只用了几十分钟，就歼灭了敌人1个班，缴获了1门掷弹筒、1挺机枪和5支步枪。

在此前后，第一大队第二中队在副中队长陈求光带领下的一支精干突击队，挺进文昌县的敌占区，也取得一场伏击战的胜利，击毙日军数名；第一大队和第二大队第五中队，在第一大队队长黄大猷率领下，进入罗板铺公路西侧高地伏击日军运水车，激战半小时，全歼车上日军十几名，缴获轻机关枪1挺、步枪5支、短枪1支，各种子弹150发。

独立总队胜利，不仅震动了海南岛的日军，也引起了国民党最高当局的关注。1939年9月，国民党琼崖守备司令王毅将独立总队浴血抗日的事迹上报后，蒋介石特地传令嘉奖。

琼崖抗日游击战争很快由琼东北的琼山、文昌扩展到琼西南的澄迈、临高、儋县、昌江、感恩等五县。这时，特委、总队部目前仍偏居琼文一角，这里尽管地形险要，粮草丰盛，但对于领导全岛斗争仍不便。但地处平原，为日军注目地区，不易坚持持久抗战。另外，琼崖国民党当局内部的顽固势力此时正在加紧反共，压制国民党内部的进步力量，琼崖的抗战将出现复杂的形势。

为了适应发展和变化的抗战形势，特委、总队部积极酝酿，准备向澄、临山区迁移，创立靠近五指山的山区抗日游击根据地。

在琼西南的澄迈、临高、儋县、昌江、感恩等县，独立总队第三大队正在那里开展游击战争。冯白驹立即命总队副马白山赶往那里，加强琼西南地区抗战的领导，扩大游击区，开辟山区抗日游击根据地。

马白山原名马家声，1917 年 3 月出生于海南岛澄迈县大丰乡银题村。他一家在革命战争年代有 7 人加入中国共产党，3 人为革命献出了生命，是一个真正的革命家庭。

为了粉碎日军的阴谋，实现特委和总队部的战略决策，马白山快马加鞭赶到第三大队。

在第三大队，马白山传达了中共琼崖特委和独立总队的意图，并对今后工作方针进行研究，作出收复儋县重镇那大镇的决定。

那大当时驻有日军 100 多人和一个伪军中队 200 多人，是抗日武装进入山区建立根据地的巨大障碍。

那大周围各乡共有二三百支步枪和二三十支驳壳枪，各家各户都有打猎用的粉药枪，共计有数千支之多。马白山听取了第三大队领导和当地党委的汇报后，提出将部队开进那大地区，在当地中共组织配合下，发动群众开展对敌斗争，建立起那大周围的游击区，对那大之敌形成包围之势，最后消灭那大守敌。

准备工作就绪后，各路人马按照指挥部确定的作战方针和预定的作战计划，迅速行动起来。各乡群众负责破坏通往那大的公路，阻止日军车辆来往。各乡武装群众和民兵封锁进出那大的所有通道，并派武工队潜入市区了解敌人的动态。那大周围各乡乡政人员清查户口，严防奸细活动，严密封锁消息。

1939 年 10 月 21 日傍晚，黄色大地被一片灰蒙蒙的暮色笼罩着。各乡民兵 1500 人，第三大队 200 多人，各种抗日武装和持火药枪的群众 2000 多人，像一条巨龙似的向那大进发。

深夜，队伍到达那大，埋伏在主要路口和敌人可能突围的位置上。

攻击开始的枪声一响，山城顿时怒吼了起来，锣声、牛角声、土铳声、爆竹声和喊声震得山鸣谷应。同时，突击队潜入城里袭扰敌人，进行佯攻性袭击，迫使敌人时刻处于高度紧张状态。

一夜之间，枪、炮、呐喊声响个不停。

黎明在不知不觉中到来。日军官拿起望远镜四下瞭望，可是据点周围一片寂静：围城的群众却不知藏在哪里。

渐渐地，太阳从靛青的山林后面升起来。马白山拨开树枝，朝敌人固守的那座炮楼望去，只见一个日寇军官正用望远镜四处张望。他从传令员手中取过一支马枪，送给旁边的陈亚公，悄声嘱咐说："细心的瞄，对准脑袋打！"

陈亚公是个年近五十的老农民，身材高大，有一手好枪法和武术，几十里内外无不知晓，人都叫他"二武松"。

陈亚公接过枪，把枪口伸了出去，"叭"的一声枪响，只见那日寇军官应声而倒，一头栽在炮楼凹形的夹眼里。好几个日军赶忙跑来抬扶。陈亚公又放了一枪，又有一个日军倒下来了。其余日军吓得赶紧躲了起来。

灌木丛中立即传出一阵叫好声！

日军不知虚实，不敢贸然出来，只好整天憋在据点里。

太阳下山了，黑夜覆盖着大地，阵地四周又活跃起来，磨刀擦枪，挑水送饭，处处呈现着一片繁忙景象。深夜，第三大队又组织突击队深入市区对日军营地实行佯攻，布置农民武装和群众在外围虚张声势，使敌惶惶不可终日。

在全民抗日的声势威慑下，那大守敌不敢出击，县城新州的日军也不敢增援。那大四周全是山区，地势隐蔽，虽有敌机在上空盘旋也难起作用。

围困那大的第十夜，抗日军民发起了大规模的佯攻，日军以为总攻开始了，吓得丢下据点，从国民党的一支乡游击队的位置仓皇逃窜。但在途中遭到儋县游击队阻击，溃不成军。

日军一跑，指挥部派出政工人员，向伪军进行喊话，要他们不要跟日本人卖命，放下武器，向人民投诚。但是，伪军拒不投降。

第十二天的凌晨，总攻号吹响了，成千上万的抗日军民像决堤的河水，发起了冲锋。

这一仗给日寇以重创，全歼伪军一个中队80余人，缴获长短枪数十支、军用物资一大批，极大地扩大了中共琼崖部队的政治影响，发展了儋、临、澄地区的抗日局面，为特委和总队部转移到琼西山区建立抗日根据地献上了一个奠基礼。

敌顽制造"符韦惨案"

就在琼崖独立总队在岛上英勇抗敌之际，素来爱国爱乡的广大琼侨和港澳同胞，不仅从舆论上讴歌、声援岛上抗敌斗争，还纷纷慷慨解囊捐物捐款，积极支援岛上抗战。

早在1938年底，来自新加坡、马来亚、泰国、越南等地的琼籍侨胞近百人在香港集会，成立了琼崖华侨联合总会，统一领导南洋琼侨抗日救国救乡工作。会上还决定将原来的琼民抗日救护队改称为琼崖华侨回乡服务团。

在琼侨总会的大力支持下，服务团一面继续学习战地救护技术，一面学习抗日战争的政治理论。

1939 年 4 月 15 日开始，来自越南、新加坡、泰国、中国香港等国家和地区的华侨 240 多名，在符克、符思之、陈琴等人率领下，分期分批渡海返琼，与冯白驹率领的独立总队和家乡人民一起参加抗日斗争。

琼侨回乡服务团到达岛上后，一开始主要是开展抗日救国宣传和医疗服务工作。

在文昌、乐会等侨乡，服务团曾多次召开各界人士座谈会，动员他们支持和参加抗战。他们还团结争取国民党琼崖政府的中下层工作人员和他们一起工作，出墙报、写标语、散发传单和油印小册子等，发动群众参军参战。他们还组织一个三四十人的歌剧队，到文昌、琼山的一些乡村去演出。每场的观众，少则几百人，多则一两千人，最多的一场竟有 3000 人左右。"琼崖已到危险关头，快起来为家乡奋斗"的歌声响彻琼岛。

返琼时，服务团带了一些常用中西药和一些简单的医疗器械，能治一般常见病，也能作枪伤、刀伤的救护治疗。这些东西，一部分送给了国民党琼崖当局；一部分送给了冯白驹的独立总队；还有一部分被带到农村，在进行抗日宣传的时候，免费发放给求医求药的群众。

在他们工作过的地方，特别是广大侨乡，成千上万的农民、青年、妇女、教师等纷纷投入抗战行列。

但是，国民党琼崖当局试图控制服务团，独吞服务团带回来的药品和物资。当他们看见服务团的亲共倾向后，就不让服务团独立活动。最后，随着国共双方的摩擦不断升级，服务团遭到更多的污蔑、攻击和迫害。

服务团的团员蔡衡平、范青、符兰平和陈永炎先后遇害。1940 年 8 月，服务团总团长符克和地下党员韦义光，带着琼侨总会的公函和慰问品，以华侨团体身份，先赴琼山县新兴市慰问国民党保安第七团，随后赴安定县翰林市，与国民党琼崖当局会谈，旨在敦促国共合作抗日，并递交救济难民方案与慰问品。二人离开翰林后，遭国民党顽固派秘密伏杀，埋尸山间。这就是著名的"符韦惨案"。

但服务团仍然顶住逆流，调整组织，由符思之任总团长，带领大家继续斗争。1941年12月，太平洋战争爆发后，香港沦陷，侨援断绝，服务团的工作遇到很大困难。这时，共产党琼崖特委的建议，服务团中共产党员由特委统一分配，其他人员则按照个人的意愿和工作需要进行分配。全团人员一致拥护，纷纷奔赴新的岗位。其中许多人员报名参加独立总队，到战场与日军直接交手。

注　释

1. 参见郭汝瑰、黄玉章：《中国抗日战争正面战场作战记》下册，江苏人民出版社 2015 年版，第 793 页。

2. 海南军区党史办编：《琼岛怒潮》，解放军出版社 1987 年版，第 226 页。

3. 参见庄田：《琼岛烽烟（革命回忆录）》，广东人民出版社 1979 年版，第 41—44 页。

第十一章

山雨欲来

萧劲光产生了"山雨欲来"的强烈预感——"栒邑事件"——"第二次陇东事件"——彭德怀痛骂何绍南：你在陕北做尽了坏事，老百姓抓了你公审！——阎锡山说：天快下雨了，我们要赶快准备雨伞——阎锡山发动"十二月事变"——阎王定下杀马计，跑了马儿又伤身——刘伯承警告朱怀冰，不要欺人太甚——石友三也成了反共急先锋——刘邓发起磁武涉林和卫东战役，驱逐朱怀冰和石友三部——毛泽东总结胜利经验，提出有理、有利、有节的斗争原则

萧劲光的预感

1939 年 1 月。陪都重庆。

国民党五届五中全会正在这里召开。

蒋介石在会上作报告。

关于抗战问题，蒋介石讲道："抗战到底的底在哪里？是否是日本亡了或者中国亡了才算到底，必须有一界说。现在要打到日本亡了，那不可能……或说武汉失了就算到了底，那太离奇了。""在卢沟桥事变前之现状未恢复、平津未收复以前，不能与日本开始外交谈判。""我们不恢复七七事变以前原状就是灭亡，恢复了就是胜利。"¹这就是说，抗战到底的"底"就是恢复卢沟桥事变前的状况，东北可以不要，华北也可以维持日本的实际统治。蒋介石表明了严重的妥协立场。

关于国共关系，蒋介石强调，"对中共是要斗争的"，"现在要溶共，不是容共，它如能取消共产主义我们就容纳它"。全会通过的宣言中说："本会议着重声明，吾人绝不愿见领导革命之本党发生二种党籍之事实，更不忍中国实行三民主义、完成革命建国一贯之志业，因信仰不笃与意志不坚，致生顿挫。"[2]这是蒋介石多次要求共产党与国民党合并的"溶共"政策的继续。国民党五届五中全会还决定设立专业反共组织"防共委员会"，通过了《整理党务案》的决议案。接着，国民党陆续秘密颁布了一系列反共文件，如《异党问题处理办法》、《限制异党活动办法》、《沦陷区防范共党活动办法》、《运用保甲组织防止异党活动办法》等。

这样，国民党就把它自抗战以来重视联共、积极抗日的政策，转为在坚持抗战的同时，不断重视"溶共"、"防共"、"限共"的"反共"方针。

一个好端端的团结抗战局面，从此出现逆转。

——3月至11月，国民党顽固派先后在山东的博山、河北的深县、湖南的平江、湖北的鄂东和河南的确山等地，制造流血惨案，杀害共产党党、政、军人员达1600多人。

——11月，国民党在其五届六中全会上，进一步确定以军事限共为主、政治限共为辅的方针，并发出进攻八路军、新四军的密令。

——12月，以国民党军胡宗南部进攻中共中央所在地陕甘宁边区以及阎锡山部进攻晋西地区的山西新军和八路军为起点，国民党掀起了第一次反共高潮。

对于国民党内妥协、摩擦的危险倾向，中共中央预有警觉。

1939年1月23日，毛泽东发出党内指示："我们对摩擦如逆来顺受，则将来摩擦逆流必更大，顽固气焰必更高。"2月5日，他在中央党校作《反对投降主义》的讲演，说：

最近为止，我们得了许多材料，很多材料、很多小册子发给国民党党员，要防止共产党，而且要采取攻势。什么叫防止？就是不让共产党发展。什么叫攻势呢？就是他们提出的"一个党、一个主义、溶共"的政策，就是说要取消共产党、溶化共产党、取消共产主义。他说："统一战线又讲亲爱、讲团结，另一方面又要斗争。""古时人说：'君子和而不同，小人同而不和'，这也是说统一里有斗争。""我们对无理之话一定要反对，因为它是真正破坏统一战线的。"

在讲演的最后，毛泽东说道：

> 对国民党的磨擦，"我们有两条原则：第一，'人不犯我，我不犯人'，即是说人家不捣乱我，我就不打人；第二条是'人若犯我，我必犯人'，这一原则要抓得紧，一定要有劲。""这样，才能真正巩固与扩大抗日民族统一战线。只有这样，才能战胜日寇"。[3]

1939年5月11日，毛泽东在关于解决河北问题的方针指示中说：对顽固分子斗争，我之基本立场是攻势防御的，取"人不犯我，我不犯人，人若犯我，我必犯人"的态度。7月7日，中共中央为纪念抗战两周年致信国民党，驳斥了"有党派即有摩擦"、"有党即有发展"、"党有武力，必生对立"等反共理论，指出反共即是投降的前奏，提请国内外严重关注中国时局。这封公开信，提出了著名的三大政治口号：坚持抗战，反对投降；坚持团结，反对分裂；坚持进步，反对倒退。

1939年9月16日，毛泽东在延安接见国民党中央社、《扫荡报》、《新民报》三记者，发表公开谈话。当记者问到"限制异党"的问题时，毛泽东激动起来，他说：

> 共同抗日的党派就是友党，不是"异党"。抗战中间有许多党派，党派的力量有大小，但是大家同在抗战，完全应该互相团结，而决不应

该互相"限制"。什么是异党？日本走狗汪精卫的汉奸党是异党，因为它和抗日党派在政治上没有丝毫共同之点，这样的党，就应该限制。国民党、共产党，在政治上是有共同之点的，这就是抗日。

当记者又问到共产党对待所谓"摩擦"的态度时，毛泽东回答：

> 我可以率直地告诉你们，我们根本反对抗日党派之间那种互相对消力量的摩擦。但是，任何方面的横逆如果一定要来，如果欺人太甚，如果实行压迫，那末，共产党就必须用严正的态度对待之。这态度就是：人不犯我，我不犯人；人若犯我，我必犯人。**4**

然而，国民党对中共的严正立场和告诫置若罔闻，将反共摩擦由政治发展到军事，由小规模的武装冲突发展到大规模的军事进攻。

中国共产党及其武装力量忍无可忍，被迫进行了自卫反击。

劣迹昭昭

延安和陕甘宁边区是中共中央所在地，是领导各抗日根据地和全国人民实行抗战的大本营，又是八路军的总后方。反共顽固派对它又恨又怕，在陕甘宁边区频频制造事端。

早在1938年10月武汉失守后，国民党便以统一"军令"、"政令"为借口，宣称陕甘宁边区政府为"非法组织"，"绝对不能令其存在"。为达到取消边区政府的目的，国民党军以40万武装，从南面、西面、北面包围边区，计有19个步兵军和2个骑兵军，还有地方武装3个保安旅和17个保安队，其中实力最雄厚、也最顽固的，是蒋介石的嫡系胡宗南的部队。

时任八路军后方留守兵团司令的萧劲光回忆：国民党"在边区境内各县，

派驻有县长、县党部和保安队，在绥德地区派了一个专门制造摩擦的专员。此外，他们还派遣大批特务，潜藏在边区境内破坏、捣乱。毛泽东同志在一份电文中曾经这样写道：'谋我者处心积虑，百计并施，点线工作布于内，武装摧毁发于外。造作谣言，则有千百件之情报，实行破坏，则有无数队之特工。'面对这种斗争形势，使我们产生了'山雨欲来'的强烈预感" **5** 。

1939 年初，因河防吃紧，八路军原先设在黄河边上的"荣教院" **6** ，奉命西移到关中地区栒邑 **7** 县城南边的土桥镇。栒邑国民党县长张中堂等人闻讯后，竟然调集保安队两三千人进行围攻，迫使"荣教院"不得不退出土桥，移到栒邑县城。5 月下旬的一天，"荣教院"的一个采买人员出城采购，突遭该县保安队枪杀。伤残人员群情激愤，派出代表前往国民党县政府请愿，县长张中堂指挥保安队开枪射击，当场残杀八路军代表九名，随后又率领大队人马向八路军留守兵团派驻县城的独立一营进攻。众寡悬殊，一营和"荣教院"被迫退出县城，栒邑遂被顽军占领。出城时"荣教院"有 17 名重残员兵掉队，被保安队捕去，经毒打后，全部被杀害。

"栒邑事件"发生后，党中央权衡利弊得失，从维护团结抗日的大局出发，采取了克制态度。萧劲光以八路军后方总留守处主任的名义致电蒋鼎文并蒋介石和程潜："查敝军残废员兵，以抗敌余生，息养后方、前以移驻土桥，备受迫害，今又大遭屠杀，消息传来，痛心至极！唯念国家处此危急存亡之际，袍泽之间，纵有差错，总宜容忍。" **8** 他要求陕西省政府派员查处此案。并向全国发了通电，要求各界"一致呼吁，以彰公理，而警凶顽"。

栒邑几十名罹难烈士的血迹未干，胡宗南又采取了更大的行动。1939年 8 月，他指令其驻洛川的国民党新编骑兵第二师，向鄜县开进，并以一部兵力绕过鄜县，进至延安以南三十里铺一带，直接威胁延安。

为加强陕甘宁边区的防御力量，准备迎击国民党顽固派的大规模军事进攻，中央军委于同月电令第一二〇师主力由冀中返回晋西北，第三五九旅由恒山地区返回陕甘宁边区。同时，针对鄜县地区的紧张局势，中共中央一面调文年生率领警八团开到了鄜县一带，任命文年生为鄜（县）甘（泉）警备区司令员，阎红彦为政委；一面同国民党进行了"有理、有利、有节"的斗争。毛泽东在亲笔起草的一份致程潜、蒋鼎文的电稿中严正声明：如果马师 **9** 强占不退，则引起冲突之责任及一切后果，我们概不负责。为了稳定当地局势，毛泽东还先后两次起草和改写以鄜甘警备区名义发布并在各村镇要道张贴的布告：

> 本军奉命震慑，业已部署周详。外与友军团结，内与党政协商。唯期地方安静，即以巩固河防。倘有汉奸国贼，敢于以身试尝。国家法纪所在，绝不许其徜徉。**10**

同时，萧劲光还派代表去与马禄进行说理斗争。马禄见陕甘宁边区军民严阵以待，没敢轻举妄动，并回电说是"误会"，双方应以团结为重，互不侵犯，找了个台阶，乖乖地缩回去了。

1939年12月初，胡宗南部对陕甘宁边区发动了新的军事进攻，从10日至16日，先后调集第九十七师3000余人，在当地保安队的配合下，袭击八路军驻甘肃宁县、镇原之七七〇团，杀伤该团干部、战士300余人，并夺占了宁县、镇原两城，制造了轰动全国的"第二次陇东事件"。**11**

各地急报传来，萧劲光回忆说："当时我心头的愤慨真是达到了极点，恨不得立即采取反击措施。但是，党中央和毛泽东同志却很镇静，具体指导我们从维护团结抗日的大局出发，进行了坚决而有节制的斗争。"一场声势浩大的宣传战开始了。"除了以我的名义连续给朱绍良 **12** 发了许多份急电，几次给蒋介石、孔祥熙、陈诚、白崇禧、程潜等一大批国民党高级军政要员发出通电以外，报纸、电台更是大声疾呼，同声谴责。八路军驻重庆、西安、兰州等地办事处的同志，也四出奔走呼吁。通过这些办法，使全国人民很快知道了顽固派在陇东干出了什么亲痛仇快的罪恶勾当，也迫使国民党感受到巨大的政治压力。"**13**

以萧劲光名义发出的这些文电，许多处经过毛泽东修改或由他起草。毛泽东在修改电文时，多次加了这样一些话："边区二十三县范围为蒋委员长所指定"，我军"对于原定二十三县并未越出雷池一步"。即是说，边区二十三县是你蒋介石亲口承认，又经过国民党的正式会议讨论才决定下来的。现在你又派兵来侵占，出尔反尔，不是自己打自己的嘴巴吗？

在修改给蒋介石等人的一份文电中，毛泽东反复推敲，最后改写成这样一段话：

> 目前日寇以一师团之众大举西犯，柳林、军渡相继失守，我河防部队正尽一切力量，予以痛击，连日战斗甚为激烈。大敌当前，覆舟堪惧，后方纷争，实属不宜再有。苟一方拼死杀敌于前，他方复乘机争夺于后，则不啻以刃资敌，前途危险，何堪设想!?**14**

经过一番交涉、斗争，国民党方面同意谈判。共产党方面派出了谈判代表、时任陕甘宁边区参议会副议长的谢觉哉。谈判从 1939 年底开始，持续到翌年 2 月。由于国民党无诚意，协商不可能取得积极成果，最后只达成了一个"暂维现状，听候双方中央解决"的协议。

国民党顽固派在其对关中和陇东的军事进攻被制止后，又于 1940 年 1 月，令其驻绥德专员何绍南，集中五个县的保安大队，准备进攻八路军在绥德的部队。

何绍南是一个臭名昭著、群众切齿痛恨的反共"摩擦专家"。此人和侵华日军的板垣师团长曾是日本士官学校的同学，两人交情甚笃。他又颇得蒋介石器重，政治上十分反动。当时，绥德地区曾成立了一个"抗敌后援会绥德分会"的统一战线组织，为了争取和团结他抗日，由他担任分会主任，萧劲光和绥德警备司令员陈奇涵任副主任。但何当了主任以后，却以"确保地方治安"为名，调来保安队四百余名，又收买了一批兵痞，合编成五个保安队，分驻各县，制造了大量的摩擦事件。如1939年5月，他授意安定县县长田杰生指挥保安队袭击八路军，打死、打伤官兵数十人；9月，他面谕吴堡县县长黄若霖，组织暗杀队，杀害了八路军七一八团三营副营长尹才生。他还伪造八路军臂章及第一一五师通行证，发给运输队的高步元等人，冒称八路军私贩烟土，毁坏八路军声誉；在三原设检查所，扣押八路军车辆和来往人员；等等，反共气焰十分嚣张。彭德怀在1939年11月从延安回太行山，经过三原时，乘坐的大卡车就被检查、扣压。彭德怀十分生气，把检查所的两个特务逮捕，交给程潜，要求惩办。彭德怀对程潜说：

"上海'四一二'事变，长沙'马日事变'，把第一次大革命，变为反共、反人民的十年内战，反得好吧！送掉一个东北，把日本人接到武汉来了。这些顽固分子，是秘密的汪精卫，比公开的汪精卫还坏。"

当时何绍南也在场。彭德怀指着何绍南的鼻子痛骂："你就是这样的汪精卫，在陕北做尽了坏事，破坏八路军的抗日后方。"

当着程潜的面，彭德怀还说："今天谁要反共，他先放第一枪，我们立即放第二枪，这就叫做礼尚往来，我们还要放第三枪。"

程潜是国民党的元老派，也是中间派，他说："放第三枪就不对了。"

"干净、彻底地消灭他，他就不再来了。"彭德怀仍怒气未消。临别时，他警告何绍南：

"再去绥德当专员，老百姓抓了你公审！"

何绍南挨了彭德怀一顿骂，且见八路军已有准备，遂于1940年2月5日率部逃往榆林。但他并未死心，后来又潜回绥德，煽惑当地的国民党保安队哗变为匪，并袭击八路军河防部队七一七团等部。八路军忍无可忍，遂展开反击。萧劲光亦派部队缉拿何绍南。他待不下去，便率领7个保安队哗变，逃窜到西北地区当土匪去了。

赶走何绍南以后，党中央和毛泽东又决定：全部赶走陕甘宁边区以内国民党委派的各县县长。

当时，陕甘宁边区境内各县，在很长一段时间内，同时存在着由边区政府委派的县长、政府工作人员和由国民党省政府委派的县长、政府官员两套政权班子。为了团结抗日、对于这种怪现象，共产党一直采取忍让和克制的态度，允许他们暂时留在边区境内。开始，双方尚能相安无事，有事也能协商解决。但随着国民党顽固派加紧制造反共摩擦，这些披着"合法"外衣的国民党官吏，便成了寻衅闹事的祸根。许多反共事件，都是由这些专事摩擦的"县太爷"制造的。很显然，如果这一类"县长"继续留在边区境内，陕甘宁边区就永远不得安宁。

1940年2月，毛泽东以萧劲光的名义给程潜发了一份电报，要求通知国民党陕西省政府迅速将陕甘宁边区境内的国民党县长撤走。他在电文中愤慨地写道："国共合作已历三年之久，边区行政尚未确定，一县而有两县长，古今中外，无此怪事。且陕省所派县长及绥德专员等专以制造摩擦，扰乱后方为能事。在边区已忍让三年，在彼辈益肆无忌惮""边区民众群以拘捕治罪为请，劲光为体念钧座息事宁人意旨，顾全边区与陕省之团结起见，故请钧座令知陕省府自动撤回，否则实行护送出境，盖亦仁之至，义之尽也"。**15**

理直气壮，不容争辩。程潜回电，不得不同意边区各县县长得由陕甘宁边区政府委派。这样，国民党派来制造摩擦的这些县长，一个个离开了边区。边区的抗日民主政权得以巩固。

阎锡山"备伞"

在第一次反共高潮当中，山西的阎锡山跳了出来，制造了震惊全国的"十二月事变"。

阎锡山老于世故，惯于在政治上翻云覆雨。他信奉"二的哲学"和"唯中哲学"，认为"一切事情都不能做得太绝对了"，认为只有这样才能在矛盾和夹缝中求得生存。抗战开始后，面临与日寇、国民党、共产党三方面的矛盾，他制定了"抗日、和日"、"拥蒋、拒蒋"、"联共、反共"的斗争策略。他的办公室常备着三套照片：与日本人打交道，他挂出日本天皇的照片；国民党代表来了，他挂蒋介石的照片；与共产党代表谈判，他又挂出毛泽东的照片。

在联共问题上，阎一度非常积极，因为他想借助共产党的力量守住山西。但他始终担心政权旁落，害怕共产党把群众发动起来。他说："政权是刀把子，拿到我们手里可以统治人，拿到别人手里就会危害我们。"抗战以来，他与共产党合作，建立了有广泛群众基础的"牺盟会"，建立了拥有50个团（其中46个正规团，4个游击支队）的山西新军 **16**，以及拥有7个专署的抗日政权。这本来是保卫山西、争取抗战胜利的可靠保证，但阎锡山总觉得，"刀把子"不在他手中，而对于发动起来的群众"老虎"，他又难以驾驭。他逐渐把盟友共产党看成了眼中钉，于是决心策划收回新军，重振旧军，**17** 对"牺盟会"和统一战线政权实行限制和打击。

1938年8月，阎锡山在山西吉县的古贤村，召集晋绥高级军政干部会，名为总结抗战军事经验，实为反共做准备。阎在会上说："这次会议，是给你们开追悼会的。但是如果你们懂得了道理，也可以说是庆生会"，"现在你们的力量，已大大地减少，再这样下去，不到三个月，你们就完了"。他说：现在蒋先生的脑中，绝无抗战之意，而是如何妥协的问题了，一切关键只在对于日本的条件能否接受"天快下雨了，我们要赶快准备雨伞"。"天快下雨了"，是指形势要起大的变化，"和日"将代替"抗日"。"准备雨伞"，就是要打击共产党和八路军在山西日益壮大的力量，扫清阎锡山对日妥协道路上的障碍。**18**

1939年3月25日至4月22日，阎锡山在陕西省宜川县的秋林镇，召开军、政、民高级干部会议。参加会议的，有山西新、旧军的师、旅长以上军官，各专署专员，保安司令以上行政干部，"牺盟会"特派员及一部分县长，共167人。阎锡山在会上作报告，说武汉失守后，抗战越来越困难，"第二战区被削弱了，只有共产党、八路军壮大了"，他已"陷入日军攻击与八路军的包围之中"。他又说："蒋介石不足畏，毛泽东倒是个可怕的人物，请看今日之华北，竟是谁家的天下？""处在这样的环境里，只有抗日第二、防共第一才能立足。""我们要自谋生存之道。"**19**

他说："我昨天晚上做了一个梦，梦见一个人对我说：你不要看不起你过去用过的那个破车，那个破车可以把你拉到目的地，只是慢一点而已。你不要相信你现在用的那个新车，这个车可以飞快，但也可以把你翻倒在地。"**20**

"旧车"、"新车"之说，喻指旧军、新军之义。那么，怎样甩掉"新车"起用"旧车"呢？他在会上提出两条办法：一是新军必须一律按国民党政府国防部的统一建制和番号进行整编，以旧军为基干编入新军；二是他借口重庆国民党政府军令部关于文官不能兼任军职的规定，提出要取消新军的政委制，要将在新军中任政委的薄一波、雷任民、张文昂、戎子和等调离新军，解除他们的军权，只做山西省的行政工作。这一办法理所当然遭到薄一波等人的坚决反对。阎锡山就将他们扣留，不许返回部队，僵持了两三个月。这时，各地的"牺盟会"和决死队、有关专署纷纷来电，强烈要求薄一波等返回新军。阎无奈，只好将他们放走。

薄一波一回到驻地，就做了应对事变的部署，并将这一部署报告八路军总部和中共中央北方局。与此同时，派雷任民回延安向党中央汇报情况。刘少奇当即指示：要"积极准备，坚决反击"。毛泽东则说："阎老西准备'雨伞'，你们也准备嘛！"他又说："天下大乱，到处为王"，要雷任民他们不听阎锡山那一套，要准备应对突然事变，敢于打开新局面。

这以后，党中央密切注意山西局势的发展。从秋林会议到"十二月事变"结束，中共中央、中央军委、中共中央北方局就山西局势所发的指示电，如雪片般飞来。其要点是：坚决反对取消新军，对阎的一切反共逆流，坚决予以回击；坚持巩固新军阵地，对新军内部的不可靠分子、动摇分子，坚决清洗，巩固其内部的团结与统一；阎向我专区派遣专员、县长，一律拒绝，实在无法拒绝者，设法撤换之；坚决维护抗日民族统一战线，不提反阎口号，而提"拥阎讨逆"，在斗争中注意尊重阎的领导与形式，可提反对"山西的汪精卫"；对旧军，应区别对待，打击其最顽固者，如王靖国、陈长捷等，收集他们的反共、投降材料，向阎告获，中立其动摇者，争取其有希望者，不允许把旧军视为一丘之貉，不允许把旧军中的领导者与普通群众混同起来；对阎的军事进攻，坚决回击，原则是自卫，不打第一枪，坚决防止轻率地发动进攻，作战原则是以主动的运动战来消灭叛军，但不许痛快一时，穷追猛打；要把阎锡山势力与国民党CC势力严加区别，利用他们的矛盾，把蒋介石的势力逐出山西；八路军要做好准备，严防阎锡山的突然袭击，另外要准备随时以新军名义支援新军，八路军不提反叛军口号，打了仗也不张扬；山西的各级党组织、新军中的党组织，均要精干、隐蔽，防止惊慌失措，要清洗不可靠分子。

"十二月事变"

1939年10月29日，阎锡山召开第二次秋林会议。会议的名义是"民族革命同志会"临时代表大会。阎想利用开会之机，将中共在"牺盟会"和新军中的军政领导干部骗去，一网打尽，使新军群龙无首，一举消灭新军，摧毁"牺盟会"的各级组织和抗日政权。但由于共产党事先获悉情报，中共在新军、"牺盟会"中的领导干部均未出席会议，阎的这一阴谋未能得逞。

这时，阎锡山已成立了以陈长捷为首的"讨逆"总指挥部，并于11月初派密使到临汾同日寇第四十一师团清水师团长谈判，谋求联合进攻八路军和新军。阎、日谈判达成4条协议：

1. 晋绥军改编为"中国抗日忠勇先锋军"，实行反共。日军从隰县、蒲县等地撤退，以后还把汾阳一带让给晋绥军驻防。

2. 日军协助晋绥军铲除山西的决死队和八路军。

3. 日军接济晋绥军武器弹药。

4. 阎部各将领的住宅、财产，日军愿全部归还。

与此同时，阎锡山加强了与蒋介石的勾结，让在山西停止活动七年多的国民党恢复其公开活动，又派梁化之去重庆国民党中央训练班受训，参加以陈诚为首的"三青团"代表会议。梁回山西后，阎便设立了国民党山西省党部，令其所有高级军政干部参加国民党。

摊牌的时刻终于到了。

1939年12月1日，阎锡山以对日军发动"冬季攻势"为名，命令决死二纵队于12月5日向同蒲路的灵石、霍县段的日军阵地攻击，同时又派他的第十九军（军长王靖国）、第六十一军（军长陈长捷）尾随在二纵队背后，企图与日军协同作战、前后夹击，一举消灭二纵队。

二纵队领导人韩钧警惕性很高，他觉察出了其中的阴谋，立即致电阎锡山：六十一军欺我太甚，甘做汉奸。学生誓与二纵队万余健儿，为总座争一伟大胜利，兹定于12月12日誓师。此后半月内，恐无暇报告钧座。将在外，君命有所不受……胜利的结果将见。

阎一见此电，气急败坏，立即召开高干会议，说："韩电对我不称长官而称老师，不称职而称学生，并说12月12日誓师，表示不相隶属，韩钧反了！"*21* 于是，他宣布韩钧"叛变"，通电全国进行讨伐。

"十二月事变"从此爆发。

1939年12月6日，毛泽东和王稼祥致电八路军总部和其他领导人，指出："晋西南阎部新旧两军已发生严重武装冲突，表现着山西旧派投降日寇的表面化，其性质是对抗日的叛变。""此种冲突可能扩大，速即通知进步分子，立即警惕，准备坚决应付事变。对叛军进攻绝不让步，坚决有力地给予还击，并立即由新派提出反对叛军口号，但不要反对阎。""八路军本身严加警戒，以防意外，并应给新军以鼓励、掩护和支持，在形式上应以调解方式出现，阻止旧军对新军进攻。八路暂时不要提反对叛军口号。"22

1939 年 12 月 13 日起，"讨逆"总指挥陈长捷组织 6 个军共 47 个团的兵力，分三路进攻晋西的二纵队和八路军第一一五师留驻晋西的独立支队。二纵队和独立支队在蒲县、永和、隰县一带与阎军苦战数日，先后击溃阎军两个多旅。但阎军势众，为保存力量，二纵队和独立支队全部越过离（石）军（渡）公路，于 27 日抵达晋西北临县附近的招贤镇。晋西南则全部落入阎军之手。

在晋西北，阎军骑兵第一军和第三十三军等部，在第七集团军司令赵承绶指挥下，放弃忻州、神池、宁武、五寨等地的对日阵地，集结兵力于兴县、临县、方山一线，监视晋西北的新军与八路军，并伺机发动进攻。

1939 年 12 月 16 日，赵承绶召开高级将领紧急会议，具体拟定进攻计划。参加会议的爱国进步将领、新军暂编第一师师长续范亭借故退席，毅然奔赴岚县史家庄，向中共晋西北区党委及新三五八旅23领导人揭露了阎军的阴谋。中共晋西北区党委针对阎军这一阴谋，决定调整部署，迎击阎军进攻，遂令新三五八旅主力集结于岚县地区，决死队第四纵队由交城地区移驻新三五八旅附近，暂编第一师向第四纵队靠拢。

在晋西南的新军和晋西独立支队撤至离（石）军（渡）公路以北后，阎锡山即令赵承绶指挥第三十三军六个团，进至临县以南的三交地区实施拦截；令骑兵第一军八个团，由临县、方山一线前出至寨上和开府地区，向岚县地区八路军进逼；同时令第六十一军、第十九军火速北上，向离（石）军（渡）公路推进，企图南北夹击并消灭晋西北的新军和八路军。

1939 年 12 月 23 日，中共中央在给彭德怀以及新三五八旅领导人彭绍辉、罗贵波的指示中明确指出："阎已令赵承绶调兵进攻四纵队，武装冲突势不可免，对此冲突，应当采取下述方针：（甲）立即准备作战，继续巩固新军。（乙）武装冲突不应由新军先发动，而应在赵承绶进攻时，新军占有利阵地，取防御姿态反攻而消灭之。"31日，中共中央在给八路军总部及第一二〇师的指示中，又进一步指出："胜利地进行这一斗争，保持山西抗战根据地在我手中，保持华北与西北的联系，这是目前的中心问题。"[24]

据此，中共晋西北区党委于1939年12月31日成立了以续范亭为总指挥的"晋西北拥阎抗日讨逆军总指挥部"，同时决定以新三五八旅、决死队第四纵队、暂编第一师等部，分别向方山和临县东北白文镇之阎军反击，接应决死队第二纵队及晋西独立支队北上。

从1940年1月2日至12日，双方激战，赵承绶受挫，先退至临县，13日弃城南逃。骑一军几乎全军覆没，郭宗汾的第三十三军也损失过半。旧军全部退出晋西北。

2月初，贺龙、关向应率第一二〇师主力返回晋西北，随即以新三五八旅主力及新军暂编第一师一部，肃清岢岚、河曲、保德等地区的反动武装700余人，并说服进至河曲、保德间的东北挺进军马占山部和国民党第二十二军高双成部退回原防地。

至此，晋西北地区成为中国共产党领导下的完整的抗日民主根据地。

阎锡山在晋西南、晋西北挑起武装冲突的同时，令其在晋东南地区的第八集团军总司令孙楚率独立第八旅，乘八路军对敌进行邯长路破击战之机，于1939年12月8日至26日进攻决死队第一、第三纵队，并破坏沁水、阳城、晋城、高平、陵川、壶关、长治等七县抗日民主政权，袭击第五专署和"牺盟会"等机关，上千人被绑架，四五百名共产党员、进步分子被杀害。在阎锡山策动下，决死队第三纵队部分反动军官，也发动叛乱，强行带走3个团及直属队一部共4000余人。第三纵队一部浴血奋战，冲出重围，越过临（汾）屯（留）公路，同决死第一纵队会合。

在决死队第一纵队，由于薄一波领导的肃清内部旧军势力的工作做得好，一批旧军官（包括纵队长梁述哉、旅长台耀西等400人）有的被撤换，有的被送往太行区的抗大"学习",纯洁了内部,故未遭损失。

1940年1月中旬,蒋介石一面迫令八路军退出太(行山)南、太岳根据地,一面以其第九十三军和第二十六军主力向临(汾)屯(留)公路以北进攻决死队第一纵队。阎锡山令暂编一旅和新编第二师,策应国民党军北犯。这时,八路军第一二九师第三八六旅主力和八路军总部特务团进入太岳区,与决死队第一纵队等部协同作战,沉重打击了第二十六军,全歼阎军暂编一旅和新编第二师大部。

经过一个多月的战斗,阎锡山发动的"十二月事变"被粉碎了。薄一波深有感触地回忆说:"在整个战斗过程中,我八路军主力部队像巨人一样屹立在新军后面,阎锡山不得不顾忌这个威慑力量,这对新军是个巨大的支援。"[25]

而对阎锡山来说,他发动"十二月事变"是玩火自焚,招致惨败。事变前,他本来以为除对决死队一纵无可奈何之外,其余的二纵、三纵、四纵及工卫旅、政卫旅等,他是有把握解决的。但实际的结果是:二纵仅一小部分脱离出去,三纵有3个团叛变,其余新军的33个团均离开了阎,编入了中共领导的抗战部队序列。更令他懊恼的是,他虽"扫荡"了晋西南,但晋西北的地盘尽失;在晋东南,他勾结蒋军进攻八路军、新军,结果为蒋军控制晋东南大开方便之门,他在这里的地盘缩小了四分之三。其下场正如续范亭所说:"阎王定下杀马计,跑了马儿又伤身。"

但是,毕竟抗日民族统一战线还未破裂。斗争还是要"有理、有利、有节"。正如毛泽东在一封电报中所说:目前还不是全国下雨之时,在全国任务还是组织进步力量,力争中间阶层,击破大资产阶级的动摇与反动,这种可能性现在还未丧失。[26]

基于此,为稳定山西局势,避免蒋介石势力取代阎锡山统治山西,争取阎锡山继续留在抗日民族统一战线之内,继续与共产党合作抗日,毛泽东通过八路军后方总留守处主任萧劲光致电阎锡山,指出旧军在晋西南和晋东南的暴行，已激起八路军和抗日根据地人民的深刻不安，但八路军仍愿意继续团结在"阎领导下抗战"，如阎愿意谈判，则中共方面准备派人去谈。与此同时，新军领导人薄一波、戎子和、续范亭、雷任民、张文昂、韩钧及各地"牺盟会"民族革命青年团等，也纷纷致电阎锡山，表示"愿在阎领导下团结抗日，绝无他求"。

阎锡山此时感到，与日寇求得妥协是根本不可能的，他偏安晋西也非长久之计，而蒋介石趁机派大军盘踞晋东南，将来会囊括山西，现在八路军、新军都表示继续拥阎抗日，也保全了他的地位和面子，于是他复电中共，表示邀请萧劲光前来谈判。

1940 年 2 月 25 日，中共中央派萧劲光、王若飞持毛泽东的亲笔信前往阎锡山驻地陕西宜川县的秋林镇。毛泽东在信中说：

百川先生勋鉴：

抗日以来，整个华北在先生英明领导之下，创立了抗日根据地，实施了进步政策，使抗战各军团结一致，屏障中原，保卫西北，功在国家，万方敬仰。八路军久隶骈幪[27]，或有某些进步，亦无非受先生之赐。目前国际形势，日见有利于我之抗战，国内关系虽有一班不明大义、幸灾乐祸分子进行挑拨离间阴谋，然深明大义者固居多数。近来山西境内，发生某种不幸事件，然大势所趋，终必和平解决。尤因先生领导提挈，至明至慎，必能处理悉当，益臻进步团结之途，无可疑者。兹派萧主任劲光、王部长若飞趋谒左右，敬祈接见指示一切。未尽之意，统由萧、王二同志面达。专此敬颂勋祺。[28]

在谈判中，阎锡山表示：新军仍属晋绥军，这是他的愿望，不过新军问题已交国民党中央解决，他不便说话，只好让其自然演变，不了自了。他说，他已令各军停止军事行动及政治攻击，如韩钧等今后遭日军攻击，他一定支援。阎锡山认为与新军的电讯联系并未断过，也不宜终止。他表示"今后当注意以进步求团结"，并说"他是国共两党之间的中间力量，他之存在是于团结有利的"。经谈判决定：晋西南与晋西北，以汾阳经离石至军渡的公路为界，晋西南为阎军活动区，晋西北为八路军活动区。在晋东南，以临汾至屯留公路为界，八路军及新军不向路南发展。

萧劲光和王若飞在离开秋林时，再次重申了中共中央关于"人不犯我，我不犯人，人若犯我，我必犯人"的自卫反击方针。阎锡山说：这十六个字的前八个字是可以接受的，但后面的八个字似乎太强硬了，请二位回延安后禀告毛泽东先生，可否改为："人若犯我，我必自卫。"萧、王转回延安向毛泽东汇报了此事，毛泽东说："一个字也不能改，就是要坚持'人若犯我，我必犯人'。" **29**

经过这次事变，阎锡山长了"记性"，在蒋介石以后发动的历次反共浪潮中，他基本上保持了中立。

太行山区的反摩擦斗争

八路军总部所在地晋冀鲁豫边区的太行山区，是国民党进行反共摩擦的另一重点地区。

1939 年 12 月初，国民党第九十七军朱怀冰部进入冀西，抢占要点，包围、压迫八路军第一二九师青年纵队、冀西游击队等部，摧残抗日民主政权，反动气焰十分嚣张。

一天，朱怀冰来到八路军总部，气势汹汹地要朱德把部队撤到白晋路以东、邯长路以北去，把太岳、太（行山）南一带让给他，并说："这是蒋介石的命令，军令、政令必须统一，八路军应执行这个命令。"

朱德笑着说："你们抗日，我们也抗日，为什么我们建立的根据地要让给你们?! 委员长这个命令是行不通的。"

"你不执行此命令，就休怪我们动武了！"朱怀冰似乎忘记了在跟谁说话。

"朱将军，大革命时期，我们未坚持独立自主，一味退让过，不过现在我要告诉你两件事：第一，现在我们的领袖是毛泽东，不是陈独秀了；第二，我们现在有了八路军。你说你要打，难道我们就不会还击？"

朱怀冰灰溜溜地走后，为了团结抗日，八路军副总司令彭德怀和第一二九师长刘伯承，先后亲赴冀西，向冀察战区总司令鹿钟麟和朱怀冰再次劝说。刘伯承说：

"我们已经退避三舍了，实在无地可退，你们总得让我们抗日有地！八路军一个师抵抗了十万日军、十万伪军，并非怕你，不过为了团结，不忍自相残杀，要是逼人太甚，我们是有人民作后盾的。"

但朱怀冰仍执迷不悟，于1939年12月下旬，指使所部向平汉路以西抗日游击纵队大举进攻。八路军被迫自卫，遂以第三八五旅主力以及冀西、冀中部队，于1940年1月12日发起反击，歼其大部，迫使国民党军于2月初南撤武安、涉县、磁县地区。

1940年1月，国民党第六十九军军长石友三，也成了反共急先锋。他初到冀南时，因立足未稳，表示愿意同八路军和平相处。冀南根据地负责人为了团结他共同抗日，多次主动拜访，并在物质上竭力相助，宁肯自己的部队吃杂粮、穿单衣，也要把节省下来的白面、棉衣送给他的部队。现在，他自以为羽翼丰满，急于向蒋介石邀功请赏，便加快了摩擦的步伐。1月下旬，他指使部下活埋了八路军东进纵队第二团一个排，围攻东进纵队三团，策动东进纵队特务营大部和冀南第五军分区司令员葛贵斋率一部叛变，还到处捕杀抗日根据地游击队和八路军地方工作人员。

1940年1月30日，中共中央书记处致电朱德、彭德怀、中共中央北方局书记杨尚昆以及刘伯承、邓小平等，指出："对河北与山西境内的任何军队，不论是中央军、晋绥军及石友三，如果他进攻八路地区，我应在自卫原

则下，在有理有利条件下，坚决反抗并彻底消灭之。" *30*

遵照上述指示，刘伯承、邓小平在八路军总部部署下，令冀南、冀中、冀鲁豫等军区各以一部兵力，由宋任穷、程子华统一指挥，于1940年2月9日发起冀南反击作战，将石友三部主力包围于威县东南下堡寺、马鸣堂一带。15日，顽军突围西逃，后又南退至清丰东南地区。

朱怀冰、石友三相继被逐出太行、冀南根据地的腹心地区后，蒋介石并不甘心，于2月初命令进占磁县、武安、涉县、林县和清丰地区的朱怀冰、石友三等部，再次向太行、冀南大举进攻；同时增调第四十一、第七十一军由黄河以南向太（行）南开进，作为朱怀冰、石友三等的后援。

据此，刘伯承、邓小平上报八路军总部，决定乘黄河以南的顽军尚未北渡、朱怀冰部孤立突出、石友三部立足未稳之有利时机，于1940年3月初，在平汉路以西发起磁（县）武（安）涉（县）林（县）战役，驱逐朱怀冰部；在平汉路以东发起卫（河）东战役，驱逐石友三部。

在研究战役计划时，邓小平说："朱怀冰是进攻我们的急先锋，根据目前顽军的态势，我们的作战意图应该是集中主力歼灭朱怀冰部，监视鹿钟麟和孙殿英部，尽可能争取他们中立。"

刘伯承说："我们这十三个团的兵力是朱怀冰部队的三倍左右，这次全用上。除了独立支队作为别动支队外，其他部队编成左、中、右三个纵队，分三路进攻，采取包围穿插战术，插入朱怀冰部的纵深，直捣他的心脏。关键在于迅速，叫朱怀冰来不及跑掉，其他顽军也来不及救援。这次作战的成败，关系整个华北的抗战局面。各部队要加强政治动员，讲清这次作战的重大意义，要不怕疲劳，不顾一切消灭他们！"

按照刘伯承的指示，八路军部队分左、中、右三个纵队。左翼队由先遣支队一大队组成，由王树声指挥；中央队由青年纵队、晋察冀挺进支队、冀中警备旅等部队组成，由李达指挥；右翼队由第三八六旅新编一团一部和独立支队、师特务团组成，由桂干生、周希汉指挥。上述三个纵队由邓小平统一指挥。

1940 年 3 月 5 日 2 时，邓小平一声令下，战役发起。中央队按预定路线突击。敌人在猛烈的炮火下纷纷逃窜。右翼队由进攻出发地攻击前进，途中遇到了孙殿英的部队。周希汉上前说明八路军专打朱怀冰，该部军官立即命令让开道路，右翼队关住了顽军突围的大门。次日晨，中央队、左翼队从南、北两面夹击顽军，顽军抵挡不住，遗弃全部辎重及后方机关，急渡漳河，向林县方向溃逃。

邓小平下令全线追击。右翼队新编第一团一部甩开大步向南疾进，先敌插到漳河以南的芦家寨，卡住了敌人的退路。中央队也陆续赶到林县以北的姚村地区。途中，中央队因两日两夜未得休息，追击速度减慢。刘伯承发去电报鼓励部队："现在双方都很疲劳，谁能坚持到最后，谁就能获得胜利！"李达立即把刘伯承的鼓励传达给指战员，行军队列中发出阵阵呼声："响应刘师长号召，坚决消灭朱怀冰！"

经两日激战，八路军歼灭了朱怀冰第九十七军及其他游杂武装 1 万余人，其中生俘 7000 余人。朱怀冰率残部 3000 余人逃往林县以南，遭到预伏在这里的别动支队截击，仅剩 2000 余人逃入修武县境内。

1940 年 3 月 9 日，国民党第一战区司令长官卫立煌出面要求八路军停止追击。朱德总司令以抗日大局为重，同意了卫立煌的要求。双方经过谈判，划定了两军边界：以临（汾）屯（留）公路和长治、平顺、磁县之线为界，北面为八路军的活动地区，南面为国民党军队的驻扎范围，彼此不得越界侵犯。

根据八路军总部的决定，邓小平率领追击部队后撤，并把俘虏全部释放，归还国民党军。磁武涉林战役胜利结束。

在平汉路以东，卫（河）东战役也在顺利地进行着。

程子华、宋任穷总结了冀南反顽战役的经验和教训，认为对照刘伯承、邓小平的指示，上次战役在兵力使用和部署上有不当之处，主要是没有贯彻好刘邓首长关于"咬一口算一口"、"一口一口吃"的要求，有的方向上口子开得过大，形成"咬不动"的局面。因此，他们在部署卫东战役时，特别注意突出重点，从顽军薄弱处开刀。

1940 年 3 月 4 日凌晨 1 时，战役开始。八路军一支精锐小部队潜入顽军六塔集阵地，采用了中心开花、由里往外打的战术。顽军惊慌不堪，顿时乱了阵脚。八路军各路攻击部队乘机猛烈揿入。顽军散成数路南逃。八路军攻击部队猛追，在濮阳以东及东南、东明等地连续予顽军以打击。11 日，石友三残部逃到民权以东地区。

至此，八路军全部恢复了卫河以东地区。

卫东战役共歼石友三等部 6000 余人。这一仗，把顽军赶到根据地边沿地区，巩固了冀南、冀鲁豫抗日阵地；同时与西线磁武涉林战役相配合，粉碎了国民党顽固派联结太行、直（隶）南、鲁西反动势力，隔断八路军南北联系的阴谋。

至于那位反共先锋石友三，他在失败之后，派其弟石友信赴商丘与日军勾结，达成了降日反共、联合进攻八路军冀南根据地之秘密军事协议。这份文件很快被八路军缴获。1940 年 7 月 21 日，朱德总司令和彭德怀副总司令以石友三降日反共为由，联名致函蒋介石及卫立煌，要求"毅然罢免石友三本兼各职，明令讨伐，以正视听"。蒋介石为舆论所迫，于 1940 年冬，将石友三、石友信先后逮捕枪决。反共先锋石友三，最终身败名裂，落了个可耻下场。这是后话了。

有理、有利、有节

磁武涉林和卫东战役胜利结束后，中共中央本着维护抗日民族统一战线、团结国民党继续抗战的政治立场，以及保持八路军在政治上、军事上的有理、有利地位，毛泽东于 1940 年 3 月 16 日电示彭德怀：

目前华北斗争，亟应自动告一结束，否则有转入被动危险。我军政治上一经转入被动，蒋介石即会在政治上向我反攻，大肆宣传，说我无理，那时我们将处于极大不利，过去的有理地位反而丧失了。军事上必须立刻刹住，转为守势，彼军进迫，我军后退，一枪不打，服从命令，才能造成政治上有理有利地位。如彼再三再四进迫不已，然后我军加以还击，其曲在彼。**31**

接着，中共中央派朱德前往洛阳，同第一战区司令长官卫立煌谈判，当时正值卫立煌赴山西晋城前线，朱德即赶赴晋城同卫会晤。

卫立煌在反共摩擦中一直扮演消极分子的角色，此时见到了老朋友非常高兴，谈判当然也就易于达成谅解。朱德表示了中共同国民党友军长期抗战的真诚愿望，卫表示两军的摩擦只会有利于日寇，必须终止。双方协定，重新划分国民党军与八路军在冀西、晋南的防区，即以临（汾）屯（留）公路及长治、平顺、磁县之线为界，在此线以南，为国民党军队驻区；在此线以北，为八路军驻区。根据这个协议，八路军由林县、凌川、长治、壶关、晋城、阳城、高平及河南省北部撤出，但同时也扩大了八路军在河北、太行山及晋冀豫边区的地盘，形成了完整的晋冀鲁豫根据地。从此以后，这里再未发生大规模的反共摩擦。

为了庆祝这一次谈判的结果，卫立煌和朱德都想搞点文娱活动，增加热烈的气氛。只可惜日寇近在咫尺，晋城早已是"浔阳地僻无音乐，终岁不闻丝竹声"了。于是，两人合计去看自古以来即闻名于世的晋城打铁业。

进得城来，只见家家户户的锻铁炉前，火星灿烂，铁花飞舞，锤声铿锵。两位将军不约而同地欢笑起来。

打退国民党顽固派发动的第一次反共高潮，是中国共产党在抗日民族统一战线中采取又联合又斗争政策的胜利。

1940年3月11日，毛泽东在延安中国共产党的高级干部会议上作报告。他总结道：

在抗日民族统一战线时期，同顽固派斗争，必须注意下列几项原则。第一是自卫原则。人不犯我，我不犯人，人若犯我，我必犯人。这就是说，决不可无故进攻人家，也决不可在被人家攻击时不予还击。这就是斗争的防御性。对于顽固派的军事进攻，必须坚决、彻底、干净、全部地消灭之。

第二是胜利原则。不斗则已，斗则必胜，决不可举行无计划、无准备、无把握的斗争。应懂得利用顽固派的矛盾，决不可同时打击许多顽固派，应择其最反动者首先打击之。这就是斗争的局部性。

第三是休战原则。在一个时期内把顽固派的进攻打退之后，在他们没有举行新的进攻之前，我们应该适可而止，使这一斗争告一段落。在接着的一个时期中，双方实行休战。这时，我们应该主动地又同顽固派讲团结，在对方同意之下，和他们订立和平协定。决不可无止境地每日每时地斗下去，决不可被胜利冲昏自己的头脑。这就是每一斗争的暂时性。在他们举行新的进攻之时，我们才又用新的斗争对待之。

这三个原则，换一句话来讲，就是"有理""有利""有节"。坚持这种有理、有利、有节的斗争，就能发展进步势力，争取中间势力，孤立顽固派，并使顽固派尔后不敢轻易向我们进攻，不敢轻易同敌人妥协，不敢轻易举行大内战。这样，就有争取时局走向好转的可能。*32*

毛泽东总结的打退这次反共高潮的经验，为以后的反顽斗争，奠定了坚实的思想理论基础。

中国共产党和她的领导集体，在斗争中愈发成熟起来。

注　释

1. 转引自张宪文主编：《中华民国史纲》，河南人民出版社 1985 年版，第 542 页。

2. 转引自张宪文主编：《中华民国史纲》，河南人民出版社 1985 年版，第 543—544 页。

3. 中共中央文献研究室编：《毛泽东传》第二卷，中央文献出版社 2013 年版，第 541 页。

4.《毛泽东选集》第二卷，人民出版社 1991 年版，第 590 页。

5. 参见《萧劲光回忆录》，解放军出版社 2013 年版，第 108 页。

6. 全称"国民党军第十八集团军荣誉军人教导院",为八路军的伤残军人管理机构。

7. 今陕西旬邑县。

8. 参见《萧劲光回忆录》,解放军出版社 2013 年版,第 110 页。

9. 指新编骑兵第二师,师长马禄。

10. 参见《萧劲光回忆录》,解放军出版社 2013 年版,第 112 页。

11. 1939 年 4 月,国民党顽固派纠集镇原等县保安队,进攻镇原、宁县八路军,史称"第一次陇东事件"。

12. 朱绍良时任国民党甘肃省政府主席。

13. 参见《萧劲光回忆录》,解放军出版社 2013 年版,第 117 页。

14. 参见《萧劲光回忆录》,解放军出版社 2013 年版,第 118 页。

15. 参见《萧劲光回忆录》,解放军出版社 2013 年版,第 114 页。

16. 新军,指抗日战争初期,由中国共产党人在与阎锡山建立抗日民族统一战线的过程中组建和领导的,以山西青年抗敌决死队为主力的山西人民的抗日武装。至 1939 年冬,已有 4 个决死纵队、1 个工人武装自卫纵队、3 个政治保卫旅、3 个保安司令部、1 个暂编第一师,共约五万人,分别活动于晋东南、晋西南、晋西北等地区。

17. 旧军,指国民党山西地方实力派阎锡山指挥的晋绥军。

18. 参见中国人民解放军历史资料丛书编审委员会编:《八路军·回忆史料》(1),解放军出版社 1990 年版,第 176 页。

19.《山西文史资料全编》编辑委员会:《山西文史资料全编》第四卷(第 38 辑—第 49 辑),山西文史资料编辑部 1999 年版,第 1009 页。

20.《山西文史资料全编》编辑委员会:《山西文史资料全编》第二卷(第 14 辑—第 25 辑),山西文史资料编辑部 1998 年版,第 131—132 页。

21.《山西文史资料全编》编辑委员会:《山西文史资料全编》第四卷(第 38 辑—第 49 辑),山西文史资料编辑部 1999 年版,第 1010 页。

22.《毛泽东军事文集》第二卷,军事科学出版社、中央文献出版社 1993 年版,第 497、498 页。

23. 1939 年 4 月,贺龙率第一二〇师主力挺进冀中,留在晋西北的部队组成新三五八旅,由彭绍辉任旅长,罗贵波任政委。

24.《毛泽东军事文集》第二卷,军事科学出版社、中央文献出版社 1993 年版,第 503 页。

25. 参见中国人民解放军历史资料丛书编审委员会编:《八路军·回忆史料》(1),解放军出版社 1990 年版,第 180 页。

26.《毛泽东军事文集》第二卷,军事科学出版社、中央文献出版社 1993 年版,第 507 页。

27. 古时指帐幕,在旁的叫帏,在上的叫幪。

28. 转引自李志良:《度尽劫波兄弟在——战时国共关系》,广西师范大学出版社 1993 年版。

29. 参见《萧劲光回忆录》，解放军出版社2013年版，第123页。

30.《毛泽东军事文集》第二卷，军事科学出版社、中央文献出版社1993年版，第513页。

31.《毛泽东军事文集》第二卷，军事科学出版社、中央文献出版社1993年版，第523、524页。

32.《毛泽东军事文集》第二卷，军事科学出版社、中央文献出版社1993年版，第521—522页。

第 十 二 章

淮南争锋

叶挺立煌会廖磊——五支队一成立就被污蔑为"逆"——罗炳辉二打来安——"红色窑工"激战周家岗——刘少奇谋夺苏北——各方意见相左——半塔集险象环生——陈毅紧急修书二李——叶纵骁勇驰援——韩德勤全线溃败——新四军兵分四路追穷寇——桂顽似黄雀在后——新四军手下留情——张云逸夫人被劫持——罗炳辉火烧来安

新四军第五支队征战路东

1939 年 7 月上旬，为协调江北部队与桂军当局的关系，求得团结抗战，叶挺同张云逸到达国民党安徽省军政首脑机关所在地立煌¹县城，试图就新四军江北部队的编制、活动地区、部队给养等问题，争取国民党当局的合作和支持。

关于叶挺、张云逸此行与廖磊的谈判内容，军部于 7 月 7 日向延安发了一份电报。电报称：

（甲）叶张日内即可抵达立煌。此次与廖当局会谈之中心即为江北新四军等问题。

（乙）目前廖对我最恐惧。全局是江北我军之扩大与发展，其次是党的发展。

（丙）我们估计廖对于军队要提出的不外以下几点，所谓（一）收缴民队，（二）活动区域，（三）捉打汉奸，（四）破坏行政，（五）摊派粮食，（六）困惑其领导的小游击队等等。**2**

地处大别山，由廖磊主持的国民党安徽省军政当局，既没有勇气以自己庞大的桂系把津浦、淮南铁路沿线地区的守土抗战任务担当起来；又害怕新四军在敌后斗争中获得发展壮大，占据了他们想占的地盘。因而在长江以北大半个安徽省内，不断地挑起摩擦事件，意欲限制新四军发展。

但廖磊表面上却装成很讲礼仪的样子，亲自接待叶挺、张云逸，省府机关报还登出了欢迎叶挺来访的社论，说是拥护国共合作共赴国难。

叶挺向廖磊讲了新四军江北部队扩编和进军津浦路以西以东，建立游击根据地的进展情况，希望国民党当局对我江北部队的编制和经费方面，给予合作支持。

但廖磊的言行却是南辕北辙。他不但不承认新四军江北部队的新编制，反而要求新四军"不应过分扩大"；既不供给经费，又要新四军不"摊派军粮"；不承认新四军活动地区，要新四军不"干涉行政"；反对新四军改造各色游击队，要新四军"不要拉扯地方武装"。

双方虽经多次商谈，终因分歧较大，问题未能解决。叶挺、张云逸于7月22日返回江北指挥部驻地庐江东汤池。

此时，经过6月底到7月初的整编，江北部队的正规化建设有了较大进步，并组建了一支新的武装——新四军第五支队。

这样，江北指挥部就辖第四、第五支队和江北游击纵队，共9000余人。

第四支队由第七、第九团为基础扩编而成，司令员徐海东 **3** 兼，政治委员戴季英 **4**，副司令员林维先，参谋长谭希林，政治部主任戴季英 **5** 兼，辖第七、第九、第十四团和特务营，教导大队。第七团团长秦贤安，政治委员徐海珊；第九团团长詹化雨，政治委员高志荣；第十四团由原支队特务营和淮南抗日游击纵队等部组成，团长梁从学 **6**，政治委员李世炎。

第五支队由原第八团为基础扩编而成。司令员罗炳辉，政治委员郭述申，副司令员周骏鸣，参谋长赵启民，政治部主任方毅 **7**，辖第八、第十、第十五团和教导大队。第八团团长周骏鸣兼，政治委员陈庆先；第十团由原挺进团改编组成，团长成钧，政治委员徐祥亨 **8**；第十五团由原第三游击纵队 **9** 改编而成，团长林英坚，政治委员刘景胜。江北游击纵队司令员孙仲德，政治委员黄岩，参谋长桂逢洲，政治部主任桂蓬 **10**，辖两个大队，共 1500 余人，归指挥部指挥。

因此，第五支队是中共独立自主发展起来的抗日武装，不为蒋介石国民党政府所承认。不但没有军械薪饷之补给，而且被视为"非法"。从成立之日起，就面临着同时与日本侵略军、汉奸伪军、国民党反共顽固派三方作战的严峻态势。在红军时期，蒋介石曾污蔑罗炳辉为"匪"，并悬赏八万元买他的头颅。此刻，在国民党官方文书里，罗炳辉和他率领的第五支队又被诬指为"逆"。历史，给他提供的是一个荆棘遍布、险象环生的舞台。

第五支队经一个月的紧张训练，于 8 月越过津浦铁路，向东挺进。

津浦路东的扬州、仪征、天长、高邮、盱眙、嘉山、来安、六合等八县市，地处苏皖边境，北依淮河，南控长江，东濒运河、高宝湖，西扼津浦铁路，战略地位十分重要。经济上，西北山区资源丰富，东南平原沃土千里；军事上，有山峦之险可守，有河湖之隔可据，有丘陵可作周旋，有港汊可资隐蔽，具备了创建根据地的良好的客观条件。自 1937 年 12 月 13 日南京沦陷后，日本侵略者迅速渡长江北上，至 1938 年 2 月，该地区全部沦入敌手。日寇肆虐，汉奸猖獗，土匪蜂起，人民生活痛苦万状。

早在 1939 年 5 月，中共苏皖省委就派遣方毅、朱绍清等组成津浦路东临时前委，率领由八团二营扩编的挺进纵队和第四支队战地服务团，进入津浦路东，开展战略侦察和发动群众。方毅、朱绍清分别到天长县铜城和汊涧向国民党县长和军官进行统战工作。

罗炳辉率第五支队进入路东后,把下属几个团很快撒出去:以十五团守备六合县竹镇,以十团开辟盱眙、嘉山,以八团一、三营在来安活动,以八团二营直插扬州附近。在广大的区域里,各部队勇猛穿插,打击日伪,宣传党的主张,发动民众抗日。

罗炳辉部进军路东,使国民党反共顽固派极为不安,那些畏日寇如虎、却坚决反共的国民党政府流亡县长们,勾结反动乡、保长,多方掣肘,到处造谣:"新四军不是真抗日,是来抢地盘","罗炳辉这样胖,是因为每天要吃两个小孩"。一时间谣言四起,人心慌乱,群众难辨真假。

驻滁县日军独立混成第十三旅团步兵第六十五大队,以及伪军 300 余人,为防范罗炳辉部进袭津浦铁路,乘五支队立足未稳,在地方反动势力的配合下,分兵侵占来安城,企图一举歼灭在来安、滁县活动的新四军第五支队第八团,切断路西和路东的联系,逼迫第五支队退回路西。

面对这种复杂纷乱局势,罗炳辉决心先发制人,围攻来安,以实际行动粉碎国民党反共顽固派的无耻谎言,打击日军的嚣张气焰,以激励皖东人民的抗日热情。

1939 年 9 月 3 日,罗炳辉部署和指挥了一打来安城,经三昼夜激战,毙敌百余名,于 9 月 5 日收复来安。第五支队挺进皖东敌后的第一仗首战告捷,军威大振,受到皖东人民的热烈拥护。至 10 月,打开了路东局面,开辟了以来安县半塔为中心的津浦路东游击根据地。

11 月 20 日,日军一部和伪军王国六部共四百余名,再占来安;另一部日军隐蔽在距县城十多里的百石山,准备伏击新四军第五支队。但第五支队出奇制胜,深夜绕过百石山,巧妙地避开敌人伏兵,直逼城下。一部乘黑夜拆城墙入城,然后内外夹攻,先歼日伪军一部,接着又在城外痛击从百石山来援的敌军。日伪弃城狼狈逃回滁县。五支队再次收复来安城,万众欢腾。这次战斗共毙伤敌少佐指挥官以下日伪军二百余名。

罗炳辉在群众大会上风趣地说:"有人说我一天要吃两个小孩,我到此三个月，该吃掉一百七八十了，请问哪位乡亲家丢了孩子?"此后，罗炳辉以喜欢孩子出了名，每到一地，他的肩上、背上、怀里都趴满了儿童。根据地人民称他为"福将"。他的爱子1943年12月25日在来安境内大刘郢出生时，他以"新四军时期生于来安"之意，为儿子取名"新安"。同月，十团在嘉山痛击从明光出犯的日军，歼敌数十名。部队在积极打击日伪军的同时，还取缔各地为日军维护治安、通风报信、征粮收税的"维持会"，不断缩小"伪化"地区，逐步开辟了以半塔集为中心的皖东津浦路动抗日根据地。

第五支队在路东征战的同时，第四支队也开辟了以藕塘为中心的津浦路西根据地。

这时，苏北的国民党江苏省主席韩德勤已派其三十三师、独六旅和收编的秦庆霖常备旅等部一万多人，伸到淮河两岸及路东天长、高邮、盱眙等地，企图和津浦路西的桂军相配合，将新四军挤出皖东或消灭在皖东境内。

第五支队的处境十分严峻，江北指挥部也处在很大的危险中。

其实迫切需要解决的不仅仅是江北新四军生存与发展的问题，整个新四军的发展战略也急切需要筹划。

在这关键时刻，1939年12月上旬，刘少奇和徐海东到达皖东定远县藕塘镇附近新四军江北指挥部。他们的到来，受到江北指挥部指挥员张云逸和政治部主任邓子恢等的热烈欢迎。

刘少奇谋夺苏北

这是刘少奇抗战期间第二次来华中。

第一次是在1938年底至1939年初，当时是为了贯彻中共六届六中全会精神，中央派他坐镇中共中央中原局所在地——河南省确山县竹沟镇，执行中央确定的发展华中的任务。后因有事，于1939年3月返回延安，由朱理治代理主持中原局工作。

1939年夏天以来，华中形势严峻：日本侵略军已无继续向国民党作战略进攻，重点"扫荡"占领区；蒋介石在各地制造的与八路军、新四军的摩擦事件迭起；华中又极其需要加强党的领导。中共中央决定刘少奇偕同徐海东等40余名干部，再抵竹沟镇，领导中原局加快发展华中的步伐。

　　当刘少奇一行到达竹沟时，竹沟镇已经不很安全。中国共产党领导的抗日武装主力，已分三批奔赴皖东、豫东和鄂豫边，留守处人员很少。国民党顽固派正在周围虎视眈眈，蠢蠢欲动。

　　长期的革命经验告诉刘少奇，国民党顽固派有可能对竹沟地区发动进攻，必须当机立断，作出紧急布置。刘少奇立即召开紧急会议，指出竹沟是延安通向华中敌后新四军交通枢纽，但在军事上则处于国民党军队的包围之中。随着国民党反共高潮的到来，它必然是守不住了。竹沟的历史任务已经光荣地完成了，要抓紧时间做好思想上、组织上的准备，该走的走，该隐蔽的隐蔽。

　　会后，刘少奇指示朱理治即率竹沟大部工作人员、武装与教导队，去豫鄂交界地区的四望山，集中注意力开展敌后工作，巩固现有部队，创造根据地，筹措给养；竹沟留守处尽量缩小，主要办理后方勤务及交通事宜；调刘子久到竹沟主持河南及鄂西北秘密党的工作；刘少奇自己即率中共中央中原局领导机关向皖东转移。

　　果然，没过多久，便发生了国民党顽固派袭击竹沟的惨案。刘少奇的先期行动，避免了一场更大的损失。

　　刘少奇到达新四军江北指挥部后，于12月中旬在滁县、定远交界处瓦屋薛村主持召开了第一次中原局会议。这次会上，刘少奇宣布中共中央根据他的建议作出的决定，将新四军江北指挥部指挥张云逸、副指挥徐海东和河南省委书记刘子久增补为中原局委员，使领导机构进一步健全起来。

　　会议另一个更重要的议题，是解决新四军的战略发展方向。当时，新四军第四、五支队虽然在津浦路两侧实行了初步战略展开，但整个华中地区的工作还缺乏积极地大胆地深入敌后的打算。长江以北的新四军来自各方，各有自己的发展计划：有的主张向西，有的主张向北，而中共中央东南局书记、新四军副军长项英则要求已经渡江北上的新四军部队重返江南。

如果新四军发展方向的问题不解决，发展华中的战略任务就无法实现。

会上，刘少奇明确提出新四军的发展方向不是向北，不是向西，更不是向南，而是按照中共中央的战略意图向东发展。他分析了华中的敌、我、友情况，指出：

如果向西发展，豫皖苏边和皖东地区都背靠国民党统治地区，新四军将同国民党顽军发生冲突，受到他们的限制，而且不易取得中间势力的同情。

如果北上华北或者南渡长江，也不能打开新的局面。

而东面的苏北地域辽阔，全属敌后，有驰骋回旋的广大地盘。国民党江苏省政府代主席韩德勤暗中勾结日伪，欺压百姓，受到人民痛恨，因此，群众欢迎新四军东进，领导他们进行抗日斗争。苏北物产丰富，又靠近山东，可以同八路军相互依托，相互策应。因此，苏北是新四军的战略突击方向，应集中力量向这一地区发展。如果不解决苏北问题，八路军和新四军就不能打成一片，就不能建立巩固的华中根据地。

经过刘少奇的分析和中原局的充分讨论，会议确定了新四军发展的方向。1939 年 12 月 19 日，刘少奇致电中央书记处、项英和彭雪枫：

"在武汉失守前后，大约有好几个月时间，使我们完全有可能建立相当完满的皖东抗日根据地，我们是失去了历史发展这种特殊的窘迫。如果敌情及全国大局没有大的变化，目前我们在皖东只能求得某种有限度的发展，而有大发展希望的地区是在江苏北部。""江苏北部我们都没有正［规］部队及党的机关去活动，亦无地方党，而这又是有最大发展希望的地区，因此，这是我们突击方向，应集中最大力量向这方面发展。""如四、五支队扫敌东进至苏北，则后方难联络，皖东即会失去，且对苏北地区不熟，不一定能立足，太冒险。""因此，以依靠皖东、皖东北雪枫、爱萍地区向苏北发展为最好，并可与山东联系。""我们在淮阴以北发展，立定脚跟后，即可向南发展，即可配合七、八两团及江南部队向东、北发展。"**11**

刘少奇发展苏北的计划同中共中央部署一致。此前，中央书记处曾指示新四军："整个江北的新四军应从安庆、合肥、怀远、永城、夏邑之线起，广泛猛烈的向东发展，一直发展到海边上去，不到海边决不停止。"**12**

但突然到来的敌情和其他原因，刘少奇发展苏北的计划不得不被推迟实施和改变。

"红色窑工"激战周家岗

如前所述，抗日战争进入相持阶段后，日军已无能力对中国实施战略进攻，军事打击的重点放在整理其占领区的秩序。在华中，日寇频繁出击，"扫荡"影响其后方"治安"的新四军。在江北方向，1939 年 12 月中旬，侵华日军第六师团长谷寿夫，纠集了南京、明光、蚌埠等地的日伪军 2000 余人，分三路从东、南和北面"扫荡"周家岗。

为了配合日伪军对周家岗地区的"扫荡"，21 日，巢县的日伪军出动近千人，经含山和程家市侵入古河镇。驻扎在该镇的国民党安徽省第五督察专员兼游击纵队司令李本一，虽然拥有兵力 5000 人左右，但被日伪军的嚣张气焰吓得丧魂失魄，没有放几枪就丢掉了古河镇，一口气跑到和县的善厚集躲了起来。

日伪军闯进古河镇后，到处烧杀抢掠，全镇一片火海，被烧毁的民房700 多间，被杀害的群众 100 多人，农民童严发被日军用刺刀活活捅死。

没有遇到国民党军队抵抗的这股敌人，立即配合北路周家岗之敌对新四军疯狂"扫荡"。

此时，四支队司令员徐海东已到任，他根据敌情和刘少奇、张云逸关于"避敌锋芒，击其弱翼，精心捕捉战机，充分利用有利地形，出其不意在运动中给以歼灭性打击，以缩小'扫荡'范围，缩短'扫荡'时间，减少人民的损失"的指示精神，从滁县太平集支队部迅速赶到七团团部，进行作战部署，决定以七、九两个主力团打好这一仗。

1939年12月21日拂晓，由全椒出动的大马厂之敌北窜，企图进攻周家岗，被九团在玉屏山的一连、九连阻击，敌即退缩复兴集，以炮兵轰击新四军阵地，掩护大队继续攻击。三连当即在复兴集附近与敌激战约七个小时。敌人遭打击，被阻于大道上，伤亡较大，遂退回复兴集、大马厂一带，不敢向周家岗前进。

上午，另外两路敌人合成一路并占领周家岗后，于下午1时30分开始向复兴集方向运动，企图接应大马厂之敌。七团二营两个连尾追敌人，边走边打。当敌先头部队到达山根曹、后续部队离开西魏村时，便进入新四军预设的伏击圈。

在这里设伏的是七团一营，一支红军时期的老部队，它的前身，正是当年徐海东率领的鄂豫皖红二十五军七十四师——一支以打硬仗著称的英雄部队，战斗骨干多是红军战士。

敌人大队人马沿山路缓缓而来，日军前卫部队警觉地四处搜寻。设伏在陈郢山头上的七团一营不露声色，放了过去。

后边随行的骡马辎重和伪军刚一露头，一营以猛烈火力突然打击，敌人队形大乱。一营随即发起冲锋，战士们如虎下山，冲入敌阵，顿时将敌截为数段，首尾不能相顾。已经通过的敌人不敢回援，急忙占领了两座小山头盲目开炮。被新四军截断的多数是伪军，战斗力不强，有的被打死，有的夺路逃窜，有的举枪投降，辎重、弹药等物资丢弃满地，骡马东奔西突，四处逃散。押运弹药的一个日军小队长，膀粗腰圆，被新四军五六个战士包围，头被刺刀挑破，鲜血直淌，仍不肯放下武器而继续顽抗。三个战士猛扑上去，将其生擒，押下阵地。

敌人遭我伏击，伤亡惨重，前不敢进，后不敢退，龟缩于山根曹、西何家等山上，据险固守，不敢妄动。

这时已到晚上，英雄的七团一营趁着夜幕扑下山来，偷袭该敌。

一连打得十分顽强，反复冲击十余次。一排长壮烈牺牲，三排正副排长都负了伤。子弹打完了，战士们就用刺刀拼。打得日伪军狼狈不堪，损失惨重。22日，当这股敌人由西何家南逃复兴集时，又遭七团部队伏击，被消灭一部，其余溃退到复兴集会合。当夜，九团又袭击了复兴集之敌。

连日来，各路日伪军屡遭打击，接连受挫，携带的弹药所剩无几，不得不于23日上午开始撤退。

七、九团随即跟踪追击。

回窜巢县的一路，被九团沿途追击，予以杀伤。九团乘势收复了古河镇，并从河里捞起不少李本一部队丢弃的掷弹筒和枪支。

回窜全椒的一路，途经小尚村和东刘村时，遭预伏的七团部队猛烈阻击。敌且战且退，当退至大小童的中心时，又遭到新四军十多挺机枪和无数手榴弹的突然打击，惊魂未定的日伪军草木皆兵，无力还手，夺路逃命。七团追击敌人直至谭墩才胜利收兵。

新四军经三昼夜的激烈战斗，粉碎了敌人对新四军的三路"扫荡"。七、九两团共毙伤俘敌160余人，其中击毙日军小队长毛高千穗，生俘敌分队长一人，还缴获了大量的武器、弹药和军用物资。从此，仓皇败退的敌人缩回巢内，半年之久未敢出动。

战后不久，徐海东给营以上干部作报告时，突然口吐鲜血病倒了。经医生诊断是肺病复发，病情一天天严重，吐血量不断增加，以至卧床不起。在后来的皖南事变后，抗战形势日趋紧张。徐海东感到国难当头，自己却长期患病不能为国出力，心情急躁不安，因而病情不时加重。华中局把徐海东的身体状况反映给毛泽东。5月，毛泽东亲自给徐海东来电，要他"精心养病，天塌不管"。

周家岗反"扫荡"的胜利，扩大了中共和新四军的政治影响，打开了抗战的新局面。由此，新四军在津浦路西站稳了脚跟，为创建淮南抗日根据地奠定了坚实的基础。

但皖东地区的这种严重敌情也改变了刘少奇原来打算从四、五支队各抽调一部北渡淮河，会合豫东、皖东北的第六支队发展苏北的计划，这是计划改变的第一个因素。

第二个因素是国民党顽固派这时已在发动第一次反共高潮，加紧反共摩擦。韩德勤部有五个团的兵力向皖东地区推进，鲁苏战区总司令于学忠部也有一支部队向这个地区移动，使皖东局势更见紧张，一时无力他顾。

第三个因素是新四军内部指挥体制不顺，战略思想不统一。刘少奇12月19日发展华中的工作部署，也抄送给项英，提出从江南抽调两个主力团到江北来。1月11日，中央复电刘少奇和项英，同意抽调江南主力发展江北的要求。但项英认为皖南在任何情况下非独立行动坚持江南不可，一切工作须按全国情形来布置，不能限一方面，也不能各自打算。"你的指示确难遵行"，项英拒绝了刘少奇的抽调江南主力部队向江北发展的要求。反而主张在不影响争取苏北条件下，由江南加强皖南力量。[13] 而在豫皖苏边的彭雪枫对向东发展也还存在着犹豫。因此，刘少奇向中共中央请示：

在全国形势紧张国共摩擦加紧之情况下，四、五支队部队以不变更目前布置为好。前电建议抽调四、五支队各一部去淮河北岸发展之计划，是否取消？目前四、五支队确定在原地区活动，加紧扩大部队，整理训练，组织游击队，组织群众，加强新四军在这一地区的工作，求得生根与巩固，以准备应付可能之武装摩擦。[14]

这样，在大力发展苏北前，建立并巩固皖东根据地已成为刘少奇首先需要解决的问题。1940年1月，刘少奇在定远县山黄家村主持召开第二次中原局会议，着重讨论这个问题。

刘少奇经过一个多月的了解，深深感到新四军第四、五支队"在领导思想中有原则的缺点，没有坚定而明确的发展自己力量的方针，在建军与精兵主义口号下，放松了发展。在统一战线中对同盟者顾虑太多，常不肯超出同盟者意志之外去行动和发展，因此放弃了许多发展的机会。最近的部队是缩小了，有枪无人背，每连五六十人至七八十人。创立根据地的思想弱，不具体了解，没有用心去进行地方工作和解决部队的给养，因此，部队相当建立每月虽有数万之津贴，仍是很困难"。

针对这些问题，刘少奇在会上批判了"一切经过统一战线"的口号。他指出：发展抗日人民武装，壮大人民力量，国民党不会同意。"一切经过统一战线"就是一切经过国民党，这就把自己的手脚捆了起来。针对项英一再批评所谓"人、枪、款主义"，刘少奇旗帜鲜明地说道：有人反对"招兵买马"。打日军要用枪来打嘛！有枪就得有兵，为抗日招兵买马有什么不好？要放手扩大新四军，扩大游击队。有了兵，就要有个"家"！这个"家"就是根据地。历史上的流寇主义，没有一个能够成功，抗日战争没有根据地也不可能取得胜利。有了根据地就要建立政权，有了政权就可以筹粮、筹款、收税，部队也不用向"人家"讨饭吃了。他分析了华中地区抗战以来有些干部强调"情况特殊"，没有坚持执行中共中央大胆放手地向敌后发展的指示，丧失了时机。他说，哪一个地区都有它不同于其他地区的特殊情况，这在分析研究问题时必须注意；但各个地区还有一个"共性"，就是都在日军的武装进攻和武装占领下，在那些地区有敌人、汉奸、伪政权，我们就可以打进去建立抗日根据地，这是我党我军在抗日战争中行动和发展的基本根据。只强调情况特殊而不执行中央的正确指示是错误的。[15] 他耐心讲解了抗日民族统一战线中又团结又斗争的方针。"会议研究决定建立根据地，确定对顽固派的斗争策略，决定对廖磊、韩德勤区别对待。"[16]

经过刘少奇的耐心解释，中原局、江北指挥部和第四、五支队的领导干部统一了思想。1940 年 2 月 7 日，中原局发出《关于建立苏北、皖东北根据地的指示》，指出：

八路军、新四军及党的组织在苏北及皖东北目前的总任务，是争取该地区成立党所领导下的抗日反奸的根据地。实现这个任务的中心一环，是猛烈发展八路军、新四军及党所领导的一切武装部队。而争取政权组织与发展民众，建立和发展地方党，肃清汉奸、投降派与顽固派对于我们的阻碍，都是实现这个任务的必要条件。而这个任务的实现，即在全国加强了抗战的力量，为争取时局好转和克服投降危险创造必要条件。

八路军、新四军及党的组织，必须独立去发展自己的力量，独立自主地去组织游击队、自卫军和民众，不必等待任何人的允许，不必与任何人商定所谓共同纲领，应完全依照我党历来的主张，独立地去进行。对于盛子瑾、李明扬及其他一切进步分子，应加强统一战线工作，目的是求得他们暂时不反对我们去进行工作和我们力量的发展，并尽可能求得他们对我们的某些帮助。我们绝不要去依靠他们，绝不要放松自己的工作与发展去和他们妥协，绝不要拘束自己在他们允许的范围内。

在 6 月底，要在苏皖边建立与发展党所领导的武装至三万人枪，组织不脱离生产的自卫军 30 万人，普通〔建〕农抗、工抗、青抗、妇抗。并须注意部队的困〔难〕及筹措给养与自卫军的训练。[17]

刘少奇这些明确的思想通过各级党组织传达贯彻下去，有效地解决了困扰华中各级党组织多年的思想路线问题，振奋了干部和群众的精神。放手发动群众、扩大部队、建设根据地的工作，都以前所未有的规模，大刀阔斧地开展起来，出现了蓬蓬勃勃的新气象。[18]

1940 年 1 月，第五支队与江南指挥部所属的苏皖支队在六合县竹镇会师。两支部队并肩作战，在秦栏镇连续击退由六合、天长出犯之日伪军，歼其两个中队；在天长、六合交界处的横山反击日伪军的合击，毙伤日军一百余名、伪军两百余名，俘虏日军两名。新四军对日伪军作战的胜利，振奋了路东各县群众的抗日情绪，扩大了新四军的影响。

同时，第五支队也迅速抽调大批干部，采取多种办法，在路东各地进行扩军工作。从 1939 年 12 月至 1940 年 2 月，共组织 7 个游击大队、13 个游击中队。这些游击队经过短期训练和战斗锻炼，大都编入了主力部队。短短 3 个月，全支队即由 2000 多人发展到 6000 多人。

在津浦路西的四支队除积极打击敌人外，还根据刘少奇关于猛烈扩大部队，准备反摩擦的指示，到处宣传群众，发展抗日武装，迅速扩大部队。经过短短 3 个月，全支队由 4000 多人发展到 6000 人。

但是，新四军在皖东的发展，使日军和国民党顽固派深感不安。

1940 年春，曾在一定程度上同中国共产党合作的国民党安徽省政府主席廖磊在任上病逝，由同属桂系的李品仙继任。李品仙到皖后积极反共，改组动员委员会，解散一切进步团体，召集县长会议讨论镇压共产党，企图消灭第四、五支队，或逼迫他们退往江南。皖东专员李本一及各县长在会后立刻发动反共摩擦。2 月下旬，桂军第一三八师一部及游击第八纵队季农部开抵吴山庙、青龙厂四支队驻地夺防，另一部及保安六团前往皖东北解决新四军第六支队和同第六支队合作的盛子瑾部。

面对这种骤然变化的严峻局势，在党内首先必须解决的认识问题是：敢不敢针锋相对地开展有理、有利、有节的反摩擦斗争。

2 月下旬，刘少奇在定远大桥集附近的湾杨村主持召开第三次中原局会议。"这次会议的主要内容是确定反摩擦方针，决定对北取攻势，对南取守势，强调了在抗日民族统一战线中，要坚持独立自主的原则和又团结又斗争、以斗争求团结的方针。"[19]会后，刘少奇、张云逸、彭雪枫、郑位三联名致电中共中央书记处："我们之方针是绝不向进攻我之顽固势力让步。""在一三八师部队及季部如向我进攻时，我们准备给以坚决回击，消灭该部及李本一部。一三八师系正式国军、李品仙主力，和我冲突是李品仙直接和我冲突，因此我们准备借此肃清皖东顽固武装，以便进一步巩固我们阵地，建立政权。"[20]

这时，徐海东肺病已过三期，完全不能动；张云逸又患疟疾，第四、五支队的军事指挥成问题。江北指挥部虽然已建立起来，但一些干部中还存在团结问题，部队机关组织不健全，一到战斗紧张时弱点均暴露。[21]

但是，中共中央中原局和新四军江北指挥部，根据中共中央关于"在淮南应有严正的态度对付一切摩擦，在有理有利的条件下，亦应给武装进攻者以反击，绝不轻言退让"[22]的方针，广泛动员皖东军民积极准备反摩擦斗争。同时决定对桂军和地方顽固武装，采取不同政策："拟采取坚决手段，首先打击与肃清地方顽固势力，对新来之桂军采取和缓统战的态度"[23]，向桂军当局呼吁协商谈判，团结抗日，提出"以淮南铁路为界，分区抗日"，"我不向西，彼不向东"的倡议。但桂军认为自己兵力强大，对新四军倡议置之不理，贸然向新四军发起进攻。

此时，桂系军队一三八、一七一师已越过淮南铁路东逼，其先头部队配合据守全椒县古河镇的李本一第十游击纵队和据守定远的颜仁毅第十二游击纵队，围攻新四军驻合肥青龙厂和定远县藕塘的第四支队，进逼驻定远县大桥地区的新四军江北指挥部。

半塔保卫战

1940 年 3 月 4 日，津浦路西反摩擦战役打响。

第四支队以七团在南线反击占界牌集的李本一之第十游击纵队；以九团保卫大桥，抗击从定远来犯的颜仁毅之第十二游击纵队；以十四团乘顽军后方空虚，在戴季英、谭希林指挥下，奇袭定远县城。倾巢南犯的颜仁毅闻讯后，仓皇回援，在高塘铺遭到十四团截击，大部被歼灭，颜仁毅逃往寿县。

但路西局势，仍未缓解。

幸好此前刘少奇急调原在路东的第五支队支队长罗炳辉，命其率领主力和苏皖支队陶勇部，星夜赶到路西，支援第四支队。

罗炳辉率领的第五支队主力[24]于 7 日从来安县屯仓出发西援，9 日在李山头越过津浦铁路，11 日夜强攻滁县施集，全歼顽敌，使敌全线震撼。接着，五支队一鼓作气，向西横扫。顽敌见大势已去，望风披靡。12 日，罗炳辉率部与第四支队、苏皖支队协同作战，在大桥地区重创顽敌，并乘胜取定远。13 日，罗炳辉在史家围子与刘少奇、张云逸会合。

路西反顽大捷，共歼敌 2500 余人，俘顽支队副司令商业勤以下 1000 余名，缴获轻重机枪 30 多挺、长短枪 560 多支、子弹 19 万余发。桂顽遭受沉重打击后，被迫同意与新四军和谈，达成了"以淮南路为界，彼不向东，我不向西，分区抗日"的协议。至此，路西反顽作战胜利结束。

3 月 21 日，中央书记处致电刘少奇及江北新四军各负责人，指出：

"迭电均悉。你们的决心及布置均是正确的，望坚决执行。在这种坚决方针之下，发动新四军全部官兵的积极性，发动凤阳、定远、合肥、无为、含山、全椒、和县、滁县、嘉山、来安、盱眙、天长、江都、六合、江浦等十五县数百万民众的积极性，肃清反共势力，建立民主政权，争取中间势力，争取一切进步的及中间的国民党，并极力讲究作战方法，就能各个击破反共势力的进攻，并在这种艰苦斗争中巩固这个战略上极端重要的抗日根据地。"[25]

1940 年 3 月 21 日拂晓，正当新四军江北部队集中在路西作战时，韩德勤乘新四军五支队主力西调，路东空虚的情况下，命令一一七师、独立第六旅、秦庆霖常备旅共 10 个团 1 万余人，分三路向新四军路东第五支队后方机关所在地半塔进犯，企图收东西夹击之效。

半塔集地处苏皖五县交界处，是一个山区小集镇。驻在半塔集的是新四军第五支队教导大队和两个连的兵力，共 1000 余人。其中教导大队的 6 个队中，只有 3 个是军事队，其他的是 2 个学生队、1 个女生和少年队。敌我兵力，十倍悬殊，情况十分紧急。

邓子恢、郭述申、周骏鸣、张劲夫等一面收缩兵力，指挥仅有的兵力奋勇反击，一面向中共中央中原局和新四军江北指挥部报告。

面对恶劣形势，刘少奇和江北指挥部当即发出《告同志书》，"号召同志忍受一切困难，为粉碎顽固派的进攻而流最后一滴血"[26]。并决定将路西反击刚刚取得胜利的主力移往路东，首先稳定并巩固路东；电令在鄂东的李先念等在立煌一带停止同李品仙部的冲突，营造同桂军的和缓气氛；命令在路东的邓子恢、郭述申等固守待援。

同时，刘少奇又通过陈毅急调在苏北江都一带活动的叶飞挺进纵队，紧急西援。

祸不单行，叶飞挺纵作为援军的主力部队，同二李方面关系却突然紧张。

原来在3月5日，新四军第五支队在湖西[27]截获企图借道淮南投奔泰州李明扬的盛子瑾部2000余人，让二李十分不满。后来，五支队的做法受到了中央新四军领导人的批评。

稍后，挺进纵队利用二李求进心理，用拜兄弟等方式大做二李部下的争取工作，事机不密，引起二李反感。当初国共合作的一个条件就是共产党不得在国民党及其军队内部发展党组织，虽然挺纵不是在二李部队中发展党员，其实性质类似，二李当然极其震怒。

韩德勤利用这些事进行挑拨，并向二李表示要求"捐弃前嫌，重修旧好，共同反共"。

这时，如果叶飞带领四个主力营走后，江北的前进基地大桥、吴家桥只剩下一个主力营。如果二李在韩德勤的挑拨下，乘虚大举进攻，新四军一个营根本无法守卫，北上的"跳板"将跌落江心。

陈毅在江南闻讯后，急忙派代表过江给二李一密函，承认新四军解决盛子瑾的做法不当，保证释放盛，发还枪支；并解释挺纵的事，并非有意分化其部队，"仅系共同合作，图谋东进，共谋发展""并劝告其勿受韩挑拨。并说蒋、顾、韩过去剿共时代是拿杂色部队作牺牲，抗战时期亦复如此，现在发动反共战争亦如此，不要中其传统政策的毒计。同时诚恳说出新四军衣食不饱，受反共派包围的困境，要求其帮助，大家有饭吃"。[28]

好在二李表示谅解，又申明不受省韩利用，陈毅才能调叶飞部西开增援。

挺进纵队稍作准备，立即日夜兼程急进，驰援半塔集。

横跨天扬公路时，挺进纵队却正好与100余日伪军遭遇。

狭路相逢勇者胜。

前卫一团一营立即分两个箭头插上公路，拦头截尾，手榴弹没头盖脑地在敌人堆里爆炸，炸得鬼子伪军乱叫乱喊。约1个小时，即将一小队日军和一个连伪军全部歼灭，俘获日军一名姓横田的士兵，他以后成了日本反战同盟的积极分子。

24日，挺纵前进到半塔集东南20余里之马集附近时，侦察员发现顽军着装很不整齐，好像是顽军地方部队。抓了俘虏一查问，原来是忠义救国军行动总队。

真是冤家路窄。这帮家伙在苏南与叶飞部交过手，欠了叶飞部队满手血债。在这里又遇到，岂肯轻易放过。挺纵一个猛冲，杀进集镇，打得顽军措手不及，接连打下三四个村庄，共消灭顽军1000余人，突破了顽军包围半塔集东南面的缺口。

留守在路东的部队在力量悬殊的困难条件下，收缩兵力，动员群众，激战八昼夜，打退韩德勤部的十多次进攻，保卫住半塔集等地，为增援部队赢得了宝贵的时间。

挺进纵队经过两昼夜连续战斗行军，极为疲劳。25日，挺纵在马集休息一天并打扫战场后，第二天即由马集出发向半塔集方向攻击前进。围攻半塔集的顽军主力独立第六旅是韩德勤的主力，兵员足，装备好，武器精良，战斗力强，顽军内部称它为"梅兰芳部队"。旅长翁达，中将军衔，骄横不可一世。

叶飞命令部队向敌展开进攻。一团六连连长汤万益是员猛将，战斗中伤残了一只眼，人称"汤瞎子"。一听冲锋号响，汤万益抱起挺机枪就冲向敌阵。团参谋长廖政国在前卫连后面，也亲自抱起机枪，和十来挺机枪一线排开，向敌人猛烈扫射。独立第六旅还没弄清怎么一回事，就被打得四处溃逃。

同时，罗炳辉也急速挥戈东指，率五支队、苏皖支队、四支队第七团，星夜兼程东援。27日越过津浦铁路，前锋进抵来安县张山集。

韩德勤见新四军东、西两面援军已到达，溃败之势已不可挽回，全线动摇，于28日晚被迫下令后撤。

29日，新四军兵分四路全线反击。

中路。罗炳辉率五支队八团、新八团、特务营和陶勇率苏皖支队追击，直插半塔东北王店集、莲塘、张公铺一线。他们在莲塘、岗村一线，与前来掩护半塔顽军撤退的常备十旅激战。敌众我寡，不能强攻。罗炳辉巧用疑兵，派司令部6名通讯员在马尾巴上捆上树枝，于树林中纵马疾驰，拖得烟尘滚滚。敌见新四军骑兵"大部队"从天而降，四散惊逃。罗炳辉挥师猛追，一直追到三河南岸观音寺以西一线，4月9日在马坝歼敌千余人。

西北路。五支队十团（两个营）追歼秦庆霖部至涧溪，与其主力洪营激战，全歼该营营长洪端以下300余人，攻取涧溪，并乘胜占领秦顽巢穴盱眙城。从路西东返的十团第二营于四十里桥击溃周少藩（京山县顽县长）、秦庆霖两部。秦部向东溃逃。

东北路。四支队七团越过铁路后，直插盱眙马坝，俘顽军50余名；接着，攻占水丰镇，俘顽军需处长以下10余人，并向铜城方向追击顽军至金沟镇。

东南路。叶飞率领挺进纵队从六合县马家集发起追击，十五团二营的两个连与游击队在竹镇消灭六合县常备团一部，占领竹镇。接着，同东返的一、三营会合，攻打浮山。顽军狼狈溃逃，全团向铜城方向追击至三河岸边。

新四军半塔集保卫战取得胜利，歼灭顽军3000余人，打开了皖东抗日根据地的局面。4月上旬，刘少奇率中原局和新四军江北指挥部，移驻皖东半塔地区。

不久，新四军建立天长、盱眙、来安、嘉山、六合、高邮、仪征、甘泉等 8 个县的抗日民主政权，独立自主地委派了各县县长，并成立了区、乡一级政府。各级抗日民主政府建立后，制定了减租减息、惩治汉奸、组织农会、组织各级人民抗日自卫队等规章草案，公布了财政、贸易、征收公粮等法令，发动优秀青年参军。

很快，路东、路西都建立了联防司令部。淮南抗日根据地已初步形成。

陈毅后来对半塔集保卫战给予高度评价，说"半塔守备是固守待援的范例。在华中先有半塔，后有郭村，有了半塔，就有了黄桥"[29]。

淮南抗日民主根据地的迅猛发展，被国民党顽固派和在南京粉墨登场的汪精卫汉奸政府视为背上芒刺。

1940 年 3 月，张云逸参谋长的夫人韩碧等 20 多名军部的干部和护送的战士，由皖南前来江北指挥部，途经无为县刘家渡时，被国民党安徽省缉私护商队无理扣留，后被押送到襄安镇保八团。江北游击纵队随即派政治部宣传科长田丰带一名警卫员，持函前往交涉。但除韩碧和孩子获释外，其他人员惨遭杀害，田丰和警卫员竟遭活埋。

4 月 21 日，桂顽乘新四军江北部队主力东援半塔保卫战之机，调集安徽省保安第四、第八团，配合第一七一师一部，进犯皖中新四军江北游击纵队驻地巢（县）无（为）边界的照明山地区。新四军江北游击纵队留守部队奋起自卫，激战六小时，参谋长桂逢洲以下百余人牺牲。剩余部队傍晚撤出战斗，转移至皖东津浦铁路以西根据地界牌等地。

罗炳辉再打来安

淮南抗日民主根据地的建立，直接威胁日军占领的南京等城镇和水陆运输线。5 月，日军为维护南京的安全和保障津浦铁路交通，先后出动部队对皖东地区进行大规模的"扫荡"。中旬出动 3000 余日伪军,"扫荡"津浦铁路以西新四军第四支队根据地,并占领定远县城,两次奔袭新四军第四支队驻地定远县藕塘,被新四军第四支队击退。

5 月 27 日,日伪军又出动 1000 余人"扫荡"津浦铁路以东新四军第五支队根据地,并占领来安县城。

日军占领来安的消息传来,已经是 27 日深夜,罗炳辉马上召开了作战会议。

此时,淮南根据地才创立一个多月,部队整补、地方建政和组建地方武装以及保卫夏收,都需要有一段相对稳定的时间。路东是淮南根据地的主要部分,也是主要产粮区,经 1939 年各派军队频繁流动和当年春天的大规模反顽战役之后,根据地粮荒严重。除了粮食就没有别样生产,如今夏粮作物丰收在望,能不能保证夏粮到手,已经是关系着这个新生的根据地能否生存和发展的根本大计,而淮南根据地又关联着整个华中大局。

第四支队在路西监视桂顽,路东就靠第五支队。可是,路东周围都有日伪大据点,比较起来,大家最担心来安方向。

天长是个孤立据点,离扬州 50 公里,扬州日伪兵力不多,东有叶飞的挺进纵队,西有陶勇的苏皖支队,能够牵制住敌人;六合也是孤立据点,盱眙还在新四军手里,嘉山一带敌人兵力薄弱,这几个方向都不足虑。

来安情况不同,它离滁县只有 20 公里,通公路,滁县驻有日军重兵集团,对来安增援方便。要是来安敌人出动抢粮,把新四军主力吸引过去,别的据点敌人也会乘虚抢粮,使新四军陷入四面应付的被动状态,保卫夏收任务就要全盘失败,根据地也很难巩固。

"不错,敌人是要下手啦。"罗炳辉笑道,"情况大家都晓得,要是我们在来安方向打不好,让敌人占了上风,整个根据地形势就乖张啰!"

"那我们也来个先下手!"八团一营和二营的干部们不约而同地说。

"正是得这样!"罗炳辉接着说,"敌人数量比我们多,装备好,气焰嚣张，要是把他们放出城来展开阵势，还真不好对付呢！可是敌人是几处拼拢来的，又没发现我们已在眼前，所以戒备很差，这就好比笼子里的老虎打盹，好制服他。如果我们能先下手，打他个措手不及，就有把握取胜。一定在大亮以前发起战斗。”

罗炳辉总结了前两次打来安的经验，对三打来安城作了周密的部署：以八团一营自北门，二营自东门，十团一营自城南，三面围攻；以八团三营及特务连在西门埋伏和准备打援。

夜里2点，下弦月从东面的云堆中钻出，迎着夏夜的凉风，战士们迈着轻捷的脚步，沙沙地向来安城前进。

新四军经过一个小时的急行军，便赶到了来安城下。

按事先分工，八团一营自城东北角攻击。担任突击队的一连架上云梯，一个个爬上城墙，然后先把驻扎伪军的小院包围起来。二连、三连绕小巷分别直逼鼓楼和城西的小学。

侦察班长首先扒住伪军院子的墙头，纵身一跃，翻了过去。只听得“哎呀”一声，原来一个伪军正在墙内小便，没料墙外飞进人来，把他蹭倒在地上。

“住口！”侦察班长一手用驳壳枪抵住这个伪军的脊梁，一手从腰里拉出毛巾塞住他的嘴巴，随即把他推出墙外。

这伪军全副武装，绑腿还打得紧绷绷的。

“你们是哪里来的？”营长吴华夺问道。

“长官，是……是六合县来的，”伪军颤抖着回答，“今……今晚才开来。”

“你穿得整整齐齐干什么？”

“啊……这是上头的命令，说天大亮以后就要行动，不准脱衣睡觉……”

罗炳辉的判断一点不差啊！假若晚下手一步，明天这一千多敌人一拉出城该多难对付呀！

凌晨3点半，罗炳辉下令攻击。

八团一营一连的战士一齐跃进院中，将几所房子团团围住，一片"缴枪不杀"的喊声顿时冲破了月夜的宁静。拥挤在房内的伪军，遇到突然的攻击，惊叫起来，有的爬出门外，企图逃跑，当即被击毙在门前。屋内的伪军不敢抵抗，纷纷投降。

解决了这一小撮伪军后，按预定路线，一连直插城西北角日军的红部。

红部是日军据点内管理政务的机构，一般由最高指挥官主持。这是个四合大院，墙很高，敌人挤在里面，拼命顽抗，由于没有火炮，一时拿不下来。

眼看天快亮了，仍然消灭不了房中的敌人。战士姚长贵和小魏，急中生智，趴在墙上，连续用点着捻子的火药包向房上投去。不想瓦房顶部坡度大，火药包投上去又滚了下来，火团只是在房子周围燃烧。有的战士见用火药包烧是个法子，但在房上停不住，便把草鞋、木棒等绑在火药包上，继续向房上投。这法子果然奏效，火焰从房顶散开，扑向屋檐，卷入窗口。顽抗的敌人在大火中哭天号地乱作一团。

这时，其他部队也分别从东城下边的水道电和南门上攻进城里，所有驻着日伪军的院落，都被新四军包围得死死的，一连火攻的方法也传到了各个攻击部队。不一会儿，所有日军据守的房屋都点着了，顿时来安城内火光四起，烈焰腾空，红瓦乱飞，墙倒屋塌。敌人在火焰里踉跄奔命，鬼哭狼嚎，有些冲出火场的立刻被新四军打死，侥幸漏网的想躲进老百姓家里，但家家都把门关得死死的，只好沿街挨巷四处乱窜，或者蹲在黑暗的角落里发抖。敌人来到来安还没有过一夜，大部分人连同"清剿"计划，便随着这一场大火而灰飞烟灭了。**30**

拂晓，日伪由滁县开来18辆汽车援兵，遭预伏在百石山的部队顽强阻击，退回滁县。

援兵不到，来安数百敌人只好葬身在大火之中。只有散驻在城西北角附近的部分日伪军，溜出城外，经过民兵的截击，留下百十具尸体，其余的向滁县方向逃去。

罗炳辉抓住机会，乘敌不备，分兵多路，夜袭滁县城、乌衣镇、担子街、沙河集、张八岭、嘉山集一线敌伪据点，百里铁路沿线，彻夜枪炮声不断，火光绵延几十华里，声势十分浩大，新四军军威大振。

但在新四军粉碎日军"扫荡"的过程中，桂顽又向根据地发起进攻。6月中旬，顽军进犯古城、青龙厂，企图占据津浦路西。李品仙特从大别山区调一三八师来参加摩擦战斗。

罗炳辉派出五支队主力西援，和四支队并肩作战，会战古城，共歼灭顽军1000余名。当残敌西窜八斗岭一带时，为了团结抗战，江北指挥部命令部队停止追击，并向顽军倡议和谈，再次商定双方以淮南路为界限，分区抗敌。

7月上旬，新四军第四、五支队分别召开党代会，提出了"党军化"、"正规化"、"群众化"的口号和发展地方武装的要求。会后，各部队进入了紧张的军、政训练，补充了新兵6000余名。至8月底，皖东脱产的县、区武装达9000余人，不脱产的人民自卫军发展到近10万人，淮南抗日民主根据地更加巩固。

注　释

1. 今金寨。
2. 段雨生、赵酬、李杞华：《叶挺将军传》，解放军出版社1989年版，第330页。
3. 徐海东于1939年11月到职，此前由戴季英代。
4. 后为郑位三。
5. 后为何伟。
6. 后为谭希林。
7. 后为张劲夫。
8. 后为赵启民。
9. 不含军特务营。

10. 黄育贤。

11.《中国抗日战争军事史料丛书》编审委员会编:《新四军·文献》(2),解放军出版社2015年版,第189—190页。

12.《中国抗日战争军事史料丛书》编审委员会编:《新四军·文献》(2),解放军出版社2015年版,第151页。

13. 刘树发主编:《陈毅年谱》(上),人民出版社1995年版,第264、263页。

14. 中共中央文献研究室编:《刘少奇传》,中央文献出版社1998年版,第363页。

15.《刘少奇在皖东》编审委员会编:《刘少奇在皖东》,中共党史出版社1990年版,第105—106页。

16.《刘少奇在皖东》编审委员会编:《刘少奇在皖东》,中共党史出版社1990年版,第103页。

17. 中共中央中原局:《关于建立苏北、皖东北根据地的指示》,1940年2月7日。

18. 中共中央文献研究室编:《刘少奇传》,中央文献出版社1998年版,第365—367页。

19.《刘少奇在皖东》编审委员会编:《刘少奇在皖东》,中共党史出版社1990年版,第103页。

20. 刘少奇、张云逸、彭雪枫、郑位三致中共中央书记处并项英等电,1940年2月27日。

21. 刘少奇致中共中央书记处电,1940年3月27日。

22.《中国抗日战争军事史料丛书》编审委员会编:《新四军·文献》(2),解放军出版社2015年版,第198页。

23. 中共中央党史和文献研究院编:《刘少奇年谱》第一卷,中央文献出版社2018年版,第304页。

24. 包括八团、新八团、十团一个营、十五团两个营。

25.《中国抗日战争军事史料丛书》编审委员会编:《新四军·文献》(2),解放军出版社2015年版,第230页。

26. 刘少奇、张云逸、郑位三致中共中央书记处电,1940年3月27日。

27. 今山东微山湖西地区。

28.《陈毅军事文选》,解放军出版社1996年版,第111页。

29. 刘树发主编:《陈毅年谱》(上),人民出版社1995年版,第269页。

30. 参见中国人民解放军历史资料丛书编审委员会编:《新四军·回忆史料》(1),解放军出版社1990年版,第363—364页。

第 十 三 章

血洒东移路

风雨坪山筹谋急——香翰屏不怀好意——曾生虚与委蛇——王作尧紧急脱身——周伯明心惊肉跳——上高山还是下水乡——开往海陆丰——顽军一路狂追——东移失利——"五八指示"——朝阳普照上下坪——独九旅向汕青游击队开刀——分散隐蔽，积蓄力量——纵横潮澄饶敌后

风雨坪山筹谋急

坪山的初春，梅雨绵绵不断。雾气在村间地头游动，山谷也变得迷迷蒙蒙，远近一片混沌。

1940 年 3 月 1 日傍晚，在竹园村的一间小屋内，梁广、梁鸿钧、曾生、王作尧、何与成等正在召开军事会议，会场气氛如外面的天气一样沉闷压抑。

几天前，地下党送来紧急消息，国民党广东当局正从粤北调来第一八六师，会同保安第六团、东江地区的保八团、梁桂平支队、罗坤支队和潮汕的李坤支队，从北面和东面，向坪山和乌石岩席卷而来，试图消灭新编大队和第二大队。指挥这次行动的是第四战区游击指挥所主任香翰屏，此人素以诡计多端著称，当年很得广东军阀陈济棠的赏识，曾任陈济棠的第二军军长。

新编大队和第二大队自从获得合法番号后，一直小心翼翼，唯恐被国民

党抓住"辫子"。但以爱国青年、港澳同胞和华侨组成的队伍，与国民党旧军队有本质上的区别，很快就被香翰屏看出破绽。

1939 年 8 月间，香翰屏在惠州召集大队以上的干部会议，一见曾生就开口恐吓说："曾生！你们的部队是有色彩的，人很复杂。听说叶挺派了许多人到了你们部队里，是不是？"

叶挺是惠阳县秋长乡周田村会水楼人，任新四军军长期间，曾到过香港，并准备回故乡东江一带组织抗日队伍。

曾生当即用话顶了回去："我们的部队都是当地的爱国青年和华侨组成，有什么复杂？我们抱着抗日救国热情，积极抗日，见到敌人就打，维持地方治安，一不走私，二不抢老百姓的东西，有什么色彩？"

这话戳到了香翰屏的痛处。他表面上温文尔雅，舞文弄墨，到处吟诗作对，题字留名，一派斯文的样子，但本质上是口蜜腹剑、心怀叵测。他的队伍平日最善于走私赚钱，腐化不堪。

在中国近代史上，广州和香港一直是对外贸易的重要港口，也是外国侵略者及私枭对内地进行走私的基地。

20 世纪以来，在世界经济大萧条时期，国内外各种矛盾极为错综复杂。洋商利用广州和香港对中国进行商品倾销，以转嫁他们的经济危机。

全民族抗战爆发后，日本利用香港来获取中国内地资源，走私就更为猖獗。参加走私网的有日本浪人、军人、汉奸、奸商、豪绅，国民党政府中的许多官僚、军人，以及民间的土匪、捞家、地痞流氓等。走私货品有卷烟、卷烟纸、颜料、面粉、奶粉、罐头食品、糖精、火油、药材、化妆品、毛织品、人造丝织品、棉纱、棉织品、桐油、茶叶、黄豆、水果、花生及银币、银条、锡、钨等。走私出口的路线，主要有广州经大塘再由太平至香港、广州经增城至香港、广州至新塘再改船运东莞过太平而至香港等三条。

曾生部队是否由共产党掌握，香翰屏还不敢十分肯定。几个月后，为了拉拢和腐化曾生部队，防止他们"赤化"，香翰屏派人请曾生到惠州饮茶。

在茶楼上，香翰屏感慨万千地说：现今国难当头，带一支队伍真不容易。上峰既要部队打仗，又不给足够的钱，民间的税又不好收。转过话头，香翰屏又察言观色地说：走私钨矿、桐油、牛皮等倒是非常赚钱，新编大队驻防在坪山一带，控制一条国际运输通道，走私十分便利。不如大家合伙走私，共同发国难财。

为了隐瞒队伍的性质，曾生没有明确拒绝，只以种种借口推脱。

这个世道，除了共产党的掌握的武装，没有一支队伍不想趁机捞点钱。曾生走后，香翰屏对部下大发雷霆说："惠阳的共产党满天飞了，五十条麻绳也捆不尽。"

不久，香翰屏又请王作尧和何与成去惠州赴宴。席间，香翰屏找来了两三个女学生来陪吃饭，频频向王作尧和何与成等人敬酒。

王作尧和何与成一看这阵势，应该尽快离开为妙。两人都推说不会喝酒，只顾闷头大口大口地扒饭。饭后，香翰屏不死心，又叫那几个女学生陪打麻将。那些女学生配合得也够默契的了，王作尧和何与成还未来得及说个"不"字，她们就把麻将牌倒在桌面上。"哗啦哗啦"地拨弄起来。王作尧和何与成说不会打，那些女学生就柔声柔气地说道："不会，我们教你嘛。"正在为难之时，门外一起来的陈前机警地走到门口"报告"，说是回去路远，要走上几个小时，催促王作尧和何与成动身起程。王作尧和何与成等人趁机说声"失陪了"，赶忙退出"重围"。

这时，日军对中国的作战力量已达到顶点，无法对国民党军发动大举进攻，转而展开政治攻势，诱使重庆政府投降。国民党军失去日军的压力后，也转变矛头，掀起第一次反共高潮。

反共的浪潮从山西发起后，已逐渐从华北涌向华中、华南。香翰屏发出命令，要新编大队和第二大队到惠州集中整训，美其名曰"为了提高战斗力"。

新编大队和第二大队实力薄弱，还不希望与香翰屏闹翻，想尽量拖长合作的局面，就派周伯明到惠州与香翰屏再作"谈判"。

周伯明到达后，一看集训的地点，立刻心惊肉跳。集训地是惠州西湖中心的一个小岛，岛上只有一间残墙破壁的小庙，空空荡荡，四周湖水茫茫，只有一条狭长的小道通到岸边。只要用一挺机枪封住小道，岛上的部队就插翅难飞，除了跳进西湖别无出路。

曾生和王作尧等人知道香翰屏迟早要揭开伪装，与新编大队和第二大队大干一场。但他们一方面没有想到事情发展得如此迅速，另一方面也是苦于没有更好的对策。

很快，顽军已云集东面和北面。而新编大队和第二大队西面是珠江，南面是九龙边界，没有退路。

是上山区？还是下水乡呢？围绕部队的出路，领导人之间展开了激烈的争论。

有人提议，往大岭山或罗浮山一带打游击。但是两个山区都太狭窄，如罗浮山才方圆 260 多平方公里，没有回旋余地。

有人提出到东莞水乡，那里交通不便，日军和国民党大部队不容易进去。但是那里土匪特别多，新编大队和第二大队将难以立足。

时间就在紧张的争论中飞快地流逝。第三天，大家基本上统一了意见：开往海陆丰一带。

那里山高林密，有广阔的回旋空间，当年南昌起义和广州起义后，部队曾撤退到那里。同时，那里也是中国第一个苏维埃政权建立的地方，有光荣的革命传统，有深厚的群众基础，便于开展游击战争。

东移失利

当时几位领导人没有想到，留在当地是上策，转移出去是下策，他们犯了一个致命的战略性错误。

顽军的行动，比想象的要快得多。3 月 8 日晚，正当抗日军民在坪山举行
"三八"妇女节纪念大会时，顽军已从龙岗、坑梓、淡水三个方位向坪山扑来，
冲在前面的便衣队已接近坪山。9 日晚，新编大队在梁广、梁鸿钧、曾生等率
领下，趁着夜幕，穿过顽军的包围圈，经石井、田心，向海陆丰方向转移。

顽军在坪山扑空后，立即拼命追来。

由于缺乏行军经验，非战斗人员占了相当大的比例，部队行动非常缓
慢。3 月 12 日，部队与尾随而来的顽军展开激战。在前有堵截，后有追兵
的情况下，部队被迫改变行动方向，准备向东翻越斧头山前往海丰。

经过一天劳顿，部队终于翻过斧头山。休息时查点部队人数，发现大批
机关行政后勤人员走散。派出短枪队前往斧头山一带寻找失散人员，连短枪
队也和部队失去了联系。

3 月 18 日，部队主力到达了目的地——惠阳的高潭圩 **1**。

高潭位于惠阳、海丰、陆丰、紫金的交界处，是第二次国内革命战争时
期红军的根据地之一。1922 年春，彭湃来到高潭开展革命活动，在这里建
立了苏维埃政权和工农革命武装，成为海陆惠紫边区革命根据地的一部分。
这里层峦叠嶂，丛林繁茂，地形复杂，是开展游击战争的好地方。

部队暂时在高潭驻扎下来。

但根据敌情通报，顽军仍然分别从三个方向向新编大队逼近。为了避免
被敌人合围袭击，队伍实行分散驻扎。

这时，由于内部意见产生分歧，且部队东移以来困难重重，梁广离开部
队，到古竹与东江特委书记尹林平见面，继而转赴香港，向上级组织汇报，
寻求解决办法。

3 月 24 日夜晚，大雨滂沱，视野模糊，国民党军瞒过哨兵耳目，偷袭
第三中队驻地，致使该中队大部分被俘。

随后，顽军企图渡过小河，偷袭第一中队与大队部。由于大雨引起河水
暴涨，顽军在河边被阻。当他们派人试探水势，准备寻路过河时，却被站岗

的哨兵发现。

两军隔河对击，打了约半个小时，由于东移部队占领了有利地形，顽军不敢再前进，提出谈判要求。

新编大队一边虚与顽军应付，一边继续向北转移。在向北转移过程中，第二中队与大队失去联系。

第三中队的队员被俘后，为了表示对顽军打内战的义愤和表达英勇不屈的精神，动情地唱起了抗日救亡歌曲。

歌声引来了正在寻找大部队的第二中队。

第二中队不畏强敌，与顽军展开激战。但由于敌众我寡，不久被顽军包围。突围中，中队长叶清华等英勇牺牲，指导员黄业大腿负重伤，只有一部分人突围出来。

3月27日，部队到达海丰的石山一带。

经过数次突围、作战和行军，再加上阴雨绵绵，粮食给养日益困难，东移部队力量遭到很大损失，出发东移的500多人只剩下了100多人。在石山村，部队进行了整编，编成长枪队、手枪队和政工队。长枪队六七十人，韩捷任队长，韩藻光任政治指导员；短枪队十五六人，彭沃任队长，翟信任副队长；政工队三四十人，蔡国梁任队长。几个队分散在石山一带隐蔽下来，一边整顿部队，一边开展群众工作。

第二大队开始行动时正好是月黑风高，顽军并不知晓。但由于不了解曾生那边的情况，王作尧派人去联系新编大队。

派去的人在沿途看见的却是很多国民党兵，而曾生的部队去向却毫无音信。随后向一个过路的老百姓询问时，得到的回答让他们大为震惊："曾生那支部队已经从坪山往东走了，国民党部队在后面追赶着他们，说是追击叛军呢。"

时间不允许更多犹豫，第二大队立即向东转移。

刚出发不久，淡水河拦住了去路。队伍最初行动时，要求都着便衣。这时，为了借船和过桥方便，他们冒险把"四游"的臂章戴起来。带着第四游击区臂章的队伍进入了第三游击区，国民党军很快就知道是第二大队。刹那间，惠阳县内，到处都接到了截击"王作尧叛军"的通知，所有交通要道都被封锁了。

当天夜晚，部队在一个小村宿营时，遭到顽军包围。幸好天太黑，顽军不敢过于靠近，王作尧带领队伍突围了出去。

经过艰苦转战，危险丝毫没有消除。几天后，队伍在斜障山再次遭到顽军阻击。顽军见地形对自己不利，双方相持不下，也传话要求谈判。

为了拖延到天黑，王作尧等人假装同意谈判。

等顽军派来联系的人一走，王作尧就找中队干部布置突围行动。

王作尧带大队部、一中队的三小队和中队部以及第三中队，从后山突出顽军包围圈。但何与成、卢仲夫和罗尧率领断后的一中队的一、二小队，却在谈判中被顽军包围扣押。

几个月后，第二大队政训员何与成、第一中队长卢仲夫以及罗尧、罗振辉、叶镜源和被大队部顽军扣押的李夔邦共六位干部，被押到惠州后惨遭杀害。

随后，第二大队 70 余人转移到大安洞的北坑进行整编。

5 月中旬，顽军继续在海陆丰及惠阳东部沿海地区频繁侦察搜索，但新编大队和第二大队在当地党组织和群众的掩护下，巧妙地分散隐蔽活动，使顽军找不到目标。5 月下旬，第四战区游击指挥所宣布"曾、王匪部均被歼灭"，并陆续撤兵。

虽然顽军的威胁已经消除，但部队几遭挫折，弹药缺乏，给养不继，处境十分困难，悲观情绪开始出现。有人主张放下武器，暂时隐蔽，保存人员；有人主张继续留在海陆丰，坚持斗争；有人主张返回惠东宝前线敌后去；也有的人提出撤到香港，再作计议。但几经讨论，越来越多的人认识到返回惠东宝前线敌后，发展壮大自己才是唯一出路。

部队稍微稳定后，梁鸿钧、曾生、周伯明等也相继赴香港，与上级商讨下一步行动计划。

东江部队东移受挫的消息，最初是由半途离开新编大队的梁广带到香港的。廖承志和尹林平得知后，焦急万分。

尹林平又叫林平，1908 年生于江西省兴国县高兴区松林乡尹屋村的一户贫农家庭。1927 年参加赤卫队，1930 年参加红军，1931 年参加中国共产党。土地革命战争时期，任红军团长、支队长、中共厦门临时工委书记。1938 年 4 月，中共广东省委成立后，尹林平为常委兼任省委军事委员会书记。1939 年 11 月，中共东江特别委员会成立后，由尹林平任书记，领导连平、和平、五华、紫金、兴宁、河源、博罗、增城、龙门、新丰、海丰、陆丰等县的中共组织和抗日斗争。中共东江军事委员会成立后，尹林平作为委员，参加了对东江游击队的领导。

廖承志、林平、梁广和周伯明商量后，把情况和处理意见报告中共中央南方局和广东省委书记张文彬：

一、第一大队曾部现在海丰与揭阳交界之九龙洞地方，尚余一百六十余人，枪支一百二十余支，损失一百四十余人、枪支一百余支，与东江特委及地方已取得联系。第二大队王部亦已抵海丰边境，两部相距一日路程，毫无损失，且沿途颇有缴获，已与曾部取得联络。敌人现仍仰罗坤部对付曾部之主力，以 1095 [2] 对付王部，唯截至十三日止，尚无大的战斗。

二、第一大队方面表现慌张，并有将本队伍分散，令第二大队回东莞之意向。干部有不团结之表现，大家都表示老大，谁都不服谁。同时由于政治上对目前危机估计不足，因此处处松懈。由于过于信赖谈判而中计，被敌袭击，对进攻我主力之反动部队，又放过歼灭机会，只知消极逃避，军事政治均取被动方针。

根据上述情况，林、梁、周、廖一致意见如下：

一、对曾王两部艰苦奋斗予以慰勉。

二、仅指出曾部之受到严重打击是对目前形势之险恶完全估计不足。其证据就是对中央决定只在干部中稍做了传达，而无配合东江恶劣空气，对全队做普遍政治动员，甚至出发前还估计，虽然形势不好，但突然事变暂不会到来。我们认为，在部队中克服右倾观念之抬头是最重要的任务，为此决定：

1. 梁广三日去部队，林平日内回东江。梁入部队中即深入检查，并召集会议，务使其在政治上坚定起来，反对单纯依赖谈判，消除失败观念。

2. 队伍以梁广为最高领导，曾生负责对敌及地方工作，梁鸿钧负军事责任，蔡国梁任参谋，李松 **3** 表示无法与蔡国梁共事，已到港，决定令其入琼崖冯白驹部，为节省时间起见，应不再去韶 **4**，而直回琼，你们意见如何。

3. 二大队与一大队取犄角势，继续在海惠间游击，二大队不回东莞。望示。

消息传到延安后，中央十分重视。中共中央政治局马上召开会议，专门听取已赴延安的张文彬关于广东工作的报告。毛泽东在发言中说：广东省委过去的工作成绩是，发展了进步势力，即发展了党；争取了中间势力，主要在军队方面；同顽固势力的斗争也有成绩。但没有大力发展党领导的武装力量是一个缺点。今后工作方针，应把发展党领导的武装力量作为发展进步势力的中心，应将工作重心放在武装工作和战区工作。现在应上山还是下水呢？现在一切偏僻的地方都成为国民党的地区，我们不要上山，而要下水，深入敌后活动。对于时局估计，要准备最坏局面，要在最坏一点上来布置工作。

刚从苏联疗伤回来的周恩来，也出席了会议。会上，周恩来说：从广东的环境看，"我们党与群众工作有发展的极大可能，也有更坏转的可能"。今后的中心工作要放到武装斗争上，要到敌后去活动，否则不能发展。要建立政权。领导机关要隐蔽起来，干部要职业化，隐蔽在群众中。广东省委的工作中心，第一是在敌后建立政权和武装，第二是国民党统治区的工作，第三是香港、广州等敌人中心城市工作。

会后不久，中共中央给广东省委和香港的廖承志等人发来电报，要求曾生和王作尧的队伍要回防东莞、宝安和惠阳地区：

（一）目前全国尚是拖的局面，现不易整个投降分裂，也不易好转，当局尚在保持抗日面目，同时进行反共准备投降中，但地方突变随时可能。在此局势下，我必须大胆坚持抗日游击战，同时不怕摩擦，才能生存发展。

（二）曾、王两部仍应回到东、宝、惠地区，在日本与国民党矛盾间，在政治与人民优良条件下，大胆坚持抗战与打摩擦仗。曾、王两部决不可在我后方停留。不向日寇进攻，向我后方行动的政策，在政治上是绝对错误的，军事上也必归失败，国民党会把我们当土匪剿灭，很少发展可能。如东去潮梅：一、人地生疏。二、顽固派仍可以扰乱抗日后方口号打我。三、将牵动当地灰色武装的暴露，不然不能生存。

（三）回防前应注意：

一、在适当地区切实整理内部，加紧团结，进行打日本的政治动员。

二、沿途严防受袭击损失，在有利有胜利把握条件下，对阻挠的顽固力量坚决的消灭之，以达到回到东、宝、惠地区之目的。

三、略。**5**

这就是著名的"五八指示"。

广东省委接到指示后，一面向中央和南方局报告情况，一面向廖承志、梁广、林平、曾生和梁鸿钧发出指示：

一、我们完全同意中央的指示，曾王部在政治方针上，应该积极站在自主的精神上，坚持在敌后抗战，同时不怕打磨擦仗，力争开回惠东宝原防，不要转入潮梅我后方。

二、目前曾王部队已遭受极大损失，仅存百余人，同时顽方已动员两个师进攻。在此条件下，要即回原防极端困难，你们应根据具体情况，有步骤的坚决执行。但须转入敌后才能生存。

三、在极端困难条件下，必须加强在各部队各方面政治工作。尤其要大举动员舆论，争取同情，打击顽固派造谣，说明我是抗日军队，团结抗战。

四、对于疏散及退港人员，应设法尽量收容。以政治鼓动并检讨，即动员他们归队。

五、关于人事方面，望你们特别注意中央意见，无条件的执行，加强内部团结，勿再分歧。**6**

在中共中央领导集体中，到过香港的人并不多，而周恩来是多次到过香港的人。在抗日战争时期，周恩来一直分管长江沿岸及其以南的事务，从而与香港及广东武装结下了不解之缘。东移部队受挫，让周恩来十分心痛。

这时，虽然国民党发动的第一次反共高潮在广东一带刚刚平息，但由于国内政治局势日趋险恶，国民党正酝酿发动第二次反共高潮。周恩来很快离开延安前往重庆，继续主持中共中央南方局的工作。6月，为了更好地开展东江一带的工作，南方局指示将中共广东省委划分为粤北和粤南两个省委。粤北省委书记张文彬，组织部长李大林，宣传部长涂振农，青年部长陈能兴，妇女部长朱瑞瑶。粤南省委书记梁广，组织部长王钧予，宣传部长石辟澜，妇女部长邓戈明。

党中央和省委的指示，为极度困惑的东江游击武装指明了方向。两支部队合成一处，在梁鸿钧、王作尧、周伯明和邬强等人的率领下，着手重返惠东宝地区。在此期间，曾生再次去香港，向上级汇报部队的行动方案，动员和组织分散到香港的人员归队，顺便筹集一些物资。

朝阳普照上下坪

8月下旬，东移部队冲破国民党顽军设置的重重障碍，返抵宝安县布吉乡的"上下坪"村。

上下坪是上坪和下坪两个小村子的合称。村里人口不多，上坪仅有七八户，下坪也只有十户人家。

村子属于宝安县布吉乡，坐落在深圳北面的鸡公头山的山沟里，周围山峦葱茏，树木参天。鸡公头山以北，是国民党军队控制的观澜地区。山的南面，是日军占领的布吉、深圳。由于这里山高路险，一贫如洗，因而成为日顽双方两不管的地区。深圳的日军虽然离这里只有二十华里，但从来没有来过；国民党军队嫌这里没有油水，也未曾涉足此地。

东移以来，部队辗转千里，且战且走，连连受挫，损兵折将，战士们与其说是身体感到疲累不堪，还不如说是内心感到极其困惑。当时，战士们常问领导：部队到哪里去？下一步怎么办？这些问题，部队领导人也很难回答，而且他们的脑海里也常常萦绕许多类似的疑问。在最困难的时候，部队一直不断地被袭、转移和掩蔽，大家的情绪十分低落，有的领导人甚至想向北行动，寻找新四军。

如今不仅返回了故地，而且部队的行动方向和任务都十分明确，大家的脸上又露出了很久不见的笑容。

刚卸下行装，战士们就欢呼着奔向山间的小溪，有的一拨一拨地捧水洗着，有的俯身在溪边，没头没脑地扎在水里；有的干脆连衣服也不脱，就扑到溪里浸浴；有的拿着斗笠、茶缸，一个劲地朝别人身上泼水。一瞬间，泼水声、嬉闹声、欢笑声，伴随着哗哗的水音充斥了山谷。

洗去征途的尘埃以后，坐在青草依依的溪边，浑身的劳累随之消散了一半。山风徐徐，更添几分清凉，几分惬意。

9月中旬，部队安顿好后，大队干部就聚集一起，总结和吸取东移的教训，制定今后的行动方针。

"一朝被蛇咬，十年怕井绳"。会议开始前，曾生、王作尧等派出短枪队侦察敌情，在各条路口放了便衣哨，加强警戒，封锁消息。

参加会议的有林平、梁鸿钧、曾生、王作尧、周伯明、邬强、卢伟良、蔡国梁、阮海天、黄高阳等。

说起半年来惨重的挫折，每人心中无不有许多刻骨铭心的教训。

有人认为东移完全是搬家式行动，携带了大量的物资辎重，加上后勤政工等相当数量的非战斗人员，大大减弱了部队的战斗力和机动灵活性。

有人尖锐地指出，一些负责人指导思想始终是不明确的，认为国民党已经背离了抗日立场，但对其抱有幻想，三番五次地与顽军谈判，期望得到一个合法的番号和活动的地盘。顽军逐渐察觉和利用了这个心理，追得上就打，追不上就谈，甚至边谈边打，结果使部队遭受不应有的损失。

最后，大家一致认为，这次东移受挫，如果就那一次行军该怎么走，那一仗该怎么打这些具体问题而论，固然可以总结出许多有益的经验教训来。但是，基本的经验教训究竟在哪里？

全民族抗战初期，中共党内争论最激烈的问题有三个：

一是如何开展统一战线。是一切服从统一战线，还是坚持独立自主前提下的统一战线，或者完全不合作。在把握这个度上，全党全军不少人都犯了错误。

二是作战形式采取游击战还是运动战。毛泽东坚决主张独立自主的山地游击战，但不少红军将领打了几年运动战，思想上转不过来，最后形成的结论只好是"基本的是独立自主的山地游击战，不放松有利条件下的运动战"。

三是向敌后发展问题。一些人认识不到敌后发展的急迫性，不敢放手活动：有的怕破坏统一战线；有的担心敌后环境不熟悉；有的依恋旧根据地。

对于新编大队和第二大队来说，一方面对形势估计错误，认为国共两党必然分裂，全面内战必然再起，没有前线后方之分，东江不能立足，必须东移海陆丰才能生存。同时，对统一战线的政策和策略把握不够，在坚持独立自主前提下，没有真正做好团结进步势力、争取中间势力和与顽固势力既斗争又合作。

更为重要的是，部队对于在日军占领区建立根据地、开展游击战争这一战略思想还缺乏深刻的理解，把部队拉到国民党的后方去了，既离开了抗日的战场，又钻进了顽固派的势力范围之中，却没有想尽一切办法留在惠、东、宝敌后地区和日军以及国民党顽固派周旋，在斗争中发展壮大自己。

会上，每个人都敢于承担责任，坦率地发表了许多意见，倾吐了自己的心里话。

经过讨论，决定抛弃国民党原先给的新编大队和第二大队的番号，改为广东人民抗日游击队，从组织上完全摆脱与国民党的关系，不受国民党约束，放手扩大自己的力量。

所有武装人员整编为两个大队，即第三大队和第五大队。

第三大队大队长曾生，副大队长邬强，政训员卢伟良，下辖两个中队，一个短枪队。第一中队又叫"虎门队"，中队长彭沃，指导员韩健；第二中队又叫"大华队"，中队长陈其禄，指导员陈一民；短枪队队长翟信。

第五大队大队长王作尧，副大队长周伯明，政训员蔡国梁。

东莞地形开阔，便于进行斗争，曾生化名王斌，带领主力第三大队挺进东莞大岭山地区开辟根据地；路东的宝安条件困难些，但王作尧对于东莞和宝安都熟悉，就带领第五大队留在宝安阳台山地区和广九铁路两侧活动；另派武工队到增城、博罗、从化一带建立游击据点。

为了加强曾生、王作尧两部的领导，林平受上级派遣，就任曾生、王作尧两部的政委，梁鸿钧负责军事指挥，两人随第三大队到东莞。

会议期间，正赶上绵绵秋雨，干部们白天在村子里开会，晚上和战士们一起在山上宿营。有的撑把雨伞，有的向老乡借顶笠帽挡雨，蜷着身子缩成一团，却睡得很香。

会议结束时，雨过天晴，人人的心情也如入秋的天空一样爽朗。在东江人民抗日斗争史上，上下坪会议起到了扭转局面、承前启后的重大作用。从此，粤南一带的抗日烽火，熊熊燃烧起来。

纵横潮澄饶敌后

1940年初，潮汕地区的反共逆流也越来越猛烈，且把矛头首先对准汕青游击队。

2月，独九旅与地方上的反共顽固派密谋以集训为名，将汕青游击队集中到潮安县登岗，强迫集体加入国民党军队，然后分散杂编进独九旅补充营。他们事前已经计划好，如汕青游击队反抗，则进行武装缴械，以彻底肢解、消灭这支共产党领导的潮汕人民抗日武装。

中共南委机关几个领导人认为，潮汕地区我党武装力量非常弱小，目前没有力量与顽固派公开抗衡。根据中共中央"隐蔽精干，长期埋伏，积蓄力量，等待时机"的方针和南方局的有关指示，为维护团结抗战大局，避免同室操戈，南委决定由机关负责人李碧山带领部分机关工作人员，还有少数武装人员，在闽粤边界山区选点隐蔽，负责与中共中央南方局的联络和闽西南与潮梅党组织之间的沟通。原潮梅特委的部分机关工作人员，在中共潮梅特派员林美南带领下，在梅县近郊选点隐蔽，负责潮梅党组织的工作。

这时，机关活动本来非常紧张，而建设隐蔽基地需要经费，转移到外地的党员干部和家属需要路费，原地隐蔽的干部有病有困难的也需要经费。因此，地下党活动受到影响，上述两个机关与上级的联系逐渐中断。

为了不使反共分子的阴谋得逞，汕青游击队和潮汕各地的青抗会等公开合法抗日团体陆续宣布解散。大部分队员转入地方工作，少数党员骨干集中组成两个精干的抗日武装小组：一个以黄玉屏为组长，开赴韩江西溪西岸的敌占区活动；一个以王珉灿为组长，开赴韩江西溪东岸的敌占区及缓冲区活动。

1942 年春，因形势恶化，黄玉屏小组奉命分散隐蔽，转入地方工作。

开赴潮澄饶的王珉灿小组处境也极为艰难。1940 年 6 月，王珉灿武装小组改组为潮澄饶敌后抗日游击小组，简称"潮澄饶游击小组"，队长周昭烈。一年后，潮澄饶游击小组发展成为潮澄饶敌后抗日游击队，简称"潮澄饶游击队"，队长陈应锐，政委周礼平。

尽管潮澄饶游击队人数不多，但他们充分利用敌占区、缓冲区、国统区的复杂局面和日、伪、顽的矛盾，以各种灰色面目，在敌人的眼皮底下神出鬼没地打击日伪和反动势力，或直接以"敌人"的面目出现打击敌人。

1940 年 8 月，游击队员大白天深入虎穴击毙臭名昭著的大汉奸郑菊人，然后以"灭倭锄奸团"的名义张贴布告，历数郑菊人十恶不赦的罪状；[7] 1941 年 7 月，游击队员化装枪决了鱼肉乡民的华富乡伪乡长陈富泉；1943 年秋，潮澄饶敌后游击队 10 余名队员化装成伪警察和密侦人员，再次突袭华富乡公所，收缴了该乡公所 10 多支枪，俘虏并枪毙伪所长林清允。[8]

在与敌人斗争的过程中，潮澄饶游击队形成了具有一定特色的游击战术。打东面敌人时，由住在西面乡村的游击队员配合；打西面敌人时，则由住在东面乡村的游击队员参加。这样既减少了游击队员暴露身份的可能，也有利于在隐蔽中发展壮大队伍。同时还形成了一整套机动灵活、行之有效的游击战术。在敌占区到国统区的边缘地带，潮澄饶游击队到处打击敌人，战果累累但行动隐秘、来去无踪。日伪顽四处报警、互相猜疑，丝毫没想到这是共产党领导的抗日游击队在活动。

注　释

1. 今属惠东。

2. 顽军某追击部队。

3. 指李振亚。

4. 指韶关，当时广东省委所在地。

5. 南方局党史资料编辑小组编：《南方局党史资料（军事工作）》，重庆出版社 1990 年版，第 46—47 页。

6. 中央档案馆、广东省档案馆：《广东革命历史文件汇集（中共南委广东省委文件）》(1940) 甲第 37 册，1987 年版（内部），第 259—260 页。

7. 中共汕头市委党史研究室、中共梅州市委党史研究室编著：《韩江纵队史》，广东人民出版社 1995 年版，第 58—59 页。

8. 中共汕头市委党史研究室、中共梅州市委党史研究室编著：《韩江纵队史》，广东人民出版社 1995 年版，第 64 页。

第十四章

百团大战（上）

"铁路为柱，公路为网，据点为锁"，日军在华北实行"囚笼"政策——八路军总部发布破袭正太路的命令——聂、刘、邓、贺、关调兵遣将——占领井陉煤矿——第一二九师主力破袭正太路西段——彭德怀一锤定音：就叫百团大战好了——百团大战的捷报"给了全国人民无穷的希望"——八路军当年救出日本小姑娘，美穗子40年后感恩聂荣臻

调兵遣将击破"囚笼"

当蒋介石发动第一次反共高潮、中国抗战营垒内部发生摩擦之时，国内外形势发生了急剧变化。

1939年9月，德军进攻波兰。

1940年夏，德军以闪电战击败英法联军，席卷挪威、荷兰、比利时、卢森堡等国，法国投降，英国被迫退出欧洲大陆。

意大利趁火打劫，对英、法宣战，德、意法西斯取得了暂时的胜利。德、意法西斯的暂时胜利以及英、法的对日妥协政策，助长了日本法西斯的侵略气焰。它为了准备太平洋战争，以便将中国变为其南下的基地，急于迅速解决"中国事件"。为此，日本一面对蒋介石政府施加军事压力和政治诱降，一面继续以主要力量打击共产党及其领导下的军队。

当时，日军在华兵力（不含东北）共有24个师团又11个旅团，总计72万余人。国民党军队当时虽有317万余人，也组织发动了几次规模较大

的攻势，但始终未能改变整个正面战场的被动局面。日军在攻占长江入川门户的宜昌重镇之后，又扬言要进攻西安。与此同时，日机狂炸重庆，一时大后方震动，投降派活跃，中间派对时局悲观。

在华北地区，日军有 9 个师团又 12 个旅团，共 25 万余人。八路军虽然在 1940 年上半年发展到了近 40 万人，但干部新、成员新，部队的军政素质亟待提高，组织体制急需整顿。[1]尤其从 1940 年上半年开始，日军在华北把进攻的矛头全面指向八路军，大力推行"治安肃正"计划及"囚笼"政策，依靠已占领的交通线，不断进行扩张，增设据点，企图封锁与割断华北各抗日根据地之联系，华北抗战面临严峻局面。

1940 年 7 月 7 日，中共中央为全民族抗战三周年发表对时局的宣言，指出中国的抗战处在"空前投降危险与空前抗战困难的时期"，号召克服投降危险，为争取时局好转而奋斗。

中共中央驻重庆办事处也建议八路军在敌后打胜仗，以鼓舞人心。

1939 年 12 月，一封发给八路军总部的密电，引起了朱德和彭德怀的注意。

电报是冀中军区政委程子华、政治部主任孙志远发来的，报告了日军近一时期在冀中修建公路、挖壕筑堡的一些情况。电报中说：

"敌最近修路的目的同过去不同。"其修法："一是以深沟高垒连接碉堡。由任丘到大城、河间的公路修得比地面高五尺，两旁沟深八尺到一丈，沟底宽六尺，沟面一丈六，把根据地划成不能相互联系支援的孤立的小块，部队也不能转移，便于敌逐次分区搜剿。第二种修法是汽车路的联络向外连筑，安国县已完成三层，敌汽车在路上不断运动，阻挡我军出入其圈内。"程、孙十分急迫地说："绝不能让敌修成"，否则，"将造成坚持游击战争的极端困难局面"。[2]

看到这份电报，朱德、彭德怀和参谋长左权都很焦虑。

他们从各地报来的情报中得知，敌人这一套不仅在冀中，而且在全华北实行。深谙兵法的刘伯承曾形象地比喻说：这是敌人企图以"铁路为柱，公路为网，据点为锁"，对华北敌后军民实行的"囚笼"政策。这一毒辣的政策已开始"见效"，1939 年秋，抗日根据地有近百个县城，至1940 年夏，只保有几个山区偏僻小县城。八路军活动日渐困难，物资供应尤为紧张。

朱、彭、左三人在作战室里紧张地研究着，常常是研究到深夜。作战室里那张整整占满一壁的华北地形图上，新旧铁路线、公路线交织连贯，仿佛一张巨网正向各抗日根据地合拢。

必须想办法打破敌人的"囚笼"政策！

1940 年 2 月 7 日，朱德、彭德怀致电八路军各部指挥员："敌人的筑路行动有战略上和战术上的重大含义，丝毫不能忽视，要提醒大家从总体上来认识和对付敌人的阴谋。"[3] 同时，他们下令八路军各部对敌人筑路的起止地点、修筑方法、沿路设施、守备兵力、组织情况等进行详细侦察，为下一步行动做准备。

1940 年 4 月末的一天，左权来到第一二九师师部。

他是受彭德怀之托，来摸摸"诸侯"们的想法的。此前，朱德奉中共中央之命，刚刚动身前往洛阳，与卫立煌谈判停止国共摩擦问题，然后返回延安准备参加中共第七次全国代表大会。主持八路军工作的彭德怀，已经有了个对敌人的交通线发动一次总破袭战的初步想法。

第一二九师师部设在太行山深处黎城县谭村的一家院落内。山高春迟，"人间四月芳菲尽"，但在这里，院里院外，却是桃花盛开，一片春意盎然。

刘伯承、邓小平、聂荣臻[4]、吕正操、陈锡联、陈赓等人，晚饭过后，坐在院子里谈论形势。由于八路军总部有了破袭敌人交通线的想法，并提出要各兵团谋取对策，大家的议论自然集中到这个问题上。

第三八六旅旅长陈赓提出："正太铁路我们搞了它好多次了，这次大家集中力量先把它给搞掉，如何？"

聂荣臻想了想说："要彻底打掉嘛，目前还不可能，打掉了，它还会修起来的。不过，打断它一个时期也是有利的。"

左权听着大家的议论，笑道："彭老总要我到这里来，正是为和大家商量这件事。他有个想法，由荣臻和伯承同志再次协力，从南、北两面对正太路来个大破袭，打通晋察冀和太行区的联系。"

这番话使谈论热烈起来。有人提出聂和刘、邓可以一个负责破袭东段，一个负责破袭西段。大家认为这个想法甚好，要左权把这个设想带回，供彭老总考虑。

多年后，聂荣臻还记得这次议论。他回忆说：

议论中，有的同志曾提出，想把正太路搞掉，使晋冀鲁豫和晋察冀两个根据地连成一片。我说，这个计划如果能够实现，那当然好；不过，我们要想完全控制正太路，或者把它彻底摧毁掉，恐怕难以实现。因为，日本侵略军为了巩固它的后方，正企图通过巩固交通线，把山东、河北、山西三个地区紧紧连在一起。当时，平绥路到同蒲路还不通车，石家庄到德州这段铁路，虽然日本人正抓紧修，但是由于屡遭我们的破袭，还远没修通。在这种情况下，敌人把正太路看成是连接山西、河北的重要交通命脉，如果丧失对正太路的控制，它在山西的占领军一切运输补给都难以保障，敌人是不会善罢甘休的。就是我们能够在短时间内炸断、摧毁正太路，暂时断绝了它的交通，从敌人具备的技术力量来看，很快可以修复。

鉴于这些考虑，在议论中，我的意见是，完全搞掉正太路，将两个区域连在一起，这个想法不够现实。对敌人交通的破袭战，这是我们在游击战争中经常进行的，几乎天天都在破袭嘛，这有什么不可以！5

转眼间几个月过去了。春天的烂漫山花已换成茂密的青纱帐，正是游击健儿显身手的黄金季节。

彭德怀对左权说："大家老盼着打，我看可以开始行动了。"

不几日，左权受彭德怀之托，再次来到第一二九师师部。刘伯承、邓小平仔细倾听了彭德怀和左权的战役设想，欣表赞同。

"这个设想我看行，可以这么干！"处事一贯明确、果断的邓小平说。左权返回八路军总部后，刘伯承指示师参谋长李达，立即收集部队的破路经验，进行战役准备。

1940 年 7 月 22 日清晨，山西武乡县砖壁村，八路军总部。

从这里发出的一束束无线电波，越过沟壑、平原，传送至八路军所属部队各主要负责人手中。这正是由朱（德）、彭（德怀）、左（权）签署布发的破袭正太路的预备命令。命令提出：由于国际形势的变动，"我军应以积极的行动，在华北战场上开展较大胜利的战斗，破坏敌人进攻西北计划，创立显著的战绩，影响全国的抗战局势，兴奋抗战的军民，争取时局的好转，这是目前严重的政治任务"。为打击敌之"囚笼"政策，"决定趁目前青纱帐与雨季时节，敌对晋察冀、晋西北及晋东南'扫荡'较为缓和，正太路沿线较为空虚的有利时机，大举破击正太路"。"其他各重要铁道线，特别是平汉、同蒲，应同时组织有计划之总破袭，配合正太铁道战役之成功"。

命令要求：直接参加正太线作战之总兵力不少于 22 个团，定于 8 月 10 日前完成侦察、器材准备、部队调动等准备工作。❻

这一注明"十万火急"的绝密电报发到延安，立即被抄送毛泽东、王稼祥、朱德、张闻天、王明、康生、陈云、邓子恢、任弼时、谭启龙和中央军委作战局。1959 年庐山会议上，彭德怀曾被指责背着毛泽东发动百团大战，由于 1940 年 7 月 22 日预备命令的延安收文原件在案，"文化大革命"以后此事真相得以澄清。

1940 年 8 月 8 日，朱德、彭德怀、左权向聂荣臻、贺龙、关向应、刘伯承、邓小平发出战役行动命令：

聂集团主力约 10 个团破坏平定（不含）东至石家庄之正太线，同时，分派部队对津浦、平汉、德（州）石、沧（州）石（家庄）路的指定地段进行宽正面破袭，阻止可能向正太路增援之敌，相机收复某些据点；

刘、邓集团以主力8个团附总部炮兵团一个营，破击平定（含）至榆次段之正太路，同时，分派部队对平汉、德石、邯（郸）大（名）、同蒲、白（圭）晋（城）、临（汾）屯（留）路之指定地段进行宽正面破袭，阻止敌人向正太路增援，相机收复某些据点；

贺、关集团破袭同蒲路北段及汾（阳）离（石）公路，并以重兵置于阳曲南、北，阻敌向正太线增援，同时派部队破袭晋西北交通线，相机收复若干据点。

命令规定："上列各集团及总部特务团统由总部直接指挥之""限八月二十日开始战斗"。[7]

突袭井陉煤矿

河北阜平，晋察冀军区司令部。

司令部设在一个不显眼的小山村里。只有走进院落，穿过几株高大的槐树，望见从屋脊上隐蔽地伸出的天线和电话线，才会明白这里是军事指挥部。

聂荣臻主持召开主攻兵团首长会议，研究确定具体战役部署。"同志们"，聂荣臻开始讲话了。他平时说话不紧不慢，舒缓平和，今天由于要宣布一项重大决定，也不免有些激动。

"八路军前方总部发布了战役命令，晋察冀军区将与冀鲁豫军区、晋绥军区一起，对全华北敌人占领的交通线及其沿线城镇据点，发动大规模的破袭战。我们晋察冀军区的任务是：负责破袭正太路石家庄至平定段，破袭重点为娘子关至井陉煤矿段及其两侧地区，并且对平汉路、北宁路、津浦路、德石路、沧石路等铁路和公路线段进行广泛破袭，以阻止敌人向正太路增援！"

"好哇！"到会的各军分区的领导都惊喜地轻声欢呼起来，这可是抗战以来，八路军发起的一次最大规模的破袭战役啊。

"下面，由聂鹤亭参谋长讲一下具体部署。"聂荣臻以手示意，让杨成武、熊伯涛他们安静下来。

聂鹤亭参谋长是位老红军，在南昌起义时就是排长了。他对司令部工作很有经验。他和聂荣臻一起拟定的作战计划，已经得到了八路军总部的批准。他说道：经研究决定，我们军区这次拟抽调8个步兵团、1个骑兵团又2个骑兵营、3个炮兵连、1个工兵连和5个游击支队，共约10个团，分别组成3个纵队：右纵队由郭天民、刘道生指挥，破击娘子关至乱柳段；左纵队由熊伯涛指挥，破击上安到微水段；中央纵队由杨成武指挥，担负微水至娘子关段破击任务，并为主要攻击方向。另外还有一个总预备队。其余部队对平汉、北宁、津浦、沧石等铁路、公路进行破击。

聂荣臻接着说："这次破袭战，是在很长的战线上进行的广泛攻坚战。遵照八路军总部的规定，大家一定要注意：一是要特别重视侦察工作，立即派出人员，侦察敌情、地形，只有知己知彼，才能百战不殆；二是部队开进和一切行动要秘密、迅速，请政治部通知各级政府密切配合部队的行动；三是尽可能争取时间，组织部队进行爆破铁路、桥梁、敌人据点等的训练；四是战役发起时间统一于8月20日22时，到时一齐动作，大家一定要切实执行，这点暂时只有到会的人知道，不准下达。"

开完会议，聂荣臻立即率一个精干的指挥班子赶赴前线。

一路上，老天爷不作美，没日没夜地下雨，聂荣臻和出征的将士们"官兵一致"，一律被淋成了"落汤鸡"。但下雨也有好处，掩护了部队的开进行动。在战役开始的前几天，聂荣臻把指挥所设在了井陉附近一个叫洪河漕的小山村。

为了进一步了解敌情，聂荣臻派参谋长聂鹤亭带着侦察科科长罗文坊及几位侦察、作战、通信参谋，抵近敌人进行侦察。应该说，晋察冀军区司令部侦察科平时对正太路、平汉路、同蒲路沿线的敌情都是了解得比较清楚的，但是对这次正太战役进攻重点之一的井陉煤矿，却了解甚少。聂鹤亭、罗文坊等人全部化装成当地老百姓，接近矿区的外围，然后由罗文坊带上几名侦察员，在矿区地下党的接应下进入矿区侦察，对守矿的日军、伪军和矿警的兵力分布与活动规律等情况，都基本摸清了。

1940 年 8 月 20 日下午 4 时，杨成武率部到达距井陉煤矿只有约 5 公里的山野里。他带上前方指挥所人员和 3 个团的团、营干部，爬上一个草木繁茂的山头，勘察地形，分配任务。

由于三团具体负责攻打井陉煤矿，杨成武提出要和三团团长邱蔚一块，化装成老百姓，深入到煤矿近处侦察，选择突破口。大家放心不下，说：

"司令员，你别去了。那里距离敌人太近，一旦暴露，撤退都很困难。让我们去吧！"

杨成武没有同意。他感到这次战斗太重要了，不亲临实地察看一番，心里不踏实。大家只好搞来便衣。于是，他和邱蔚及少数几个警卫员全都化装成当地百姓的模样，于近黄昏时，下了山。他们在暮色中匍匐前进，一直爬到矿区边上，仔细地察看了一番，选好突破口后，才安全地撤回。

天黑之后，战士们陆续钻出沟谷，爬上山冈，等待着攻击命令。突然，远处的矿区电灯齐放光明，好些战士都大吃一惊，因为他们过去从没见过电灯。有的看得目瞪口呆，有的啧啧赞叹："这东西好，又亮堂又好打！"灯光使战士们忘记了危险，忘记了长途跋涉的疲劳。

山西和顺县石拐镇，第一二九师前方指挥所。

刘伯承和邓小平在战役发起前，做了大量细致的准备工作。刘伯承专门对司令部的人员作了交代：

这次本师遂行的是大规模破袭战役，敌在沿线城镇、车站、桥梁、隧道附近，筑有坚固的防御工事；在铁路两侧 10—15 公里地区，还设有外围据点。在此情况下，我军必须先攻占敌据点，而后才能实施破路。因此，大破袭首先是对据点的战斗，不可避免地要进行强袭和攻坚，应把困难想得多一点，把准备工作考虑得更周到一些。准备工作要突出侦察、防谍和技术战术三个方面。

按照刘伯承的指示，第一二九师迅即掀起练兵爆破热潮。尤其对侦察工作，上下都非常重视，领导和参谋人员都出动侦察。三八五旅旅长陈锡联回忆说："我们这些旅干部，当时都化装去铁路沿线侦察了地形。"侦察人员还深入虎穴，在群众的掩护下，在敌人的交通线两侧村庄、大小据点实地侦察。有的还乘上正太路的列车，把沿线情况一览无余。日军华北方面军参谋长在战役发动后的 10 月 13 日向日本陆军次长所作的报告中，于《击袭前的一般征兆》一段内加注说："独立混成第 4 旅团司令部所在地的阳泉，在盂兰盆会期间，发现很多平日未曾见过的健壮男子前来游逛，市场上卖东西的人有半数改换了新人。事后查明，从 8 月前后经常出入阳泉车站的一个男子，据说是共军某部的参谋长。"[8]

战役发起日前两天，即 1940 年 8 月 18 日晚，刘伯承、邓小平召开作战会议，向参战部队指挥员布置作战任务。

刘伯承首先传达八路军总部的指示："总部命令，这次正太路破击战役，我师跟晋察冀军区共同进行，他们在东段，我们负责西段，彼此以阳泉为界。我们准备投入 10 个团的兵力。其他部队，已分布在平汉、白（圭）晋（城）、同蒲诸线，进行广泛的破路袭敌，以策应正太路的作战。请大家把师部发的晋东南情报图打开，由李参谋长来介绍敌情和说明本师任务。"

李达按照情报图介绍完敌情之后，着重讲了第一二九师担负的作战任务："集总决定于八月二十日起，我参战部队同时向平汉路、同蒲路、正太路开始进行连日大破击。晋察冀部队破击正太路阳泉（不含）以东段；我们师主力破击正太路阳泉至榆次段（均含）及平（定）辽（县）[9]公路……估计我们师的主要敌人是片山第四混成旅团驻铁路部队。我军开始破击后，敌人将会以装甲火车辗转射击，以火车转移其预备队，加强各据点战斗的出击，空军也会有一部参战。敌人伸入平辽的部队，也将抽兵由平（定）和（顺）段进击我右侧背。敌山冈第九混成旅团的吉野大队，也有可能调兵经长凝袭击我左侧。"**10**

刘伯承接着说明战役部署："根据以上的估计，我们这次战役的纲领：第一，主要是对正太路阳泉至榆次段的铁路和建筑物，进行连日的、彻底的破毁，特别对于桑掌至晓庄和马首至芦家庄两段铁路的技术工物，要着重破毁。第二，各破击队为了保障铁路确实被破毁，应兼用专门的便衣队或有力部队，突然潜入铁路线上的必要据点，破毁其要害，烧夷其建筑物。对于路侧远伸的据点，只用少数部队监视，不要强攻，也不要被其抑留。第三，当片山部队由阳泉、平辽公路向我右侧背迂回时，就将其各个消灭之，保障我破路顺利进行，造成收复辽县、榆社的基本条件。对榆次方面来援之敌则进行牵制。"

然后，刘伯承又对战役做出具体部署：战役由陈赓、陈锡联、谢富治统一指挥，部队分为左、中、右3个纵队：

右翼纵队由范子侠、赖际发率2个团，担负阳泉、寿阳间的破袭任务，先集中兵力攻下坡头和张净车站，得手后，再向西扩大战果。

中央纵队由陈赓、陈锡联、谢富治率4个团，主力隐蔽集结，为师的总预备队；以一部兵力攻占敌冶西据点，牵制平定之敌，另以一部兵力占领阳泉西南狮脑山，阻击阳泉可能出援之敌。

左翼纵队由周希汉率3个团，担负寿阳至榆次间的破袭任务，先集中兵力攻下芦家庄、上湖、马首等车站，得手后，视情况向北、向西扩大战果。

平和支队由汪乃贵率1个团结合地方武装，分途破毁平定至和顺公路，牵制平辽公路之敌。

最后，邓小平强调了这次战役的有利条件和应注意的事项。他特别告诫大家参战的地方武装很多，要派得力干部去组织带领，关心他们的生活和安全，调动他们的积极性。

会议之后，刘伯承、邓小平率师前方指挥所，进至广阳以南的明水头，设前方联络所于上龙泉以南的马鞍桥。

1940 年 8 月 20 日 20 时整，八路军于正太路全线准时发起攻击。一场具有伟大历史意义的战役打响了。

聂荣臻回忆："我清楚地记得那一时刻的情景，真是壮观得很呀！一颗颗攻击的红色信号弹腾空而起，划破了夜空，各路突击部队简直像猛虎下山，扑向敌人的车站和据点，雷鸣般的爆炸声，一处接着一处，响彻正太路全线。指挥所的几个年轻参谋激动地对我说，他们参军以来，还没见过这样红火的战斗场面。这个时刻，不只我们这里，整个正太路沿线和同蒲路部分地段，都淹没在八路军和人民群众大破袭的火网之中。"**11**

战斗打响后，八路军最早攻克的一个战略要点是娘子关。

娘子关是正太路上冀、晋两省交界的咽喉。抗战前，国民党军队曾在这里修筑了不少国防工事。日军占领后，其驻军司令部就设在关内的大庙里。还在关南依据险峻的山崖，在旧工事上加修了 4 个大堡垒，由日军防守，并在附近各村驻防伪军。

深夜 12 时，晋察冀军区担任主攻任务的右纵队五团二营两个连，潜入娘子关村后，首先消灭了伪军，然后以村庄为依托，向据险顽抗的日军强攻。战士们沿着陡峭的山坡，冲进浓密的火网，激战两个多小时，歼敌大部，终于攻克了所有敌堡。天近黎明之际，八路军的旗帜已经飘扬在娘子关上。在侵略军铁蹄下生活了近三年的娘子关地区的同胞，看到八路军的红旗高高地飘扬在关头，兴奋得流出泪水。在占领娘子关以后，五团乘胜破坏了娘子关东面的铁路桥，收割了大批电线，在敌援兵赶来之前，于 21 日主动撤离了娘子关。

杨成武的中央纵队重点进攻井陉煤矿。

井陉煤矿的煤是日本掠夺中国的重要矿藏之一。它质地优良，开采量大，除了供给华北日军外，大部分被运往日本本土。日军为保护这一重要煤矿，在新、旧两矿周围筑有 1 丈多高的设置电网的围墙，墙外还设置了铁丝网与外壕。在电网之内，老矿有 15 个堡垒，新矿有 4 个。此外，在矿北 4 公里的山上，还筑有 3 个碉堡，居高临下，监视矿区。

主攻新矿的三团一营，在矿区工人的配合下，首先切断电源，顿时，新矿的电灯全都熄灭了。一营营长赖庆尧吼了一声："灯灭了，冲啊！"战士们向敌人的碉堡冲去。顷刻，枪炮声大作，手榴弹爆炸的火光，犹如一朵朵嫣红的花朵在夜幕中闪亮。空中弹火交织，瑰丽无比。

井陉煤矿的守军刚入梦，被这意外的突袭吓呆了，有的赤条条地窜出房来，有的盲目地打枪，有的居然还壮着胆子问口令。

战士们通过电网时，一位班长触电牺牲了，其他人赶紧拿大铡刀劈开一条通道，再架上门板，部队这才通过了电网。不到二十分钟，新矿就有 3 个碉堡被二连拿下来了。

隐蔽在东王舍村一家药铺里的四连，也猛扑出来，十来分钟便攻下第一座碉堡，然后由西北往东打，又碰上两座非常坚固的碉堡。这两座碉堡建在土山上，四周围着高墙，墙上有电网，墙内还有一条深深的壕沟、三道铁丝网。敌人躲在碉堡里，疯狂地向外射击。四连长沉着地喊道：

"刘金山，把鬼子的电网和铁丝网给我统统砍断！"

战士刘金山应声抽出背上那口大铡刀，手上裹了两层篮球胆（防止触电用的），回头对周围的人说："谁让给我两个手榴弹？我的打完了。等把电网和铁丝网都破坏了，我就打手榴弹，你们听到手榴弹一响就冲！"

他把战友们递来的手榴弹往腰里一掖，踏地爬上梯子，高举铡刀，老牛似地吼了一声，手起刀落，那电网便齐刷刷地断开了。等敌人发觉，密集的机枪子弹向这个战士打来，打得墙头砖屑四溅时，他已经敏捷地跳下墙，跃过了壕沟。紧接着，在重机枪的掩护下，他一鼓作气，又砍断了两道铁丝网，一扬手，扔出了手榴弹。不料，一颗子弹射中了他，而他的手榴弹正巧扔进了敌堡，敌人的机枪马上被炸哑了，战士们哇的一声冲了上去，乒乒乓乓一阵猛打，把堡内的敌人收拾干净了。

撤下来时，大家才看到刘金山，只见他捂住伤口，躺在壕沟底边喘气边笑着说："手榴弹又没啦！"

四连又向最后一个碉堡——敌人的中心堡垒发起攻击。那个碉堡聚集了不少敌人，有十几公尺高，堡墙极厚，上下好几排射孔，每个射孔都很小，而且可用活动铁板遮蔽。战斗打响后，敌人机枪疯狂地向外扫射。二班长命令战士吴鸿�去把中心堡垒外的铁丝网砍断。吴鸿奲同志响亮地回答："是！"操起一口铡刀，扑了过去，奋力猛砍，铁丝网齐刷刷地断开了。

"好！"班长的话声刚落，忽然，大碉堡内飞出一颗子弹，正巧打中吴鸿奲插在腰间皮带上的手榴弹，没等他反应过来，腰间红光一冒，那颗手榴弹便爆炸了！"啊！"班长和战士们叫了一声，随即奋不顾身地冲上去。碉堡的射孔又吐出火舌，又有几个战士倒下了。二班长怒狮般地吼着："重机枪掩护，我们就是冲一百次也要把这个碉堡拿下！"

天蒙蒙亮了。杨成武在前方指挥所了解到一营四连打得很顽强，也很艰苦，便命令三团长邱蔚立即将一营的人员重新组织一下，集中兵力，四面围攻那个最顽固的堡垒。担任牵制任务的三连连长沈万玉闻讯把战士们带到营长赖庆尧面前，要求参加攻打中心堡垒的战斗。营长同意了。沈万玉高兴地把驳壳枪的木匣子拍得砰砰直响，一回连就问战士们："你们怕不怕死？"

战士们齐声回答："不怕！"

"不怕就跟我来，敲掉那座碉堡！"沈万玉说罢，便带着队伍扑向那座碉堡。

几个连队的火力飓风般地朝着同一个目标扫去。几名无畏的勇士抱着炸药包，前赴后继地冲上去，终于把大碉堡的堡墙炸裂。随后又是一阵猛攻猛炸，终于全部击毙了碉堡里的日军。

三连连长沈万玉却在激战中壮烈牺牲。

天大亮了，全身乌黑的矿工们欢呼着从各个角落里钻出来，他们大声地招呼着村子里的人：

"喂！快出来呀！八路军来啦，出来给他们搬胜利品吧！"

于是，矿工和乡亲们便和八路军战士一起，把敌人的枪支弹药、掷弹筒、电话机和各种军用物资搬了出来。他们向杨成武报告：缴获的大量炸药中，除了梯恩梯（TNT）外，还有一种条状、有甜味的炸药。杨成武接过来，伸出舌头轻轻一舔，果然是甜的！送炸药来的人说，这种炸药多得不得了，是日军用来开矿的，听说爆炸起来威力很大。杨成武听后大喜，对邱蔚他们说：

"把这些炸药统统运回去，将来爆破敌人的碉堡呀，兵工厂做手榴弹呀，就不愁了。还有矿井里那些机器和设施，能搬走的尽量搬走，搬不走的就地炸毁！"

井陉新矿的硝烟未散，盘踞在岗头老矿的日军听说中心堡垒已经陷落，就用夹杂着燃烧弹的排炮猛轰，矿区顿成火海。但这也挽救不了他们在新矿惨败。八路军战士在工人们的帮助下，已经将新矿的14台机器、10个钢炉、3座风车、2个大水池、2座烟筒、5座铁桥和绞车房、电机房、火车站以及矿上的重要建筑全部炸毁，并搬走了大部物资。据被俘的日籍工程师说，仅此一矿，日军损失就在1亿日元，即使再运来全套机械设备，也得半年以后才能复工。

在三团一营攻进新矿的同时，三团三营曾一度突破岗头老矿东南两个缺口，并占领了3个堡垒，毙伤敌10余名，俘日伪军各1名。敌人集中力量进行反扑时，三营退出堡垒，扼守缺口，与敌对峙一昼夜。21日夜，二团三营增援，又夺占一个堡垒。后因大雨，于我不利，复又撤出。

八路军进攻蔡庄、乏驴岭、南北峪的部队，经过激战，也都占领了据点。

8月21日，晋察冀军区发出了乘胜扩张战果的战斗命令："估计本集团战役步骤约完成三分之一，并以目前情况观之，正有利于扩张战果，并以此胜利达成战役全部任务。为此，各纵队必须坚决执行各该纵队之全部任务，克服雨天的困难，坚决动作，迅速扩张战果。"各部队遵此命令，越战越猛。

破袭正太路西段

与此同时，第一二九师主力对石太线之阳泉至榆次段发起总攻。刘伯承、邓小平在师指挥所里彻夜未眠，等待着破击战的战报。

首先传来的是右翼纵队新编十旅三十团攻克桑掌据点的捷报。他们经过一个半小时连续3次攻击，就拿下了该据点，全歼守敌130余人，并彻底破坏了桑掌大桥。

第二天，芦家庄、上湖、和尚足、马首等据点被攻克的报告陆续送来。进攻芦家庄的，是左翼纵队第三八六旅十六团。他们在战斗中，连克4座碉堡，并火烧据守仓库的日军，歼其80余人，缴枪50余支。

刘伯承、邓小平立即通报表扬，同时指示各破击部队加强翼侧警戒，防敌袭击。

21日，突然天降大雨。刘伯承、邓小平命令部队不要松懈，继续按计划行动。三路破击纵队不畏恶劣的天气条件，仍然努力攻击。至25日，八路军又相继攻克燕子沟、坡头、狼峪、张净、赛鱼、晓庄等据点，同时攻克了平定西南的外阑据点冶西。

至此，正太路西段二十个据点，除寿阳等少数几个外，已全部被第一二九师部队攻占。

正太路全线被袭的消息传到阳泉日军第四混成旅团司令部，片山旅团长惊得目瞪口呆。八路军攻击部队派出小部队夜袭阳泉，牵制阳泉日军出援，更使他草木皆兵，判断八路军至少有2000人，慌忙把城里日军600余人全部集中起来抵抗，并将侨民500余人也武装起来，强迫他们投入战斗。日本侨民中不少人被吓得六神无主，有的特地穿上了新衣服，准备以身殉战。

片山组织重兵猛攻狮脑山，并以大炮、飞机助战，企图援救寿阳等残存据点里的日军，扰乱八路军的破路行动。

狮脑山位于阳泉西南4公里处，是正太铁路的咽喉要地。战役发起后，为防敌抢占狮脑山，攻击我侧背，刘伯承将总预备队开进平定以西的天华池、苇池村等地区，并以十四团控制了狮脑山。

从21日至26日，片山连续向狮脑山猛攻。并以飞机（约20架次）和毒气弹配合。第三八五旅之十四团据险抗击，坚守六昼夜，歼敌400余人，保障了破击战的顺利进行。26日午后，中央纵队为避免与敌决战，令十四团主动撤离阵地。

在连续攻占正太路西段的车站和据点的同时，刘伯承、邓小平令部队抓紧破路。各部队按照分工，除以一部兵力担负警戒外，其余的部队，结合游击队、自卫队、民工和当地群众、铁路员工，迅速地投入战斗。只见寿阳东、西的重要地段上，聚集了成千上万的人。人们按照"不留一个车站，不留一座水塔，不留一座桥梁，不留一根铁轨，不留一根枕木，不留一根电杆，彻底破坏路基"和"破一里铁路等于消灭一连敌人"的口号，夜以继日地进行破路作业。

由于战前专门进行了破路教育，参战军民不但破路热情高，而且边干边总结，创造出了许多好办法、好经验。以往铁轨被卸下后，大多是搬离铁路进行深埋，既费时又费力。这次有人建议将铁轨跟枕木架在一起烧。一试验，果然效果很好，一堆枕木烧完，架在上面的铁轨也烧弯报废了。

刘伯承十分关心破路的进展和毁坏程度，反复告诫部队："对正太路破坏得越彻底，我们就越主动。"他还抓紧了督促检查工作，派出专人沿铁路线具体检查破毁情形，随时指出不足和提出改进意见。他要求各破路纵队负责人必须亲自察看重要设施的破毁情况，不合格者重复进行，务求彻底。经过10个昼夜的大规模破毁，正太路许多地段被夷为平地。几个残存据点里的日军龟缩不出，惶惶不可终日。

这条被日军视为命脉的"钢铁封锁线"，终于彻底瘫痪了。

"给了全国人民无穷的希望"

总破袭战一开始，八路军总部作战室里就弥漫着紧张的气氛。所有无线电台和有线电话，都编组好轮流值班的顺序，以保障战斗指挥和联络的畅通。

彭德怀和左权不时交谈，或听参谋人员汇报情况，或面对地图沉思。8月20日那天晚上，彭德怀一夜没合眼，等待着前线的消息。

这两天，一份份捷报发至八路军总部，总算使两人松了口气。

22日午饭后，彭德怀和左权在作战室内听取战况，作战科长王政柱汇报实际参战兵力：正太路30个团，平汉线卢沟桥至邯郸段15个团，同蒲线大同至洪洞段12个团，津浦线天津至德州段4个团，邯郸至济南公路线3个团，代县至蔚县公路段4个团，北平至大同线6个团，辽县至平定公路线7个团，宁武、岢岚、静乐公路线4个团……共计105个团。

王政柱话音刚落，左权说："好！这是百团大战，作战科要仔细查对确数。"

彭德怀说："不管是一百零几个团，就叫百团大战好了。"当即和左权一起拟电发各兵团，并报中央军委，将此次破袭战役定名为百团大战。[12]

23日，《新华日报》（华北版）发布了十八集团军（八路军）司令部参谋处关于百团大战的第一期捷报，标题为《胜利展开百团大战》。同日，朱德、彭德怀、左权、罗瑞卿、陆定一联名签署了关于嘉奖参战部队和继续扩张战果的电报，其中也使用了"百团大战"一词。"以上，可能是我们见到的最早称'百团大战'的两个文献。"[13]

嘉奖电的电文是：

聂、贺、关、刘、邓：

百团大战，由于我全体指战员，忠贞于中华民族与中国人民，英勇无双，果敢进击，在各交通线上，特别在正太线上已取得序战之伟大胜利，捷报传来，无限欢慰！特传令嘉奖，仰即传令通知。

百团大战，是抗战以来在华北战场上空前未有的、自主积极的、向敌寇进攻的大会战，对于全国抗战形势与华北整个战局均有伟大意义。百团大战亦将成为中外战史上最光辉的名词。望我全体将士发挥最大的决心毅力、忍耐力、顽强性、机动性，以再接再厉之精神，在现有序战胜利之基础上，猛烈扩大战果，完成战役任务。**14**

1940 年 8 月 31 日，在战役节节胜利的形势下，彭德怀给各兵团发出扩大战果、彻底毁灭正太路和同蒲路的忻县—朔县段，使三个根据地（晋察冀、晋西北、晋冀豫）连成一片的建议。

然而，这个建议低估了敌人对交通线的修复能力，低估了敌人利用现代化交通工具迅速增援兵力的能力。在这个建议发出后的第三天，即 9 月 3 日，敌援兵两万余人抵正太路东、西两端，企图夹击八路军。此前，敌人的小批援兵已陆续进入正太路作战，日军驻太原飞行大队连续出动，猛炸八路军阵地。彭德怀和左权看到"扩大战果已不可能"，遂放弃以上建议，命出击兵团即日转移兵力，于 9 月 10 日结束第一阶段作战。

百团大战第一阶段取得了巨大的成功。

从 1940 年 8 月 20 日至 9 月 10 日，经 20 天的浴血奋战，蜿蜒 200 公里的日军"钢铁封锁线"——正太铁路，被八路军破毁了三分之二以上，所有术工物**15**完全被破坏，沿线大部据点被攻占。敌人遭到了空前的惨败，伤亡计 2900 余人。

日军华北方面军在其《作战记录》中记载：

盘踞华北一带的共军，根据第十八集团军总司令朱德的部署，发动了所谓百团大战。于昭和十五年［即一九四〇年］八月二十日夜同时奇袭我交通线及生产基地（主要是矿山）。尤其在山西，其势甚猛。在袭击石太线及北同蒲线警备队的同时，又爆破和破坏铁路、桥梁及通讯设施。井陉煤矿等处设备被彻底破坏。这次奇袭完全出乎我军意料之外，损失重大，恢复建设需要相当时间与大量资金。**16**

由于创痛太重，日本华北派遣军司令部把此役称之为"挖心战"，以后将每年此日作为"挖心战"纪念日。

百团大战第一阶段破袭战的成功，从战略、战术上说，在于巧妙而又大胆地利用敌人以小国凌大国、兵力不足的弱点。在破袭战中，心细的刘伯承从下面报来的材料中就发现，敌人在一些战斗中搞了稻草人，有的车站上发现了假炮，还有的交通壕里长满了草。"看来敌人的名堂还不少哩。这是由它战线过长，兵力不足，无法兼顾，形成到处挨打的架势。就好比一头野牛在沟里吃草，向左伸嘴左边挨一棒，向右伸嘴右边挨一棒，结果在左右受敌之下，只有吃亏了。"

日军也看到了自身在军事上的"长期分散配置，使各部队很容易陷于被动守势"，但由于兵力不足，惧怕"过早地将分散配置集中，治安将会重新恶化"，只好分散兵力。

在此情况下，彭德怀、聂荣臻、刘伯承等果敢行动，以"同时发动，分散出击"的战术，使敌陷于首尾不能相顾的境地。敌人也不得不承认，八路军取得了"奇袭的成功"。

百团大战胜利的消息传到延安，群情欢跃。

1940年9月10日，即战役第一阶段结束的当天，中共中央书记处致电八路军总部，分析了时局的发展趋向，说："我党五十万大军积极行动于敌后（尤其是此次华北百团战役），则给了日寇以深重的打击，给了全国人民无穷的希望。"**17**

1940年9月20日，延安街头贴满祝捷标语。延安各界举行万人大会，纪念九一八事变九周年，庆祝百团大战的胜利，大会通电慰问八路军前方将士，毛泽东和朱德代表中共中央出席了大会。

百团大战的胜利，也在大后方引起强烈反响。四处弥漫的悲观空气为之一变。

国民党中央社曾连续播发第十八集团军的战绩。《大公报》、《力报》、《国民公论》、《新蜀报》等报刊也纷纷发表评论，热情赞扬百团大战。如《新蜀报》1940 年 9 月 20 日的社论写道：

"华北方面，我军采取英勇攻势，所获战果，最为伟大，在 3 年抗战中，创造了敌后游击战争的少有的辉煌纪录。""我们可以不难想到，这次持续如斯之久，范围如此之广大的敌后战争，是怎样壮烈雄伟，我数十万将士驰骋北方原野，是如何自傲与艰辛。我们每天看到如雪片飞来的条条捷报，真是兴奋感动得流泪！"[18]

同日，中共驻重庆办事处给中央的报告中也反映说："敌将进攻重庆、云南，尤其是宜昌失败教训及当局缺乏守住重庆的信心，人心惶惶然发生悲观与愤激两种情绪，而妥协之要求和危险，在敌寇诱降、亲日派的直接影响之下，使时局更加严重。不过妥协条件一时断难有成。目前令人兴奋的，则为华北的百团大战……"[19]

蒋介石也于 9 月 4 日致电朱德、彭德怀，表示嘉勉。

朱副长官[20]、彭副总司令：

养、梗电均悉。

贵部窥破好机，断然出击，与敌甚大打击，良用嘉慰。除已电饬其他有关战区积极出击，以策应该部作战外，仍希督饬所部积极行动，勿与敌以喘息机会，彻底断绝其交通，为要。[21]

但蒋介石的嘉勉不过是迫于舆论，实际他是不高兴的。不久，国民党中央宣传部向重庆军委会战时新闻检查局正式抄发了蒋介石的一份密令：

查近来报上常有记载"百团大战"字样。……此项名词及有关之新闻，以后绝对禁止登载，即饬遵。**22**

"至仁至义，有始有终"

在百团大战第一阶段的作战中，还发生了一件颇为曲折、动人的"插曲"，这便是八路军拯救日本小姑娘的故事。

在杨成武部进攻井陉煤矿新矿的战斗中，盘踞在岗头老矿的日军向新矿猛烈炮击，井陉煤矿火车站日本职员加藤清利夫妇在炮击中先后身亡，遗下两个小女孩，大的五六岁，小的还在襁褓之中，被战士们冒着危险抢救了出来。

情况报了上去，杨成武让下面好好照顾孩子，立即送到前方指挥所来。

杨成武回忆道：

此时，我的心情很不平静。奋不顾身地从战火中抢救妇孺，这在我们八路军是常事。可这回三团战士冒着生命危险救出来的并不是乡亲们的孩子，而是丧失双亲的日本小姑娘。我自然地想起，在日本法西斯进行的这场侵略战争中，多少中国人民惨遭杀害，甚至连初生的婴儿也不能幸免。我曾经听过两件真实的事：一个日军中佐，一手提着指挥刀，一手拎起一个刚出生几天的中国婴儿，剁成碎块，扔进磨盘里，令其士兵推磨洒水，在婴儿的母亲撕心裂肺的哭叫声中，将婴儿磨成了肉浆！还有一群日本兵把一个中国孕妇拖进猪栏里，一阵惨不忍睹的蹂躏之后，猪栏里传出初生婴儿的啼哭声，日本兵拍手大笑："大大地好！"……日本法西斯分子为了使我们亡国灭种，残杀了我们多少无辜的孩子！而现在，我们的战士却在死神的魔爪中把两个日本小姑娘救下来了。是啊，孩子无罪，她俩也是日本军国主义发动的这场侵略战争的受害者。我们进行的战争，是反侵略的正义战争，不仅是为着拯救中华

317

民族，也是为了使日本人民从军国主义统治下摆脱出来。**23**

　　两个小姐妹送来之后，杨成武叫人给她们弄了点吃的，给那个负伤的婴儿重新包扎，并把这件事用电话报告了聂荣臻。

　　聂荣臻听了很高兴，连声说：

　　"很好，很好，你们做了一件很有意义的好事。你们要把孩子照顾好，等她们吃饱后，马上派人送到我这里来。"

　　半天工夫，两个小姑娘被箩筐挑着送到了聂荣臻的前线指挥所。

　　"辛苦啦，快放下箩筐休息休息。"聂荣臻亲切地对来人说。

　　看到箩筐里各放着几个雪花梨，还放着为孩子赶苍蝇的苍蝇拍子，聂荣臻很感兴趣地问道："孩子送来之前，在你们那儿是怎样安排饮食的？"

　　来人回答："我们四分区政治部的袁心纯副主任规定，按团职干部负重伤的伙食标准特别照顾，供给奶粉、罐头、白糖、水果。我们用西瓜蘸白糖，一口一口地喂这个小姑娘。按规定，这是参加过红军的干部负伤后才能享受的最高待遇。有的老百姓不理解，骂我们用好东西喂东洋崽子，袁副主任还特地召开区长和村干部会，讲优待这两个孩子的革命人道主义道理呢……"

　　"嗯，做得对！"聂荣臻满意地点了点头，

　　他先抱起那个受伤的婴儿，看到伤口包扎得很好，孩子正安详地睡着，便嘱咐医生和警卫员，好好护理这个孩子，看看附近村里有没有正在哺乳期的妇女，赶快给孩子喂喂奶。

　　那个稍大些的孩子，剪着短发，穿着长条纹花衣裳，显得相当清秀、可爱。聂荣臻牵着她的小手，拿来雪花梨给她吃。小姑娘听不懂中国话，只是瞪着一双乌溜溜的可爱的大眼睛，望望聂荣臻，又皱起小眉头看了看聂荣臻手中削好的雪花梨，也不伸手去接。聂荣臻笑了，明白了孩子的意思，赶紧用水冲洗干净，小姑娘这才高兴地接过去吃了起来。

吃饭的时候，聂荣臻爱怜地把那个大些的孩子拉在怀里，用小勺喂她。小姑娘就不那么拘束了。聂荣臻问她叫什么名字，她"嗯嗯"地回答着。翻译在旁边说，她说她叫"兴子"。聂荣臻一听，这个名字差不多，像日本女孩子的名字。其实，这个小姑娘叫美穗子。她几十年后来探望聂荣臻时，解释说，在日本语里，"兴子"的发音和"死了"的发音相近。当时她很小，只知道说妈妈"死了"，翻译就由此认为她叫"兴子"了。

在指挥所停留的那段日子，这个大女孩一直跟在聂荣臻身边，常常用小手拽着聂荣臻的马裤腿，走到哪里跟到哪里。聂荣臻还和小姑娘在指挥所外的土场上合了个影，这张照片后来成了珍贵的历史见证。

怎么安置小姑娘呢？如果养起来，激烈的战事不知何时结束，边区的环境不仅艰苦，而且敌人"扫荡"频繁，部队经常转移，照顾两个小孩子，将有不少困难。"再说，两个孤苦伶仃的孩子留在异国他乡，大的五六岁了，已经开始懂事，留下来她很可能会伤感的。她们失去了父母，只剩姐妹二人，不在本国的土地上，将来也会给她们造成痛苦。送回去，爸爸妈妈虽然死了，她们家里总还会有亲戚朋友可以照应吧。"**24**

想来想去，聂荣臻决定还是把她们送回去。

聂荣臻找了一个最可靠的老乡，准备了一副挑子。那时候，挑子要算太行山区最好的交通工具了，翻山越岭，不怕颠簸。聂荣臻和指挥所的几个人员，担心孩子路上哭，还在筐里堆了许多梨子。

准备停当，聂荣臻给日本官兵写了一封亲笔信。信没有封上，为的是传递途中，都可以看到。

信是这样写的：

日军官长士兵诸君：

　　日阀横暴，侵我中华，战争延绵于兹四年矣。中日两国人民死伤残废者不知凡几，辗转流离者，又不知凡几。此种惨痛事件，其责任应完全由日阀负之。

此次我军进击正太线，收复东王舍，带来日本弱女二人。其母不幸死于炮火中，其父于矿井着火时受重伤，经我救治无效，不幸殒命。余此伶仃孤苦之幼女，一女仅五六龄，一女尚在襁褓中，彷徨无依，情殊可悯。经我收容抚育后，兹特着人送还，请转交其亲属抚养，幸勿使彼辈无辜孤女沦落异域，葬身沟壑而后已。

中日两国人民本无仇怨，不图日阀专政，逞其凶毒，内则横征暴敛，外则制造战争。致使日本人民起居不安，生活困难，背井离乡，触冒烽火，寡人之妻，孤人之子，独人父母。对于中国和平居民，则更肆行烧杀淫掠，惨无人道，死伤流亡，痛剧创深。此实中日两大民族空前之浩劫，日阀之万恶罪行也。

但中国人民决不以日本士兵及人民为仇敌，所以坚持抗战，誓死抗日者，迫于日阀侵略而自卫耳。而侵略中国亦非日本士兵及人民之志愿，亦不过为日阀胁从耳。为今之计，中日两国之士兵及人民应携起手来，立即反对与消灭此种罪恶战争，打倒日本军阀财阀，以争取两大民族真正的解放自由与幸福。否则中国人民固将更增艰苦，而君辈前途将亦不堪设想矣。

我八路军本国际主义之精神，至仁至义，有始有终，必当为中华民族之生存与人类之永久和平而奋斗到底，必当与野蛮横暴之日阀血战到底。深望君等翻然觉醒，与中国士兵人民齐心合力，共谋解放，则日本幸甚，中国亦幸甚。

专此即颂

安好

聂荣臻

八月二十二日

为什么写这样一封信？聂荣臻写道："我是这样考虑的：我们进行抗日战争，这中间不只是打仗的问题，还要注意不失时机地对敌军进行政治工作。这一点非常重要，它涉及军心的问题。就是将来不论同任何侵略军作战，都不能忽视这项工作。""我们共产党领导的八路军，实行革命的人道主义，对被俘士兵我们绝不伤害，对日本人民我们不仅不伤害，还要尽最大力量给予爱护和照顾。"**25**

这两个小姑娘历经辗转，被送到了石家庄日军手里。日军收到这两个小孩之后，回信表示感谢。

1980 年 5 月 28 日，《解放军报》发表了姚远方写的《日本小姑娘，你在哪里？》的报道，第二天，日本《读卖新闻》也以《战火里救出孤儿，聂将军四十年后呼唤兴子姐妹》题作了报道。日本新闻界当天就派出记者，找到前日本军旅团长、90 岁的片山省太郎调查兴子下落。不到十天时间，竟奇迹般地找到了当年的日本小姑娘——美穗子。

美穗子住在日本国九州的宫崎县都城市，与丈夫经营着一家小店铺，现在已是三个孩子的妈妈了。她那受伤的小妹妹，后来却不幸死在了石家庄的医院里。

1980 年 7 月 10 日，美穗子一家应中日友协邀请访华，四天之后拜见了聂荣臻。她眼含热泪，以额触聂荣臻那双温暖的大手，以表达深深的感激之情……

美穗子说，她来中国前，收到了大量来信和电话。其中有农民、工人、一般家庭妇女，还有退役的自卫队军官。他们都向她表示由衷的祝贺，并请她访问中国时，代表他们向聂荣臻老将军和中国人民表示真诚的敬意。她的中学时代的一位女同学来信说："看了你就是'兴子'的报道之后，我和母亲两人都感动得落下了眼泪。我真为你高兴。聂将军有如你的慈父，他的心像菩萨一样。请代我们向这位老将军表示问候。"一位在名古屋居住的不相识的人来信说："通过此事，我深深地感到两国和平、友谊的可贵。去中国时，请代我问候中国人民。我将给聂将军寄去纪念品，表示我的敬意"。她还说，当年参加过正太路作战的旧日本军人再三向她表示，他们对不起中国人民，非常抱歉。

聂荣臻说："让我们化干戈为玉帛吧。日本民族是勤劳智慧的民族，愿中日两国人民世世代代友好下去，永不兵戎相见。"

当年百团大战中这个小小的"插曲"，在40年后，竟成了中日人民友好的佳话。

注　释

1. 八路军总部曾于1939年2月、6月和1940年2月，连续发出整军训令，计划1939年分两期共整顿60个团，1940年分两期共整顿50个团。整军运动提高了部队的军政素质，对坚持华北敌后抗战具有重要意义。

2. 《彭德怀传》编写组编：《彭德怀传》，当代中国出版社2006年版，第123页。

3. 朱德、彭德怀致各兵团首长的电报，1940年2月7日。

4. 1940年2月，晋察冀军区为支援晋东南的八路军反击国民党的反共摩擦，组成了"南下支队"。聂荣臻要到八路军总部汇报工作，便随队前往，在总部住了一个时期，并到第一二九师做客。

5. 参见《聂荣臻回忆录》，人民出版社2022年版，第401—402页。

6. 中国人民解放军历史资料丛书编审委员会：《八路军·文献》，解放军出版社1994年版，第531页。

7. 《中国抗日战争军事史料丛书》编审委员会编：《八路军·文献》（2），解放军出版社2016年版，第276—277页。

8. 《中国抗日战争军事史料丛书》编审委员会编：《八路军·参考资料》（7），解放军出版社2015年版，第46页。

9. 今山西左权县。

10. 李达：《抗日战争中的八路军一二九师》，人民出版社1985年版，第190页。

11. 参见《聂荣臻回忆录》，人民出版社2022年版，第403页。

12. 参见王政柱：《中国人民抗战史上的光辉一页——回忆百团大战》，《解放军报》1985年8月25日，第3版。

13. 参见《中国抗日战争军事史料丛书》编审委员会编：《八路军·回忆史料》（4），解放军出版社 2015 年版，第 70 页。

14. 参见中国人民解放军历史资料丛书编审委员会编：《八路军·回忆史料》（1），解放军出版社 1990 年版，第 679 页。

15. 指车站、水塔、桥梁、隧道等铁路沿线的附属建筑。

16. 何理、王瑞清、刘威选编，何理选译：《百团大战史料》，人民出版社 1984 年版，第 407 页。

17. 中共中央关于时局趋向的指示，1940 年 9 月 10 日。

18. 参见《中国抗日战争军事史料丛书》编审委员会编：《八路军·回忆史料》（4），解放军出版社 2015 年版，第 73 页。

19.《彭德怀传》编写组编：《彭德怀传》，当代中国出版社 2006 年版，第 134 页。

20. 朱德兼任第二战区副司令长官。

21.《中国抗日战争军事史料丛书》编审委员会编：《八路军·参考资料》（3），解放军出版社 2015 年版，第 9 页。

22. 国民党政府军委会新闻检查局档案，现存南京第二历史档案馆。

23. 参见《杨成武回忆录》，解放军出版社 2014 年版，第 313 页。

24. 参见《聂荣臻回忆录》（下），人民出版社 2022 年版，第 416 页。

25.《聂荣臻回忆录》（下），人民出版社 2022 年版，第 418 页。

第 十 五 章

百团大战（下）

聂荣臻部发起涞灵战役——血战东团堡——日军涞源警备司令小柴
俊男痛写《长恨歌》——一二九师发起榆辽战役——刘伯承讲解阻击战
战术——日军开始报复性"扫荡"——鏖战关家垴——百团大战对耶错
耶？半个多世纪的纷争

涞灵战役

1940 年 9 月 16 日，八路军总部致电刘、邓、聂、贺、关等八路军将领
并报军委，决定从 9 月 20 日起，发起百团大战第二阶段作战。

电令中指出："百团大战第一阶段以破击正太路之作战，已于九月十日
基本上结束，我已取得破击正太路基本的成功，敌寇损失极大。"

"为扩大百团大战第一阶段之战果，贯彻百团大战之目的"，拟定百团大
战第二阶段作战计划之基本方针为：

1. 继续破击敌寇交通；
2. 克复深入我基本根据地内之某些据点。

电令部署了第二阶段主要的攻击目标：晋察冀军区为涞源、灵丘地区。
应集中兵力破击涞灵公路，夺取涞源、灵丘县城，并以有力一部于同蒲路
东侧，积极配合一二〇师作战；一二九师为榆社、辽县¹地区，以收复榆社、

辽县为目的，进行榆辽战役，并以有力一部破击白（圭）晋（城）铁路北段；一二〇师为同蒲路朔县至原平段；冀中部队为沧石路、德石路；冀南部队为德石路、邯（郸）济（宁）路。**2**

根据总部的命令，各部队积极行动起来。

百团大战由此进入第二阶段。

从第一阶段结束到第二阶段开始，中间有十天的空隙。

为了执行好下一步的作战计划，聂荣臻要求各参战部队，抓紧这短暂的时间进行休整。他写道："二十多天来，各部队一直处在极度紧张的战斗之中，已经十分疲劳了。自三年前，我们挺进敌后开展游击战争以来，进行这样大规模的破袭战，持续时间又这样长，这还是第一次。部队转移的时候，我的电台始终同各部队的指挥员保持着联系，我嘱咐他们：决不能因胜利而麻痹，因疲劳而松懈，同时，要掩护好参加破路的数万民兵和群众，保证他们的安全。"**3**

根据总部的计划，晋察冀军区组织了"涞（源）灵（丘）战役"。战役分两段进行，第一段在涞源，第二段在灵丘，两个阶段的具体指挥分别为杨成武和邓华，参战的主要是一分区和五分区的部队。为配合和策应"涞灵战役"的作战行动，冀中军区组织了任（邱）河（间）大（城）肃（宁）战役，各地区还发动了一系列对铁路公路的破袭战。

涞灵地区的战略地位极其重要，它是联结晋西北和（北）平西抗日根据地的重要纽带。日军对这一地区的争夺得相当激烈，它的一些据点，已经深入到了边区内部。展开这次战役的目的，就是扫除这些据点，使根据地更加巩固。

然而，当八路军出击正太路的时候，涞灵地区的敌人已有所警觉，各据点相继增加了兵力，仅涞源城就增至 500 多人。城外围的东团堡、三甲村等敌人据点，也都增加到百人左右。日军为对付八路军的袭击，纷纷加固工事，储备粮弹，严加警戒。

这就意味着，对日军突袭成功的机会将很小。

在很大程度上，这将是一场硬碰硬的攻坚战。

对涞源一带的情况，杨成武非常熟悉，指挥作战根本用不着看地图。受领任务后，他决定由一分军的一团攻涞源城，三分军的二团攻三甲村，一分区的三团攻东团堡。前方指挥所设在三甲村附近内长城的一座烽火台上。这里距涞源城很近，不用望远镜就能直接观察到涞源和三甲村的战场情况。

杨成武明白，要攻下涞源，必须先拔掉外围的几处据点。其中，敌东团堡据点，将是一块难啃的"硬骨头"。

东团堡位于涞源城东北，是敌人供应线上的重要中转站，也是其在涞源、宣化公路上封锁边区根据地的一大支撑点。东团堡内外筑有上下三层的大碉堡、地堡、围墙、外壕，设有铁丝网、鹿砦，构成了坚固的环形工事。守敌是日军独立混成第二旅团的一个士官教导大队，共 170 多人，全是从其下属部队中挑来受训的士官，训练有素，武器精良。翻译官名叫金井，朝鲜人。八路军地下工作人员曾多次做他的工作，他对中国的抗日斗争也曾表示同情。

半个月前，三团长邱蔚曾派了 4 名侦察员化装成老百姓进东团堡侦察。那回，他们正赶上日军放映无声电影，强迫当地老百姓去看，以宣扬他们的"王道乐土"和"大东亚共荣圈"。侦察员们混进看电影的人群中，虽然金翻译官有所觉察，但他睁一只眼闭一只眼，没向日军报告。在地下工作人员的帮助下，侦察员把敌人的人员和武器装备等情况了解得清清楚楚，又平安地出了据点。

东团堡周围数十里的乡亲，恨死了据点里那帮奸淫烧杀的日本侵略军。听说八路军要攻东团堡据点，乡亲们群情激昂，有的泣诉日军的罪行，有的兴高采烈地说：

"这下可好，龟孙子的死期到了。你们不知道，东团堡的鬼子杀了我们多少人呀！"

还有位乡亲拍着自己的胸脯说："你们要能拿下东团堡鬼子据点，我们家就给你们杀一头大牛慰劳！"他们有的主动跑来带路，有的帮忙抬担架，给了攻击部队很大的支援。

夜色降临了，明净的秋月照着长城内外的荒山野岭。

杨成武站在烽火台上，借着微弱的手电光，一看手表，表针正指向攻击时间：9 月 22 日 20 时整。

一声令下，激烈的枪弹声骤然响起，涞源战斗开始了！

战斗一打响，烽火台上指挥所的电话铃声就响个不停。

各团的战况不断报来。

一分区一团正在向涞源城猛攻。敌人火力很猛，我方打得异常英勇，正在一步一步地逼近敌人。

三分区二团用炮火猛轰三甲村东山上的敌堡，战士们冒着敌人的弹雨，奋勇劈开一道道铁丝网，跨过外壕，向敌堡发起攻击。

一分区三团三营，在东团堡附近的馒头山打响。战士们在民兵们带领下伪装狗叫，匍匐前进，砍开铁丝网，紧接着把日军哨兵也砍倒了。正在碉堡内睡觉的日军惊醒了，可是未等他们还击，战士们就把成捆的手榴弹扔进堡内，把他们炸成了一堆碎尸。担任突击任务的九连在火炮和机枪的掩护下，由东团堡的农会主任带路，向东团堡守敌首先发起冲击。其他连队也一齐猛攻。可是担任助攻的二营被带错了路，未能按时赶到东团堡。在这种情况下，三营仍然奋起攻坚。敌人打开探照灯，使用各种武器疯狂还击，并与冲进去的八路军战士展开白刃格斗，厮杀声和刺刀的撞击声响彻夜空。

"几个团都打得很艰苦呀！"杨成武对一分区副司令员高鹏说。高鹏点点头。他也清楚，遇到这种情况，部队伤亡不会小。

一夜恶战过去，9 月 23 日清晨，各路攻击部队的消息再次集中到烽火台指挥所。

一分区一团攻占了涞源东关、西关和南关的战报传来，但是涞源的大部敌人并未被消灭，他们退入城内防守。

三分区二团曾一度冲入三甲村和中庄两地，遭到敌人猛烈的反击，被迫退出。

一分区三团九连在拂晓前攻占了东团堡西南角的炮楼，打开了突破口，三营主力随之突入村内。二营赶到东团堡之后，八连以勇猛神速的动作抢占了村南路口的碉堡。但是敌人很顽固，不时组织反冲击，我军在东团堡杀了个几进几出。

攻击上庄据点的三团一营，曾夺得敌人一座堡垒，敌人发动了连续反扑，一营几度力拒，终因伤亡过重，不得不后撤。

情况严重。

杨成武拿起电话，找到了三团长邱蔚。

"邱蔚，怎么回事？东团堡还拿不下来吗？涞源城附近几个据点不拔掉，拿下涞源城就更困难了！明白吗？"

"明白！"听筒里，传来邱蔚嘶哑的声音，"司令员，部队又发起了强攻……鬼子真狠哪，施放毒气，好多战士中毒倒下了！眼下我们正在采取防护措施，继续攻击……"

"这群法西斯强盗！"杨成武骂了一声，转而对邱蔚说，"告诉营、连干部，东团堡的守敌除了军官以外，几乎全是士官。都是带兵的人，对付他们，不能光是死攻硬拼，要多动点脑子！"

杨成武又和三分区二团团长肖思明通电话。

"肖思明吗？你那边情况怎么样？"

"司令员，三甲村的四个碉堡已被我们攻占了一个。攻击部队虽然被迫撤下来了，但是并没有放弃这个碉堡。我们留下了一个班，搬了好多手榴弹上去，准备再攻！"

"好啊，那个碉堡要控制好，这等于在敌人腹地安了颗钉子，可别让它丢了。"杨成武想了想，又说，"我马上调一门山炮给你，你用它打另外的炮楼！"

"太好了！"肖思明高兴极了。

一分区一团的战斗完全陷入胶着状态。

代理团长宋玉琳忧虑地向杨成武报告：部队仍在东、西、南城关与退入城内的敌人激战。他还如实报告说，一营有一个排在攻打敌人失利时，战士们没有撤下来，排长慌得自己先跑了回来。

杨成武告诉宋玉琳，不要放弃已经得到的阵地，但是也不必死啃硬骨头，部队可以原地略作休整，监视敌人，待我们调整部署以后再说，至于那个临阵逃跑的排长，当然应该对他执行战场纪律。

在烽火台上，杨成武与分区几位领导交换了意见。他提出：目前我们的兵力过于分散，以致进攻受挫，应该按照集中兵力、各个歼灭敌人的方针，以一部兵力监视城内敌人，集中力量先扫除周围各据点，再攻涞源城。大家对这个意见表示同意。

部署改变后，一分区一团奉命抽出一个营与三分区二团合攻三甲村，其余部队继续监视涞源城敌人。

下午，杨成武加强给肖思明的那门山炮到了。由于这门炮是缴获来的，没有瞄准镜，炮弹极少，交代他顶多打三发。肖思明他们小心翼翼地从炮筒里向敌人东山碉堡瞄准，哪知，刚打了两发，还未命中，碉堡里的敌人就吓得跑了出来，向涞源方向逃窜。肖思明乐得大喊大叫，忙叫一营长吴生荣带人冲击，随即占领了东山碉堡。

黄昏后，加强给肖思明的一团三营也赶到了三甲村，两家合兵一处，把三甲村敌人团团围住。在猛烈攻击下，日军死的死，伤的伤。至 24 日清晨，三甲村 150 多个敌人，除 20 多名日军和 50 多名伪军被生俘外，其余全部被歼。

太阳升起来了，杨成武对高鹏说：

"三甲村的战斗差不多了，走，下去看看！"

一行人跨上战马，驰向三甲村旁边的小山头。

硝烟还未散尽，空气中弥漫着呛人的气味，到处是敌人的尸体、枪支弹药以及成堆成箱的罐头、饼干和酒。部队正忙着打扫战场。杨成武估计涞源城的敌人很快就会出来增援，便与肖思明他们研究了打援的办法。正说着，天空中忽然传来炮弹的呼啸声，肖思明喊了一声：

"司令员快走！"

话音未落，只听"嘤！嘤！嘤！——"一阵震耳欲聋的爆炸声，三甲村周围的山上冒起了一团团浓烟。

杨成武他们策马返回的路上，那炮弹竟像粘上他们似的叮叮哐哐地跟在身后炸个不停。他们跃过小河，才摆脱敌炮的射击。驰入山谷，空中又响起了敌机的引擎声。

"来了个报丧的！"杨成武和高鹏都笑了。

当他们重新回到烽火台时，涞源城的敌人已经饿狼似地窜出来了。

居高临下，能清楚地看到涞源小盆地里的战斗情景。100 多个日军端枪扑向三甲村，快接近村子时，八路军阵地各种武器一起开火，前头的日军顿时像被疾风吹折的高粱秆子一样纷纷倒地，后面的日军慌忙拖枪溃逃。不一会儿，日本士兵又被他们的军官驱赶着，再次扑了上来。和第一次冲锋一样，他们留下一大堆尸体，又掉转头逃了回去。就这样，敌人像一群受了惊的牲畜，一会儿被赶过来，一会儿被轰过去，来回折腾着。最后，敌人的飞机胡乱投了几颗炸弹，也一撅屁股飞走了。残余的日军只好灰溜溜地缩进涞源城。

三甲村又回到了人民手中。饱受日本侵略军蹂躏的村民们欢呼雀跃，当即就有 180 多名青年报名参加了八路军。

在拿下三甲村的同时，东团堡仍在血战之中。

东团堡的守敌，全都是战斗经验丰富、武士道精神十足的日军军官和士官。他们凭借坚固的工事，将轻、重机枪和掷弹筒打得如泼水一般，不时地施放毒气，有时还组织战斗群反冲锋。战斗打响的那天，正巧士官教导大队井出大队长接替原大队长甲田。这两个家伙都被围在里边了。激战两夜之后，敌外围工事均被占领，残敌猬集于西南角一地主大院里，依仗核心工事挣扎待援。

一分区三团的指战员们戴着浸过水的口罩，前仆后继，勇猛冲击，民兵们也参战了。他们运送伤员，抢下烈士遗体，见到戴口罩、倒在地上的人就往外拖。重伤员们全部被送往乌龙沟，由印度援华医疗队抢救。涞灵战役一开始，印度援华医疗队即在巴苏华大夫和柯棣华大夫率领下，赶至乌龙沟，开设火线医疗站，直接负责救护东团堡战斗中的伤员。他们以高超的医疗技术和满腔热忱的态度，抢救了许多身负重伤、生命垂危的战士。看到日本侵略军使用达姆弹给中国军人造成的伤亡，他们更是表示出对法西斯分子的极大义愤。

1940 年 9 月 24 日中午，邱蔚向杨成武报告：上午 8 时许，40 多名日本兵向九连扑来。他们沉着、灵活，待敌近至 50 米处才突然开火，将敌击退，还趁机夺占了大院西南角一暗堡，予敌很大威胁。日军甲田大队长赤膊上阵，亲率数十名日本兵举着战刀向我扑来。一排长于勇身先士卒，一人就接连刺死 4 个日本兵，自己头部也被刺伤，最后毅然拉响 4 颗手榴弹冲入敌群，与日本兵同归于尽。九连与敌激战三个多小时，连续击退敌人 6 次反冲击。邱蔚亲眼看见一个排冲进去同敌人肉搏，全部壮烈牺牲。沉痛与仇恨使他几乎忘掉一个指挥员的职责，差点跟着冲进去……

这天晚上，已是攻击东团堡的第三夜。邱蔚和团政委王建中集合全团，再次进行动员，鼓励大家下定决心，今夜把敌人消灭。动员之后，部队进入阵地，团指挥所向前移，支前的乡亲们积极准备运送伤员的担架和牲口。

20 时整，部队对敌核心工事发起了总攻。二营战士们用炸药包炸开大院东大门，并占领两座房屋，保障主力占领围墙东南角碉堡。三营乘机突破围墙，相继占领西南、西北两个碉堡。十二连攻击的碉堡三丈多高，40 名战士抬着大梯子在火力掩护下，奋勇往前冲。梯子一架上碉堡，三班长王国庆就背着二十几颗手榴弹往上爬，正当他要往碉堡里塞手榴弹时，却被敌人的子弹打中，挂在梯子上牺牲了。十二连党支书记黄禄气红了眼，又背着二十几颗手榴弹爬上梯子，把王国庆身上的手榴弹也取下来，合在一起塞进了敌人的碉堡，四五十颗手榴弹在堡内轰然爆炸，把日军全部炸死了。

东团堡的残敌最后退守东北角碉堡顽抗，死不投降，并连续施放毒气，致使三团指战员大部分中毒，只好暂时停止进攻，继续包围敌人。

这一夜，三营损失极大，一、二营伤亡也不小。三营长陈宗坤急得打电话直接找杨成武要兵，说着说着，声音变了调，发起脾气来。杨成武理解陈宗坤此时的心情，他这是为失去那么多的好战友而难过，对使用毒气的敌人恨之入骨，并且急于求胜。

"陈宗坤，现在不是发脾气的时候！赶紧组织剩余力量，包括文书、理发员、炊事员，准备向残存的顽敌作最后的冲击！打完仗，再给你补充兵员！"杨成武保持着一个高级指挥员的沉着冷静。

9月25日上午，一架敌机从张家口方向飞来，给东团堡残敌空投下几箱东西。第一个降落伞飘飘摇摇，恰好落在敌人的铁丝网外。正在三营阵地前沿的邱蔚，让人把敌人空投的东西弄一个来看看。战士扛来个木箱子，打开一看，全是黄头绿底的日本子弹。这时，天上降落伞全都落了地，可把战士们乐坏了，因为都掉到我方阵地上。日本飞机不仅为八路军补充了弹药，那一张张降落伞布还给战士提供了小包袱皮。

当天傍晚，阵地上显出一种异样的静寂。三团的指战员们虽然连续作战几天几夜，疲劳至极，但仍在积极准备着继续冲击，他们知道，东团堡的日军士官只要活着出去一个，就会带出一群残害中国人民的日军！

突然，从残敌据守的碉堡上传出几声清脆的枪声，原来，敌人营垒里有一个人逃离敌巢时，被敌哨兵发现，打了几枪。这个人就是金翻译官。他一见到邱蔚，"啪"地敬了个日本式的军礼，抖动着惨白的双唇说：

"太君只剩下 27 个了，他们把机枪、掷弹筒浇上汽油，准备跳到火里，统统死啦死啦的。"

原来，甲田大队长见大势已去，便将粮食、物资和枪支弹药堆放在一起，洒上汽油，命令所有剩下来的人员跳入火中自焚。他还挥舞指挥刀，将一个不愿自焚的日本兵的肚肠挑出来，杀一儆百。金翻译官一看，趁机溜了出来。

邱蔚一听，马上挂电话向杨成武报告。

杨成武大声喊道："邱蔚，赶快命令部队冲进去，要不鬼子放火一烧，就缴不到那些机枪、掷弹筒了！"

三团立即从四面八方攻向残敌龟缩的角落。

这时，只见武士道精神十足的日军爬到屋顶上，疯狂地饮酒，唱着《君之代》国歌，跳着日本武士舞，向东方遥拜，然后发出如牛般的吼叫，一个个纵身跳入熊熊大火。等到战士们冲入时，日军官兵已全部烧死，部分武器也被烧坏了。

在三团返回的路上，乡亲们扶老携幼，箪食壶浆，慰劳部队。那位表示要"杀头牛"的乡亲，果真杀了头牛送来，向战士们祝贺胜利。

9 月 28 日，张家口日军 3000 余人乘汽车，在飞机、坦克配合下，向涞源地区增援，并于当日进抵涞源县城。至 10 月 1 日，被八路军攻克的大部据点，又被日军占领。在此情况下，杨成杨的右翼队奉命放弃夺取涞源，向灵丘、浑源方向转移。涞灵战役的前一阶段即告结束。

10 月 7 日至 9 日，邓华指挥的左翼队在右翼队一部配合下，于灵丘、浑源一线，先后攻占了南坡头、抢风岭、青磁窑等日军据点。9 日下午，大同日军千余人增至浑源，并继续向灵丘地区进犯。同时，在易县、保定一线，也发现大量敌人活动。于是，聂荣臻决定于 10 月 10 日结束涞灵战役。

此役共进行了 18 天，歼敌 1100 余人，八路军伤亡 1400 余人。

为策应涞灵战役，冀中军区主力部队于 10 月 1 日发起任（邱）河（间）

大（城）肃（宁）战役。至12日战役结束，共歼灭日伪军1500余人，攻克据点29处，破坏公路150公里。

在涞灵战役中，凶狠、顽固的东团堡日军士官教导大队被全歼，使华北的日本侵略军受到极大震动。后来日本侵略军重占东团堡，涞源警备司令小柴俊男望着断壁残垣，痛心疾首，特地立了一块大石碑，两面分别用中文和日文镶下一首《长恨歌》。

当杨成武看到涞源县派人抄来的这篇碑文时，正好是百团大战的第三阶段——反敌报复"扫荡"胜利结束。杨成武写道："读了《长恨歌》，我想，日本帝国主义者不停止对中国的侵略，那么，他们的《长恨歌》是永远写不完的，现在只是开始！"[4]

涞灵战役打得热火朝天，同蒲路方向也不甘寂寞。

一二○师为继续扩大百团大战战果，于9月中旬即提前开始了第二阶段作战。

9月15日，一二○师特务团首先在杜家村同300多名日军激战，至16日晨，将敌大部消灭，残敌溃窜至宁化堡。

9月16日至18日，一二○师三旅、雁北游击支队，在后河堡西北地区击溃敌1000余人。同时三支队一部追敌至马头营据点，经两昼夜围攻，夺占碉堡两座，将敌大部消灭。19日拂晓，宁化堡敌200余人驰援，遭到三支队七团伏击，100余敌被歼，残敌弃尸逃回轩岗镇以南的羊圈岭。20日，日军两次向羊圈岭以南的八旅第六、第四团及特务团各一部进行攻击，被八路军包围在堵寥村东南之大山中。八路军连夜猛攻，于次日晨将敌全部击溃。

在此前后，一二○师独一旅破击忻口各据点；独二旅破击宁武、石湖河车站；暂一师破击风子头、五寨城等据点，都有较大斩获。

9月底，敌人援兵增加。为避免同敌硬拼，一二○师遂结束了北同蒲路第二阶段战役。

在这一阶段中，仅从 15 日至 23 日，一二〇师各部即作战 50 余次，毙日伪军 1700 余名，俘日军官兵 6 名、伪军 23 名；破坏铁路 30 余公里、公路 50 余公里、桥梁 12 座、电话线 801 余公里；炸毁装甲车 1 辆、火车头 1 个、火车 1 列、碉堡 5 座；缴获了大量枪支弹药和电线。

榆辽战役

按八路军总部作战计划，一二九师在第二阶段的任务主要是组织榆（社）辽（县）战役。战役的目的，是拔除榆社至辽县公路沿线的日伪军据点，相机收复两城。

榆辽公路是日军深入太行根据地修筑的平（定）辽（县）公路的前锋段，他们企图把这条公路再由榆社向西南伸展，经武乡与白（圭）晋（城）铁路连接，以达到其既分割太北根据地，又能灵活调动正太、白晋两线兵力的目的。

1940 年 9 月 22 日，刘伯承、邓小平在宋家庄师指挥所颁发了榆辽战役作战基本命令。决定以三八六旅的七七二、十六团，决死第一纵队的二十五、三十八团为左翼队，攻取榆社、沿壁、王景三个据点；以三八五旅并指挥新编十一旅三十二团为右翼队，主力攻取管头、铺上、小岭底等据点，一部扼守辽县以西的狼牙山，阻击辽县可能西援的日军；以新编第十旅分布于和（顺）辽（县）线上破路袭敌，牵制并阻击昔阳、和顺等地出援的日军，配合作战。

鉴于这次战役主要是攻坚战斗，命令强调指出："如某些据点之敌较久顽抗时，则以各种必要手段（如强袭、坑道作业等）力求克复之。" **5**

9 月 23 日 23 时，左翼队和右翼队同时向预定目标发起攻击。指战员冒着日军据点的密集火力猛攻，很快攻克沿壁、王景、小岭底、铺上 4 个据点。在王景村战斗中，三十八团一个营以神速的动作直插敌堡，以密集的火力封锁敌堡，并投进1枚燃烧弹，40余名日军在绝望中自杀。

然而，左翼队三八六旅主力在进攻榆社时受挫。

榆社是榆辽公路上的主要据点，有日军一个加强中队守备，工事构筑、兵器配备也都很强。三八六旅七七二团、十六团激战一夜未克。指挥员们进行阵前总结，认为火力没有运用好是主要原因。24日下午，他们重新组织了火力，把敌人的火力点、射孔一一编成号，安排轻、重机枪和特等射手分工压制；把山炮拖到距西门50多米的一座楼上实行抵近射击。这些办法立即见效，一下子突到了城内。但残存的日军利用修在中学里的核心碉堡继续顽抗，强攻未能奏效。指挥员们决定照刘伯承的指示进行坑道作业。经一昼夜努力，战士们把坑道挖到了中心碉堡底下。25日16时，随着一阵强烈的爆炸，中心碉堡崩塌了，里面的日军大部被炸死，活着的当了俘虏。榆社城终于被攻占了。

右翼队的主攻目标管头，是榆辽公路上又一较大的敌重点设防据点。由于地形所限，三八五旅一部在占领一个碉堡后，未获进展。于是，右翼队留小部兵力围困该敌，大部转攻石匣据点。经一昼夜激战，于28日攻克石匣。歼灭守敌50余人，俘日军12人。

至此，辽县以西据点，除管头外，均为八路军所攻克。

榆辽战役刚一发动，辽县日军立即出动西援。一二九师右翼队三十二团依托狼牙山阵地，将来援的日军击退。24日以后，日军又多次发动进攻，三十二团英勇抗击，阻击住了日军，保障了榆辽公路上的攻坚战斗。

28日，和顺、武乡日军分别向辽县、管头增援，刘伯承、邓小平根据总部指示，改变原定攻击辽县的计划，转移主力于红崖头、关家垴地区，准备歼灭由武乡东援管头的日军。此时管头之敌经数日围困，已弹尽粮绝，连洗澡水都喝光了。29日夜，第十三团再攻管头。工兵在据点一角设置地雷，部队乘引爆后墙塌烟起之际，一举突入据点，又以手榴弹连续猛炸，炸得敌尸枕藉，终将管头攻克。

30 日上午 9 时，由武乡东援的日军进入一二九师预伏地区。三八五旅、三八六旅、决死第一纵队展开了围歼战。指战员们冒雨连续发动 10 次猛攻，歼敌过半，逐渐将残敌压缩到两三个山头上。但由于有 8 架敌机轮番助阵，至 31 日中午，仍未将敌全歼。

此时，由辽县西援之敌 400 余人，突破了三十二团坚守的狼牙山阵地，沿辽榆公路急进；和顺日军也集中兵力攻占了寒王镇，向辽县急进。在这种情况下，刘伯承认为部队久攻之后已很疲惫，再坚持攻击已无取胜把握，且武乡、和顺出援的日军正在接近，继续胶着有腹背受敌之虞，遂报告八路军总部撤出战斗。总部予以批准。

至此，榆辽战役结束。

榆辽战役之后，部队获得了短暂的休息。刘伯承忙着总结作战经验，同时准备反击敌人的报复"扫荡"。

10 月 4 日，他打电话通知第三十二团团长宗书阁、政委李震、副团长周明国到师部去汇报作战情况。

宗书阁原是"皇协军"的营长，率部起义加入八路军已有一年，一年来经过实战锻炼在指挥上有了很大进步，可这一次狼牙山阻击战最后关头没有打好，让辽县日军越过狼牙山西援，妨碍了红崖头、关家垴地区围歼战的彻底胜利。因此，他接到电话后，心情十分沉重，心想任务没有完成，怎么向师长交代呢？李震和周明国的心里同样忐忑不安。

次日，他们三人骑马赶到师部。刘伯承热情地招呼他们坐下，宗书阁简要汇报了狼牙山阻击战的经过，表示愿意接受师首长的处分。李震和周明国也争着要求承担责任。

刘伯承笑着说："我今天找你们来，一不是处分，二不是追究责任，而是跟你们一起总结作战经验。"三个人紧张的心情顿时轻松下来。

"你们仗打得还是不错的，不是抗住了敌人的多次进攻吗？部队打得很顽强。最后没有守住，一是敌人兵力大，二是你们吃了不懂战术的亏。我总是强调我们师的干部战术素养差，跟日本鬼子打了三年，应该说这方面有进步，但离实战要求还差得很远。你们三个人，宗书阁和李震是知识分子，作战经验少，周明国是红军，仗打了不少，可战术上的道道也不多。"三个人觉得刘师长的话很符合他们的实际。

"打阻击战，我们很多干部只知道死守，不知道它就是运动防御战，目的在于迟滞敌人，限制敌人的行动。因此，应采取节节抗击的办法，尽量拖延敌人的时间，为主力赢得机动的时间。你们在狼牙山正面跟敌人牛抵角，是一种单纯防御，也是消极防御，不是积极防御。"刘伯承耐心地给三位部属讲解着。

"阻击战：一般有两种打法，一种是部队占领阵地，摆开与敌人决战的架势，大量杀伤敌人，迫使他展开主力，与我决战，待敌主力展开后，我则迅速转移阵地，在新阵地上再阻击杀伤敌人。这样反复多次，节节抗击，达到杀伤和迟滞敌人的目的。另一种是一面组织正面防御，大量杀伤敌人；一面派出部队迂回侧击敌人，迫使敌人后退，同我侧击部队作战，使敌人主力无法迅速前进。这两种打法才是积极防御。"

宗书阁等连连点头，他们的心头一下子豁亮了。

中午，刘伯承陪他们三人吃饭，在饭桌上，又嘱咐说：

"你们回去把我的话告诉部队，部队打得很好，要多鼓励，不要轻易批评。干部间要讲团结，共同总结经验教训，不要互相埋怨。你们都还年轻，不要因为一仗没打好就背包袱，来日方长，努力学习军事知识，钻研战略战术，这对团以上的指挥员来说尤为重要。"**6**

八路军持续一个多月的拔点、破路、攻城，沉重打击了日军的"囚笼政策"和"碉堡主义"。但部队连续作战，极度疲劳，伤亡减员很大。10月2日，总部发出命令，结束第二阶段作战。要求各部队补充兵员、休整部队和深刻总结经验教训，积极创造条件，随时准备再作大规模进攻。

鏖战关家垴

百团大战第一、二阶段的巨大胜利，震撼了华北日军，使其一度陷入混乱，军心动摇。为挽救败局，10月上旬，日军急调华北境内所有机动兵力，对各抗日根据地发动大规模的报复性"扫荡"。日军所到之处，见人即杀，见屋即烧，见粮即抢，企图变根据地为焦土，民众受害极大。

10月19日，八路军总部下达了反"扫荡"作战命令，要求各根据地党政军民密切配合，实行空室清野，坚决歼灭敌一至二路，并分散部分主力部队，协同游击队、民兵广泛开展游击战争，坚决粉碎敌之"扫荡"。

由此，百团大战进入第三阶段的反"扫荡"作战。

日军的"扫荡"首先从太行山开始。

从10月6日起，日军独立混成第四旅团、第三十六师团各一部近万人，连续对榆社、辽县、武乡间的浊漳河两岸和清漳河的东西地区进行"扫荡"，企图寻歼一二九师主力以及这一地区的共产党军政首脑机关。

为打破敌之企图，三八五旅、三八六旅和决死一纵队机智迎战，节节阻敌。这时，在和（顺）辽（县）公路上时常出现敌人的汽车运输队，一二九师以新编第十旅一部于和辽公路之弓家沟设伏，10月15日7时，一举击毁汽车44辆，消灭日军近百名，此后有半个月，日军不敢在这条公路上行车。

此后不久，发生了惨烈的关家垴战斗。

——10月29日，向黎城地区"扫荡"的敌三十六师团冈崎大队500余人，在武乡以东之关家垴高地，被一二九师主力包围。在总攻发起前，被围日军突然以一个中队攻占了关家垴西南的凤垴顶高地。次日晨4时，总攻开始，激烈的战斗同时在关家垴、凤垴顶展开。

在关家垴地区，日军飞机多架轮番轰炸扫射，一二九师部队进行了异常勇猛的攻击，迅速突破日军的防御阵地，将日军压缩到一个狭小的地区。经多次白刃搏斗，将日军大部歼灭。少数残存的日军逃到一个突出孤立的台地上，据险固守。台地四周平坦开阔，台地边沿峭岩壁立，日军在壁沿挖了不少猫耳洞藏身。一二九师部队发动多次攻击，未能成功。

刘伯承命令部队：把炸弹捆成一团，朝着洞里掷，或用石灰罐扔进去呛，用柴火烧烟熏，人员冲上去用铡刀进洞去砍，采用一切办法消灭日军。凤垴顶日军组织了猛烈的侧射火力，严重威胁着关家垴的攻击部队。一二九师被迫增兵攻凤垴顶，一日内连续进行十次猛攻，予日军重大杀伤，扼制了日军的火力，但阵地终未攻克。

激战中，彭德怀亲临三八五旅七六九团阵地。

他到距敌人控制的垴顶 500 米处作近距离观察。当他足抵壕沿，手捧望远镜，仔细观察敌人阵地时，记者徐肖冰拍摄下了这一历史的瞬间，为人们留下了八路军在敌后艰苦卓绝、英勇战斗的写照。这一照片被广泛地刊登、转印，成为人们熟悉的彭德怀形象。

在听了三八五旅负责人的汇报后，彭德怀指示部队坚决拿下关家垴，命令部队重新调整部署，再度发起冲锋。

指战员们鏖战到 31 日拂晓，终将守敌大部歼灭，残敌 60 多人顽抗待援。中午，敌 1500 余人在 10 余架飞机配合下，分两路赶来救援，一二九师奉命撤出战斗。守敌在援兵接应下，遗尸 280 具仓皇逃走。

几天以后，刘伯承率领一二九师部分干部，到关家垴实地总结攻坚战经验。

他仔细察看日军在台地的四周所挖的许多"猫耳洞"，人藏在里面确实很安全。他指着"猫耳洞"告诉干部们：

"别小看这小小的招式，凭我们现有的武器还真难对付。这个办法我们也可以学习嘛。"

关家垴这一仗，敌人大部被歼，一二九师亦遭受了很大的伤亡。新十旅旅长范子侠负伤，陈赓三八六旅之七七二团一营三个连伤亡过半。

虽然他对于打这样的攻坚战有些看法，但用鲜血和生命换来的经验教训，是一定总结和吸取的。

1940 年 11 月 17 日，日军第三十六、四十一师团和独立混成第九旅团各一部，共约 7000 人，分路进犯太岳地区，重点合击沁源及其以北之郭道镇地区。

太岳军区将主力组成沁东、沁西两个支队，跳跃于敌合击圈内外的沁河两岸地区，寻机灵活打击敌人。23 日，敌合击扑空后，转向分散"清剿"，疯狂摧残根据地人民的生命财产。仅沁源一县被害群众即达 5000 余人，被抢被杀牲畜近万头。23 日至 27 日，沁西支队第四十二、第五十九团于官滩、胡汉坪、马背地区，歼敌 260 余人；沁东支队第十七、第五十六团于光凹、陈家沟、龙佛寺、吾元镇、南卫村、南里等地，予敌以重创；同时，游击队、民兵也积极配合主力部队，广泛袭击敌人。

在太岳区军民紧密配合反击下，至 12 月 5 日，敌人陆续撤出了太岳区。

在晋察冀边区，从 10 月 13 日起，日军驻蒙军、第一军、第一一〇师团、独立混成第十五旅团、临时混成第一〇一旅团各一部和部分伪军共万余人，分十路对（北）平西之斋堂、三坡地区进行合击。平西地区八路军协同游击队、民兵，以内外线相结合的广泛游击战，歼敌 190 余人，至 27 日，"扫荡"之敌撤退。

11 月 9 日，日军第一一〇师团等部共一万余人"扫荡"北岳区，合击晋察冀军区领导机关所在地阜平。21 日，敌占阜平，随后转入"清剿"。北岳区军民以分散的游击战广泛袭击敌人，破坏交通线，使敌步履维艰，自顾不暇。据俘虏供称，敌经半个月的战斗，伤亡达三分之一左右，有的部队半个月没有洗过脸，不敢解毯睡觉，也吃不上饭，士兵情绪低落。在这种情况下，敌除以千余人继续驻守阜平、王快、党城、灵山外，不得不于 25 日纷纷撤回原地。

为打破敌分割北岳区的企图，晋察冀军区以主力四个团，从 12 月 13 日开始，发起了阜（平）王（快）战役。战役中，八路军时而集中，时而分散,机动灵活地打击"扫荡"之敌,迫使其于1941年1月初放弃阜平、王快,全部撤退。

在晋西北地区,敌在晋东南的"扫荡"告一段落后,从12月10日起,又集结其独立混成第三、第九、第十六旅团和第二十六、第三十七、第四十一师团等各一部,总兵力达两万余人,对晋西北实行全面大"扫荡"。

1940年12月14日,敌5000余人从太汾、汾离公路各据点出动,加强对米峪镇地区的"扫荡"。同时,敌4000余人从离石、柳林出动,北犯临县地区。19日,敌6000余人从岚县、岢岚出动,"扫荡"兴县和保德以南地区。至23日,敌攻占了除保德、河曲两县以外的全部县城和大部集镇,以及黄河渡口。

敌在"扫荡"中,对根据地实行烧光、杀光、抢光的"三光"政策,致使许多村庄被烧光,许多家庭被杀绝,许多妇女被强奸后又被杀害。在兴县,敌将男女老幼200余人关进房内烧死。晋西北全区被惨杀群众达5000余人,被抢被杀牲畜达5000余头,被烧毁的房屋、窑洞达1.9万余间。根据地人民的生命财产,遭到空前浩劫。

晋西北军民同仇敌忾,奋起反击。从12月14日至12月27日,开展各种形式的游击战,连续作战近百次,迫使敌人由疯狂"清剿"转为修路、建点,并在其控制的点线内,如兴县、临县、方山等地区,停止烧杀,改取怀柔政策,企图长期驻守,以割裂晋西北根据地。

为打破敌之企图,第一二〇师分散部分主力部队,配合游击队和民兵,坚持区不离区、县不离县的斗争;同时,集中部分主力部队,破击交通线,袭击敌修路部队和运输队,并于敌撤退时歼灭其一部。

晋西北军民在反"扫荡"中,共作战217次,歼敌2500余人,迫使日军于1941年1月24日全部撤出了晋西北根据地。

经过三个多月的艰苦奋战,华北军民终于取得了反击敌人报复性"扫荡"的胜利。

百团大战也随之胜利结束了。

1940 年 12 月 5 日，第十八集团军（八路军）总司令部野战政治部公布了百团大战总结战绩。

从 1940 年 8 月 20 日至 12 月 5 日，在 105 天的过程中，总计进行了大小战斗 1824 次，毙伤日军 20645 人、伪军 5155 人，俘日军 281 人、伪军 18400 余人，日军投降 47 人，伪军反正 1845 人，拔除日伪军据点 2993 个；破坏铁路 948 里、公路 3000 余里，桥梁、车站、隧道等 260 余处，使正太铁路停运一个多月，平汉、津浦、北宁等铁路和部分公路也遭到不同程度的破坏；破坏煤矿 5 所，尤其彻底破坏了敌重点掠夺的井陉煤矿；缴获步马枪 5400 余支、轻重机枪 200 余挺，以及其他大量武器弹药。

八路军也付出了巨大代价，共计伤亡 1.7 万人，决死队第三纵队政治委员董天知牺牲，中毒两万人次。群众惨遭杀害者，更无计其数。

半个多世纪的纷争

百团大战，是抗日战争中八路军在华北地区发动的一次规模最大、持续时间最长的带战略性的进攻战役。在这次战役中，华北几十万军民齐心协力、前仆后继，同日本侵略者浴血奋战，充分表现了中华民族不屈不挠的战斗精神。它对于坚持华北敌后抗战，推动全民族抗战，提高共产党八路军的声望，起到了不可估量的作用，在当时、现在和将来都是不可抹杀的。

然而，围绕百团大战的评价，也经历了半个多世纪的纷争。百团大战期间，尤其是第一阶段之后，"无论是我根据地，还是国民党统治区，无论是我军还是友军，对百团大战的战绩都是肯定和赞誉的，的确可以叫作'异口同声'"。[7] 毛泽东也曾致电彭德怀，"百团大战真是令人兴奋，像这样的战斗是否还可组织一两次？"[8] 可是，随着战役规模的扩大，尤其是战役后日军对华北各抗日根据地进行残酷的报复"扫荡"，使抗日根据地和八路军等抗日武装力量受到十分严重的损失，党内对百团大战开始出现不同的认识。到了1945 年党的七大前后，特别是在华北工作座谈会和七大会议上，开始批评百团大战，认为百团大战超出了敌后战略防御的限度，对敌我力量估计不正确，对敌后抗战的长期性持久性认识不正确，不懂得以分散游击战配合以必要的运动战，是对国民党投降的疑惧，忘记我党我军在抗战中的独立支持作用，因而犯了原则的战略错误。

1959 年庐山会议上，由于彭德怀受到不公正的批判，在会议期间和会后一段时间里，对百团大战的批评则更加尖锐，认为百团大战在政治上、军事上、组织上都是错误的，是彭德怀的一大罪过。"十年动乱"期间，伴随着彭德怀的悲惨命运，百团大战再次遭受到严厉批判和一些人的恶毒攻击，指责皖南事变是因为百团大战暴露了力量，引起了蒋介石的进攻，消灭新四军八九千人，是彭德怀的罪责。更有甚者，认为日本投降后，蒋介石发动对解放区的大举进攻，也是由于百团大战暴露了力量，引起蒋介石进攻。

身处逆境当中，刚直不阿的彭德怀也没有放弃抗争。他气愤地写道："这些人是健忘呢，还是有意违反历史事实啊？一九二七年上海'四一二'事变和长沙的'马日事变'，这又是谁在预先暴露了力量呢？……蒋介石集团为什么要打十年内战呢？这是它这个集团代表地主买办资产阶级的本性决定的。他是一个反共、反人民的代表集团，在抗日战争期间，尚且发动三次反共高潮；在抗日战争结束后，他有几百万军队，又有帝国主义援助，哪有不反共反人民的道理呢？哪有不进攻解放区的道理呢？"[9]

今天，政治上的扭曲、污蔑和不实之词，已被历史无情地抛去了。

本着公正、客观、历史的态度，这样大规模的战役，在肯定其历史功绩的同时，也的确存在着可资研究和借鉴的问题和教训。

首先，战役的规模过大，持续的时间过长。百团大战的组织指挥者之一聂荣臻曾说，"这些年来，对这个战役的评价，曾出现过不同的意见。我的看法是，战果是巨大的，总的来说是应该肯定的。但是，胜利之中也有比较大的欠缺和问题。首先是在宣传上出了毛病。这次战役本来是对正太路和其他主要交通线的破袭战，后来头脑热了，调动的部队越来越多，作战规模越来越大，作战时间也过于集中，对外宣传就成了'百团大战'。毛泽东同志对'百团大战'的宣传很不满意。我们到延安参加整风的时候，毛泽东同志批评了这件事。有种传说，说这个战役事先没有向中央军委报告。经过查对，在进行这次战役之前，八路军总部向中央报告过一个作战计划，那个报告上讲，要两面破袭正太路。破袭正太路，或者破袭平汉路，这是游击战争中经常搞的事情，可以说，这是我们的一种日常工作，不涉及什么战略问题，这样的作战计划，军委是不会反对的。说成是'百团大战'，这就是战略问题了。毛泽东同志批评说，这样宣传，暴露了我们的力量，引起了日本侵略军对我们力量的重新估计，使敌人集中力量来搞我们。同时，使得蒋介石增加了对我们的警惕，你宣传一百个团参战，蒋介石很惊慌。他一直有这样一个心理——害怕我们在敌后扩大力量，在他看来，我们的发展，就是对他的威胁。所以，这样宣传'百团大战'，就引起了比较严重的后果。"**10**

其次，在第二阶段的某些作战中，采取与八路军装备不相适应的攻坚战，既不符合当时以游击战为主的作战方针，也过多地消耗了八路军的有生力量和根据地的人力物力，给后来坚持华北抗战带来一些不利影响。聂荣臻写道："在战役的第二阶段，讲扩大战果，有时就忘记了在敌后作战的方针，只顾去死啃敌人的坚固据点，我们因此不得不付出了比较大的代价。死啃敌人坚固据点的做法，是违背游击战争作战方针的。"**11**

对于这一点，百团大战的另一重要组织指挥者刘伯承也表示赞同。他后来在中共七大的发言中，中肯地指出了当时八路军方面对华北战场敌强我弱的形势和敌我斗争的长期性认识不足，指挥上带有某种盲目性，尤其是第二、三阶段更多地采用了阵地战的形式，增大了部队的伤亡，伤了自己的元气。

比如关家垴战斗，对于冈崎大队，可否用八路军擅长的伏击战术歼灭之，从而减少部队的伤亡呢？陈赓在战斗开始时，曾向彭德怀提出这样的意见。陈赓对彭德怀说："彭老总，现在拼了，以后怎么办？可以把冈崎放下山去，另选有利地形，打他的伏击嘛！"彭德怀没有接受。战斗过程中，刘伯承又建议彭德怀暂时撤围，另觅战机。彭德怀在电话里对他一向十分尊重的战友咆哮："拿不下关家垴，就撤掉你一二九师的番号！"这使一向宽和大度的刘伯承，也不免气恼。

有人说，关家垴战斗，彭老总来了犟劲。几十年后，曾参加这次战斗的八路军总部特务团团长欧致富回忆说："彭老总坚持要打关家垴战斗，还有一个意图：八路军是坚持敌后抗战的主力军、正规军，不但要会打游击；必要时，也得猛攻坚守，顽强拼杀，敢于啃硬骨头。"当时任决死一纵队政委的薄一波也回忆说："彭老总向我调决死队两个团参加战斗，我是很积极的，战斗中损失固然大，但这两个团也打出来了，成为决死队战斗力最强的两个主力团。"**12**

多年后，彭德怀在其自述中也坦承："破袭战后期，我也有些蛮干地指挥。……在敌军扫荡时，日军一般的一个加强营附以伪军为一路，我总想寻机歼灭敌军一路，使敌下次扫荡不敢以营**13**为一路，以使其扫荡的时间间隔扩大，有利于我军民机动。我这一想法是不符合当时实际情况的。因部队太疲劳，使战斗力减弱了，使一二九师伤亡多了一些。"**14**

前事不忘，后事之师。还是聂荣臻说得好：

百团大战震惊中外，"从它在抗日战争历史上所起的作用来估量，我认为这次大战是不应该否定的。当然，在肯定的前提下也有教训。辉煌的胜利和存在的问题，这两个方面，都不应该被我们所遗忘。"**15**

注 释

1. 今山西左权县。

2. 参见中国人民解放军历史资料丛书编审委员会：《八路军·文献》，解放军出版社 1994 年

版，第 568—569 页。

3. 参见《聂荣臻回忆录》（下），人民出版社 2022 年版，第 405—406 页。

4.《杨成武回忆录》，解放军出版社 2014 年版，第 322 页。

5.《中国抗日战争军事史料丛书》编审委员会编：《八路军·文献》（2），解放军出版社 2016 年版，第 315 页。

6. 参见《刘伯承传》编写组：《刘伯承传》，当代中国出版社 2007 年版，第 159 页。

7. 参见《中国抗日战争军事史料丛书》编审委员会编：《八路军·回忆史料》（4），解放军出版社 2015 年版，第 74 页。

8.《彭德怀自述》，人民出版社 2019 年版，第 202 页。

9.《彭德怀自述》，人民出版社 2019 年版，第 204 页。

10. 参见《聂荣臻回忆录》（下），人民出版社 2022 年版，第 412—413 页。

11. 参见《聂荣臻回忆录》（下），人民出版社 2022 年版，第 413 页。

12.《彭德怀传》编写组编：《彭德怀传》，当代中国出版社 2006 年版，第 136 页。

13. 日军大队相当于营。

14.《彭德怀自述》，人民出版社 2019 年版，第 203 页。

15. 参见《聂荣臻回忆录》（下），人民出版社 2022 年版，第 414 页。

第 十 六 章

翱翔鄂豫水云间

奈良晃阴谋偷袭——新街一战建军威——反共逆流汹涌澎湃——四望山会议——豫鄂边区抗日部队实现全面统一——子弹穿过李先念裤裆——挺进游击纵队成立——首战係儒山——直叩武汉西大门——大小悟山血案——李先念通电抗议——挺进白兆山——坪坝三捷——豫鄂边抗日根据地诞生

新街一战建军威

朱堂店战斗后，二团队从豫南到达鄂中，与李先念率领的一团队会合。

此前的 1939 年 9 月 26 日，罗厚福率领着第六大队和程坦、何耀榜率领的鄂东抗日游击总队，也从路东来到路西赵家棚、孙家店一带，与李先念会合了。

何耀榜早在土地革命战争时期，曾任红四方面军的团长、游击师师长和政委等职，是李先念的老战友。后来，一直留在大别山区坚持斗争，是大别山区"红旗不倒"的群众领袖之一。抗战伊始，他任豫鄂边特委书记，曾作为鄂豫皖革命根据地和红二十八军的代表，同国民党军和地方当局谈判，达成了停止内战、一致抗日的协议。李先念第一次率部进抵鄂东时，未见到他。

这次见面，两人真是亲切、高兴之至。李先念开怀大笑，紧紧握着他的手说：好多年听不到你的消息，我还以为你的坟头上长了青草呢！何耀榜说：我还不是和你一样，不想那么早就光荣，得留着这把身子骨打日本鬼子呢！他俩彻夜促膝长谈，叙述别后各自度过的艰难岁月，并交换了开展敌后游击战争的经验和看法。

随后，李先念率新四军豫鄂独立游击支队返回京山大山头一带集中休整。支队司令部、鄂中区党委机关和第二团队进驻大山头，第一团队进驻大山头东南七八里的新街一带。

这时，驻应城的日军第十六旅团旅团长奈良晃少将得知新四军已集中到大山头一带，当即率领宋河、罗店等据点的日军 200 余人和伪军 400 余人，连夜出动，企图偷袭驻新街的新四军。

10 月 13 日拂晓，天麻麻亮，一团队三大队派向南面的游动哨刚出去，就发现二百多个鬼子和近五百个伪军向新街扑过来。担任游动哨的几名战士突然遇到敌人，无法返回向部队报告，便朝着敌人打了几枪，同时也是向部队报警。鬼子们听见枪响，端着刺刀，像野猪一样跟着冲了上来，一直冲到了新街南面的寨门口。

新街的周围有一堵一人多高的土寨墙，只东、西有两座寨门，南边有口水塘。鬼子们冲到水塘边，架起机枪就扫射。三大队的战士立即占领南面的寨墙，连投了几个手榴弹，用火力把鬼子压到水塘边。

团长张文津和政委周志坚一听枪响，急忙从床上翻身爬起来，跑到寨墙上一看，只见鬼子的八九挺轻机枪同时向寨墙上开火，打得土墙"噗噗"直响，不时迸出一团团火花。

敌人机枪一响，寨内寨外的群众都慌乱起来了。游击支队穿的是灰土布，拿的都是一些破破烂烂的老套筒、汉阳造，比起那些望风而逃的国民党军队，服装和武器都差多了。

"这样的装备，能打鬼子吗？"群众对新四军很没有信心。

"天啦！不得了啦！强盗要进寨啦！"

"鬼子来了，快跑呀！"

寨内的群众纷纷从东门、西门向外逃跑。

寨外周围数里的群众也扶老携幼、牵牛赶驴，四外奔逃。满山满坡的呼喊啼哭声、牛鸣声、犬吠声、驴叫声……仿佛天欲塌了，山欲崩了，地欲沉了！一位白发苍苍的老太太，一手牵着一个号哭着的小姑娘，一手颤抖抖地抓着根拐杖，也跟在人群中一边踉跄奔跑，一边仰天呼号着："老天爷呀，睁睁眼吧！鬼子奸掳烧杀，可不能让他来作恶啊！"

新四军指战员看见了，内心都充满了对敌人的愤怒和仇恨。团部当即决定：马上组织战斗！为了群众的安全，必须与鬼子决一死战！

站在一边的小通信员陈友福，向四散的群众高呼："乡亲们，赶快躲一躲吧，不要乱跑！有我们新四军在这里，不要紧！我们要狠狠地揍日本鬼子！"

周志坚也向群众高呼："乡亲们！我们是共产党领导的新四军，是老百姓的队伍，哪怕只有一个人，也要坚决掩护你们的！"团长张文津激动地拍着胸脯向群众高呼："乡亲们，我是团长。我向你们保证，一定要把日本鬼子打垮！"

群众情绪被稳定后，第一团队立即部署战斗。

这时，天大亮了，东方有一朵乌云遮掩着刚升的太阳。鬼子们集中了全部火力，开始向新街的寨子猛攻。

"打！坚决地打！"通信员带回了四公里外李先念的命令。战士们爬在寨墙上一面打枪，一面还说："你来，你来我就给你一个地瓜 2 吃。"

正面敌人接连两次冲锋，均被三大队的战士打退了。

战斗正激烈进行的时候，李先念来到一团队指挥阵地上，命令部队坚决打垮敌人的进攻。

按照预定计划，一大队从西向南迂回，二大队从东向南迂回，从侧翼向敌人发起进攻。

中间是鬼子，两边是伪军，一团队的一大队和二大队从两边一夹，两边的伪军一下子就被冲垮了，夹着尾巴往回跑，把鬼子孤孤单单地丢在新四军阵地前面。

伪军一跑，反而增加了大家的顾虑。因为在新街南面不远，就是从安陆县通往平坝的公路，沿公路向东，是敌人的据点雷公店，向西的平坝也有鬼子军队驻扎。敌人的援兵如果从那几个据点乘汽车来，都不要半个钟点即可赶到。因此，团部又同时布置二大队以一部兵力向安陆、雷公店方向警戒，派三大队一中队回平坝、宋河方向警戒，作好打援的战斗准备。

日本鬼子们一面施放毒气，一面展开猛烈的进攻，炮火异常猛烈。战士们一个个被熏得流眼泪、打喷嚏、淌鼻涕，呼吸感到窒息。在新街寨子外边，阵地前有一条多年挖土开塘留下的小坝子作为掩护。一会儿工夫，部队面前的小坝子被打去了半截，许多战士被土盖得看不着身子。新四军占领的地形高，鬼子们分成散兵队形，每四个人一组，一个组一个组地直向上爬。

100米……80米……50米……40米，"打！"新四军的机枪、步枪、手榴弹一齐开火。

突然，团队指挥阵地响起了一阵嘹亮的冲锋号声。所有担任攻击的新四军部队，一齐居高临下，像是几股汹涌澎湃的洪流，冲着鬼子倾泻下来，一下子便把二百多个鬼子压到水塘南边黄氏祠堂的洼地里。

鬼子见势头不对，慌忙占领了黄氏祠堂，用小炮、掷弹筒、轻重机枪、步枪组成交叉火力，极力想阻住猛烈冲来的部队！同时以一部兵力占领黄氏祠堂南面的制高点黄家台，企图掩护整个部队的退却。

这时，一些跑反的群众都回来了，纷纷给战士们抬水运饭："你们不怕，我们也不怕，你们不走，我们也不走！"有的青年小伙子还扛着长矛、大刀、土枪土炮前来参战。

群众的支援，更加激励了战士们的杀敌勇气。战士们一次又一次地向聚集在祠堂旁洼地里的鬼子冲去，毙伤敌多人。

太阳偏西时，奉李先念命令前来增援的二团队二大队赶到，新四军的攻势更加猛烈。日军看到他们兵员的伤亡越来越大，无法再战，便开始突围。

敌人突围时，洼地里又卷起了一团团浓黑的烟柱，同时夹杂着鬼子"嗷啰、嗷啰"的惨叫声。这是鬼子在焚烧他们几十具无法带走的尸体。

残敌一突围，新四军跟踪追击。在追击中，又缴获了敌人的一挺重机枪，六匹日本战马，十多支三八式步枪。

战斗结束后，一团队团长和政委向李先念汇报战果。张文津惋惜地说："可惜了，太可惜！没有完全消灭，剩下几十个敌人跑掉了！"李先念很风趣地说："不要紧，我们在这里还是第一次打鬼子，应该让他跑回去几个嘛！不然，叫谁给我们宣传宣传呢？"借着战场上的火光，战士们看到李先念很兴奋，脸上一直带着激动的笑容。

一战建军威——这是新四军进抵武汉外围以后，给予日军的一次重大打击。自从这一仗以后，新四军敢打日军的消息，立即在鄂中地区普遍地传开了，汉奸、伪军闻之战栗，群众则皆大欢喜。就连在大洪山里的国民党报纸，也以特大号的字登载了这一捷报。**3**

到1939年底，新四军豫鄂独立游击支队历经大小战斗百余次，毙伤日伪军五千余人，豫鄂地区游击武装已发展到九千余人，开辟的游击区和根据地遍布天门、汉川以北，信阳以南，京山、随县以东，平汉铁路以西的大片地区，建立了中原前哨敌后抗战的坚强阵地。

逆流汹涌

国民党反共顽固势力却容忍不下共产党势力在这里的发展，他们以鄂中非新四军防区为借口，强令鄂中、鄂东新四军撤向皖东，并指派一部正规军协同地方顽固势力不断加剧反共摩擦。

1939年4月，国民党当局解散了进步力量占优势的豫鄂边区抗敌工作委员会；调离与共产党合作抗日的信阳县县长李德纯；桂军第一八九师吞并了由共产党人掌握的应山县抗日自卫团第二大队杨威大队；5月，以反共顽固分子替代与共产党合作抗日的应城县县长孙耀华；桂军第一二八师吞并了共产党人发动组织起来的汉川抗日游击大队，除参谋长脱险外，连以上干部全被杀害；吞并了共产党人发动组织起来的平汉铁路工人破坏大队千余人枪，赶走了该部所有共产党干部；共产党领导的"樊湖大队"，遭国民党军统特务武装袭击而失败；6月，国民党罗山县军政当局袭击了新四军游击第六大队设于罗山杨家店的通讯处；新四军江北游击第八大队遭国民党顽固派围攻而失败；7月，共产党人领导的"梁湖大队"遭国民党军方步舟部的袭击而失败；9月1日，国民党顽固派制造了围攻共产党领导的独立游击第五大队的鄂东惨案……

严重的政治军事形势，使全面统一边区党和军队的组织工作，已经到了刻不容缓的地步。

就豫南、鄂中地区来说，养马畈会议后，共产党所领导的抗日武装虽实现了统一，但豫南地区的二、三（信南三团队）、五团更多地还是受中共豫鄂边区党委的领导，而鄂中地区的一、三、四团队和挺进团队主要受鄂中区党委领导。

在鄂东地区，由于国民党第五战区反共活动的出现，原属鄂豫皖省委领导的五大队和新四军第六游击大队被迫撤离鄂东后，实际上已在豫鄂边区党委和鄂中区党委的指导下进行战斗；鄂东地委和当地中心县委也接受豫鄂边区党委的领导。这种不完全统一的组织和武装，已难以应付严重的政治、军事斗争局面，显然不利于敌后游击战争的进一步发展和根据地的逐步扩大。

1939年11月中旬，根据中共中央中原局和刘少奇的既定部署，朱理治、李先念、任质斌、陈少敏等在四望山召开会议，宣布建立新的豫鄂边区党委：陈少敏任党委代理书记，郑位三 [4]、李先念、陶铸、任质斌、杨学诚、刘子厚、夏忠武、吴祖贻、程坦等为委员，统一管理豫南地区、鄂中地区、鄂东地区党的工作。同时将这三个地区的抗日武装力量统一整编为新四军豫鄂挺进纵队，朱理治任纵队政治委员兼纵队委员会书记，李先念任纵队司令员，刘少卿任参谋长，任质斌任政治部主任。至此，鄂豫边区的党组织和部队实现了全面统一。

这时，驻豫南地区的国民党第五战区第四游击纵队正加紧准备进攻新四军，四望山周边的顽固派反共活动日益频繁。鉴于豫南地区形势显著恶化，朱理治、李先念、陈少敏、任质斌等领导人断然决定，将原豫鄂边区敌后抗战的指挥中心，由豫南转移到鄂中。

朱理治、李先念等离开四望山后，抵京山马家冲，筹备召开中共豫鄂边区第一次党委会议，并商讨部队整编的具体事宜。

但这一消息不幸被日军侦知。

12 月 5 日凌晨，驻应城、京山的日军步兵第二十六旅团旅团长奈良晃少将和步兵第一〇三旅团旅团长山本源右卫门少将，又调集日伪军 1500 余人，附炮四门，飞机一架，兵分五路，闪击马家冲。当时，支队的主力已外出作战，冲内仅有首脑机关干部和后勤人员及警卫连战士共 200 余人。李先念临危不惊，沉着应战，当即命令警卫连加强东北方向和进冲路口的防御及对周围山头的警戒，并通知机关干部、医院和报社人员，随时准备转移。

在弄清敌分进合击的图谋后，李先念当即令二团队团长王海山指挥警卫连和教导队，担任阻击和掩护任务，利用有利地形同日军周旋；令陶铸、陈少敏组织机关干部、医院和报社人员向西北山区转移，先冲出日军包围，天黑后再撤往八字门和丁家冲。与敌经过一整天的周旋、战斗，打死打伤敌七十多人。战斗中，李先念亲临前沿阵地，指挥战斗，给部队以有力鼓舞。

傍晚，敌攻击更加疯狂，将边区党委和支队首脑机关围压在几个山头上。李先念决定利用夜色掩护，立即突围。部队按照李先念的部署，机动灵活，班自为战，人自为战。担任阻击任务的警卫连则利用熟悉的地形条件引诱进攻之敌，牵着敌人"牛鼻子"转来转去，使他们像无头苍蝇，到处乱撞。

而新四军部队却于次日拂晓安全转移到八字门。李先念后来多次回忆这次战斗，风趣地说：当时的情况非常危险，子弹从身边和裤裆里穿过，我差点儿去见马克思！**5**

日军占领马家冲后，因群众都已转移上山，并进行了坚壁清野，日伪军毫无所获，更难以立足。野蛮的敌人丧心病狂，放火烧毁房屋百余间后，于当晚撤离。

挺进游击纵队成立

1940年1月3日，刘少奇、张云逸、徐海东、邓子恢致电朱理治、李先念："所有在鄂中、鄂东活动皆党所领导的部队，统归你们指挥节制，部队番号改称挺进游击纵队"，"由纵队首长组织纵队委员会，以理治、先念、质斌、少卿、少敏诸同志组织之，以理治同志为书记，[纵队] 中级干部任免、部队行动及一切重要军事、政治计划，均需经纵队委员会讨论后执行，这是纵队党的最高领导机关"。**6** 上旬，新四军豫鄂挺进纵队在京山八字门正式建军。李先念任司令员，朱理治（后去延安，由任质斌代理）任政治委员，刘少卿任参谋长，任质斌任政治部主任，周志刚（后王翰）任政治部副主任。

纵队下辖五个团和三个总队：第一团团长罗厚福，政治委员方正平；第二团团长周志坚，政治委员黄春庭；第三团团长萧远久，政治委员钟伟；第四团团长李人林，政治委员罗通；第五团团长蔡松荣，政治委员杨焕民。信应游击总队总队长张裕生，政治委员刘子厚；鄂东游击总队总队长熊作芳，政治委员程坦；应城抗敌自卫队总队长许子威。原竹沟教导队同新四军原豫鄂独立游击支队教导队合并为挺进纵队随营军事学校，李先念兼校长。

纵队成立后，经过陶铸的策反工作，原伪军郭仁泰部千余人反正，经过整顿，正式编为挺进纵队第六团。郭仁泰任团长，郑绍文任政治委员。

1940年3月，以第一团的第八、第九中队与中共鄂东、信应地委武装一个中队共三百余人，组成鄂东独立团，团长吴林焕，政治委员张体学。信应总队在配合主力反击程汝怀的战斗中"勇敢善战"，于4月扩编为第七团，团长冯仁恩，政治委员余孝礼。"应抗"第二支队的第二、第三大队各一部，整编为第八团，团长王海山，政治委员周志刚。鄂东独立团一部与鄂东总队及安应地方武装一部，于5月编成第九团，团长吴林焕，政治委员李人林。以原鄂东独立团第二大队、挺进纵队手枪团与黄冈地方武装等合编为新的独立团，团长易元鳌，政治委员张体学。

豫鄂挺进纵队成立后，进行了共产党的组织和军政建设方面的一系列工作，并创办了《挺进报》和以孩子剧团为基础的宣传队。

1940年5月，已赴延安的朱理治向中共中央汇报了有关豫鄂挺进纵队的情况，中央给予高度评价："武汉附近新四军挺进纵队（有九个团）的创造，是一个伟大的成绩。这次经验，证明了一切敌后地区，不论在华中或华南，我党均可建立自己的武装部队，并且可以存在与发展。但其先决条件，是地方党应有组织武装的坚决决心与工作布置，是〔有〕不怕与顽固派摩擦的勇气与意志。""挺进纵队是党的武装中的一个有重要意义的独立战略单位，一时还不能与八路军、新四军取得地域上的联系。"指出了这支部队处于孤悬敌后和日、顽夹击的特殊环境；明确了部队发展的方针："必须努力扩大自己，务求在一年内扩大到四万人，主要的发展方面是路东。"同时，中央强调："在挺纵周围有很多的友军，因此，应开展对友军的联络工作，即是利用一切可能进行交朋友的工作。我军联络人员，绝对不在友军进行秘密工作和发展党的工作。"**7**

新四军豫鄂挺进纵队创建伊始，正值蒋介石掀起第一次反共高潮，豫鄂边区国民党顽固派的反共摩擦愈益剧烈之时。尽管如此，李先念仍以国家民族利益为重，率挺进纵队在边区各地以灵活机动的游击战术，积极展开对日伪军的作战。

1940年1月，在鄂中安陆至花园间公路伏击日军第三十九师团车队和骑兵，歼敌近百人；第五团、第六团在京山石板河以南，伏击从皂市调往京山的五百多名日军，打得敌人晕头转向，狼狈溃退。2月初，李先念带第四团开辟天（门）西，移师天门赖兴场，与刚组建的天门县抗日游击大队会合。日伪闻讯后，即调集千余步骑兵，向抗日武装驻地进攻。指战员们奋起反击，与敌展开拉锯式的肉搏战，从拂晓激战到午后，胜利突围。中旬，李先念率第二、四、五团，分东西两路飞渡汉水，进攻汉阳侏儒山伪军汪步青部，毙俘敌120余人，直叩武汉西大门，震动了武汉，日寇宣布戒严三天。

3月，敌伪三百余人"扫荡"鄂中赵家棚、吴家店地区，被第二团一部击退。同月，豫鄂边区党委在京山丁家冲召开宪政促进会，附近据点的敌伪悄悄出动偷袭，敌人尚未到达，沿途群众已纷纷送来情报。守卫在丁家冲地区的第五团一大队，迅速掩护与会代表从容转移至石板河以北地区复会。接着，日军又先后"扫荡"京安地区的大山头、仁和店及桑树店等地，均被当地军民粉碎。

李先念在《豫鄂边区的抗日游击战争》一文中，对这一时期反"扫荡"战术做了扼要概括："在反'扫荡'斗争中，我们采取了灵活的作战方针。对大股日寇的'扫荡'，我们化整为零，分散游击，以削弱日寇的优势。对小股日寇的'扫荡'，我们化零为整，集中兵力，予以消灭。由于部队能够散得开，又能收得拢，所以在反'扫荡'斗争中，我们不仅有效地保存了自己，而且打了不少漂亮仗。"

大小悟山血案

此时，国民党第一次反共高潮正风起云涌。

盘踞鄂东的国民党湖北省鄂东行署主任兼鄂东游击总指挥程汝怀，拥有两万余地方武装。他们在制造了"夏家山事件"后，继续肆无忌惮地屠杀共产党员和抗日群众，摧残共产党地方组织。当新四军配合友军反攻平汉铁路日军时，该部又令其第十九纵队截击新四军后卫部队。1 月 12 日，中原局致电朱理治、李先念：除以一部分兵力坚持鄂中外，主力应即东进，对程汝怀属下部队及鄂东各县武装，采取积极的攻势，坚决消灭程之力量，迅速发动与组织民众，建立根据地。

对于中原局指示，朱理治、李先念等进行了认真的研究，决定对路西暂取守势，由李先念率主力东出，进击大小悟山。

大悟山位于大别山脉西部，群山环峙，峰回路转，东指吴越，南通武汉，雄视江汉平原。小悟山在大悟山南端，与大悟山相衔接。大小悟山连接在一起，有广阔的回旋余地和开展游击战争的优越地理条件。因此，开辟和巩固大小悟山根据地，不仅可以自东北对武汉作战略包围之势，而且还可以作为向东发展与新四军其他兄弟部队相连接的前进阵地。

1 月中旬，李先念率纵队攻击程部所属鄂东第十九游击纵队。

第一团和第二团一、二大队在李先念亲自率领下，由安陆赵家棚出发，东越平汉线，经槐河店直捣刘梅溪所属尹昌彦部盘踞的青山口和刘家山；第二团三大队在十八里湾警戒大悟山方向，阻止蒋少瑗的增援；第三团攻打盘踞在姚家山、青石板等地的赵光荣部，策应主力的进攻。

夜晚，李先念等率部在夜幕和丛林的掩护下接近青山口和刘家山，向尹昌彦部发动突然袭击。经一小时激战，全歼尹部四百余人；第三团也于当夜采取突破战术，集中兵力强攻姚家山、青石板赵光荣部，毙伤其三百余人。

1940 年 2 月，华中地区的国民党军队开始准备向皖东、苏北等新四军主力进攻。

中共中央和中央军委于 2 月 10 日发出了关于八路军、新四军战略方针的指示，要求各地共产党领导的抗日武装在粉碎日军"扫荡"和坚持敌后游击战争的总任务下，打退一切投降派、顽固派的进攻，并指示"李先念部力争鄂中、鄂东，坚决建立政权，建立根据地、扩大军队至二万以上，坚决消灭程汝怀"，"以便与全国工作相配合"。李先念即令第一、二团和鄂东纵队于1月中旬再次东进大小悟山。驻槐河店、滑石冲、姚家山的刘梅溪部不战而逃，前来投奔刘梅溪的伪军贺承慈部在陈家冲被全歼。

3月，蒋介石亲自策划华中地区的国民党军重点进攻新四军第四、第五支队及皖东根据地。驻大别山的桂军李品仙部第一二八师和一七一师东越淮南公路，赴皖东围攻新四军江北指挥部和第四支队。为牵制桂军东犯，中原局和刘少奇于3月6日致电中共中央书记处，指出："先念之挺进纵队有与四、五支队作战略配合之任务"，"应立即调二至三个团过路东向大别山发展，建立路东根据地，扩大部队，坚决打击程汝怀及进攻我之一切部队"。4月5日，中共中央军委和毛泽东、王稼祥联名致电刘少奇、李先念："李先念在平汉路西的部队中抽调三个团过路东，以吸引桂军不能向东进攻四、五支队，以及打击程汝怀，开辟大别山为目的"；对路西则"采取守势，来攻者还击之"。据此，纵队和边区党委决定将整个领导重心东移，并成立了路西指挥部，统一指挥在京安、云梦、应城、天汉等地活动的第四、五、六团及地方武装，坚持鄂中斗争。

1940年4月17日，李先念、任质斌、刘少卿率纵队主力第一、第二、第三团及信应总队第三次越过平汉铁路东进，分南北两路对盘踞在大小悟山地区的程汝怀部第十九纵队刘梅溪、刘亚卿、杨希超等部两千余人展开攻击。至18日下午，攻下了顽军在大小悟山中最后两个重要据点歪歪寨和望府山，生俘蒋少瑗部特务大队长以下官兵百余人。信应总队也在蒋家楼子附近击退了国民党豫南游击指挥部第四游击纵队顾敬之部的策应部队。

至此，大小悟山地区完全为新四军所控制，与稍后开辟的陂安南根据地肩背相连，互为屏障。边区党委和纵队机关随之由路西转移至路东的姚家山，大小悟山就成了当时部队和地方党的指挥中心。李先念、任质斌等纵队领导决定，以第一、第二、第三团组成平汉支队，作为纵队的主力部队，周志坚任支队司令员，方正平任政治委员，黄林任支队参谋长。

对于这一时期鄂豫边区的反顽斗争，毛泽东在5月间代表中共中央写给东南局的指示中，曾给予高度评价：李先念纵队反对顽固派向鄂中和鄂东进攻的自卫战争，和其他地区兄弟部队一样，不但是绝对必要和绝对正确的，而且使顾祝同不敢轻易地在皖南、苏南向新四军军部进攻。

但国民党顽固派对此进行了疯狂报复。6月2日，桂军第七军第一七一、一七二师，并纠集鄂东顽第十六、十九两个纵队共一万余人，分数路进攻大小悟山。当时，边区党委正在范家冲召开边区各界救国代表大会。李先念与其他纵队领导，一面组织部队护送各界代表西撤，一面部署抵抗顽军的进攻。纵队各部奋战四昼夜，至6月5日，边区党委和纵队机关全部转移到平汉路西。但在大小悟山的留守人员和伤病员等四百余人壮烈牺牲。顽军所到之处，奸淫烧杀，中共地方机关、自卫团和抗日民众遭浩劫者亦不下五百余人，大小悟山一带遍成瓦砾。**⁸**

为揭露国民党顽固派的这一血腥罪行，李先念于6月20日通电全国，提出强烈抗议：

> 本月二日，鄂东专员程汝怀勾结两面[派]杨和[希]超、刘梅溪等，欺骗请皖主席李品仙令其所属第三[七]军军长张涂[淦]亲率全军九个团，共计两万余众，向我大小悟山之留守部队进攻。我先后派人交涉，均遭杀害。经五日夜之包围、歼杀，除我刘部得脱围幸免外，我留守工作人员百余人，医院伤病兵二百余人以及一部分武装部队，共计惨遭牺牲者达四百余人。而程、杨、刘等部所到之处更奸淫烧杀，县、区联保机关与地方抗日民众及自卫团等，均同遭浩劫者亦不下五百余人。现大小悟山之五十里地多成瓦砾，大小悟山一带之百万民众，均被无辜蹂躏，尸横遍野，血臭熏天，冤深世外。×××我部于五月初四日寇大举进犯襄

樊及整个五战区战局岌岌可危［之际］，乃动员全部万余人尾敌追击，破坏交通，计首次小河、夏店、南忙〔新〕街、花园、王家店、广水、应山各役，伤毙敌三百余人，击溃三千余人，阻其西进援军五千余人。张杨店、李店、穗家店及李×冰〔家冲〕解救一二五师××［被围］之役，击溃伪军年静安、刘文六〔光〕等部两千余人，毙伤敌四百余人。嗣后，会合路西部队，即向京山东北宋河及贾店、罗店、石板河、熊家火〔滩〕、钟家铺之役，歼敌五百人，击溃敌两千人，阻滞敌六七千人。至所破坏公路达三百七十余里，收割电线一万零八百余斤，烧毁或摧毁敌汽车达四十五辆。近复配合友军沿大洪山、桐柏山之南北山麓，而出击襄樊、信南及汉、宜 **9** 等处。月余以来，全军昼夜奔驰战斗，使西线敌军不能尽其所愿。其所努力于国家民族抗敌杀贼之业，亦为至矣尽矣。凡我所欲伤亡于敌伪者，而张、程 **10** 等正欲破坏之；我所欲积极打击歼灭者，而张、程等全力解救之。举鄂东全境及皖豫边界，尚有敌据点百余，未闻张、程等遣一兵、发一弹，而于我抗日后方乃不惜大兵作战，发炮三千余弹。究系助敌或抗敌，增强抗战或破坏抗战，实证所在，忠奸自明。而我之忠贞行动反遭空前惨祸。揆之天理，度之人情，热〔孰〕以法纪，就孰可忍其万分之一？事变以来，我前线战士号地悲天，鄂东、鄂中之民众，即为愤慨等情亦泣血捶胸，痛深五内。然以大敌当前，临危俱祸，故仍忍痛饮泣，尽力慰劝民众。兹特痛泣呼吁，切盼我最高领袖及全国各党政军首长严令制止，全体同志及全国各界同胞主张公道，务得惩处其凶，清除后乱，然后义理有伸，国族有幸，而我部亦平冤，抑×［愤得以］慰解××也。悲痛陈词，不胜迫切待命之至。 **11**

挺进白兆山，坪坝三捷

这时，日军集中了七个师团兵力，对鄂西北国民党正面战场发动了一次战役性进攻，日寇称作宜昌战役。日军认为，中国第五战区包围着武汉的部队约有五十个师，其主力部署于鄂西北的汉水两岸地区，进攻宜昌，可给第五战区以沉重打击。而且，宜昌又是进入四川的门户，距中国战时军事、政治中心重庆只有480公里，具有极重要的战略地位。攻克宜昌，可给重庆以及西南大后方以巨大威胁，压蒋投降。日军第三师团在第五战区桂军大举进犯大、小悟山地区的新四军的头一天——6月1日即侵占了襄樊，在对襄樊进行疯狂破坏后，继续南下。敌人第十三师团于6月12日攻占入川门户——宜昌。

由于战局发生变化，豫鄂边区军政委员会根据刘少奇的指示，决定挺进纵队向西战略展开，借以牵制日军，配合正面战场作战，并相机改善挺纵在鄂中敌后的抗日阵地。李先念随即率领纵队主力挥戈西进，越过平汉线，矛头直指白兆山地区。

白兆山是大洪山伸向东南的余脉。它地跨随县、安陆、京山、应山四县，方圆百里，地势险峻，南进可扼汉（口）襄（阳）通道，北向可直驱中州，东可扼制平汉线，西北与大洪山相接，是开展武汉外围敌后抗日游击战争的理想阵地。

1940年6月21日晚，新成立的平汉支队一、二两团冒雨猛攻白兆山地区的重镇京（山）北坪坝，主攻部队登云梯破寨，歼灭了伪军丁巨川与谢占奎两部。谢被击毙，丁被生俘，坪坝解放。

坪坝介于白兆山与大洪山之间，为联系鄂中广大山区的枢纽和通往鄂中各县的门户。新四军控制坪坝之后，切断了安陆与三阳店日寇据点之间的联系，这犹如一把尖刀插入日寇的心脏，威胁了环绕它四周的雷公店与三阳店等敌据点的安全，使日寇日夜不安。

7月初的一天，天还没有全亮。平汉支队司令员周志坚，政治委员方正平，支队参谋长正在屋里研究敌情，支队侦察参谋谢苹突然气喘吁吁地跑来报告：昨夜集结在雷公店的1200多名日军（日军三师团奥津联队两个大队）奔坪坝来了。联队长奥津起三郎也来了，还带着铁丝网、信鸽和建筑材料等。

日寇的战略意图是想在坪坝立据点。支队立即电示一、二团火速赶来，决不能让日军夺走坪坝。

战士们听说要打奥津起三郎，个个精神抖擞，斗志昂扬，因为奥津起三郎曾骂过新四军是"小小的毛猴"。

当敌人进至距坪坝三四公里处时，支队一团一、二大队及二团三大队向王义贞店方向迂回到敌之侧后。敌慌忙后撤，占领了公路两侧的制高点扼守坪坝东南松林岗的五个寨子进行顽抗。平汉支队以一个大队兵力监视公路南之敌，一团四中队首先向敌人发起攻击，伤亡三十余人，因敌居高临下，攻击没有成功。周志坚命令由一团两个大队，分两路向敌猛攻，一举攻克日占领的五个山寨。敌复窜至坪坝附近的沙窝，又被一团三大队截击。战斗从上午持续到黄昏，敌终于焚尸三十余具，丢弃军鸽、铁丝网及其他军用品逃窜。但在战斗中，支队参谋处侦察参谋谢苹英勇牺牲。

9月，日军不甘心失败，在安陆一带集结了七八百名步兵，又对坪坝地区进行"扫荡"。

当时，支队的一、二团都被派出执行任务，三团驻地杨家湾离坪坝较远。在坪坝附近仅有一团的一个大队和司令部一个警通连的兵力。

支队首长仔细分析了敌情，决定暂不派部队到坪坝防守，将支队机关所有人员和直属部队全部布置在响塘湾东边的一线山峦上，准备诱敌深入，来个瓮中捉鳖。

这天，坪坝地区被一层薄雾笼罩着。为准确观察敌情，周志坚和方正平带着几个警卫员和通信员搜索前进，一边走路，一边不断派通信员和警卫员向各部队通报情况，传达命令。翻过东边的两道山岗时，好家伙，七八百日军黄压压一片，正沿着公路向坪坝方向挤来，离他们只有几百米了。

这时周志坚、方正平身边只剩一个警卫员了。

但沉着镇定的周志坚、方正平还是把他派出去，急调部队。临走，周志坚从他身上取下步枪，方正平则背上一袋子弹。为牵制敌人，为战斗展开赢得时间，周志坚和方正平向日军扣动了扳机。

日军以为自己行动诡秘，新四军并未察觉。周志坚的枪声一响，敌人一下惊住了。

为了迷惑敌人，他俩边打边退。日军突遇对手，不知底细，怕有埋伏，只好分散队伍，搜索前进。

当他俩撤到第二个山包时，一团的一个大队赶到。部队迅速展开，控制制高点，与敌交火。由于地形极为有利，敌人几次猛攻均未得逞。日军见攻不下阵地，不敢久留，只得整队向王义贞店方向撤退。

正在这时，王义贞店后方突然响起了枪声。这是在杨家湾的三团接到支队电令迅速赶到了。

这时，三团已控制王义贞店一带的制高点，依托有利地形，向冲上来的敌人猛烈开火，打得日军狼狈不堪。为扭转被歼命运，日军集中一个多中队，向三团三营守卫的阵地扑来。见此情景，三团政委王友德亲临三营阵地指挥战斗。当他正向营、连指挥员布置攻击任务时，对面敌人突然射来一梭子机枪子弹打中了他的胸膛，王友德不幸牺牲。王友德的牺牲，激起了新四军的更大愤慨。战士们冒着敌人射来的弹雨，奋勇向前，与敌人展开了一场激烈的大血战。

在一团、三团前后夹击下，敌人腹背受击，难以招架。这时，日军的小钢炮在近距离作战发挥不了威力，而新四军的手榴弹却能充分发挥作用。日军被炸得血肉横飞、尸体遍地……

夜色渐渐弥漫开来，日寇仓皇地拖着180多个伤兵缩回安陆城。

日军不甘心失败。10月中旬，日军又第三次进攻坪坝。

凌晨3点，敌人纠集一千多步骑兵，携带迫击炮等武器，从坪坝西的三阳店出发，先沿三（阳店）宋（河）公路南下，故意制造假象，中途却突然转向坪坝，发起进攻。

六团部接到"鬼子没有顺公路南下，转头朝坪坝方向开来"的情报后，立即向各连传达，并作简要战斗动员。

部队简单吃点早饭，迅速向预伏阵地——坪坝镇漳水河东岸山背后的战壕进发。

上午8点多钟，敌人进到坪坝附近，但所走的路线偏离新四军设伏阵地。为了更接近敌人，便于出击，团部命令部队秘密向西运动。

一大队在左，二大队在右，团部率重机枪连、特务连、普通连居中，"一"字形展开，向西翻过一道山岗，在一条山岭的东坡隔着山梁与敌人并排着向南运动。

走了一会儿，侦察员发现敌人有准备休息的迹象。二大队长沈文卿和教导员庞俊领着几个战士爬上山岗一看，只见这股走了半宿的日军正稀稀拉拉地待在段家湾的稻场上。还没等敌人从马背上放下东西，参谋长杨子仿就举起手枪喊出了"1、2、3"的射击口令。"3"字音刚落，几挺重机枪"吼叫"起来。指导员谢五凯亲自操起重机枪撂倒了不少敌人。紧接着一、二两个大队和团直共二十多挺轻机枪同时向敌人开火。敌人被突然发起的进攻打得晕头转向，不一会儿，段家湾的稻场上就躺下了大片死尸。

此战一直打到5点多钟。这时，山上林间的光线逐渐暗淡，大股敌人开始逃跑。新四军舍不得丢掉这块"肥肉"，团长朱立文亲率一部追击敌人，另一部与被打散的零星敌人和掩护部队继续进行战斗。

追击部队尾随逃敌向南追击。撤退的日军沿途纷纷丢弃尸体、枪械，拼命奔逃，途中又遭到应城地方游击队的截击。

此战歼灭敌人一百多人，缴获十余匹战马和不少弹药物资。日军联队长奥津起三郎被迫自杀。**12**

豫鄂挺进纵队经过三次顽强战斗，打得日军放弃了重占坪坝的企图，保障了白兆山南方门户的安全，便利了纵队同大山头及其他根据地的交通联系。

在豫鄂挺进纵队控制白兆山的同时，第五、第六团一部又挺进京山南山，发展襄西，并开辟了襄西抗日民主根据地。

新四军在豫鄂地区两年多的战斗中，共对日伪军作战近 300 次，歼灭日伪军 1.4 万余人，击溃国民党多次进攻，创立了豫鄂边抗日根据地，豫鄂挺进纵队发展到 1.5 万余人，民兵自卫队 10 万人。全边区比较稳定的县政权有京山、应城、钟祥、安陆、应山、云梦、孝感、礼山、信阳、汉川、汉阳、黄陂、天门、黄冈等 14 个县份，人口约 500 万，形成了一定规模的抗日民主根据地。

注　释

1.《李先念传》编写组：《李先念传（1909—1949）》，中央文献出版社 2009 年版，第 325 页。

2. 指手榴弹。

3.《中国抗日战争军事史料丛书》编审委员会编：《新四军·回忆史料》(2)，解放军出版社 2015 年版，第 136 页。

4. 拟任书记，未到职。

5.《李先念传》编写组：《李先念传（1909—1949）》，中央文献出版社 2009 年版，第 333—334 页。

6. 参见《中国抗日战争军事史料丛书》编审委员会编：《新四军·文献》(2)，解放军出版社 2015 年版，第 205 页。

7.《中国抗日战争军事史料丛书》编审委员会编：《新四军·文献》(2)，解放军出版社 2015 年版，第 291—292 页。

8.《李先念传》编写组：《李先念传（1909—1949）》，中央文献出版社 2009 年版，第 342 页。

9. 汉、宜，指湖北省汉阳县、宜昌县。

10. 张、程，指张途、程汝怀。

11.《中国抗日战争军事史料丛书》编审委员会编：《新四军·文献》(3)，解放军出版社 2015 年版，第 10—11 页。

12. 参见中国人民解放军历史资料丛书编审委员会编：《新四军·回忆史料》(1)，解放军出版社 1990 年版，第 375—379 页。

第 十 七 章

席卷淮海

把蒋介石注意力引向华中——黄克诚南下陇海——彭雪枫鏖战新兴集——罗炳辉扫平淮宝——刘少奇心如丝悬——黄克诚坐镇皖东北——华中八路军四纵、五纵成立——日军乘虚出击——日伪兵分七路——罗炳辉神出鬼没——桂顽趁火打劫——配合华北"百团大战"——板桥集狭路相逢——彭雪枫与张震合影敌机残骸前

黄克诚南下陇海

1940 年 3 月 16 日，陕北高原，春寒料峭。几天来，毛泽东一直在思考彭德怀的来电。

1940 年 2 月以来，华北八路军的反摩擦取得了决定性胜利。但彭德怀鉴于顽军的节节逼近，希望以防御姿态再消灭其一两个军。

华北的基础，经过几年努力，此时已经初步奠定。中共中央已经开始毫不客气地向蒋介石提出委任朱德为鲁察冀热四省战区司令长官兼河北省主席，委任彭德怀为第二战区副司令长官的要求，并明确主张下一步要"将整个华北直至皖南江南打成一片，化为民主的抗日根据地，置于共产党进步势力管理之下"，八路军、新四军在五十万的基础上要扩军三十万，争取尽快达到一百万。

此时的华北，不宜再战，斗争重心应移至淮河流域。因李品仙正派遣部队向彭雪枫、刘少奇两区压迫，蒋介石已注意该地，企图切断八路军与新四

军之间的联系。新四军将来的出路实在中原，此时不争，将来更困难了。

反复斟酌后，毛泽东把自己的想法电告彭德怀，并"提议调三四四旅至陇海、淮河之间，协助彭雪枫创立根据地，并策应胡服[1]，将来再调一部深入苏北，使八路军、新四军打成一片。这种行动，也即是把一个新问题摆在东边，使蒋、卫[2]注意力不得不转向东边，减轻其对华北的注意，华北方能确实巩固"[3]。

第三四四旅，属于黄克诚领导的八路军第二纵队，前身是红军第十五军团，曾参加过直罗镇、山城堡等著名战斗。抗日战争开始后，改编为八路军第一一五师第三四四旅，参加了平型关大战。1940年2月扩编为八路军第二纵队。

毛泽东的决策，正合黄克诚的心意。

此时活跃在冀鲁豫地区的第二纵队，已发展到两万多人，这里没有更大的回旋余地。根据中央"巩固华北，发展华中"的战略精神，黄克诚已向中央和总部建议把二纵分为两摊子：他自己带领一摊子在冀鲁豫坚持斗争；由杨得志带领一部分越过陇海路，向华中发展。

没有想到中央的计划要大得多，中央回电不仅要求二纵的主力第三四四旅等共一万二千人尽快南下华中，而且点名由黄克诚亲自率领。

刘少奇后来谈道："由于敌人的进攻，国民党最初对敌后的形势估计得过分严重，他们惊惶失措，退却逃跑。那时敌后是空虚的。到了这时候，国民党逐渐了解了敌后的具体情形，又看到我们在华北敌后的大发展，它对于敌后的观念有了改变，觉得敌后还是可以经营的。国民党最初是不愿到敌后去的，而指令我们到敌后去抗战，他们自己站在后方。然而在此时，他们就大胆、积极地向敌后伸展，恢复他们在敌后的统治，并严格限制与排挤我们。……而我们在敌后则很孤立。形势对我们是非常危险的。"[4]

这时，李品仙、韩德勤部队正在向皖东、淮北新四军进攻，企图将张云逸、彭雪枫部完全消灭。3 月 19 日，刘少奇请求中央派华北八路军至少三个团南下华中。

国民党顽固派进攻在前，八路军可以光明正大南下增援，师出有理。3 月 21 日，毛泽东指示朱德、彭德怀、杨尚昆等人："安徽主席李品仙奉某方令，实行全部反动政策，坚决进攻皖东、淮北新四军，欲将我张云逸、彭雪枫等部完全消灭，切断我新四军、八路军联系，并使我江南新四军处于无退路境地。在此情况下，我八路军有坚决迅速援助新四军，打破李品仙的反动进攻，创立皖东、淮北、苏北抗日民主根据地，巩固新四军与八路军联系之紧急任务。"**5**

5 月 5 日，毛泽东、王稼祥给黄克诚的电报中，把调八路军第二纵队精兵强将南下的缘故作了更为详细的说明：

> 蒋介石亦有停止军事冲突与我谈判条件，欲把我八路军、新四军统统纳入黄河以北，划定黄河以北为我两军防区之企图。但第一，华北敌占领区日益扩大，我之斗争日益艰苦，不入华中不能生存。第二，在可能全国性的突变时，我军决不能限死黄河以北不入中原，故华中是我最重要的生命线。第三，此次蒋令韩德勤、李品仙、李宗仁、卫立煌及所有鄂、豫、皖、苏各军向我新四军进攻，衅自彼开，故我仍应乘此机，派必要军力南下，黄（克诚）率三四四旅在现地休整，并与胡服、雪枫取得电台联络后，应遵朱（德）、彭（德怀）令开入淮河北岸。胡服已先至该地等候。该旅到达后，即听胡服意见部署兵力、布置工作。彭（明治）吴（法宪）支队亦听胡服、（黄）克诚意见，向苏北出动，从徐州附近逐步南进，先占盐城、宝应以北各县，三四四旅与彭吴支队南下口号仍是救护新四军与配合友军抗日。……惟整个苏北、皖东、淮北为我必争之地。凡扬子江以北，淮南路以东，淮河以北，开封以东，陇海路以南，大海以西，统须在一年以内造成民主的抗日根据地。责成

三四四旅、彭吴支队、雪枫支队、罗（炳辉）戴（秀英）支队、陈毅之叶飞部，配合地方党负其全责。凡军事行动统归朱、彭两总及胡服同志指挥之。一切具体部署、政治口号、政权建设、发展计划及统一战线方针，统由胡服负责，会商（黄）克诚、雪枫考虑决定，报告朱、彭及中央军委。**6**

1940年5月20日，八路军总部令第三四四旅即日南进，至永城、涡阳、亳县地区与彭雪枫部会合。

受命后，黄克诚率部分两个梯队出发。

第一梯队三个团在第三四四旅旅长刘震、政治委员康志强率领下，从鲁西南定陶出发，于6月9日突破日军铁路封锁线，一路多次击退日伪军的进攻，于6月20日抵达安徽省涡阳县新兴集，与新四军第六支队会合。

黄克诚、韩振纪率第二梯队两个团及教导营，于6月初从河南濮阳出发南下，越陇海路于6月27日到达新四军第六支队驻地，与彭雪枫部胜利会师。

彭雪枫鏖战新兴集

会师前，新四军彭雪枫部刚进行了一场血战，也是发生在涡北一带的一次较大的战斗。

那是在5月1日和4日，彭雪枫先后出席边区军民与支队直属队隆重纪念"五一""五四"大会，分别发表了《以无产阶级战士的英雄气概为革命而斗争到底》《发扬"五四"精神，坚持团结进步》的演说，对宣传我党的抗日政策、广泛动员人民群众积极抗战起到了很大的作用。

这时，豫皖苏边区根据地得到巩固和扩大，至1940年5月，六支队已发展到1.9万多人枪，新建涡阳、蒙城等县政权，边区根据地形势越来越好。

因此，边区党委和支队决定 6 月 1 日在新兴集隆重举行"五卅"运动 15 周年纪念大会，进一步把一系列活动推向高潮。

但消息不幸被日寇所侦知。日军连夜派遣近两千兵力，分进合击，从四个方向杀向新兴集，企图一举歼灭六支队主力。而六支队却浑然不觉，仍然沉浸在第二天纪念活动的忙碌准备中。

上午 7 时，参加大会的各部队，随营学校、支队和边区党政各机关，及地方群众团体等单位陆续进入会场。

7 时 30 分，彭雪枫在张震的陪同下检阅了英姿飒爽的队伍。8 时，政治部主任萧望东宣布纪念表彰大会开始，请支队司令员彭雪枫讲话。

突然，在南面庄上留守的炊事员报告：鬼子乘坐汽车向会场方向开来。

参加会议的人不知道发生了什么事情，会场有些骚动。彭雪枫一看炊事员满身脏乎乎的样子，急中生智宣布前来报告的人是汉奸捣乱会场，命令关起来，先稳定了军心。

又过了十几分钟，指导员叶英驰马急报，说敌人汽车已到一总队八连驻地。紧接着，听到"嗵"的一声巨响，日军的炮弹打到了会场附近，人们立刻慌乱了。面对这突然情况，彭雪枫司令员非常镇静，当即进行了简短的动员，他说："同志们！今天是战斗的日子，我们要战斗了！日本鬼子从哪里来，我们就把它打回到哪里去！"

说完，彭雪枫带着张震参谋长、萧望东主任和岳夏秘书长等支队领导到了会场东南角，立即召集各团领导作了战斗部署，命令各战斗部队迅速进入集南一线阵地，抢占有利地形，迎击来犯之敌。

"一总队担任集西南至大王庄一线防御；特务团一营火力较强，担任集南门外正面阻击，一定顶住敌人攻击；程志远、蔡永率领特务团余下部队防守东南一线，并根据情况穿插敌后侧击敌人；其他各部队撤出新兴集分别迎击各路敌人。一抗大四分校、支队直属机关、地方机关、群众团体等非战斗人员，立即向何老家方向转移。"彭雪枫与张震略为商量，立即定下战斗部署。

参加大会的第一总队、第二总队、第三总队，第一、二、三团和特务团等战斗部队迅速展开后，在新兴集附近的岭子沟、左河庄、大王庄、集南门外等线同敌人展开激战。

由于新兴集周围"抗日沟"挖得纵横交错、四通八达，群众很快脱离了险区，疏散到安全地带。

在孙楼、刘楼方向，敌人炮火极其猛烈。放眼望去，远远就可以看见敌人的汽车在那里蠕动，一个个鬼子在炮火的掩护下，沿着路沟向集南我军阵地运动。敌人依托汽车作掩护，打得我抢占左河庄桥口的部队抬不起头来。

在这紧急时刻，第一总队三营郑营长带领战士爬过路沟伏在坟头上向敌人射击，打得敌人哇哇乱叫。敌人受阻后向坟头发起进攻，三营陈迎荣政委带领战士同攻上来的敌人展开了肉搏战，杀得敌人尸横遍地，打退了敌人的凶猛进攻。

担任新兴集右翼战斗任务的特务团四、五两连，在程团长、蔡政委的指挥下，击退敌人多次进攻。战斗中，蔡政委带领五连南抵朱庄、左楼一线侧击敌人。程团长率领四连一部从孙楼、刘楼直捣敌人背后。五连指导员段服带着一个班猛攻到距敌汽车二十多米的地方，用手榴弹炸倒了正在用望远镜观察的日军指挥官。敌军腹背遭到包围，在炮火掩护下，掉头向孙楼发动攻击。五连指导员段服不幸中弹牺牲。敌人又抽调进攻陶梁庄和新兴集南门的兵力，对孙楼实施包围，为避免过多伤亡，四、五连即向左楼方向撤退。撤退中，四连指导员秦子民英勇献身。

新兴集南门外一线，一营在营长罗杰的指挥下，连续打退敌人五次冲锋，顶住了敌人凶狠猛攻，使敌未能前进一步。大约10点钟的时候，彭雪枫来到一营阵地了解战斗情况，并给一营带来一挺木制支架的九二式重机枪。要一营守住阵地前面的"抗日沟"。

彭雪枫走后不久，张震参谋长又带着参谋人员来到南门外，察看并指挥正面战斗。

中午以后，敌人加强了正面的攻势，战斗更加激烈起来。

在正面担任阻击任务的特务团一营，坚决同敌人拼死战斗。但由于部队为了大会检阅，追求形式上的统一，部队战士间调换枪支而不换子弹。这时许多战士拿着枪不能射击，大大影响了我军战斗力，战场形势渐渐发生了有利于敌而不利于新四军的变化。

下午5时左右，我参战部队先后撤出了阵地，日寇随即攻占了新兴集。敌人进集后，杀害了藏在会场和集内的二十多名群众，抢掠了群众财物，放火烧了"精忠堂"和一些民房。新兴集顿时浓烟滚滚，变成一片火海。趁敌进行烧杀抢掠之际，彭雪枫抓住战机，迅速组织部队向敌发起反击。在我军沉重打击下，敌人丢下一些尸体，慌忙向西北方向逃去，新兴集又失而复得。

北线三百余敌人，乘七八辆汽车进犯到马村桥、梅庙时，遭到萧县总队的迎头痛击，丢下十几具尸体向北逃窜。从李口进犯丹城集的东路敌人，与六支队"天祥"部队在丹城集展开激战，经过一个多小时的激烈战斗，敌向丹城集以北前、后包庄败退。西线之敌在前进中得知各路进攻失败，即退回亳州。整个战斗在支队首长的指挥下，击退了日寇的四面进攻，彻底粉碎了敌人的阴谋。**7**

这次战斗中，新四军将士英勇善战，击毙日军一百多人，击毁敌汽车数辆，缴获许多军用物资。但由于六支队犯了思想麻痹、警惕性不高和形式主义的错误，遭到了中央的严厉批评。

八路军南下部队主力与新四军第六支队会师的当天，中央军委电示黄部与彭部合编为八路军第四纵队，由彭雪枫任司令员，黄克诚任政委，吴芝圃任副司令员，张震任参谋长，萧望东任政治部主任，"活动于津浦路西、陇海路南，以对日寇作战，巩固豫皖根据地"。并应"设法抽调一部兵力过津浦路东，帮助苏北发展。俟彭朱支队**8**到达后，苏北部队再行合编成一八路纵队"**9**。并规定彭雪枫部对外保留新四军番号。

黄克诚刚休息两天，中原局书记刘少奇就来电，要求黄克诚作东进准备，在二十天后派三个团过津浦路活动。

彭雪枫不希望黄部走，起草了一份给中原局的回电，认为：与敌伪顽长期斗争，以向西发展为有利，平原作战须有山地作依托。黄部应留下，培养主力，建立巩固根据地。一旦形势有变，即可西入伏牛山，南进大别山，等等。

黄克诚刚刚到达豫皖苏，对于毛泽东关于控制陇海路以南、津浦路以东、长江以北、大海以西地区的战略意图还不十分明了。而且由于客观原因，当时第四纵队的隶属关系不十分明确，不知道是受八路军总部和北方局直接指挥，还是受新四军和中原局直接指挥。黄克诚觉得彭雪枫所起草的电报内容与他自己原来的看法比较一致，又不违背中央军委6月27日电报指示精神，遂于7月1日以彭黄联名电复中原局。

但刘少奇于7月15日、17日、18日、20日连续电催黄克诚率部过津浦路，东进皖东北，并向彭、黄说明"向西及大别山发展为全国政治形势所不允许"，"目前我之主要发展方向是向东、向苏北。目前我必须发展，否则受困无饭吃无钱用。向苏北行动、敌情、地形（宝应以北）、群众均不是严重问题"，"且我华中各部队迫切需要取得苏北，建立巩固的总的根据地与后方，以便开办学校，开办工厂，安插伤兵，建立财政等，这对我长期坚持华中抗战和发展有决定的意义"。在东面打开局面，"这是我军在华中最后站稳脚跟的主要一环"。"所以八路军部队到苏北，不是通常的所谓开辟工作，而将是比较迅速的解决苏北问题。"**10**

黄克诚左右为难，思考再三，打电报请示毛泽东。毛泽东回电指示黄克诚服从中原局指挥。**11**

于是，黄克诚率领新二旅的第五、第六团和三四四旅的第六八七团以及教导营的两个连，离开豫皖苏，越过津浦铁路，向皖东北挺进。

罗炳辉扫平淮宝

此时，皖东北的新四军第四、五支队主力正在鏖战淮（阴）宝（应）。

淮宝地区位于苏皖边境，西临茫茫洪泽湖，东至千里古运河，北倚苏北重镇淮阴，南控淮河入江水道的三河，是联系淮南、淮北、苏北、苏中地区的枢纽，战略地位极其重要。境内水网密布、芦苇丛生、物产丰富，素有"苏北粮仓"之誉。

这时，韩德勤部第三十三师和秦庆霖常备旅正盘踞在此。另外，淮宝地区的封建迷信兼自卫组织"小刀会"，有十数万之众，散则为农，聚则成军，在当地势力极大。韩德勤用收买手段，控制了"小刀会"，并煽动"小刀会"群众仇恨共产党、仇恨新四军的情绪。

1940 年 4 月，中原局和新四军江北指挥部从津浦路西迁至路东，刘少奇、张云逸、邓子恢等也都来了。根据中央指示，中原局决定：安徽东部和江苏交界的新四军第四、五、六支队向东进，陈毅率领的新四军北渡长江，黄克诚率领八路军南下，共同开辟建立苏中、苏北抗日根据地。

目前，在黄克诚部已经与彭雪枫部会合的情况下，第四、五支队的首要任务就是赶快过南三河，开辟淮宝地区，彻底粉碎韩德勤、李品仙东西夹击四、五支队，进而摧毁皖东根据地的罪恶计划，然后继续东进，迎接陈毅部队过江，抓紧时间建立苏北抗日根据地。

根据江北指挥部的命令，由罗炳辉、周骏鸣、张劲夫、冯文华组成的淮宝战役指挥部，率五支队八团、十团和四支队七团，于 1940 年 8 月 2 日开始向淮宝地区推进。

8 月 2 日，宽阔的三河上夜雾弥漫，北岸守河刀会不时吹起凄厉的牛角号。

罗炳辉指挥八团、十团强渡三河。

十团以三艘钢板划子和三艘双篷大船，一举抢渡成功。八团渡河后夺取衡阳滩，为顽敌火力所阻，战至拂晓才将敌击溃，全团渡过河去。3 日，占领新集。顽军一面退守仁和集、岔河等地，一面驱使当地的封建刀会武装和受骗的群众，包围、袭扰、攻击新四军进至新集的第一梯队。新四军在被迫还击的同时，展开政治攻势，宣传共产党、新四军抗日主张和政策，揭露韩顽造谣诬蔑、欺骗利用他们与我为敌的罪恶行径。

6 日，第二梯队（七团）进抵新集。黄克诚部六八七团亦进至淮宝地区，并在蒋坝歼灭秦庆霖旅一部。这时，四个团由南向北同时推进，迫使顽军节节败退。14 日，顽军又驱使封建"小刀会"武装向新四军进至赵集、南甸镇一线的部队攻击，并派三十三师的部队掩护。在新四军猛烈的还击下，掩护"小刀会"武装的顽军抢先逃跑，"小刀会"武装也纷纷溃退。新四军对被俘的"小刀会"重要成员，以礼相待，晓以大义，予以释放，对争取和瓦解封建"小刀会"起了很大作用。

8 月 15 日，新四军对据守双沟、仁和集、岔河镇的顽军三十三师两个团发起总攻。经过激战，顽军大部被歼，残部仓皇逃往运河东岸。开辟淮宝地区的战役胜利结束。8 月底，淮宝办事处（县级）成立，李斌任主任。在十团的积极配合下，迅速展开建设淮宝抗日根据地的工作。

新四军打通了东进的道路，沟通了淮南、淮北抗日根据地，使淮南、皖东北和苏北抗日根据地连成了一片。

1940 年 8 月 10 日，黄克诚在盱眙县中原局驻地见到了刘少奇，才知道刘少奇的焦灼确实有道理：

在苏皖地区，日军正积极施行伪化的政策，频繁向新四军在皖东北和津浦路东路西根据地"扫荡"。

在苏北，叶飞部回原驻地后，就遭到日军四千多人的围攻。而附近的李明扬、李长江部也向叶飞部迫近，韩德勤四个团亦包围进逼。叶飞部正处在日寇、两李及韩德勤之层层包围中，情势甚为紧急。

在皖东北，国民党的王光夏部和八十九军三十师两个团等，穿越日军据点之间向新四军进逼。而当时皖东北地区有好几支抗日武装在活动，虽然他们都是共产党领导，但号令很不统一。

一支是由张爱萍任总队长兼政治委员的第六支队第四总队。当时，为了策应八路军两部南下，贯彻中央军委关于开展皖东北抗战的指示，彭雪枫于5月派张爱萍、刘玉柱率部赴津浦路东，开辟路东淮北局面。张爱萍等到路东后，与皖东北的金明、杨纯等人联系，利用国民党桂系与安徽省第六专员公署专员盛子瑾之间的矛盾，和盛子瑾建立了统战关系，为开展路东抗战打下良好基础。

1940年5月，由八路军一一五师第三十四旅六八五团主力改编而成的苏鲁豫支队，在支队司令员彭明治、政治委员吴法宪（后为朱涤新）率领下，由苏鲁豫南下，6月初到达苏皖边区。由钟辉、韦国清、孙象涵、李浩然等领导的山东八路军陇海南进支队（后改编为苏皖纵队陇海支队），也到达皖东北，并先期开辟了邳、睢、铜游击根据地。苏皖纵队司令员兼政治委员江华也从山东带过来一批干部和部队到皖东北。但由于这几支部队没有形成统一的指挥领导系统，彼此谁也指挥不了谁，后来刘瑞龙奉命到皖东北后，成立了以他为主任的军政委员会，但号令仍不行于军队。

刘少奇焦急万分，眼看发展苏北，把八路军和新四军打一片的计划就要落空。

1940年6月6日，刘少奇给中央的电报中说："我住皖东北之部队、系统指挥不统一，内部外部情况均复杂，请中央及朱、彭令黄克诚同志速来苏皖地区统一指挥，任军区司令。"并且强调："如能多带兵力来为更好，否则不能完成任务。"

黄克诚部队的到来，使刘少奇悬着的心终于落下了。黄克诚目前指挥上万兵力，完全有能力把当地的力量整合到一起。黄与刘在延安就相熟，老朋友见面，刘少奇自然十分高兴。

黄克诚和刘少奇研究并请示中央批准，确定将淮河以北、津浦路以东所有的中国共产党领导的武装部队，统一整编为八路军第五纵队，任命黄克诚为司令员兼政治委员，并成立党的军政委员会，以黄克诚为书记，金明、刘瑞龙、彭明治、朱涤新、张爱萍、韦国清、韩振刚为委员。

第五纵队下辖三个支队，每个支队辖三个大队（团），共两万余人。第一支队由苏鲁豫支队编成，司令员彭明治，政治委员朱涤新，政治部主任吴法宪。第二支队由新二旅的第五、第六团和三四四旅的第六八七团编成，司令员田守尧，政治委员吴信泉，副司令员常玉清，政治部主任李雪三。第三支队由八路军陇海支队和新四军第六支队的第四总队编成，支队司令员张爱萍，政治委员韦国清，副司令员孙象涵，参谋长杨志雅，政治部主任张震球。

日伪、顽军乘虚而入

淮宝战役正在进行时，日军却趁罗炳辉率主力北出淮宝、后方空虚之机，向津浦路东发动了空前规模的大"扫荡"。8月下旬，天长、六合等据点开始封锁消息，禁止商人往来；各伪组织、绥靖紧张备战；日军网罗了皖东的大批汉奸、土匪、叛徒、逃亡地主做其耳目；日伪还昼夜赶印了大批反动宣传品。

8月27日，天长、来安、六合等据点开始增兵。同日，日军从苏州、武进、南京和镇江等地抽调了熊谷师团、岩松师团、铃木部队和伪江浙皖绥靖司令任援道部一部，共一万七千余人，向皖东合围。9月5日，日伪军以来安、六合、天长、高邮、明光、五河、张八岭共七个据点为依托，分兵七路，向津浦路东地区猛攻。

根据新四军江北指挥部的部署，开辟淮宝的部队，除留张劲夫率十团保卫淮宝新区外，七、八团均返回路东，会同兄弟部队参加反"扫荡"战斗。

日军发现了罗炳辉的意图，出动飞机轰炸正在渡三河南下的新四军，但未能遏止罗炳辉部返回皖东。

南线，日军沿六（合）马（集）公路北犯，与新四军交战于马鞍山，6日早晨攻陷竹镇。

西南线，日伪军一部带军犬40条，迂回雷官，进抵竹镇。这路日军与南线部队合并后，快速向半塔进犯。

东线，日伪军出天长后分两路，经十八集、石梁、新街，进犯汊涧，6日拂晓与江北军政干校一队激战整日，形成对峙。黄昏向半塔进犯，与江北军政干校增援部队混战一夜。

六合日伪军向汊涧增援，7日与新四军在釜山激战整日。6日，敌攻陷半塔、大田郢。

北线，五河之敌占双沟后，向自来桥进犯。

西线，来安之敌先隐蔽集结于舜山集，6日经屯仓，进占自来桥。

至此，日寇基本顺利地实现了第一期战略部署。从9月6日起，日本侵略军在数十架飞机的配合下，兵分十几路，在根据地内往返穿梭，纵横"扫荡"，寻找新四军主力决战。日伪军高度机动，各路相距二十华里左右。只要其中一路发现新四军，就立即各路合围，形成决战态势。高邮湖上，则有三十多艘汽艇游弋，向苏中陈毅部戒备。

然而，在根据地人民的支持下，罗炳辉率主力，时分时合，时伏时动，迂回穿插，巧妙周旋，有时几乎是与日伪军并肩而行，而敌全然不觉。同时，新四军发动群众，严惩汉奸，以堵塞敌人耳目；坚壁清野，以制造敌军困难；小部出击，以主力猛击其侧后；速战速退，以避开敌人合围；时而奔袭，时而隐伏，共作战65次，歼敌600余人。日本侵略者劳师辗转，处处挨打。结果，由日军军事专家们苦心设计的"扫荡"计划，只得告吹。预定一个月的"扫荡"，只撑了12天，便匆匆收场。

9月，罗炳辉任新四军江北指挥部副指挥兼第四、第五支队司令员。

1940年10月12日，深谋远虑的毛泽东、朱德、王稼祥发出《对华中部队行动方针指示》，指示皖东部队应加速部署向西防御，坚持皖东根据地。

果然，桂顽乘根据地空虚，在10月间越淮南铁路东犯，连占大马厂、复兴集、周家岗。四、五支队坚决反击，经11月11日激战界牌集、陈集、王山头，守住了皖东根据地的西方门户。

在斗争中，淮南抗日民主根据地得到很大发展。12月，路东开展扩军运动，主力部队扩大了1900多人，地方武装扩大了1500人。到1940年底，仅津浦路东农抗会、妇抗会、青抗会、商抗会、儿童团等抗日群众团体，就拥有会员17万多人。

在淮北津浦路东的八路军、新四军部队编为八路军第五纵队的同时，将留在淮北津浦路以西的部队，重新编为八路军第四纵队，司令员彭雪枫，参谋长张震，政治部主任萧望东。辖三个旅七个团和一个保安司令部，计一万七千余人，担负对西防御任务。第四旅旅长刘震，政治委员康志强，所辖第十一团，团长盛士坤，政治委员朱世金；第十二团团长王德荣，政治委员王德贵；第五旅旅长滕海清，政治委员孔石泉，所辖第十三团团长兼政治委员张太生，第十四团团长姚运良，政治委员黎同新；第六旅旅长谭友林，政治委员赖毅，所辖第十六团团长张永远，政治委员李廷杰；第十七团团长刘子仁，政治委员蔡永；第十八团团长吴信容，政治委员方中铎。另设豫皖苏边区保安司令部，司令员耿蕴斋，政治委员吴芝圃。

配合华北"百团大战"

为配合华北八路军"百团大战"，八路军第四纵队在9月积极出击，牵制敌人。

第六旅在萧（县）水（城）宿（县）地区出击日伪军，屡获胜利；10月7日，第五旅一部进袭宿县南面的芦沟集伪和平救国军第二支队，毙伤伪军百余人；第四旅第十二团攻打怀远县常家坟伪军据点及西胡山伪军据点。

第四纵队的一系列进攻作战，沉重地打击了敌人。日伪不得不出动重兵，"扫荡"路西。

1940年11月16日，驻徐州日军第十三军之第十二独立混成旅团，以及驻蚌埠、宿县之日伪军共五千余人，附汽车七十辆、坦克二十余辆，在空军掩护下，分路西犯涡阳、蒙城等地。

驻该地区之国民党军何柱国部、马彪部、李盛宗部等军闻风丧胆，迅即向太和、阜阳方向溃逃。

四纵司令员彭雪枫、参谋长张震正确判断敌情：沿宿（县）蒙（城）公路西犯之敌必攻板桥集，令第五旅滕海清部在板桥集组织防御以阻击来犯之敌，迟滞西犯之敌，支援友军。

第五旅当即在板桥集又加宽寨墙一丈五尺，并在顶端修筑了碉堡与交通壕，连接各掩体。全体指战员同仇敌忾，摩拳擦掌，以逸待劳，准备迎头痛击敌人。

板桥集大战，一触即发。

果然不出所料，沿宿（县）蒙（城）公路西犯之日军五百余人，以及伪军第十五师千余人，向板桥集猛扑过来。

11月17日8时许，敌人进抵板桥集外围，并迅速展开，对板桥集形成半包围态势。10时，敌人兵分两路，在猛烈的炮火掩护下，从东南和南方同时发起冲击。面对气势汹汹不可一世的敌军，全体指战员义愤填膺毫无惧色。

当敌先头部队一部在"膏药旗"的引导下，进入五旅火力圈内，伏击部队的机枪、步枪一齐开火，敌人应声倒地，被歼而止。敌后续部队又连续发起冲击，五旅指战员沉着应战，一次又一次地将敌击退。敌人恼羞成怒，又集中兵力向东门十二连阵地攻击，在施放的烟幕掩护下蠕动前进。待敌进到围墙根下，十二连开火还击，并将炸药包和由七百多个分散捆绑的集束手榴弹急风骤雨般投入敌群，炸得敌人鬼哭狼嚎，尸横遍地，战地上空硝烟弥漫，遮天蔽日。

第五旅阵地上一片欢腾，并加固工事准备敌人反扑。下午 1 时，疯狂的敌人又一次组织猛烈的攻击，敌人的子弹、掷弹筒炮弹，如雨点般向八路军阵地倾泻。在此前后，敌出动数架飞机对板桥集和八路军阵地实施扫射轰炸。敌人以猛烈的火力压制八路军还击，并有少数敌人乘机越过围壕爬上围墙。危急之际，英勇顽强的指战员奋力反击，并与爬上围墙的敌人展开肉搏战，敌人有的被击毙，有的侥幸退逃回去。

激战至黄昏，经过第五旅反复冲杀，数倍之敌屡攻屡败，付出了惨重代价。而八路军阵地坚如磐石岿然不动。但不甘心失败的敌人，又增派了部队蜂拥而至，企图包围板桥集再次猛攻八路军。

面对敌人猛烈攻势，滕海清考虑到在敌后进行平原游击战，又面临敌众我寡，利于敌机械化部队行动，而坚守板桥集的警卫营只有四个连队，且已苦战整整一天，多次将敌击退并歼灭了相当部分敌人。如继续坚守下去，粮弹接济将出现困难，同时增大伤亡。若被敌包围，后果是非常被动和危险的。为保存有生力量以利长期持久再战，决不宜计较一地之得失，遂决心率部趁着夜色苍茫之际，顺着西门外的"抗日沟"迅速撤离板桥集到该集西北的大赵家，与来援的第十三团一个营会合，准备吃了晚饭后再向涡阳以东的曹市集方向转移。

就这样，第五旅坚守板桥集阵地防御战宣告结束。敌军进占板桥集后，不见八路军踪影，当即烧杀抢掠，无恶不作。

滕海清率部在大赵家吃过晚饭后，正整装待发准备再转移时，纵队司令部作战科长白浪带领纵队特务团两个营突然来到，要求滕海清部配合特务团，统一由滕海清指挥重新夺占板桥集并加以坚守。当时，滕海清真有些茫然，因为他从未接到"坚守"板桥集的命令，敌人进攻时，也未向纵队首长要求部队增援解围。白天整整一天的战况，与敌拼杀的情景在脑海里浮现。

正在沉思中，白浪对滕海清说："撤出板桥集，纵队首长还不知道，板桥集不能让敌人占去,今夜将它夺回来!"

滕海清不禁长舒了一口粗气说:"板桥集高墙深壕,易守难攻,我警卫营四个连坚守一天,多次与进攻之敌激战顽拼,两千多敌人对我军无可奈何,且伤亡甚众。现在由我们现有的这点部队,而且警卫营也略有伤亡,也十分疲劳,这样去攻击,恐怕难以奏效,况且部队既无攻坚的准备,又缺乏登攀的器材工具,仓促投入战斗,势必徒增伤亡!"

但白浪还是坚持原意夺回板桥集。

滕海清也盘算开了:如果从锻炼部队的角度出发,发扬我军不怕疲劳连续作战的光荣传统和顽强的战斗作风,袭击立足未稳之敌,也未尝不可。

当晚11时,八路军进到板桥集南边围墙外,特务团的部队在东,滕海清率两个营在西,一声令下,同时向敌发起攻击。

敌人依据工事,且居高临下,拼命防守,连续不断的密集火力,交叉扫射。这时,皓月当空如同白昼,八路军无可用于掩护进攻的地形地物,因而更有利敌人防守。八路军几次进攻均未能奏效。

战至18日凌晨,滕海清问白浪:"夺取板桥还有没有希望?"白浪沉默良久,摇摇头说,"没有希望了"。滕海清断然决定,拂晓前,各部迅速撤出战斗,以防敌人在天亮后实施反击。

18日拂晓,滕海清与白浪各率部队分头向西北曹市集方向转移,途中都同在行进中的日伪军遭遇,从而展开激战。

事后查明,该敌伪计划在17日下午分别抵达宿县西南的南坪集后,18日拂晓出动西犯:一路经芦沟集、赵集、唐南集;一路经双堰集、陈集、王集,均在飞机、坦克掩护下向西推进。这正是向涡阳、蒙城进犯的敌军主力。今天在途中遭遇,真可谓是冤家路窄,仇人见面分外眼红了。

狭路相逢勇者胜。滕海清当机立断,命令部队迅速展开抢占有利地形,立刻开火,打敌一个措手不及。

正在进军的敌人毫无准备,仓促还击。顿时,枪声大作,炮声隆隆,敌人惊慌失措乱作一团,坦克横冲直撞,低空飞行的敌机也慌忙爬向高空。

滕海清又命令部队趁机出击。英勇的第五旅指战员,怒吼着冲入敌群。枪炮声和喊杀声交织在一起,震耳欲聋。第五旅的勇士以雷霆万钧之势,打得数倍于己之敌狼狈不堪,乱逃乱窜。激战至 10 时,敌人在仓皇中边打边逃,向涡阳败退。**12**

与此同时,特务团在王集也遭遇敌人,双方展开激战,反复冲杀。数架敌机飞临上空,一颗颗炸弹落在阵地上,硝烟弥漫。八路军机枪手抓住敌机超低空俯冲的时机,以交叉火力将一架敌机击中,坠毁在蒙城以北的石山子,创造了华中敌后抗战中打下日军飞机的光辉战例。敌军不敢恋战,也向西退走。至此,一场激动人心的遭遇战,以敌军的溃退而告终。

在两天一夜的鏖战中,八路军进行了阵地防御战、攻坚战和遭遇战,打得英勇顽强,取得了毙伤日伪军 1200 余人,击毁敌汽车、坦克 19 辆,击落敌机 1 架的辉煌战果,八路军光荣牺牲和负伤者共约 300 余人。

战后,纵队首长彭雪枫、张震给予参战部队以表彰和鼓励,并在敌机残骸前合影留念。这是一架 385 号轻型轰炸机,昭和 14 年 2 月造,驾驶员三人当场毙命。1940 年 12 月初,第四纵队首长命师部通信连长高震远率人护送敌机残骸,先到涡阳,后又转到洛阳展览。沿途运输路上和展览时,都受到参观者纷纷赞扬,也受到驻洛阳之国民党第一战区司令长官卫立煌的表彰。

注 释

1. 指刘少奇。

2. 指卫立煌。

3.《中国抗日战争军事史料丛书》编审委员会编:《新四军·文献》(2),解放军出版社 2015 年版,第 228 页。

4. 中共中央文献编辑委员会:《刘少奇选集》上卷,人民出版社 1981 年版,第 276—277 页。

5.《中国抗日战争军事史料丛书》编审委员会编：《新四军·文献》(2)，解放军出版社2015年版，第231页。

6. 参见《中国抗日战争军事史料丛书》编审委员会编：《新四军·文献》(2)，解放军出版社2015年版，第294—295页。

7. 参见新四军第四师老战士回忆录编委会编：《抗战在淮北》第1辑，长征出版社1995年版，第359—362页。

8. 指以彭明治为司令员、朱涤新为政委的八路军苏鲁豫支队。

9.《中国抗日战争军事史料丛书》编审委员会编：《新四军·文献》(3)，解放军出版社2015年版，第19页。

10. 新四军战史编审委员会编辑室：《新四军抗日战争战史资料选编》第5册，1964年印行（内部版），第126、130、133页。

11. 参见《黄克诚回忆录》(上)，解放军出版社1989年版，第281页。

12. 参见《中国抗日战争军事史料丛书》编审委员会编：《新四军·回忆史料》(2)，解放军出版社2015年版，第208—209页。

第 十 八 章

初见分歧

刘少奇、陈毅主张力争苏北——项英觉得南方甚好——白崇禧江南设计——叶、项如瓮中之鳖，手到擒来——陈、粟如海滨之鱼，稍纵即逝——皖南反"扫荡"——击毙日寇"七太君"——"五四指示"——毛泽东不点名地批评项英——项英感到无限委屈——陈毅力劝军部东进北上——项英稍微动心——反共中心南下华中——项英五心不定

北上还是南下

在新四军发展方向上，经过近两年的探索，基本形成这样一个格局：刘少奇主张从皖东向苏北发展，他可以依靠的部队为江北指挥部下属的第四、第五支队，江北游击纵队和黄克诚率领的八路军第五纵队；陈毅主张先巩固苏南，然后过长江，向苏北发展，他可以依靠的部队为江南指挥部下属人马；彭雪枫领导下的第六支队，后改为八路军第四纵队，倾向于巩固豫皖苏边区；项英则主张发展皖南，目前在皖南的部队主要是三支队和军部直属队。

毛泽东和周恩来与刘少奇和陈毅的想法基本相同，那就是向北发展，力争苏北。但这时国民党顽固派还没有盯上皖南，而且从长远战略着想，中央认为在力争苏北的情况下，也可以在皖、浙、赣三省边界留条退路。

1939年12月27日，中共中央鉴于蒋介石把摩擦重点转移到华中后，江南方面处境困难，指示东南局和新四军分会：

（一）立即在部队中进行必要的解释工作，提高警惕性，以防局部的突然事变。

（二）军部各机关减缩非战斗人员的成分，加强其防御能力。

（三）皖南方面抽一部分干部，要武装过江北，发展和巩固津浦南段地区。

（四）陈毅方面抽有力部队过江，发展扬州以东。

（五）东南局地方工作应着重皖、浙、赣三省边区。

（六）这样，才能使在将来极不利局面下，有江北及皖、浙、赣三省边界的两条退路。你们应该坚决执行这一计划。**1**

接到中央指示后，1940 年 1 月 14 日，项英主持召开了东南局和新四军分会联席会议，讨论并决定对江南的方针。

项英认为应该向南发展，而且立足点是皖南。南方各省在政治与群众基础上均有利于新四军发展，在战略上北方必须有南方之配合，因此南方在应对可能发生的突然事变时应有一支军队作核心，来团结与领导南方各省武装与群众的斗争。会议认为"皖南环境北渡较困难"，应由"江南大力争取苏北，来配合江北与华北打成一片，在战略上力争华中优势"。"因此，皖南与江南组成两个独立作战单位，在不影响争取苏北条件下，由江南加强皖南力量"，还应"加强在苏（州）、（无）锡一带工作"，使"部队求得人枪款之解决"。**2**

项英认为，如果经苏南向苏北发展，以上海市和苏南地区为中心，加上苏北沿江、浙江沿海，是中国大资产阶级、大地主阶级产生并发达的老家，也正是这些阶级的代表、蒋介石集团的老窝。日寇占领上海、南京、杭州以后，此地又成为日汪的心脏地区。这些地区的工商业、进出口贸易，占全国五分之三。大利所在，日、蒋、汪势在必争。共产党新四军插到这个地区去发展，和国民党的矛盾势必激化，日、汪也绝不会容忍。加上这地区多系平原水网，火车、汽车、轮船交通便捷，敌顽兵力集中，对新四军处境尤为不利。项英认为向江南敌后进军是"在极困难条件下进行最困难的任务"，结果必将是既破坏了国共合作的统一战线，又在"扫荡"摩擦中把部队搞垮。

日军必然要打通浙赣铁路，攻占金华、上饶，到那时，国民党第三战区司令长官部就在上饶一带存身不住，将会逃到闽西或赣南，他们的主力部队也将撤走，新四军便可以乘虚而入，在新的敌后地区黄山、天目山、武夷山大大发展，甚至可以恢复当年的中央苏区的领土，在中国南方打开偌大的一片天下。

中央明确指示新四军向北发展是主要方向，向南是次要方向、留退路，但项英把整个主次关系颠倒了。

针对项英这一思想，中共中央书记处于 1 月 19 日又给项英发来指示：

一、新四军向北发展的方针，六中全会早已共同确定，后来周恩来到新四军时又商得"向南巩固，向东作战，向北发展"的一致意见。华中是我们目前在全国最好发展的区域，在华中可以发展（彭雪枫部由三连人发展到十二个团，李先念由几百人发展到九千人），而大江以南新四军受到友军十余师的威胁和限制的时候，我们曾主张从江南再调一个到两个团来江北，以便大大的发展华中力量。

二、今后全国形势的发展，即使全国发生大事变后，新四军能否向南发展，向皖浙赣大活动，抑或应过江向北，要看今后的形势来决定。假如全国剿共，则我们可以向南，假若是前途是国共划界而治，则我们不宜大举向南，而宜向北，以求与蒋隔江而治。所以新四军的退路有二：一为皖北、苏北，一为皖、浙、赣、闽交界地区。现在两条退路都要准备，但最后采取那一条路要到那时才能决定。

……

四、皖南既不能再调部队过江到皖北，我们同意不再调。新四军在皖南、江南力求扩大的计划，我们完全同意。由江南抽兵到皖南，请考虑。因为我们觉得似乎皖南发展较难，江南发展较易，江南陈毅同志处应努力向苏北发展。

五、同意四、五支队归中原局指挥，但在苏北扬州一带的部队，则仍归项英、陈毅同志指挥。**3**

中央发出这封电报后，仍然不放心。1 月 29 日，毛泽东和王稼祥联名给项英和叶挺发来电报叮嘱道：

甲、你们主要出路在江北，虽已失去良机，但仍非力争不可。

乙、须秘密准备多数渡江，为紧急时用。……**4**

白崇禧江南设计

这时，蒋介石派遣白崇禧到江南视察，制定了剿灭新四军的计划，再三命令新四军"江北部队全数移至江南服行作战任务，不得故意延宕，否则以违抗命令破坏抗战论罪"；**5** 一面电令李品仙、韩德勤和第九十二军军长李仙洲："捉着选编纪律严明政治知识充实之多数机动小部队，各配属以优秀政工人员，派员统一指挥，预为充分之准备，先肃清淮南路两侧及蒙、涡、宿、永各附近地区之伪军（指新四军）、伪组织，尔后相机迅速进出于洪泽湖南北附近地区"，"协力将伪军压迫于大江以南，或一举剿灭之，务截断南北伪军之联系"。蒋介石还特别强调："行动须迅速，企图须秘密，力求击破伪军之主力，或将其向倭寇较多之地区压迫。伪军化整为零时，划分区域扫荡。伪军化零为整时，则集结各进剿部队相机一举聚歼之。"

顾祝同立即调集五个师、一个旅，连同地方保安团约 18 个团的兵力，力图切断新四军皖南、苏南之联系，围歼皖南，威逼苏南。同时勒令新四军江北第四、第五支队和叶飞、陶勇部队南调。

蒋介石此时把江北新四军统统南调，一是为了截断新四军与八路军战略联系，二是把新四军送到中日作战的锋线上，借日军之手消灭新四军。即使日军没有得手，新四军也会陷入皖南、苏南狭窄地区，任由国民党顽固派摆布，最终消灭之。

苏南与皖南最大不同点，苏南是敌后地区，国民党军队不敢去，即使去也是少量的。真正摩擦起来，新四军未必吃亏；而皖南不是敌后，新四军去了将处在国民党第三战区部队的三面包围之中。蒋顽对两个地区形势的分析说得更为露骨："叶、项在皖南，如瓮中之鳖，手到擒来；陈、粟在苏南，如海滨之鱼，稍纵即逝。"

以当时新四军兵力来看，实难在皖南、苏南两处应敌。可行的策略是皖南军部率部即向苏南靠拢。一旦两处会合，身处敌后，东进北上，就更如"海滨之鱼"，在苏南、苏北纵横驰骋。

在此期间，陈毅凭着自己和项英个人关系亲密，到军部必同室而卧的有利条件，向项英陈述利害。经过陈毅再三动员，项英答应军部和皖南主力移到江南敌后去。

1940 年 2 月 10 日，中央军委根据中共中央 2 月 1 日的《决定》，对全军的战略部署，下达了更为明确具体的指示："八路军、新四军的当前战略任务是在粉碎敌人'扫荡'，坚持游击战争的总的任务下，扫除一切投降派、顽固派的进攻，将整个华北直至皖南、江南打成一片，化为民主的抗日根据地。……陈毅猛然发展苏北，坚决肃清反动，建立政权，扩大军队 2 万至 3 万，巩固根据地；尤其江南，可一直发展至淞沪、沪杭、苏嘉三路全线，并越过淞沪线，直达海边……"**6**

鉴于中央的反复指示和陈毅的苦言相劝，项英也开始对向北向东发展有了很大的兴趣。

但是，随着国民党全国第一次反共高潮被打退，反共高潮的重心逐渐南移，华中地方反共风云日紧。3月4日，国民政府安徽省主席兼二十一集团军总司令李品仙调集五千余兵力，分三路袭击皖东定远、大桥地区的中共中央中原局和江北指挥部，并进攻新四军第四支队和江北游击纵队。同时，国民政府江苏省主席兼鲁苏战区副总司令韩德勤为配合李品仙的反共摩擦，也积极调集兵力准备进攻皖东津浦路东抗日根据地。

尽管新四军在半塔狠狠地捧了顽军一次，但在战略上丝毫没有改变江北苏南日趋紧张的形势。江北的烽烟似乎使得两地危机重重，项英的决心又动摇起来，准备固守皖南或选择第二条道路。

1940年3月，军部派袁国平到苏南传达中央指示，项英让他随便向陈毅解释一下。

陈毅对项英大失所望，只好把气话说给袁国平：南边有顾祝同、冷欣，北边有李品仙、韩德勤，这四个摩擦专家硬要摩擦，新四军是回避不了的。待到顽固派"摩"上头来，无论北上东移都陷于被动局面。目前军部东移，顾祝同来袭击也不怕。这边去接，两头对进，最多一天半就可以会合。

袁国平只好承认陈毅的看法和中央的指示一致，并说中共中央也批评了新四军军部。

陈毅一听火了，这么一个关系到新四军发展方向、生死攸关的大问题，军部却不能及时告诉他。并且十分严肃地告诉袁国平，请他回皖南报告军分会和东南局，他的电台要和中央直接联系。[7]

此时，蒋介石的摩擦中心急速南下。

毛泽东的策略是以淮河、淮南铁路为界，在此线以西地区避免武装斗争，在此线以东地区则应坚决控制在新四军手中；将来八路军到达华中后则应坚决争取全部苏北在新四军手中。3月29日，毛泽东、王稼祥等发出指示："陈毅部队立即应当向苏北发展……在华中为新四军摩擦日益尖锐的条件下，顽方有可能利用其优势兵力向新四军军部地区进攻。因此，军部及皖南部队应预先有所准备，以免袭击。万不 [得] 已时，可向苏南陈支队靠拢，再向苏北转移。"**8**

果然，4 月 2 日，顾祝同致电蒋介石：已制订出对新四军军部和皖南部队"必要时拟以断然予以制裁"的三条措施，其中之一就是抽调第五十二师两个团和第一四四师"准备对付该军主力，以捣毁扑灭其泾县附近根据地为主目的，并牵制其北渡，钳制其活动"。**9**

1940 年 4 月 3 日，延安的毛泽东见项英没有动静，又给项英发来电报，询问皖南部队是否已做好应付突然事变的准备。毛泽东此时的心情可以在电报中一系列的问号中体现出来：

一、军部及皖南部队被某方袭击时，是否有冲出包围避免重大损失的办法？其办法以向南打游击为有利，还是以向东会合陈毅为有利？渡江向北是否已绝对不可能？

二、党内干部是否已有应付某方可能袭击的精神上的充分准备？

三、皖南、江南地区各友军中，是否有坚持抗日同情我党的高级中级进步军官与进步部队？在突然事变时是否有掩护我军或与我军一致行动的可能？我在附近友军中统一战线工作如何？

四、某方在第三战区的意向如何？顾祝同等中央军态度如何？黄绍竑（时为国民党浙江省政府主席、浙江省国民抗敌自卫团总司令）态度如何？东南局领导下的地方党是否有保存干部、蓄积力量、应付突然事变的精神上和实际上的准备？ **10**

这篇电文的日期，历来说法不一。有说是 4 月份的，有的甚至推后到 12 月份的。但无论是什么日期，如果项英能够以这种思想方法来思考问题，在任何情况下都会把损失减到最小。

4 月 5 日，蒋介石复电顾祝同："查所拟三项办法尚属可行，仰切实督令遵照"**11**。

但项英4月9日给毛泽东回电，始终不说北移的事：

一、对袭击已有相当准备，可能冲出。当时混乱，但工作人员众多，损失不可免。

二、当受袭击时，要争取与三支队（铜陵、繁昌）会合，才能反击突围，这是重要关节，某方已注意这一点。

三、向南，为黄山，天目山，纯石山，人少粮缺；靠江，则须经过敌友之间，极不利；渡江，绝对不可能，敌在长江封锁更严，江北桂军已密布江边。

四、向东，某方已有布置，须冲过两道封锁，经过几次战斗，才能与陈支**12**会合。到苏南，地区不利，处在敌友夹击，地区狭小。只有在广德、宁国一带坚持，继续战斗。

五、党内准备，半年前已进行，但干部皆为苏区的及新的工作，大都随军队发展，无秘密工作经验，准备程度差。**13**

好在这时由于当时日军发动对皖南的春季大"扫荡"，打乱了顾祝同的"围剿"皖南新四军的部署。

皖南反"扫荡"

日军为巩固、扩大其在皖南沿江的占领区，维护其长江航运的安全，并企图夺占南陵、繁昌、泾县等抗战阵地，消灭抗日力量，掠夺皖南资源，遂调集第十五、十七、一一六师团各一部共万余人，在飞机掩护下，于4月22日从芜湖、荻港、贵池等地出动"扫荡"。

此时，叶挺正在重庆向蒋介石要求增加弹药、增加军饷和增加第五、第六支队的编制。指挥反"扫荡"的任务，就落在项英身上。

战前，项英在云岭军部主持召开有三支队和一、三团领导干部参加的作战会议。项英要求各部队利用南陵、繁昌一带起伏的地形，运用以游击战为主的战法，先在日军前进道路两侧进行阻击、骚扰，然后再利用有利于守卫的山地实施有力的阻击，独立地迎战进犯之敌。这是因为当时皖南虽然驻扎着国民党军九个师近十万大军，但他们执行的是消极抗日的政策，不可能和日军打硬仗，甚至希望新四军尽快被日军消耗掉。

事实正是这样。1940年4月22日，日军五千多人由芜湖向皖南腹地出动，24日，日军攻陷南陵，国民党第一〇八、五十二、一四四、一四五师和新七师等部，几乎没有抵抗就全线撤退。北路由荻港出动的日军六千余人分三路进犯繁昌后，尽管新四军老五团奋力抵抗，因孤立无援、寡不敌众，繁昌失守。

4月26日上午8时，日军池田联队步、骑、炮兵二千余人，在飞机的掩护下，由三里店出发向烟墩铺前进。

父子岭是日军必经之路，新四军老一团二营早在此地严阵以待。

日军刚进入伏击范围，就遭到二营猛烈袭击。二营官兵在敌机剧烈轰炸之下，奋勇与敌反复肉搏血战。青年文化教员朱锦麟随军作战，陷入日军重围，一人面对六七个凶残的日军，毫无惧色，打完最后一粒子弹后，拉响手榴弹，与逼近的日军同归于尽。经过一天激战，日寇伤亡三百多人，被迫撤退。

同日上午9时，日军清水师团步、骑、炮兵五千多人分三路，在飞机和炮火的掩护下，向何家湾发起猛烈进攻，企图对新四军老三团、老五团主力形成南北夹击之势后聚而歼之，并打开向云岭前进的道路。老三团一营、二营及团直属队在何家湾附近与日寇遭遇，新四军指战员奋勇抵抗，共毙伤日军三百多人，敌指挥官中佐"七太君"也被击毙。黄昏时，日军被迫撤退。

同日上午11时，敌骑兵部队由烟墩铺方向向南进犯，在纪家岭遭到新四军特务营顽强阻击，特务营采取灵活机动的战术，使敌恐慌异常，被迫向乔木湾方向溃退。

同时，新四军一、三、五团和军部特务营还在繁昌、九朗庙、狮子山、汪家桥、铁门闩等地与敌激战，不断杀伤日军。至5月3日，"扫荡"的敌人被迫撤退，使敌原定以快速行动一举夺占南陵、泾县，直下青阳、太平，进窥皖南腹地的企图化为泡影，新四军取得歼敌九百余名的胜利，戳穿了国民党顽固派对新四军的种种造谣污蔑，扩大了新四军的政治影响。

反"扫荡"胜利结束以后，项英在向干部讲话时，对这次反"扫荡"的胜利作了充分肯定，讲了反"扫荡"的许多经验。主要是：

第一，要做好充分的准备。各级指挥员要增强全局观念，坚决执行命令，密切协同，主动配合。对敌情要严密组织侦察周密作出部署。部队要熟悉预定作战地区的环境，以便更好地运用地形地物。要有随时作战的准备，加强平时的训练，抓紧武器、弹药和物资的补充。

第二，要充分运用游击战的战法。这次敌人"扫荡"的兵力，比我皖南战斗部队多好几倍。我们所以能够以弱击强、以少胜多，迅速跳出敌人的合击圈，灵活地打击敌人，就在于运用了游击战术，采取集中与分散、内线与外线相结合的办法，出其不意地打击敌人，使敌日不安、夜不宁，被动挨打，顾此失彼。从而使我新四军在这次反"扫荡"中，仅以一百二十余人伤亡的代价，取得歼敌九百余名的重大胜利。

第三，要发挥政治工作的威力。经常讲清形势，激励斗志，提高广大指战员斗争的信心和勇气，树立敢于胜利、压倒一切敌人的英雄气概。在战斗中，要发挥英勇顽强和连续作战的作风，抱着与皖南民众同生死、共患难的决心，在任何艰苦危急的情况下不畏缩、不退却。

第四，要充分发动群众。抗日战争是全民族的战争，要战胜强大

的敌人，没有广大民众的配合和支援是不可能的。在中共皖南党组织
的领导下，各地发动群众，空舍清野，断桥破路，人走粮空。敌人由
于被迫自行携带粮食，增加了行动的困难，使其进攻难以持久。同时，
广大民众踊跃支前，当向导，探敌情，运弹药，抬担架，积极配合新
四军作战。2 支队在繁昌前线十余天作战中，每天饭菜都是当地民众自
动送来的。各乡抗日自卫队还站岗放哨，盘查行人，捕捉敌特、汉奸，
使敌特侦探无法活动，迫敌陷入"盲人骑瞎马，夜半临深池"的困境
之中。**14**

项英的上述看法，既是对皖南 4 月反"扫荡"情况和经验的概括，也是
对战斗在大江南北敌后其他地区新四军反"扫荡"情况的反映。

这时，最困扰陈毅的问题就是新四军主力应该放在哪里？

国民党第三战区向新四军军部施加压力，要求将叶飞、张道庸**15**两部以
至新四军的四支队、五支队全部调到江南，以实现蒋介石的截断八路军、新
四军南北联系，使新四军陷于皖南苏南狭窄地区的意图。

项英则向中央提出调叶飞部或叶、张部回皖南。

刘少奇亟望打开华中局面，他在半塔集一战中看到叶飞部装备整齐、
骁勇善战，很想留叶飞部在淮南，受中原局节制，而张道庸部实际上已在
淮南。

陈毅则认为应集中主力打开苏南局面，猛烈扩大人枪，随后向苏北东部
与浙西发展。因而陈毅建议把叶部调回苏南，还建议新四军军部率皖南主力
也向东移，和苏南联结，共同发展。

究竟将主力集结到哪里？项英、刘少奇、陈毅和中共中央从 4 月初一直
到 5 月底，将近两个月一直在电报上讨论。将四、五支队南调，大家都反
对；但是叶飞部调往何处就各有所见。

为了大力发展苏北，中央同意陈毅通过电台与延安直接通讯。4 月 21 日，

陈毅、粟裕、罗忠毅、邓振询联名向中央发出了第一份电报，建议皖南部队东移苏南：

　　一、坚持江南对整个南方发展有很大的意义，我们历来同意军分会之主张。目前弱点是兵力不足、饷不够，皖南、苏南分则力弱，合则可以开展局面。

　　二、苏南为解决人、枪、款良好地区。皖南则地形好，为向苏、浙、赣发展战略要点。但目前坚持力量不够，应先放弃皖南，集中力量发展苏南，直到海边。

　　三、在苏南，两年来因领导力弱未能充分发展，若皖南部队东移，三个月即可发展力量一倍至两倍，即发生事变亦可胜利击退顽固势力。

　　四、在集中力量充分发展苏南后，再向南可取苏、浙、皖边区之广大根据地，皖南仍落我手。我们坚主调叶、张两部回江南；留戴、罗、彭、李等部配合八路军即可解决华中。

　　五、苏南部队战斗兵不足三千，皖南力量较大，但亦必须集中苏皖力量才能应付我处于主动地位。开始靠向苏南，不能再迟。

　　六、国民党亦希望我们让出皖南，完全迫使我军进入平原。我们应将计就计，以退为进。**16**

4月24日，陈毅又致电中共中央，认为苏北敌人"扫荡"高邮，此处预计很快陷为敌后；呼吁叶飞部必须开回大桥**17**，才能有利发展。挺进纵队西援后，大桥仅有两个营不能应付，尤以敌占高邮、兴化、泰州后，国民党大溃逃，新四军无主力亦不能收拾。

此后的4月28日和5月2日，陈毅和粟裕连续致电中央，阐述以上立场。

"五心不定，输个干净"

1940年5月4日是个重要的日子，毛泽东亲自拟稿，由中央政治局向东南局、军分会、项英、陈毅发出《放手发展抗日力量，抵抗反共顽固派的进攻》的极为重要的指示，它是关于新四军发展的一个纲领性文献，史称第二个《五四指示》。《指示》全文近三千字，其中指出：

> 在一切敌后地区和战争区域，应强调同一性，不应强调特殊性，否则就会是绝大的错误。……虽然各有特殊性，但均有同一性，即均有敌人，均在抗战。因此，我们均能够发展，均应该发展。……所谓发展，就是不受国民党的限制，超越国民党所能允许的范围，不要别人委任，不靠上级发饷，独立自主地放手地扩大军队，坚决地建立根据地，在这种根据地上独立自主地发动群众，建立共产党领导的抗日统一战线的政权，向一切敌人占领区域发展。例如在江苏境内，应不顾顾祝同、冷欣、韩德勤等反共分子的批评、限制和压迫，西起南京，东至海边，南至杭州，北至徐州，尽可能迅速地并有步骤有计划地将一切可能控制的区域控制在我们手中……

毛泽东还明确指出：

> 此指示，在皖南由项英同志传达，在苏南由陈毅同志传达。并于接电后一个月内讨论和传达完毕。**18**

在这个指示中，毛泽东不点名地批评了项英的右倾观点：没有坚决实行中央的方针，不敢放手发动群众，不敢在日本占领区扩大解放区和人民军队，对国民党的反动进攻的严重性认识不足，因而缺乏对付这个反动进攻的精神上和组织上的准备。

陈毅收到中共中央第二个《五四指示》，马上召集团、县以上负责人会议传达，全场振奋，指出过去由于国民党的限制，未能充分发展自己，现在决心放手打开局面，猛烈发展，并立即对苏南工作做出详细布置。其中特别强调："请中央即电项英东移，宜饬大行李及重要资材东进，不要再迟缓，要根本放弃挺进皖东南的下策。"**19**

可惜项英没有很好地贯彻这个《指示》。当年新四军教导总队训练处长薛暮桥回忆这段历史时说："项英同志对中央 1940 年《五四指示》的态度，是皖南事变遭到失败的一个重要历史关节。中央《五四指示》的内容，经过历史的检验已证明是完全正确的。中央正是在项英迟迟没有坚决贯彻执行关于新四军的发展方针，并且在实际工作中出现了错误，贻误了时机，又孕育着更为严重后果的情况下，适时地提出批评，敲起警钟。《五四指示》的着重点在于说明道理和指明利害，期望项英引起警觉，迅速改正错误，带领新四军坚决完成中央赋予的战略任务，迅速向敌后转移。"**20**

也在这一天，中央同意陈毅意见，令叶飞部开回苏北，并指示项英、陈毅："同意军部后方机关及皖南主力移至苏南，惟请注意皖南力量不要太弱，并须设置轻便指挥机关，以便坚持皖南阵地并发展之"；"新四军一、二、三支队主力的主要发展方向，也不是溧阳、溧水、郎溪、广德等靠近中央军之地区，而是在苏南、苏北广大敌人后方直至海边之数十个县，尤其是长江以北地区。请按这个方针布置兵力，分配指挥人员及指挥机关。……速令叶飞在北岸扩大部队、建立政权，不要顾虑顾祝同、韩德勤、李明扬之反对"。**21**

东南局收到中共中央第二个《五四指示》后，下午即召开东南局、新四军分会常委联席会议进行讨论。项英感到委屈，当日复电中共中央，要求辞职，说："中央指示及总政指示 **22** 内，观其形式与精神实质，显然是我之领导已有路线错误和不执行中央方针，虽然上面未经公开正式指出，其内容与决定的严肃性，表现显然如此。我当然不能继续领导，而且无法领导。为党的利益，应公开宣布撤职，以便利更能团结全军，坚决执行中央指示……"并提出："对于我之请求，请中央立即决定电复。""曾（山）袁（国平）对中央指示之方针与路线以及各种策略均完全同意，并无异议"。"在中央未决定前由曾、袁代理书记。"**23**

概括起来，项英希望中央指明他的错误性质和具体内容，公开宣布撤销他的职务。

陈毅知道后，非常着急，立即对负责秘书处工作的谢云晖口授致项英的绝密电。大意是：中央政策是完全正确的，理应在部队传达贯彻。你身系东南半壁安危，任重道远，望仍统率，我们共同为实现中央方针奋斗。你如辞职则群龙无首，国民党反共派必将乘隙蹈进，后果堪虞。望以大局为重，重新考虑。**24**

中共中央接连收到项英 5 月 9 日、12 日的电报后，于 5 月 23 日致电项英和东南局、军分会：

1. 项英同志几个报告收到。

2. 在项英同志领导下的东南局与军分会，在三年抗日战争中是有成绩的，是执行了抗日民族统一战线路线的，但在执行这一路线时犯了某些个别错误，故你处错误不是总路线，而是抗日战争与统一战线中某些个别策略问题错误，在你们总结自己工作，并适当指出工作中的缺点错误时，不应抹煞成绩，不应了解为总路线错误。

3. 项英同志应继续担负东南局及军分会书记之责，对政治上及策略上的不同意见，望告中央，对中央指示仍由项英同志传达。

4. 现当时局严重转变关头，全党同志应当团结一致。中央号召东南局及新四军全体同志在项英同志领导下，亲密团结起来，为执行中央路线，克服投降危险，争取时局好转而奋斗。**25**

5 月 26 日，中央致电项英，再次指出："皖南军部以速移苏南为宜。""在团结抗战时期，我军不应向友党后方行动，而应向战争区域与敌人后方行动。"**26**

这时，陈毅、粟裕也一再致电中共中央和项英，认为"新四军江南部队皖南、苏南力量相等，合则两利，否则两而孤单"。"国民党亦希望我们让出皖南"，"我们应将计就计"，将军部和皖南主力东移苏南。"控制主力在手中以应付事变"，才是"比较稳当政策"。**27**

此时，紧张的形势、复杂的情况，使项英顾不上多想自己的得失，又投入到紧张的工作中。并在上令下促之下，曾一度同意率军部和皖南主力东移，并很快派出由参谋处作战科长李志高、军法处科长殷杨率领一批干部组成"参谋旅行团"前往苏南，勘察军部转移苏南的行军路线，并且选择了军部的新驻地。

5 月 28 日，项英、袁国平向中央报告：军部将率第一、三团东移；留第五团在铜陵、繁昌地区坚持；南陵、泾县、太平等地，应力求以隐蔽方式保存力量。**28**

这时，蒋介石正在进行反共部署：汤恩伯、李品仙从西进攻豫东、皖东；顾祝同、冷欣从南进攻皖南、苏南；韩德勤则全力进攻苏北的新四军。

1940 年 6 月上旬，冷欣的第六十三师开至高淳，与四十师形成对新四军之大包围，并公开进行反新四军的宣传。

陈毅和粟裕等决定率部北移溧水地区，逐渐转入敌后分散游击，并针对国民党大军云集苏南制造事端的图谋以及冷欣的反共宣传，致信国民党江苏省政府江南行署秘书主任巫兰溪（别号涵春），指出："近者大军云集，驻地侧近左右几无隙地，扣留敝军人员加以辱骂毒打，日必数起，其他举奔相骇告。弟坚持合作，不变初衷，已令各部转入敌后活动，避生事端，水西一带仅留医院及少数后方人员，弟亦躬亲北移，使两军相距稍远，不目睹一切，则意气宁帖，可从容筹商，谅于国家、地方、人民更有裨益也。"并指出近期顽军有意制造摩擦事件"殊背中山先生集中力量从事革命之宏旨"。希望"上中级干部双方能以大局为重"。同时，陈毅还寄给巫近照两张。说"小照为弟手摄，虽为粗劣之作，但彼此忠于谋国，共挽颓局之精神固跃然纸上"。**29**

顽军这一行动，把好不容易说服的项英又吓了回去，不敢转移到苏南。致使皖南军部和主力东移的问题又被延搁下来。

陈毅最后一次去皖南军部将回苏南时，项英送他，并一再问他还有什么意见。陈毅同项英从三年游击战争起在一道工作多年，生死与共，经常"吵架"，但感情却很深厚。

这次见面陈毅想了好多，最后说："我给你摆个'八字'吧，你是'五心不定，输个干净'。"

没有想到这"八字"竟"不幸而言中"，这一别竟成永诀。

注 释

1.《中国抗日战争军事史料丛书》编审委员会编：《新四军·文献》（2），解放军出版社 2015 年版，第 197—198 页。

2. 刘树发主编：《陈毅年谱》（上），人民出版社 1995 年版，第 263 页。

3.《中国抗日战争军事史料丛书》编审委员会编：《新四军·文献》（2），解放军出版社 2015 年版，第 214—215 页。

4.《中国抗日战争军事史料丛书》编审委员会编：《新四军·文献》（2），解放军出版社 2015 年版，第 218 页。

5.《中国抗日战争军事史料丛书》编审委员会编：《新四军·参考资料》（5），解放军出版社 2015 年版，第 56 页。

6. 刘树发主编：《陈毅年谱》（上），人民出版社 1995 年版，第 266 页。

7.《当代中国人物传记》丛书编辑部：《陈毅传》，当代中国出版社 1991 年版，第 220 页。

8.《中国抗日战争军事史料丛书》编审委员会编：《新四军·文献》（2），解放军出版社 2015 年版，第 249 页。

9.《中国抗日战争军事史料丛书》编审委员会编：《新四军·参考资料》（5），解放军出版社 2015 年版，第 60 页。

10. 参见《中国抗日战争军事史料丛书》编审委员会编：《新四军·文献》（2），解放军出版社 2015 年版，第 256 页。

11. 中国人民解放军历史资料丛书编审委员会编：《新四军·参考资料》(2)，解放军出版社 1991 年版，第 280 页。

12. 按：陈毅领导的第一支队。

13. 参见《中国抗日战争军事史料丛书》编审委员会编：《新四军·文献》(2)，解放军出版社 2015 年版，第 257 页。

14. 王辅一：《项英传》，中共党史出版社 1995 年版，第 324 页。

15. 陶勇。

16. 参见《中国抗日战争军事史料丛书》编审委员会编：《新四军·文献》(2)，解放军出版社 2015 年版，第 267 页。

17. 苏北江都。

18.《中国抗日战争军事史料丛书》编审委员会编：《新四军·文献》(2)，解放军出版社 2015 年版，第 284—287 页。

19. 刘树发主编：《陈毅年谱》(上)，人民出版社 1995 年版，第 274 页。

20.《薛暮桥回忆录》，天津人民出版社 1996 年版，第 131 页。

21.《中国抗日战争军事史料丛书》编审委员会编：《新四军·文献》(2)，解放军出版社 2015 年版，第 288 页。

22. 项英在收到中央《五四指示》的同时，还收到总政的指示。

23. 刘树发主编：《陈毅年谱》(上)，人民出版社 1995 年版，第 275 页。

24. 刘树发主编：《陈毅年谱》(上)，人民出版社 1995 年版，第 276 页。

25. 王辅一：《项英传》，中共党史出版社 1995 年版，第 422 页。

26.《中国抗日战争军事史料丛书》编审委员会编：《新四军·文献》(2)，解放军出版社 2015 年版，第 307 页。

27. 刘树发主编：《陈毅年谱》(上)，人民出版社 1995 年版，第 274 页。

28. 新四军战史编审委员会编辑室：《新四军抗日战争战史资料选编》第 5 册，1964 年印行（内部版），第 169 页。

29. 刘树发主编：《陈毅年谱》(上)，人民出版社 1995 年版，第 279 页。

第十九章

东进序曲

陈毅三进泰州说二李——挺纵暂借郭村——蒋介石三面围攻——苏南主力北上——粟裕"金蝉脱壳"——李长江骂管文蔚"借荆州"久借不还——二李逼近郭村——刘少奇命令固守待援——陈毅惊呼此乃下策——挺纵郭村迎敌——陶勇紧急驰援——陈毅火线收兵——陈毅修书重归旧好——塘头决策取黄桥——李明扬装疯卖傻——剿灭杀人魔王——陈毅虚虚实实——韩德勤懵懵懂懂——力拔姜堰

陈毅三进泰州

清晨，白雾弥漫，在通向泰州的公路上，吱呀吱呀地滚动着一辆独轮车。陈毅坐在车右边，惠浴宇坐在车左边，都穿着土布军装，警卫员在车前机警地侦察引路。

这时，苏北形势日益紧张，二李与陈毅部的关系虽然没有恶化，但他们的思想明显正处于摇摆不定中。陈毅决定三进泰州，亲自向二李解释误会，争取二李在华中摩擦高潮中保持中立态度。

此时，泰州城里日军、顽军特务云集，监视极严；二李部下的反共派陈才福、陈中柱等气焰嚣张；二李本人受内外反共分子包围，态度比较暧昧。陈毅在这种复杂情况下去泰州，确实凶险难测，所有人都为此事捏着一把汗。

路上，惠浴宇心里很紧张，一根接一根地抽烟。陈毅见惠浴宇不说话，把手伸了过去说："惠主任啊，给根烟抽。"

"你不是戒了，怎么又要抽？"

陈毅哈哈一笑，幽默地说了句："吸根吧，有利于思考问题，也分担点你紧张的心嘛。"惠浴宇不好意思地笑了，心情轻松不少。

到了泰州西门口，忽然遇见一个戴墨色眼镜的人，正从城里出来，见了惠浴宇后，立刻流露出惊异的神情。擦肩过去以后，这人又忽地取下眼镜，回头盯着陈毅和惠浴宇。

此人好面熟！惠浴宇也警觉起来。

"啊！"惠浴宇一拍脑袋，突然想起来，他在国民党中央监狱里坐牢时，这个家伙曾在那里待过一年多，叫严渭渝，是个特务，心狠手毒，作恶多端。

到了二李的公馆，二李虽仍待以上宾之礼，设鱼翅宴招待。

正在举杯祝酒时，传令兵匆匆进来报告，说韩德勤的参谋长陆某带了二十多名随从，手持快慢机，已闯进公馆，副官已将他引到会客室等候。

二李一听，神色有点慌张。

陈毅却从容不迫地笑笑说："他来了有什么主意好打？不要说韩德勤的参谋长，就是韩德勤本人也算不了什么。他也算是我们的老交了，这事你们当然也知道。早在江西，他就是我们的马前败将，当过我们的俘虏！眼下难道还不好对付吗？"[1]李明扬情绪稍稍镇定了一下，出去应付，由李长江陪陈毅、惠浴宇吃饭。

陈毅考虑韩德勤正想抓二李的把柄，以治他们私通新四军之"罪"，从形势考虑，不宜久留。于是，饭后即出城，摸黑走了一夜，拂晓才回到新四军防地。陈毅此行，虽来去匆匆，但也稍起到了稳定二李的作用。

陈毅对争取二李的工作，花了很多心血，这为日后与顽固派韩德勤决战做好了战略准备。

1940 年 5 月中旬，挺进纵队刚返回苏北，进驻吴家桥、大桥一带，就遭到一千余日伪军两路夹击。挺纵奋战一昼夜，给敌重创，毙伤日军二百余人，但是部队也伤亡不小，被逼困在扬州、泰州、口岸之间的狭小地区，形势极为不利。为防止日伪军的报复"扫荡"，挺进纵队渡江移到二李防区，暂借郭村休息。

管文蔚进驻时曾向二李打了招呼，还写了信派陈同生为代表去泰州解释挺纵的苦衷。二李虽口头表示谅解，但内心是不满意的。军阀最怕的就是地盘被占领。

但挺纵哪里知道，郭村对于他们来说是一个极其危险的地方！

当陈毅积极争取两李时，韩德勤也利用两李对蒋、顾压力的畏惧以及对挺进纵队在江北发展的疑惧心理，又打又拉，表示要与两李"捐弃前嫌，重修旧好，共同反共"。

这时挺纵进驻郭村，正好给韩德勤的威逼利诱提供了条件。而两李部队中的顽固分子陈才福、陈中柱在韩德勤的教唆下，经常向李长江要求把挺进纵队赶走。陈才福说："新四军一共才两千人，我去大叫三声也把他们叫垮了！"

管文蔚和叶飞赶紧把情况报告刘少奇和陈毅。

5 月 22 日，刘少奇根据半塔自卫战的经验，决定原地坚守，复电叶飞："你们目前的任务，是独立支持两个月时间并努力扩大你们自己，加强自己的武力，在政治上吸引广大的同情者，造成我们在政治上的优势。至武装冲突，则尽可能排远些，而且我们不要先下手与韩部冲突，要等韩部进攻你们时，即武装抗拒之，并消灭其一部。"[2]

当管文蔚请梅嘉生星夜过江向陈毅报告情况的时候，陈毅认为借郭村是很危险的棋，急电管文蔚要十分慎重，千万不可鲁莽。

5 月 28 日，陈毅又电告挺纵："苏北形势的特点是，我在敌伪、顽、两李三方向包围形势下，我方力量较弱，尚未准备完成，如采取三面进攻，则必然失败。目前应积极与两李亲善，并秘密进行其上、中、下层的争取工作。""积极进行大桥、新老洲、宜陵、吴家桥一带的动员工作，扩大自己，锻炼部队，积极布置省韩及两李地区的秘密工作，积蓄力量，以期配合应付事变，坚韧镇静，积极布置自己的发展是主要原则。"

面对江北的危急局面，陈毅心急如焚。原来预计可以使用的两支主要力量，此时都发生了变化。

一支是黄克诚的八路军南下部队。刘少奇、项英、陈毅和中央还在商讨皖南军部和主力速移苏南的同时，刘少奇已提出八路军南下部队向东南和第四、第五支队及陈毅部队一起解决苏北问题。

中央支持刘少奇的主张。早在4月1日，中共中央、中央军委就向朱德、彭德怀、杨尚昆、刘伯承、邓小平、徐向前、朱瑞、陈光、罗荣桓、彭雪枫、刘少奇、项英、陈毅发出《关于目前华北、华中军事方针的指示》，指出：在华北地区对国民党顽固派的军事挑衅，我军应谨守防线，极力忍耐，不还一枪，非得中央同意，不得发生军事冲突，以使山西、河北两省归于平静局面。鄂中、皖东、淮北地区，新四军应坚决而有计划地进行自卫战争。"我八路军有抽调足够力量南下华中增援新四军、打退反动进攻、消灭投降反共势力、建立新的伟大抗日根据地之任务。""总的目的在于打退反动进攻，扩大抗日势力，克服投降危险，争取时局好转。"提出"八路军以四至五万人分三期南下"，南下最后一个目的地是"苏北扬州附近"。[3] 要求黄克诚和彭雪枫支队应马上南下。

但是，黄克诚和彭雪枫二部因陇海路一带斗争需要和日军阻拦，未能按中央计划及时南下。

八路军南下苏北不是短期内能够实现的，陈毅只能把希望寄托在军部东移上。

而在1940年6月12日，项英致电中共中央："军部移动已停滞。如自加移动，因出皖（南）至苏南中间地区在两河之间，彼方军队已布置，须两日半行程才能通过，加以这段地区地方工作最差，很可能为彼方借词进攻。

这一带作战极不利，故目前只有作待机移动。"4

事前，项英已经派人勘察好了行军路线、途中地形和新驻地，可惜由于江北摩擦加剧而动摇了决心。这是项英第一次丧失转移的有利时机。

怎么办？陈毅和粟裕每天晚上都要商量到深夜。是该进行断然抉择了。

6月15日，陈毅致电中共中央："冷欣今日派兵到医院，勒令迁移，同时又派溧阳、金坛、高淳各县长亲来慰劳。另一面又将许多悬案提出追逼甚紧（如我们收复地区，抗日政权民运及我解决忠救部队等）。冷用意在一紧一松，迫我就范，如应付不好必诉诸武力(因有些方面是我绝不让步的)……目前只有集中苏北攻击韩或者集中苏南打冷欣两个途径，一切应付已到穷尽之时，再不决定必致苏北苏南两方受损失。在你们未指示前，我决心布置移往苏北。到苏北后，皖南军部方面宜速部署。"5

陈毅这一断然抉择十分重要，对以后打开苏北局面以至争取整个华东具有决定性的意义。

就在发此电的时候，在陈毅和粟裕的周密筹划下，北移的全部工作已经准备就绪。

粟裕"金蝉脱壳"

蒋介石曾亲自部署要把陈毅主力陷死在江南。冷欣突然发现新四军江南主力有渡江北上的意图，大为惊慌，立即派第四十师两个团围追堵截新四军北进，并以两个团揳入茅山地区，企图南北合击。

6月18日，粟裕调兵遣将，在茅山脚下的西塔山歼灭顽军两个团各一部后，立即"金蝉脱壳"，引诱前来"扫荡"的日军和顽军打了几个小时。然后，粟裕率江南指挥部机关、第二团、新六团突破日伪军的层层封锁线，渡江北上。

江南还没有完全脱险，江北的形势却突然逆转，出现了剑拔弩张的局面。

二李见挺纵有在郭村长驻的样子，非常恼火。李长江骂管文蔚"借荆州"久借不还，多次派人来催还郭村。6月下旬，李长江向挺纵下最后通牒，限3天内退出郭村。

当时挺纵在郭村实际上只有两个多团的兵力，处于国民党军队的四面包围之中，战争一触即发。

挺纵向中原局刘少奇和江南指挥部陈毅告急，请求指示。

刘少奇主张坚守阵地，迎接顽军的进攻："目前你们在苏北的任务是在冲突前争取政治上的优势"；并重申："……由于你们积极活动，顽固派必然迟早会向你们进攻，你们要准备与选择适当的地形位置。能够固定或以游击战支持一二个星期，让顽固派进攻你们，你们自卫，造成充分政治理由，然后再由八路军与四、五支队援助你们协力侧击顽固派。"

而陈毅、粟裕认为，江南部队正同国民党顽固派冷欣的部队激烈交战，暂无法过江；挺纵兵力不多，双方力量悬殊，如作战不利，新四军将失去桥头阵地，失去大江南北交通枢纽地带，势必严重影响江南主力北上；即使打赢了，如果韩德勤再对二李挑拨拉拢，造成韩、李反共大联合，对新四军发展苏北极为不利，且于全国影响不好。来电要求挺纵尽量避免冲突，退出郭村，必要时可以退回江南，以后再向北发展。

接着，心急如焚的陈毅又连发二电，指出上、中、下三策：上策是撤回吴家桥，把郭村交还二李，尽量避免与二李冲突，不能避免也要尽量拖延；中策是二李如再进逼，实在避免或拖延不了，就退到扬中、新老洲；下策是守郭村，易受四面包围，态势不利。总的意见还是尽量不要与二李发生摩擦。

管文蔚接到电报后，认为陈毅的意见是对的，坚守郭村必然会与二李反目成仇，而且如果打起来，挺纵的弹药、粮草均成问题。然而，中原局作为党的领导机关，其指示也应该执行。

管文蔚左右为难，只好召集团以上干部和苏北特委的负责人举行联席会议，慎重研究对策。

叶飞说："现在不是我们要打，而是他们先打到我们大门边了。内战不利于抗战，顽固派死也不懂这条道理。现在陶勇同志的苏皖支队尚未到达，陈老总和老二团还未过江。我看由陈同生到泰州去谈判，把陈司令员给他们的电报转去，说清由于我军疲劳尚未恢复，要求再让我军在郭村驻一段时间，然后我军就返回吴家桥地区，让苏北人民了解我们内求团结、一致抗日的诚意。"

而当时大多数人还年轻，火气不小，都说："谈什么，谈会有什么结果！"

"坚守郭村的一切准备都已就绪，地方干部和医院伤员都已撤回郭村，如南下吴家桥、大桥地区，说不定途中还会遭李部阻击，处境将更不利。"

"郭村的群众已经发动起来，挺纵撤离郭村，群众会蒙受严重损失。我们必须坚决固守郭村。"

管文蔚和叶飞无奈，只好一方面再发电报向中原局和新四军江南指挥部报告，请求援军；一方面又派政治部副主任陈同生等再去泰州，向二李请示宽限时日，以争取时间。

陈同生和调查科科长周山到了泰州，李长江气势汹汹地对他们吼道："你们是天兵天将也不过两三千人，我们鲁苏皖的部队就是豆腐渣，也有七八十大堆，也要胀破老母猪的肚皮的！"

"先把他们给我扣下！"

在郭村，挺纵和苏北特委又连夜召开团以上干部会议，管文蔚念陈毅电报："切不可在郭村孤军御敌，吴家桥若不好守，万不得已时则暂时退回江南，与江南部队会合，然后卷土重来。"

苏北特委正、副书记韦一平、惠浴宇听后，最为着急："不可不可！郭村党的群众基础好，新四军来了以后，已公开建立政权、减租减息、搞红了，被迫放弃，必受反共部队摧残，太痛苦。"

挺纵参谋长张藩说话尤为坚决："这时我军脱离郭村既设阵地，仓促转移，并非善策；南有长江和两李阵地，西有运河、邵伯湖，再加日寇封锁，我军向江边转移，如果两李部队追击不舍，我军就很被动。"

政治部主任吉洛（姬鹏飞）与团的干部都认为在郭村打有胜利把握，退守吴家桥则不利。

见大家斗志高昂，最熟悉敌情的管文蔚心里也盘算开了："其实敌人各自心怀鬼胎，真正反动并有战斗力的不过是陈中柱、陈才福的部队，就赌一回！"

一直讨论到半夜，各方面的利弊强弱都分析到了，大家都同意保卫郭村。

真下了决心，大伙却盯着挺纵的领导：陈司令员三次电示不同意固守郭村，怎么向他交代呢？违抗命令，干系本就不小；万一打不好，部队大受损失，那就不得了！

叶飞是陈毅的老部下，沉思片刻，觉得陈毅要怪就怪自己吧！随即断然下了决心，说："既然大家都认为在这里打有把握，那好，就下决心在这里打。对陈司令员，我负责好了。陈司令员说过：'将在外，君命有所不受。'现在他不在这里，而且他只到过吴家桥，没有到过郭村，不了解这里的地形、群众条件、敌情。我们前线指挥员了解情况，要敢于实事求是，独立负责，这才是真正地向陈司令员负责！向党负责！"

陶勇紧急驰援

陈毅得到挺纵要在郭村迎敌的消息，饭都吃不下。偏在这时，苏南国民党顽固派冷欣正在向茅山地区进攻，主力部队正在鏖战。

"我军绝对不可两面作战。"陈毅眉头一皱，口气少有地坚决："向粟裕传我命令：江南部队立即退出战场，十日内集合江南主力渡江北上；命陶勇迅速率部星夜东进援助郭村！"

"电告挺纵：我在6月28日便衣渡江，一切候我到时再议。"

说完，换上便衣，只带几个便衣卫士连夜向北赶。

真是祸不单行。挺纵会议没有结束，陈玉生来电告急：李长江准备向郭村我军进攻之前，企图先以4个支队解决陈玉生支队。那时，陈玉生的共产党员身份已是路人皆知了。

陈玉生告急，挺纵不增援不行，去的兵力少了、弱了，也不行。狡猾的两李之所以敢先解决陈玉生，是因为陈部名义上是他们的部队，吃掉不吃掉，政治风险不大；如果得手，再转过头来配合韩德勤打郭村。

怎么办？郭村兵力本来就薄弱，要保卫郭村，就很难分兵增援陈玉生；不派兵去增援，陈玉生部队就很可能被李长江解决。陈玉生部队实际上已是中共领导控制的，不能坐视不救。

挺纵经过反复研究考虑，定下一计：由叶飞亲自骑着大家熟悉的白马率四团从郭村出发，黄昏在塘头附近渡过通扬河。入夜，四团从吴家桥地区向东增援陈玉生，叶飞却秘密地由原路悄悄回郭村。

李长江果然中计：第一，挺纵分兵了；第二，叶飞率主力团离开郭村了。

李长江错认为：郭村兵力空虚，无主帅坐镇，正是攻打的最好时机！于是，李长江突然改变部署，决定先打郭村，然后再解决陈玉生部队。

战斗已迫在眉睫。

6月27日午夜12时许，浑身湿淋淋的地下党员郑少仪[6]夜报紧急军情：韩德勤已下达作战命令，李长江决定明天进攻郭村！顽军有3个纵队已经开拔。

李长江提前进攻！郑少仪为郭村军民争取了极其宝贵的几小时时间。

管文蔚、叶飞、姬鹏飞、张藩等连夜紧急动员，做好迎击进犯之敌的准备。

29 日拂晓，李长江纠合 3 个纵队，加上张星炳的保三旅，共 13 个团，重重包围了郭村、西周庄一带。

第一天，顽军来势汹汹，但挺纵在地方党和人民群众的全力支持下，利用李部各路间互不配合的弱点，收缩兵力，采取积极防御，灵活机动地逐次击破进攻之顽军，并给予大量杀伤，俘虏了几百顽军。挺纵顶住了。

第二天，李长江暴跳如雷，下死命令要陈中柱、陈才福坚决拿下郭村，并且对部队许诺，打下郭村，"放假"三天。旧军队的所谓"放假"，就是任凭奸淫掳掠。

但李长江的猛攻照样被击溃。挺纵又撑下来了。

第三天，战场出奇地宁静。李长江在捣什么鬼，会不会夜晚进攻？管文蔚和叶飞突然接到刘少奇电报：八路军被阻陇海路，不能南下驰援。

由于力量悬殊，挺纵的弹药越来越紧张，部队从上到下都感到压力很大。这时，陈毅已赶到江边新老洲，但江面已经被李长江封锁。

过不了江，陈毅心急如焚。炎夏酷暑，就到江中游泳，游几下，望望江北："叶飞你这个冒失鬼，初生之犊不畏虎，这下好啦，就你叶飞和管文蔚能逃出来，就叫我收容啦！……"

郭村方向的炮声愈发增加了他心中的不祥之感，无可奈何之下写了两首《吊管、叶》的诗，其意是责怪管、叶不听命令酿成严重后果，但革命总有曲折，失败了可以重新再来，其中一首并用《题乌江亭》典故：

> 兵家胜败事不期，
> 包羞忍辱是男儿。
> 江东子弟多豪杰，
> 卷土重来未可期。[7]

关键时刻，奉命增援郭村的苏皖支队在陶勇亲自率领下，越过天扬公路，夜渡邵伯湖，昼夜兼程二百余里，大刀阔斧，犹如从天而降。

当大汗淋漓的陶勇一声"叶司令员，我们报到来了"一出口，叶飞和管文蔚首先舒了一口气。

"老陶，你们真是飞毛腿呀，这么快就到了！"叶飞惊喜地迎上去，握住陶勇的双手。

"这下，可给我们解围了。"挺纵政委姬鹏飞含笑说道。

好消息接连传来：李部二纵队五支队的第四大队大队长、中共地下党员王澄等率部，在泰州北面的港口举行反摩擦起义，逮捕了五支队队长陈东生，并俘获了支队重机枪连的全部人枪，赶到了郭村；李部三纵队八支队队长、中共地下党员陈玉生根据挺纵和苏北特委的决定率部起义，到达江边的大桥地区，控制了大江南北的交通要道。

管、叶此时才松了口气，立即转守为攻。经过内外夹击，击溃李部三个团，李部损失惨重。李长江见大势已去，全线撤退。

陈毅安抚"二李"

7月3日，陈毅赶到郭村，严肃地批评了管、叶："你们的仗虽然打胜了，但是你们冒多大的危险！你们必须记住，战役和战术的胜利，不等于是战略的胜利。我们要在苏北打开局面，就要争取二李中立，不能逼之过甚。逼甚了，他们就会投奔韩德勤，对我们很不利。这一打，究竟是把二李打到韩德勤一边去，还是打到新四军这边来，就要看我们政策和策略的威力了。"

7月4日，挺纵乘胜追击攻下塘头，兵临泰州城下。陈毅命令停止进攻。

有人嘟囔："泰州已经唾手可得，为什么不打？"

管文蔚一句话不讲，陈毅的意思他完全明白。室内空气突然沉默了。

停了几分钟，陈毅直瞪着眼，立起身来，向旁边走了几步，回过头来说："你们考虑过没有，泰州打下来，韩德勤答应不答应？蒋介石答应不答

414

应？李宗仁、白崇禧答应不答应？我看他们都不会答应。这样我们就处于非常不利的地位。特别是日本鬼子，他决不会让共产党占领沿江的一个重要城市。我们把二李打走，让日本人占领泰州，群众要骂我们的。伟大的战略家，总是从战略上考虑问题，决不从眼前小利得失去考虑问题。"

陈毅明确规定追击不准越过九尺沟，但是枪炮声从东南方向逐渐移向正东，从郭村出发迂回九尺沟的苏皖支队的追击方向上，枪声越来越远。陈毅曾三进泰州，熟悉地理位置。他刚刚进屋子去，忽然又转了出来，脸色严峻地对管文蔚说："不对头，不对头，这枪声好像已经过了面粉厂！叶飞，你听，怎么搞的？"

"命令上规定得清清楚楚嘛！"叶飞说。

"命令不保险啊，你赶快去处理！"

"我马上派参谋去！"

陈司令员虎着脸说："不行，你自己去，骑马去。传我的命令：谁没有我的命令进了泰州城，我要谁的头！"

叶飞驰马赶去，到了九尺沟一看，果然有人过了河，是苏皖支队的一个连。

叶飞急忙找到陶勇，对他说："你们部队过了河啦！陈司令发脾气啦！"谁都怕陈司令员发脾气，陶勇一看是叶飞亲自来传达命令，可见陈老总的脾气发大了，一面说："进城是不敢的噢！"赶紧叫号兵吹号退兵。

战斗结束了，陈毅却更加忙碌：必须尽快挽救与二李的关系！1940 年 7 月 5 日，陈毅亲自打电话给李明扬说：这次下面发生这样大的误会，我对部下约束不严，实在对不起，现在我已赶到江北处理这件事。请你放心，我已命令部队立即撤回，决不进攻泰州，一切商量解决。

紧接着，陈毅又派新四军战地服务团团长朱克靖，携他的亲笔信到泰州与二李谈判，愿意与他们重归旧好。信中附《送人赴泰州谈判抗日合作》诗一首：

停骖问我意何如？词婉情真再致书。

军令今当斩马谡，歧途何事泣杨朱？

仲连智免蹈东海，武穆冤成走传车。

凭君寄语强梁辈，摩擦自戕慎厥初。**8**

朱克靖到了泰州后，代表陈毅表明诚意：为顾全大局，不打泰州，是尊重友军及老前辈；愿意释放全部俘虏，但希望二李以"互助互让共同发展"八个字来推动抗战。

李明扬作为败军之将，对此正求之不得，连忙放出被李长江扣留的挺纵代表陈同生等，并赔礼道歉，派专使送回。

郭村战斗是新四军巩固苏北桥头阵地，同韩德勤争夺二李关键的一仗。也是陈毅灵活运用反摩擦自卫战斗有理、有利、有节原则的一个经典范例。

战斗结束后，陈毅以绛夫为笔名，发表了名为《保卫郭村》的诗歌：

六月二十八日炮火沸腾，

顽固派十路进攻包围郭村；

想断绝人民的生计，想消灭抗日的孤军。

顽固派三次总进攻，冲不破军民合作的血肉长城。

顽固派反动的"大扫荡"，激起了自家阵营的起义革命。

孤军怒吼了，转守为攻，打得反动派豕突狼奔！

孤军英勇，领导坚强，是战斗胜利的核心。

军民团结，友军响应，是战斗胜利的保证。

反共阴谋已被粉碎，日寇丧胆，汪伪震惊。

我们保卫了郭村，要创造苏北的光明；

我们保卫了郭村，要重大无畏地前进，

前进，前进，向着抗战的胜利前进！**9**

随后，著名作曲家何士德为这首诗谱了曲，《保卫郭村》在新四军部队中广为传唱。

郭村战斗结束后，陈毅对管文蔚和叶飞恨也不是，爱也不是。

恨的是他们作为挺纵首长，不听招呼，偏要打这一仗。从军事上讲，稍有不慎，挺纵很有可能全军覆没。按陈毅的话说："你那个六团不简单，土地革命锻炼出来的，党的精华啊！这些老战士九死一生，斗争经验丰富，一个人将来都可带一个连或一个营。把这样的部队同国民党拼掉了，我们要成为历史的罪人哪！"从政治上看，要不是陈毅千方百计地补救，差点就把二李这决定苏北天平起落的中间棋子推给了韩德勤。

要说爱，陈毅在郭村战斗刚结束的7月9日给中央的电报说："此次战斗证明，历来对两李上层争取，积极发展其中、下层的路线是正确的，而且将大桥巩固南北，以便向天长、扬中、仪征地区发展，打通西路；转而东进的路线亦是对的。在八天战斗中，两李以强大兵力企图歼灭我军，管叶部以攻势防御，采取各个击破的战略，得到大的成功。目前，江南一支队已渡江会合，江南指挥部已陆续渡江，造成我军争取苏北发展的良好环境。"

没有郭村战斗的胜利，江南部队过江以后，光是吴家桥弹丸之地，无法集结，无法休整，给养困难，很难立脚。郭村战斗打赢了，打开了局面，从宜陵到塘头都占领了，把郭村地区和吴家桥地区连成一片，陈毅称之为"我军对苏北之进攻出发地"，"奠定了站稳苏北脚跟的开始"。事实证明，郭村战斗是黄桥决战的前奏。新中国成立后，郭村战斗拍成了电影，片名就叫《东进序曲》。

郭村战斗的重要性，是建立在苏北地区特定的战略地位上的。

苏北是一个有两千多万人口，盛产粮、棉、盐等战略物资的重要基地，是控制日寇沿江进出的重要侧翼；又是连接新四军同八路军的重要纽带。江北抗日局面一旦打开，向南可以与江南抗日根据地相呼应，扼制长江下游，直接威胁设在南京的日本侵略军总部和汪精卫伪政府；向北、向西发展，可以与山东、淮南、淮北抗日根据地连接，分别直通华北、中原。控制苏北，对于新四军发展和积蓄抗战力量，更沉重地打击日寇，以及制止国民党顽固派反共投降都具有极其重要的意义。所以，苏北是日、顽、共必争之地。

1940年6月28日，粟裕率领江南部队到达江北吴家桥，与挺纵和苏皖支队会合。江南指挥部改名为苏北指挥部，陈毅任指挥，粟裕任副指挥，刘炎任政治部主任，钟期光任政治部副主任，下属三个纵队，相当于旅的建制，共七千多人。

第一纵队以原挺进纵队为主，加王澄的部队，叶飞任司令员兼政委，张藩任参谋长，姬鹏飞任政治部主任，下辖一、四、五三个团。第二纵队为二、六、九三个团，王必成任司令，刘培善任政委，杜屏任参谋长，陈时夫任政治部主任。第三纵队以原苏皖支队为主，编为三、七、八三个团，陶勇任司令员，刘先胜任政委，张震东任参谋长，卢胜任政治部主任。此外，还有陈玉生的一个独立支队。

塘头决策取黄桥

7月的苏北，天气闷热得让人喘不过气来。在扬州、泰州间的塘头，新成立的苏北指挥部召开了会议，讨论新四军下一步的发展。

陈毅先念了中央的电报：

> 整个苏北、皖东、淮北为我必争之地。凡扬子江以北，淮南路以东，淮河以北，开封以东，陇海路以南，大海以西，统须在一年以内造成民主的抗日根据地。**10**

放下手中的电报，陈毅分析道："日寇大量增兵，华北敌占区日益扩大，我方斗争日益艰苦，以及国民党可能的公开反共和投降，全国性突然事变可能到来，我军决不能限死在黄河以北不入中原，故'华中是我最亟要的生命线'。中央在军事上作了这样的部署：派八路军主力两万余人由冀鲁豫分路南下，会同新四军第四、第五、第六支队以及江南指挥部已到达苏北的挺进纵队和苏皖支队共同完成发展华中。今天我们讨论新四军以何处为中心建设根据地的问题。"

此前，指挥部参谋处提出了三个建议：一是扼守扬州、泰州地区；二是北进兴化；三是取黄桥。

粟裕先发言，充分阐述了进取黄桥的理由：第一，黄桥处于靖江、如皋、泰州、泰兴4县之间，以黄桥为中心建立根据地，便于向（南）通、如（皋）、海（门）、启（东）发展，只有控制通、如、海、启才可以与我江南部队相呼应，控制长江通道，威胁日寇和切断韩顽与江南冷欣的联系。第二，已为北渡新四军控制的吴家桥、郭村一带，原为李明扬和李长江的势力范围，地区比较狭小，如果向外发展，势将与二李发生矛盾，影响全力对韩，与我统战方针违背。水城兴化是韩德勤盘踞中心，周围全是水网，对我进出不利，且地域偏西，对日寇威胁不大。第三，占据黄桥一带的保安第四旅何克谦部，一贯勾结日伪，积极反共，敲诈勒索，久失人心，而且战斗力较弱，易于歼灭。第四，黄桥地区有我党的工作和影响，群众基础好。我军东进抗日，必能获得地方党的配合和广大人民的热烈拥护。**11**

粟裕的意见得到与会绝大多数人的赞同。

陈毅当即决定东进取黄桥："向北发展，困难极大。那是韩德勤的老巢，韩是要拼命的。而且，那样做在政治上来说，是不利的，那里还不是沦陷区，我们若先去打他，在全国人民面前不好讲话，恩来同志在重庆也不好与各民主党派讲话。在军事上来说也是不利的，那里是水网地区，大部队行动不便。所以我们排除了北上的计划，采取了东进的方针。东进到哪里去呢？第一步去黄桥，把黄桥拿下来。政治上理由很充足，因保四旅何克谦曾参加郭村战斗，先打了我们，而且黄桥那边又是敌后，大部是日军占领的地方，我们去是打鬼子的。再说,黄桥一带是 1929 年红十四军的发源地,群众基础好,又是开阔地带,便于大部队运动,利于我军作战。我们这一着是出于韩德勤的意外的,到目前为止,韩德勤尚一点不知我大军过江。因此,我们东进,准备部队全部用挺进纵队的番号,迷惑敌人和韩顽。这次东进,我们的困难还不少。一万多人的吃粮问题;新编部队多,纪律尚不够好;开辟新的根据地,地方工作的干部很缺乏;战斗频繁,可能要与韩德勤决战,兵力实在太少。如果八路军赶不来,四、五支队又不能向我们靠拢,到时候怎么办?立足打不赢,就得下长江!那时就不可能回来了。所以说,我们这次东进是下了破釜沉舟的决心的。只要我们能团结一致,不取胜决不回头。全军下这个决心,我们就一定可以取得胜利。"**12**

新四军进军黄桥,必须经过二李的防区,他们会放行吗?有些人担心。

"把每个月能收税 5 万元的吴家桥地区让给二李,请他们协助我们东进。"陈毅说。

"让出吴家桥有些太大方了吧?二李会不会出尔反尔不让通过呢?"一个参谋的意见,确实有道理。

粟裕诙谐地说:"二李巴不得我们赶紧走呐,希望离我们越远越好!何况给他们银子和地盘。"

陈毅耐心地说:"留下吴家桥我们必须分兵把守。再说,以后机会到了再拿回来不迟。"

展望未来,大家摩拳擦掌,兴奋不已。粟裕兴冲冲地说:"在苏北,目前敌人的据点少,间隔、空隙大,可以采取游击兵团形式,打大一点的游击战。对于正在准备向我们进攻的顽固派军队,因为他们除了数量多,装备好之外,其他方面都不如我们,完全可以而且必须采取主力战、歼灭战、运动战的自卫作战方针、集中几万人进行会战,在会战中歼灭他。"**13**

1940 年 7 月 14 日,陈毅把这一决心报告军部。军部于次日转报中共中央和重庆周恩来处:决定江北主力共约 8000 人,在江都东北地区整顿一礼拜后即向东挺进，在泰兴、靖江、南通、如皋等沦陷地区建立根据地，以黄桥为中心。这一沦陷地区，无国民党主力，仅有地方土匪游击部队及伪军，我们有地方党基础与成为有理有利之发展。"东进胜利有可能与省韩恶战，但久可冲逼省韩向我谈判江苏问题。因此，东进口号是：团结抗战，反韩打顽"。"东进，决定任务为创造苏北抗日民主根据地而斗争，扩大主力到五万而斗争。整个江苏行动方针是：江南取守势，江北取攻势。将来苏北问题解决，再移兵南渡。"**14**

这时，经过多次谈判，已经与二李达成口头协定：一、李掩护新四军东进；二、李在寺巷口一带借道新四军东去；三、新四军东进后，即将江都30里防地让给二李，但不得摧残新四军党政干部和群众；四、将来如果韩与新四军作战，李须严守中立；五、今后抗敌一致行动。

但是，刘少奇不主张东进黄桥。7月20日，刘少奇与邓子恢联名致电陈毅并报朱德、毛泽东、王稼祥并致彭德怀、项英、叶挺、黄克诚，分析比较大别山、伏牛山、苏北这三个地区的利弊，指出苏北最有利于我发展，必须取得苏北，为整个华中建立一个总的巩固的根据地。并提出下一步作战计划：陈毅所部暂不去黄桥，在原地"让韩（德勤）李（明扬）集中部队从东北方向"向我进攻时，我军"以逸待劳，严阵以待，最好在他来攻三五天之内我不作大出击，在原地则应准备独立坚持两星期至一个月"。以便在政治上向全国舆论和苏北群众证明"衅自彼开"；在军事上则等待与配合强大的增援部队的到来，共同进行决战，"赶走韩德勤，最好李明扬也同时赶走"。**15**

可以想见，刘少奇等人筹划的这样一场决战，规模巨大，如获胜利，则将一举而囊括苏北。果能如此，则华中局面就可以立即打开，党中央发展华中的战略计划就可以获得决定性进展。

陈毅和粟裕接到指示后分析：刘少奇的战略思想完全符合中共中央的战略方针，但具体作战计划有待商榷。因实际情况有变化，李明扬同意中立，韩、李就不可能联合攻我。加之郭村、吴家桥西是日军，东有二李，北有韩德勤，南是长江，不能作为决战战场。如韩顽进犯，与我相持时间稍长，援兵不至，二李和日军见有利可图，趁火打劫，我军处境就十分危险。只有东进黄桥，将郭村、吴家桥地区让给二李，更能促使二李保持中立，故仍决定东进黄桥。

但是对原来拟定的苏北作战计划作了两个关键性的决策：

第一，"独立布置发展苏北工作"。陈毅根据长期作战的经验，也根据郭村战斗中待援不得的情况，深感到日伪顽的阻挠和铁道、公路、河川、湖泊的阻隔下，不能把远道增援作为战役部署的基点，而应"积极准备单独解决决战任务"，"以独立作战为原则"。这就不可采取"一气打到底"的办法，而是"有限度地、有步骤地巩固发展"，"采取逐步跃进的姿态"。

第二，团结争取两李。刘少奇方案显然是根据郭村两李围攻的行动来估计，两李会与韩德勤配合向我进攻。因之说让"韩李集中部队从东北方向我进攻时，把二李同时赶走"。但郭村战斗之后，经过一系列工作，已经消除了两李与韩德勤配合向我进攻的可能性，韩德勤也就不可能越过两李防区向我进攻。因而，陈毅密电上报说："只要我们今后争取得法，两李有由中立可争取进一步。同时，韩部之中间分子更有倾向我们的可能。"**16**

7 月 23 日，苏北指挥部仍维持原议，并电告中央、新四军军部和中原局。

7 月 24 日，新四军东进部队连以上干部会上召开秘密动员，陈毅慷慨激昂地说：我们这次东进是破釜沉舟，背水一战，必须争取胜利。如若失败了，就只好下长江喝水，只有胜利了，整个苏北的局面才能打开。大家要下最大的决心，必须打败敌人。**17**

粟裕也进行了战略战术动员："像今天这样集中兵力准备打的大仗，还是五六年前在内战中打过，在座的高级干部有的参加过，中下级干部基本没有参加过。在南方三年游击战争中和抗日战争以来，没有打过这样的大仗。这几年部队长期分散，开展独立自主的游击战争，通信联络很困难，都是各打各的。虽然部队游击战术有了进步，但滋长了一些游击习气。这种情况，对于集中兵力打大仗是很不利的。"为了确定和贯彻好打歼灭战的作战指导思想，他要求部队第一要绝对服从命令，第二要严格遵守时间，第三要树立兵团观念，第四要协同一致。**18**

7月25日，陈毅率部队开始东进。通过二李防区的时候，李部如约让路，朝天放枪，应付韩德勤。

酝酿中的暴风骤雨

韩德勤绝没有料到我军会放弃既得地区而全师东进，就命令何克谦保4旅由黄桥及其以南地区向北攻击，同时命令陈泰运的税警总团由曲塘南下至北新街一带，妄图南北夹击、消灭新四军于运动中。

何克谦是坚决反共的顽固派，他的保安第4旅的基本成分系流氓地痞和国民党的散兵游勇，盘踞黄桥一带，无恶不作。当地的民谣中说："黄桥是人间地狱，何克谦是杀人魔王。"新四军东进路上，沿途老百姓纷纷向新四军控诉何部勾结日伪、欺压人民的累累罪行，要求新四军为民除害，伸张正义，予以消灭。

而陈泰运系早期国民党黄埔中央陆军军官学校的毕业生，长期郁郁不得志，搞税警总团遭韩歧视。后因多次与韩冲突，矛盾日益加深，是新四军争取的对象。新四军决定给予陈泰运惩戒性打击，警告他不要跟着韩德勤制造摩擦打内战，应该团结抗日。

7月28日，陈毅和粟裕等率领部队东进到北新街以南时，突然掉头向北，在老叶庄、徐家桥之线击溃陈泰运部两个团，歼其一个多营。战后，陈毅命令如数遣返税警总团被俘官兵，送还部分枪支，并与管文蔚联名写信给陈泰运，指出新四军东进是为了抗日，劝其保持中立。陈泰运很感动，回信表示愿意与新四军合作抗日。

但对何克谦却不能如此仁慈。新四军在摆平陈泰运的同时，以第二纵队占领黄桥以北及东北的蒋垛、古溪、营溪，以第一纵队占领搬经，截断顽军何克谦的退路，第三纵队攻占黄桥及其以南地区。经一夜激战，各部胜利完成任务，何部官兵两千多人全部被歼，新四军于次日凌晨占领黄桥。

黄桥解放，韩德勤大吃一惊：新四军到底有多少部队过江？打电话问李明扬，李明扬装疯卖傻，一问三不知。韩德勤气得直骂娘。

7 月 30 日，毛泽东、朱德、王稼祥致电刘少奇、陈毅、彭雪枫、黄克诚、叶挺、项英，指出：关于苏北战略，我们同意刘少奇意见，苏北全部为我必争之地。韩德勤部南下攻我时，我应大举反攻；如韩部不对我进攻，我则先稳步发展，待其向我反击时，保持有利的原则。还指出：同意陈毅意见，对二李应加强统一战线工作，争取其对我同情或中立。因此，目前不应进攻二李部队。**19**

为了使韩德勤陷于彻底孤立无援的境地、为新四军在这次决战的胜利，创造更好的条件，陈毅决定搞好统一战线，尽一切可能把与韩德勤相关联的枝枝叶叶砍光，特别是把韩德勤赖以生存的社会基础——中上层知识分子、名流学者、地主阶级主要分子，尽可能争取过来。

在苏北中上层知识分子中，有两个突出的代表人物：一个是黄桥的朱履先，一个是海安的韩紫石。苏北的知识分子、名流、学者、地主分子多随他俩的政治倾向而转移。争取到这两个人为我所用，则其他中上层分子就可靠拢到我们一边。

新四军一进驻黄桥，陈毅就与管文蔚、陈丕显拜访黄桥镇的朱履先。

朱履先在早年加入同盟会，曾被孙中山委任为陆军第二师中将师长兼南京城防司令，是孙中山任临时大总统阅兵典礼时的总指挥。现在虽然隐退在家，但在通如靖泰一带颇负民望，说话也有分量。陈毅事先已派管文蔚拜访过，朱履先对陈毅也是颇为敬仰。

这次朱履先见陈毅诚挚爽朗，谈吐不俗，纵论国际国内形势，很有见地，甚为佩服。而朱履先则痛斥国民党政府腐败，使民生凋敝；大骂韩德勤养兵十万，不敢抗日，并当即答应出来帮助新四军工作。此后，朱履先四处奔走，宣传团结抗日主张。当他得知新四军江北部队不被国民党第三战区承认，经费无着时，出面带头在绅商中募集捐款6万元给新四军，又向陈毅建议开征田赋（后称救国公粮，即农业税），在黄桥中学谦三堂举行的征收公粮动员大会上，朱以黄桥首户身份出面讲话，当场带头缴纳田赋。朱履先与李明扬及苏北另一中上层知识分子中的代表人物韩国钧的交往甚深，朱对新四军的态度对李、韩影响很大，泰兴、泰州、靖江等地一大批新旧知识分子也跟着向新四军靠拢。**20**

韩国钧，字紫石，他在接到陈毅的信后，在8月7日和9日复信陈毅："……敬悉救民救国之宗旨，无任佩仰！果如尊旨，非但苏北一偶［隅］之福。……总之，同在统一团体之下，极盼一致团结。""务恳本一致抗敌之宗旨，合力对外，不使内部磨擦。……"**21**

即使对韩德勤本人，陈毅也采取"合作未到绝望时期，绝不放弃合作"的态度。并写信给韩德勤，解释新四军东进是为了抗战，希望韩主席不要阻拦为难，恳切说明新四军只求救国有份，抗战有地，希望双方团结抗日，不要摩擦。

但是，韩德勤是铁了心要攻打新四军。

一天，陈毅跟管文蔚正在黄桥丁家花园议事，士兵报告有"进步人士马参议"明天求见。

陈毅早已从敌工人员那里得到了内情，微微一笑："摆下龙门阵，会会马参议！"

第二天，陈毅吩咐把附近连队较好的武器，包括从敌人手里缴获来的机枪，集中到这个马参议前来丁家花园的必经之路上，叫警卫部队故意在那里出操。他要求指战员们军容整肃，斗志昂扬。

马参议故意上前搭话："这样好的部队就是太少了。"

"怎么？别看我们只有两三万，日本鬼子也不敢来碰一碰！""两三万？"马参议倒抽了一口冷气。

在丁家花园，从大门到内厅转了几个弯，设了四道双岗，都是雄赳赳气昂昂的健壮战士。步枪上了明晃晃的刺刀，腰间插上快慢机，威风凛凛。马参议走到丁家花园大门口，哨兵严厉地盘问："什么人？哪里来的？要见陈指挥干什么？"马参议说明来意后，才向里面通报。进到第二道门岗，又同样盘问他一次，如是问四次，方才被领进大厅。马参议吓得冷汗直冒，"威风"二字在马参议脑门里胀得发响。

闲聊过后，陈毅笑眯眯地说："马先生喜欢看京戏否？"

"喜欢。"马答。

"那么，《群英会》这出戏一定看过啰？"

"看过，看过。"

"如果先生今晚能留在这里，晚上就请你看看这出戏，好吗？"

"不敢，不敢。卑职今晚必须赶回去。"

"这可是一出好戏，尤其是蒋干此人有意思。周瑜此人了不起，一下子把蒋干识破了。"

做贼心虚的马参议寒暄几句，赶紧告辞。马参议一走，陈毅哈哈大笑："今天这着'棋'可以暂时吓韩德勤一下，他可不敢轻举妄动了。""但是，"陈毅收住笑，"韩德勤迟早要跟我们干一仗的。党中央和中原局的意思是等黄克诚率领的八路军增援部队南下后，一起解决这个毒瘤。目前我们必须先稳住他。"

但韩德勤可不是一个好对付的人物。数天后，韩德勤派了主持特务工作的仇需生以正式代表的身份，打着合作抗日的幌子来摸底细。

没有想到，仇需生活动了两天，回去向韩德勤报告："新四军装备很差，士气不振，缺吃少穿，人数不多。"

陈毅的虚虚实实，搞得韩德勤更加懵懵懂懂。

新四军进占黄桥后，派部队先后攻下靖江、南通之间之老章头、孤山、西来镇日伪军各据点，并粉碎日伪军两次报复性"扫荡"，声威大振。至此，以黄桥为中心的根据地已初具规模，部队迅猛发展。

韩德勤感到新四军的行动是对他的莫大威胁。8月21日，韩德勤在东台连续召开三天高级军事会议。

"北面的八路军兵力强大，西面新四军第四、第五支队兵力亦厚，且湖泊不易作战，南面新四军陈毅部兵力较少，如以主力进击，必可收效。我主张'先南后北'：先集中主力消灭或驱逐陈毅部，然后移兵北上，逐歼八路军黄克诚部。"

"目前洪水暴涨，陈部立足未稳，我们向他们发动侦察性进攻：胜则可以把陈毅赶过江去；不胜可以探出他到底有多少斤两。他们充其量不过三五千人，你们尽管大胆前进。"

韩德勤为了把二李拖上战车，特任命李明扬为"进剿"军总指挥，李守维、李长江为副总指挥。与此同时，韩德勤还下令封锁粮食，不准海安、泰州一线以北大米产区的粮食南运，使黄桥地区的新四军更增困难。

1940年8月21日，陈毅根据情况急剧变化，致电中央和中原局："八路军部队应迅速南下，主力要在省韩未攻我的，先行占领盐城一线，五支队则应先占领平桥、宝应之线，才能配合我们一举解决苏北问题，否则要失良机于万一。"

韩德勤果然精明。从8月中旬起，苏北、皖东发大水，交通受阻。韩德勤实行南攻北守，焚烧船只，加强对运河、旧黄河、射阳河等水运的封锁。

从目前形势看，四、五支队及黄克诚部难以完成支援。刘少奇也电告陈、粟，要他们"准备两星期至一个月的独立作战"。

陈毅临危不乱："我们不能把希望寄托在友军的增援上，必须立足于现有的8千兵力单独解决问题。""一是继续争取二李和陈泰运，让他们保持中立；二是动员部队，严守自卫立场，诱敌深入，后发制人。"

9 月 3 日，韩德勤开始进攻。右翼军两李和陈泰运部在我军有效争取下，进展迟缓；左翼军是进攻主力，大胆冒进。

9 月 6 日，新四军在古溪对左翼实施勇猛反击，歼灭大部。打退了韩德勤的进攻。

韩德勤受挫之后，改为"堡垒推进"方针，指令当过汉奸的反共悍将张少华的保安第九旅进驻原税警总团防守地区，严密封锁黄桥地区的粮食通道，并挟制李明扬、陈泰运两部，企图逐渐压缩我军于沿江狭窄地区，勾引日伪军对我合击。

陈毅、粟裕决定拿下姜堰，把反共最烈的保安第九旅彻底消灭。为了防止韩部救援，必须采取速战速决的打法。于是，陈毅、粟裕命二纵、三纵从东西两面夹击，一纵则埋伏在从海安到姜堰的公路两侧。西面派少数部队监视二李、陈泰运那边，以防万一。

13 日，各路部队发起攻击，经一昼夜战斗，于 14 日攻克姜堰，歼灭守军一千多人。张少华带少数残部，逃窜江南，继续与我抗日军民为敌。1949 年江南解放后，张少华奉命潜伏上海进行反革命破坏活动，被缉拿归案，判处死刑。1950 年春，张少华被解送常州执行枪决。

新四军力拔坚固设防的姜堰镇后，对顽固派震动极大。顾祝同大发脾气，扬言"陈毅不守军纪法令，向国军进攻，必须予以严惩"。蒋介石也极为恼火，电告韩德勤和李明扬"应以大局为重，紧密联系，精诚合作"，为把共军消灭于苏北地区而做好反击准备。同时还电令安徽的李品仙桂系军队从速东开，配合韩德勤行动；命令江南的顾祝同积极予以策应。

与此同时，天长、六合两地日军增加到一千五百余人，骑兵数百人，并在 9 月 5 日攻占皖东地区和津浦路东中心地区的马家集、竹镇、半塔集、汊涧等地，与韩军的进攻遥相呼应。

黄桥上空乌云翻滚，一场大战即将来临。

注 释

1. 参见《管文蔚回忆录续编》，人民出版社 1988 年版，第 30—31 页。

2. 参见《中国抗日战争军事史料丛书》编审委员会编：《新四军·文献》(2)，解放军出版社 2015 年版，第 305 页。

3.《中国抗日战争军事史料丛书》编审委员会编：《新四军·文献》(2)，解放军出版社 2015 年版，第 253 页。

4.《中国抗日战争军事史料丛书》编审委员会编：《新四军·文献》(3)，解放军出版社 2015 年版，第 6 页。

5. 刘树发主编：《陈毅年谱》(上)，人民出版社 1995 年版，第 279 页。

6. 颜秀五第二纵队政训处政训员。

7. 刘树发主编：《陈毅年谱》(上)，人民出版社 1995 年版，第 282—283 页。

8.《陈毅诗词集》(上)，中央文献出版社 2012 年版，第 73 页。

9.《陈毅诗词集》(上)，中央文献出版社 2012 年版，第 71 页。

10.《毛泽东军事文集》第二卷，军事科学出版社、中央文献出版社 1993 年版，第 543 页。

11.《粟裕传》编写组：《粟裕传》，当代中国出版社 2007 年版，第 121 页。

12.《管文蔚回忆录续编》，人民出版社 1988 年版，第 62—63 页。

13.《粟裕军事文集》编辑组：《粟裕军事文集》，解放军出版社 1989 年版，第 43 页。

14.《中国抗日战争军事史料丛书》编审委员会编：《新四军·文献》(3)，解放军出版社 2015 年版，第 51 页。

15. 刘树发主编：《陈毅年谱》(上)，人民出版社 1995 年版，第 287 页。

16. 参见《叶飞回忆录》，解放军出版社 1988 年版，第 206—207 页。

17. 刘树发主编：《陈毅年谱》(上)，人民出版社 1995 年版，第 288—289 页。

18.《粟裕传》编写组：《粟裕传》，当代中国出版社 2007 年版，第 122—123 页。

19. 刘树发主编：《陈毅年谱》(上)，人民出版社 1995 年版，第 291 页。

20. 刘树发主编：《陈毅年谱》(上)，人民出版社 1995 年版，第 291—292 页。

21. 刘树发主编：《陈毅年谱》(上)，人民出版社 1995 年版，第 292 页。

第 二 十 章

决战黄桥

新四军智让姜堰——谁是黄桥的救星——李明扬暗中反水——砍去韩德勤赖以生存的枝叶——韩德勤连续召开作战会议——中央的担心——陈毅决定破釜沉舟决战黄桥——粟裕作教科书式的分析——日、伪、顽和八路军、新四军多方观战支招——陶勇担负"苦差事"——韩德勤两大悍将的覆没——新四军各部照单全收——陈毅命令穷寇莫追——八路军、新四军大会师——陈毅和张爱萍诗兴大发

新四军智让姜堰

9月的苏北夜晚，繁星满天，但黄桥的任何人都预感暴风雨随时可能来临。

灯下，陈毅一改白天的乐观豁达，显得心事重重。粟裕、管文蔚和叶飞在旁边也是苦苦思索。

"战争看来已不可避免，而且有可能一触即发。我们是背水一战，只能胜不能败。"陈毅面色凝重，眼睛盯着管文蔚说，"现在关键的问题，是二李的态度。你需要再跟李明扬会晤一次，请他作最后的保证。并一定要想办法将韩德勤的作战部署弄到手。"

管文蔚信心满满地说："统战方面目前还比较顺利。由于我军是真抗日，苏北大批中上层人士都站到我党我军一边了。特别是黄桥的朱履先和海安的韩紫石已明确表态真诚拥护共产党抗战，他们还积极出面为我们作宣传。这

两个最有影响的人物倒向我们一边后，对韩德勤也是一个重要打击。"

"对！我们要尽可能把与韩德勤相关联的枝枝叶叶砍光，把韩德勤陷于孤立无援的境地，为我军决战创造条件。"攻城先伐交，这是陈毅最拿手的好戏。

"韩德勤放出话'新四军如有合作诚意，应首先退出姜堰'，你们有什么看法？"陈毅意味深长地询问。

"这明显是借口！不还姜堰，他会说是我们破坏合作抗日；还给他，他会把这作为大规模进攻黄桥的前进基地。"叶飞对退还姜堰明显不乐意，"很多同志私下已跟我说：当初为什么要打，牺牲了好多人，结果又要退出！"

粟裕若有所思地说："我军9月3日打营溪，9月13日打姜堰，合起来是一个战役，其实打得不太好。营溪战斗虽然是取得了胜利，但只是战术上的胜利，不是战役上的胜利。因为营溪战斗，我们主要企图是从营溪打起，直到把曲塘、海安夺下来。可是，这次营溪战斗最大的缺点是打得太早。顽固派的军队刚刚到营溪、野周庄、运粮河、高家湾一线，我们就出击，结果打着一部分，其余跑掉了！好像乌龟头刚刚伸出了一小节我们就一刀砍下去，结果没有砍到，给他缩到曲塘、胡家集的乌龟壳里去了。"

"再讲姜堰战斗，虽然我们显一显打碉堡的本领给他看了，可是最大的缺点是只占领了姜堰，从战役上说，任务没有完成。因为没有占领大、小白米，以致使姜堰变为死地，成为整个阵势的突出部分，两翼是暴露的，西边受两李的威胁，东边受税警团的威胁，北边有韩德勤的威胁。尤其在我们左右侧后有许多空隙，有被他们出一支兵去打我黄桥的危险。在进攻姜堰时，我们预计还要把大、小白米拿下，这样才能与黄桥打通联系。因此营溪、姜堰战斗只完成了战斗任务，但造成了战役上的不利态势。"❶

叶飞说："那你是说我们应该退出姜堰？"

粟裕说："退出姜堰可以避免大的危险，可以在政治上争取优势。"陈毅接着说："对！为了在政治上进一步争取韩紫石等中上层人士，也为了便于在军事上把拳头收回来，集中使用兵力，日后更有力地打出去。我们将计就计，答应韩德勤的要求，让出姜堰。"陈毅睿智的目光扫过大家，"但是，我们要把姜堰等地区分交二李和陈泰运接防，以此扩大李、韩矛盾！"

1940 年 9 月 27 日，苏北军民代表会议 [2] 在姜堰曲江楼召开。与会者有地方知名人士朱履先、胡显伯、黄辟尘等及附近 8 县的代表，军队方面有新四军的代表陈毅、管文蔚和李明扬、陈泰运的代表；还有季方以国民党中央军事委员会战地党政委员会少将指导员的身份出席。韩国钧因年事已高，派代表出席。韩德勤却拒绝参加，并在会议前夕（26 日）电告韩国钧，说："新四军如有合作诚意，应首先退出姜堰，再言其它。"会议由黄逸峰主持。

陈毅在会上首先慷慨陈词，指出今天苏北抗战内部发生纠纷，不是新四军本身的问题，"新四军进驻黄桥以来，对省方曾作极大让步，屡次致函省方，希望能够和平，大家团结一致"。"合作有两种方式：一是以国家民族利益为主，真正实行三民主义，改善民生，改造中国。我们所主张的合作方式也就是这一种。""另一种方式是因为你是大官，当面拍马屁，背后施阴谋。……这种合作，我们无论如何是不同意的。……所以合作是站在真正的抗敌救民的立场，不是唯我独尊天下的立场。"对于新四军本身的问题，"今天只要让新四军在沿江一带有一个抗日的地区，但不一定由新四军独霸，可以和友军共同来做"。尤其强调，让出姜堰"不成问题"。只要政治上保证省方改变态度，以友党友军看待新四军，协商苏北抗敌问题，我们就可以退出姜堰。各位先生最好能以民众代表的资格转告其他方面，以求得协商一个具体的方法，而来照着执行。一面我们在姜堰撤防，一面召集和平会议。但是，"如果省方以为我们力量不足而退出姜堰，仍旧进攻，我们就要采取必要的自卫"。

随后，黄逸峰、胡显伯等纷纷发言，对陈毅的发言给予很高评价。会议结束前，陈毅再次表示："希望省韩不要欺骗我们"，并建议会议发表呼吁书，制止一切破坏抗战的摩擦行动。

但正在会议结束之际，又接由韩国钧转来的韩德勤电，要挟新四军必须立即撤出姜堰，经黄桥，开回江南，否则无商谈余地；如果陈毅答应此要求，同意撤出黄桥，即派代表前来谈判。代表们听完电报内容，大骂韩德勤言而无信。但是他们却担心新四军不肯割舍，使省韩貌似有理，放胆进攻，和平无望。

所有代表都把目光投向陈毅。

陈毅严厉地说道：但求对方诚心履行诺言，不再逼人过甚，不逼我们退到黄河以北，不逼我们抗战无地到长江喝水的地步，我军还可容忍退让。如省韩必欲置我军我党于死地，我们当只有出于自卫一途，即是说我军退到黄桥，决不后退！要打，就打！ ³

当陈毅宣布新四军让出姜堰，会场上欢声雷动。

政治上孤立韩德勤的部署圆满完成，下一步就是军事上如何战胜韩德勤。

9 月 25 日午夜时分，新月朦胧，天空中点点繁星。

溧河河面黑沉沉的，两艘汽艇悄无声息地在河中间碰在一起，一个人轻盈地跳上了另外一艘汽艇。

……

"东台会议，总指挥去参加了吗？"是管文蔚的声音。

"我身体不好没有去，派作战处长去了。"李明扬回答。

"他向你详细回话了吗？"

"传达了。"

"内容呢？"

"大体上进攻分左、中、右三路。右路是我和泰运；中路是李守维、翁达，这一路是韩德勤亲自挂帅指挥；左路是薛承宗等保安旅。我和泰运这一路你们可以放心，我们保证不进攻你们，泰运也这样说过。但中路是一定要进攻你们的，有消灭你们的任务。我这路可能要推进到大垱庄附近一线，就不前进了。我们的任务是攻黄桥西门，左路是攻黄桥东南面，估计薛承宗不会再上当了。"

"上当？上谁的当？"

"上韩德勤的当。上次他被你们消灭了两个团，很伤心。这回不会再轻举妄动。"

"什么时间进攻？"

"估计最多在十天以内就会打响，韩正在秘密调动部队，9 军两个师和独立 6 旅已向海安、曲塘运动；韩带第二梯队，向曲塘城以北运动。"

"中路的部署情况怎样？"管文蔚问，"请总指挥给我们指教指教。"

"估计翁达的独立 6 旅从大白米出发，攻黄桥北门；李宁维的 89 军 117 师殿后，相机支援左右两翼的攻击；23 师攻黄桥东北和东面。"

"总指挥路，你是否将韩的作战命令带来了，可不可以让我看一看？"

"我在泰州已将作战命令给克靖兄看过了，内容和我说的一模一样，不会错的，不看了吧。"

"……"

"战争起来，请总指挥多多帮助。胜利后，我与陈司令来泰州面谢！"

"战事已急，你速回去，请仲弘将军立即作好准备。"

"谢谢，后会有期。"**4**

陈毅听了管文蔚的汇报，特别高兴："看情况，二李不会与我们开仗。他把作战部署都告诉我们了，这表明了他的态度。但是，我们还是要有所防备。你速去大垛庄一带放出空气，说新四军在附近有上万人埋伏着。这些中间派都有摇摆性，要防止他们在后面捅刀子！"

同时，陈毅与粟裕就韩德勤的进攻企图及新四军的斗争策略致电毛泽东、朱德、王稼祥："韩之进攻企图已极明显，一周内大战必爆发。韩畏八路军，轻视新四军，先突破南线及退路，再向北与八路军斗争。""我们进驻黄桥，即从政治上扩大统一战线。李明扬可保证中立，并于大战爆发时约定他即通电指斥韩"，"在韩围攻我的现在，仍派人赴各方表明我之主张：'对外抗战，对内和平'、争取政治资本"，"部队已积极准备作战，以独立作战为原则"。同时又建议"八路军五纵请积极向兴化、盐城推进，即可援助我们"。[5]

此时，刘少奇也得到紧急情报：陇海路以东各站已经停止售票，空车也不许人乘坐；陇海路以南，苏北、皖东各据点，均增加敌寇；华中其他地方日伪不断"扫荡"。

1940 年 9 月 29 日中午，刘少奇赶紧致电毛泽东、朱德、王稼祥、彭德怀、叶挺、项英、张云逸、彭雪枫、陈毅："估计敌有于最近向我华中八路军、新四军'扫荡'，以配合韩德勤再度向陈毅部进攻之可能，已电（黄）克诚立即准备。""请延安、军部、集总速电重庆，向国民党严重交涉，要求制止韩德勤、李品仙在敌人'扫荡'下向我进攻。""由于敌人'扫荡'，更引起顽固派向我进攻，我们只有击破顽固派向我进攻，以保存自己。"[6]

9 月 28 日，国民党政府军令部在《剿办苏皖鲁豫边非法活动之伪军指导方案》中将新四军、八路军称为"伪军"，并规定各"进剿"部队"应求伪军之主力，迅速击破之，或向倭寇较多之地区压迫之"，"伪军如化零为整时，则集结进剿部队，相机一举击破之"；"伪军如化整为零时，则将进剿之区域划分之，由此进剿部队分区担任扫荡之任务"。随后又制定了 3 路进攻华中新四军的计划。[7]

9 月 30 日，新四军如约把姜堰交给李明扬接防。李、陈喜出望外，说："仲弘兄是够朋友的。"[8]并对前来作最后呼吁和平之斡旋的朱克靖表示：我目前不能再做调停人，但也决不参加反共的内战。

与此同时，陈毅派参谋吴肃持他的亲笔信去曲塘做陈泰运的工作。但陈泰运乘机向新四军敲竹杠要枪，引得新四军许多指战员都不高兴。陈毅一面说服大家，一面叫陈泰运的代表到仓库里挑选了 100 多支枪和几挺轻机枪。陈泰远十分感激，与新四军订立条约：如果韩德勤叫他打新四军，他枪向天开，而新四军不必还枪。

同日，陈毅还给韩国钧写了一封信，叫管文蔚送去。信中痛斥韩德勤不顾大局，不守信义，处处寻衅，步步进逼，真是欺人太甚。信的后部分写道：

> 毅军人也，中国人也。以当事之身，重大让步之余，自视无他，转为韩方惋惜！更为人民代表抱屈！想先生闻之，同此感慨，叹知人之不易，信人之更不易也。兴化战报韩之喉舌，早有评论，谓奔走对内和平者，不为失意政客军人，即为汉奸敌探。呜乎，何言之过也！推其意主张内战者乃为真爱国真爱地方，司马昭之心，路人皆知，夫复何言。先生乡居，情况难明，毅不能不以实情告也。此后毅集军南部，静待对方处置。独夫有悔祸之心，则人民多来苏之庆。新四军求仁得仁，除抗敌救民而外绝无苛求，万一对方误解新四军立场及人民意旨，再次冒险轻进，必招致严重后果。世有董狐将知破坏抗战责任谁属，可断言矣。

韩阅毕，谓"和谈已经无望，请转告仲弘先生，好自为之。得人心者昌，失人心者亡，新四军是得人心的"[9]。

避无可避

韩德勤没有料到新四军真撤出姜堰，更没有想到还把姜堰让给了二李和陈泰运。这下是好处没有捞到，还失去了苏北中间人士的支持。这家伙恼羞成怒，露出无赖嘴脸，命令新四军限期退出黄桥，回江南去！

新四军委曲求全、顾全大局的姿态博得了苏北中间力量的大力支持。苏北泰山北斗式的人物朱履先公开宣称："新四军退出姜堰，省韩还来进攻，则是欺人太甚，万分无理，不但欺骗了新四军，也欺骗了我们，省韩必遭到苏北人民共弃!"**10**

由于路途遥远，陈毅无法向中央细说在苏北统战工作的光辉业绩。对此，中央还有些担心。毛泽东、朱德、王稼祥致电刘少奇并叶挺、项英、陈毅，指出发展苏北抗日根据地的方针，认为韩与日寇已心心相印，取得默契，"因此，一鼓而干脆消灭韩德勤已很困难或不可能"。"苏北运河以东地区，应由陈毅部、黄克诚部发展广泛的游击战争。"并特别强调"对韩部中、下层及苏北各顽军与地方人士，应广泛开展联络工作，分化其团结，争取同盟者，孤立韩德勤，因此应纠正我下级只会打不会拉的错误"。**11**

此时的韩德勤，有恃无恐，电告各部：

一、姜堰之匪，确已向黄桥方向撤退，由此足证我战略上已获先制之利。

二、现匪胆已寒，必不敢与我决战，我务集中力量，力求主动，切勿为匪阻止，致成胶着状态。

三、欲求全胜，舍攻击而外，无他法门。攻击之时，必求匪之一翼或两翼包围而歼灭之。

四、此次决战关系苏北及我团体整个军事问题至大，事已至此，应不惜牺牲达成我最后目的。**12**

决战在即，陈毅召开作战会议。

陈毅说："此次我们采取的作战方针是积极、自主的防卫战。要求在这次防卫战的胜利中，发展自己力量，奠定苏北抗日根据地的基础。我和粟裕商量了三个方案：一是乘韩德勤进攻黄桥时，我们以一部兵力攻占海安。二是乘韩德勤还未向我们进攻，先以一部兵力向东发展，控制几县，并造成北进东台的局面，以主力守卫黄桥地区。三是以全力依托黄桥这一基点，采取攻势防御，将顽军歼灭在我工事面前。下面由粟裕把三个方案的利弊说说。"

粟裕早已站到地图前，陈毅话音刚落，就清清嗓子，详细地介绍了三个方案：先讲第一个方案。好处是：（1）我们以主力进攻海安、东台在军事上争取主动，并且是出乎敌人意料之外，容易取得胜利；（2）他们第一线兵力是我们三倍，兵器超过我们十几倍。在这种情况下，如果我们同他们硬拼一定要遭到很大损失，而以主力攻占海安是以实击虚的战术，可以减少损失。坏处是：（1）假使韩德勤以主力向黄桥进攻，我们以主力向海安进攻，在韩军主力尚未被歼情况下，不容易把海安攻下，因为海安虽然堡垒不及姜堰多，但比姜堰配置适当，工事很强；（2）如果攻海安不下，而把黄桥丢了，不仅会影响我们的士气，增加对方气焰，尤其给群众很不好的影响，可能群众会认为新四军是打游击的，不要根据地，不要后方，蹲不长，会走的，使以后发动群众增加困难；（3）我们以主力袭击海安是一个大兵团的运动战，如果仍采取打游击的办法，把后方挑起走那是非常危险的。

利害相比，我们决定不采取第一方案。再讲第二个方案。

好处是：（1）东进有绝对胜利的把握，因为那边他们部队少，战斗力很弱，我们东进去打他们，如探囊取物，可以绝对胜利；（2）可以把东边那块地区很快创造成为根据地，以便同上海外围和江南连成一片，这是战略上的胜利；（3）我们东进，韩德勤会分一部兵力对付我们，并且还必须分一部兵力防止我们北进东台，这样，就使他的兵力分散，防御线宽，而利于我们作战；（4）无论人力物力，我们都能得到迅速的补充；（5）在东边创造一块新区后，可与西边黄桥地区形成犄角之地互相呼应，更有力的牵制敌人，取得战略优势。

但坏处是：（1）在韩德勤南下前我们就东进，将在政治上蒙受不利影响；（2）他们在东边的部队是保安一旅和保安五旅，不是韩德勤的嫡系，在营溪战斗以后，保一旅就派代表来和我们接头，愿和我们建立统一战线，如果我们东进，他们必定要依附于韩德勤和我们作对，妨碍我们统一战线的开展；（3）我派一部东进，将使黄桥部队减少，那么黄桥未必能保卫得住；（4）我们派部队东进，固可牵制、分散敌的兵力，但他如果下决心丢开东边，集中兵力来攻黄桥，攻下以后再回头去搞东边，这样对我就不利了。

因此，同样在利害比较下，我们也可采取这第二方案。最后讲第三个方案。

好处是：（1）以黄桥当轴心进行攻势防御，军事上的主动权仍然操在我们手里，我们可以利用轴心向左向右自由转动，用兵依然很自如；（2）我们依托黄桥作战，是完全的自卫，政治上有充分的理由，不仅广大群众拥护我们，上层人士也会同情、赞助，就是顽军的大部分官兵也会对他们的这种进攻不满；（3）在黄桥作战，能得到群众有力的支援，事实上，在黄桥战役前两三天，就有几千名群众日夜帮助我们赶修工事，其中不仅有劳苦群众，还有学校师生、商店店员等等，战事爆发后，群众又踊跃参加抬伤兵，送烧饼、猪肉进行慰劳，对我军帮助的确很大；（4）黄桥地区距离顽固派的据点相当远，约需两天行程才能到达，我可利用他开进的两天时间，进一步查清情况，采取适当部署，使胜利更有把握，尤其是他们军队越前进，离后方越远，交通的维持很困难，如果派部队维持交通，又减弱了第一线兵力，而且离后方越远，其翼侧和后方就更加暴露，更便于我们的袭击；（5）因为他们离后方远，我们突击胜利后，追击起来更容易收效，刚才我讲了，营溪战斗的教训是我们打得太早了，所以顽军不到半夜功夫就退回乌龟壳里去了，这次顽军深入黄桥至少要两天才退得回去，部队疲劳了，两天还退不回去，而且在我们有群众工作基础的地区，他们更难退，我们就可以在几天中追击将其消灭；（6）我们让出姜堰，继续让出加力、古溪、分界，固然可以使他们提高士气，但他们部队看见我们不打就退，也会骄傲和疏忽，这就给了我们突然进攻和突击的机会。另外，由于我们沿途进行了广泛的政治宣传，也会影响他们的士气，使他们内部逐渐觉悟到不愿打自己人。兵法里说，攻敌之心，以老其师，就是这个意思。

虽有上述这些好处，但也有不利条件：（1）以我们现有的火器，不利于采取防御战，因为防御战是消耗战，拿我们的弹药数量计算，每支步枪打快放，五分钟，子弹就打光了，机关枪消耗弹药更快，没有补充，所以非万不得已，不能采取这样的防御战方针；（2）敌人开始进攻时分几个纵队前进，各纵队间隔十几里、二十几里，比如一路在海安，一路在胡家集，一路在曲塘，各路间隔很远，到靠近黄桥时，间隔距离就缩小了，缩小到只隔几里路，敌人的向心集中，使兵力、火力更形成优势，我们必须就地坚持，以寡敌众。这也是对我们不利的。但是，对这两个弱点，我们再以找到补救办法；我们弹药不够，可以少放枪，多用手榴弹和拼刺刀；虽然他们靠拢了，我们可以用"老虎钳子"把他钳住，使他动弹不得。这里河流多，地形对我们是有利的，我们把船只封锁起来，把桥梁拆了，就增加了他们的困难。

"经过利害对比，总起来说是利多而害少。因此，我们决定采取第三个方案。"**13**

粟裕这段讲话虽然很长，但如在文中不全引，不明白其妙处。看了粟裕的分析，谁还会怀疑韩德勤不失败？

陈毅说："因此，我们决定采取第三方案。但是具体怎么做，是我们立即要解决的问题。"

"坚守黄桥，给予韩军重大杀伤后，暂时撤出黄桥，乘韩德勤追击时，再集中兵力歼其一路，这是红军一贯战法。"陶勇粗着嗓子说。

但是，该地区北有运盐河，东有串场河，西有泰州到口岸的运粮河，南有长江，并有泰兴城、靖江城等日寇大据点，回旋余地甚小。而且新四军撤出黄桥，非但影响民心、士气，对中间派也必将产生极为不利的影响。

大家认为不妥。有人提出全力死守黄桥，等韩军进攻失败后再出击。也遭到了大家的否定。

虽然黄桥西南面有日寇大据点，北面省韩来攻，腹背受敌，此种战法可以应付敌顽夹攻的严重局面。但以当时的人力、物力来看，困难较多，最多只能击溃顽军而不能歼其主力。这样就会同前一方案一样，都会大大增加中间势力参战攻击我军的可能性。这样就不能决战，使苏北问题长期拖下去，于己不利。

"我看还是采取以黄桥为轴心，诱敌深入，各个击破的方案。"陈毅似乎成竹在胸，"不是以主要兵力守黄桥，而是以少数兵力坚守黄桥，吸引、迟滞、消灭敌人，主要兵力则置于侧翼机动位置，当敌人遭我军大量杀伤后，择其一路歼灭之。并继续扩大战果，以求全胜。对中间势力稳定其中立；村日寇据点则大胆不管，只派少数侦察部队进行监视……"

"这样有风险吧？"叶飞担心地说。

"不要担心。当顽军大举进攻时，日寇会采取坐山观虎斗的态度，而韩德勤也不敢公开要求日军直接参与向我军进攻。只要此战能速战速决，日、顽联合攻我的局面不会出现。"

"此战非出奇兵不可！只要二李和日军不'搅和'，我可就敢出奇招了！"足智多谋的粟裕乐呵呵地说。

"你就大胆用兵！如果战胜了，苏北大局就定了，我们就可大发展；如果失败了，那就算了。"陈毅历来都是从最坏处考虑问题，但是大家看到他这次充满必胜的信心。

粟裕受到鼓舞，畅谈妙策："根据一定要打好第一仗的考虑，我决定选择独立六旅作为首战歼灭对象。这支部队是韩德勤所属部队中战斗力较强的，按一般的战斗原则先打弱敌，这战先打独立六旅这支劲旅，可以收到出奇制胜之功。"粟裕的眼睛灼灼发光："首战歼灭了独立六旅，对于拉开两李、陈泰运同韩德勤的距离，稳定李、陈的中间立场将起重要作用；该旅是韩军中路的右翼，把它消灭后，就把韩军的中路打开了缺口，可以实现对韩军的包围与迂回；主力首战被歼，必给韩军士气以严重打击，并使其他杂牌军不敢妄动。所以，首先歼灭独立六旅，将会对战役全局起决定性的影响。"

陈毅说:"我们打胜仗,中间派不会动;我们打败了,他们就会来抢黄桥了。我们一定要打好第一仗,才能稳定他的中立。"

叶飞纵队被安排为主攻,此时插话道:"我们一纵在增援半塔集时就打过独立六旅,把它冲得落花流水,听说打这支部队,指战员的信心很足;其次,独立六旅只三千多人,不像八十九军两个师那么庞大,战斗不至于拖延太久而影响下一步;再次,独立六旅两侧按韩德勤的作战计划规定,由两李、陈泰运的部队列阵前进为掩护,由于李、陈已和我们有密约,我军可以埋伏在他们两路之间,背李、陈而击翁达。"

会后,政治部印发《为黄桥决战告指战员同志书》:"此次让出姜堰的主要意义,在尊重民意,顾全大局,促进苏北友军团结抗日,挽救时局危机。竟不料反共投降分子韩德勤,违背诺言,毫不悔悟,始终不肯放弃反共、反新四军、破坏抗战的企图。""他现已动员了十几个团兵力向我进攻,使我一片赤诚促进内部和平的苦心失望了。""同志们,决战已在前面了,军分会号召全体共产党员,勇往直前,为压倒反共投降势力而战,为保护苏北民众利益而战,为爱护光荣的新四军而战,为保护黄桥抗日根据地而战。"**14**

党政军民都迅速行动起来:誓死保卫黄桥,坚决打败韩德勤!《黄桥烧饼歌》响彻云霄:

> 黄桥烧饼黄又黄哎,
>
> 黄黄烧饼慰劳忙哎;
>
> 烧饼要用热火烤哎,
>
> 军队要靠百姓帮来!
>
> 同志们呀吃个饱,
>
> 多打胜仗多缴枪!
>
> 嗨呀咦哟嗨嗬嗨,
>
> 多打胜仗多缴枪,咦呀嘿!

韩顽损兵折将

为迟缓韩德勤的进攻，10 月 3 日，毛泽东致电周恩来，指出韩德勤又大举压迫陈毅，据陈毅称战事不可避免，要求黄克诚增援。强调我们的方针是"韩不攻陈，黄不攻韩；韩若攻陈，黄必攻韩"。让周恩来先告诉何应钦停止韩进攻行动，否则八路军不能坐视。**15**

蒋介石妄图"剿灭"新四军的阴谋已决，根本不把周恩来的警告放在眼里，命令安徽李品仙"迅速派部队进逼津浦沿线，以为声援"，山东于学忠"或先派一部南下，苏北局势稳定，再回师鲁省，以收集中兵力各个击破进犯匪军之效"。

10 月 3 日，陈毅给延安的朱德、彭德怀，云岭的叶挺、项英，皖东的张云逸，涟水的黄克诚发出通电，通报韩德勤部大规模进攻新四军的情况：

> ……当省方（指韩部）横蛮猛扑黄桥之际，本部退让不及，势必进入激烈战斗，成败不足计，及〔乃〕贻笑万邦，称快敌寇，其损失国军荣誉，破坏国共合作，将何以堪。应请钧座迅速转呈层峰，制止省方行动，顾全大局，予本部以援助为祷，不胜迫切待命之至。**16**

此时的黄桥，已是风雷激荡，波诡云谲，各种势力都在关注苏北未来的沉浮！

在中央指示下，八路军第五纵队黄克诚部兼程东进南下。该部胡炳云大队作风特别顽强，一路打过来，国民党军队望风披靡。经过淮海地区时，得到由吴觉等率领的地方部队的大力配合。后来，五纵 10 月 5 日由涟水东北时家码头渡河，击溃顽军徐继泰部，继而又接连重创顽军保八旅杨仲华部、保七旅王光夏部等，旌旗所向，锐不可当，力拔阜宁、东沟、益林，直下盐城。10 月 10 日，与我新四军前哨部队会师于东台县白驹以北之狮子口。

新四军第四、第五支队对韩德勤予以战略威慑，罗炳辉率领三个团进至淮安以南林家码头，准备必要时继续东进；彭雪枫部有两三千人马也挺进到洪泽湖西岸，雇集了几百条民船，准备渡湖，向韩德勤部发起攻势。**17**

李明扬终止和新四军代表见面，日夜守卫在电话机旁边，随时听取战况汇报；陈泰运部和各保安旅逡巡不前，作壁上观；黄桥周围的日伪军都在据点集结待命，大小头目在碉堡顶上用望远镜观望。

两军搏杀，数军观战支招！

1940 年 9 月 30 日，韩德勤发起攻击。真是天要灭韩！韩德勤出师不久就天地间电闪雷鸣，暴雨如注，部队行动不了，参差不齐，七零八落。

10 月 3 日，雨过天晴，韩德勤几万大军分兵几路扑向黄桥，10 月 4 日攻城，战幕拉开。

而此时守卫黄桥的只有三纵陶勇率领的不到 2000 人的兵力。兵力充足的第一、第二纵队已经隐蔽集结于黄桥西北顾高庄、严徐庄、横港桥地区。

粟裕这样部署有他极深的用意，在敌众我寡的条件下做到了集中最大兵力——这是粟裕指挥新四军独立歼韩最大胆也是最得力的一着。但风险也大，尤其是黄桥方向以常人想象不到的极少兵力担任守卫，其能否成功将是达成战役目的的关键。

陈毅听说粟裕将把守黄桥的任务交给陶勇的三纵时，马上体察了粟裕的另外一层心意：三纵的老底子是粟裕带起来的。稍有军事常识的人都知道，此次坚守黄桥的部队，必是挨炮弹多、伤亡多、缴获少。粟裕偏偏把这个绝对的"苦差"交给自己的老部队，这不能不激起陈毅内心的强烈震动：他注视着粟裕清瘦而平静的面庞，平和而深情地说："黄桥，就交给陶勇吧！"**18**

韩德勤手下两大悍将李守维和翁达冲在最前面，都想立头功。韩德勤也把希望寄托在他们身上。

但李守维部一出海安就遭到三纵事先派出的一个营的迎头痛击，打死其不少人。到了晚上，群众、游击队等四处放枪、呐喊。李守维大为惊慌，迟迟疑疑，不敢猛进，只好走一步探一步，生怕中了埋伏。再加上暴雨倾盆，道路泥泞，进展缓慢。

10月4日下午4时，翁达独立六旅进至黄桥。翁达自恃在韩部中是战斗力最强的一支劲旅，军官大多经过军校训练，清一色的"中正式"步枪，每连配有九挺崭新的捷克式机枪，火力很强。他看不起李守维，个性骄傲，以为陈毅不可挡其锐气，一心想抢占黄桥，争立大功。

黄桥东门掩体外高处，粟裕用望远镜向北方细看。翁达部队像一条线地开来，离黄桥不到三里，而这时李守维部被困在营溪附近不敢猛进。

战机顿现！

"喂喂，陈司令吗？翁部已进入伏击圈，请速命叶飞出击！"

陈毅发出指令："叶飞，三纵出击！注意，照单全收，一个人也不要放他跑掉！"

叶飞立即命令一团分三个箭头，直插独立六旅的腹部，四团打其前卫，五团打其后卫。顿时，这条长蛇的躯干被斩成几段。

翁达早在反"围剿"中央根据地就随韩德勤跟红军交过手，略知共产党军队作战原则是先打弱敌，后打强敌。这个骄横的家伙这次之所以敢于冒进，是肚子里算计好先挨打的不是他翁达！

这个时候，李长江几个纵队的头头正聚集在一个地主家打麻将。但这伙赌棍的心思根本不在赌桌，谈论的都是黄桥前线的战况，但各有心思：如颜秀五希望新四军胜；而"独眼龙"陈才福却希望新四军垮掉，从中渔利。

"报告，独立六旅全军覆没，翁旅长遇难！"李部一个便衣人员突然出现在大厅门口，气喘吁吁地说着，声音有点颤抖。

"唰"地一下，所有人都站起来了。

"你瞎说！独立六旅是豆腐做的？你造谣，老子毙了你！"陈才福凶狠地拔出了手枪。

"老四，不要急，让他慢慢讲。"几个人把"独眼龙"拖开。

"我亲眼看到大批国军俘虏，被押向黄桥方向去了。"那个便衣战战兢兢地说，"后来打听到翁旅长已经自杀。"

"新四军呢?"一个军官问。

"我看见他们跑步向东去了，我就赶回来报告。以后情况我不清楚，但黄桥东北方向炮声很急。"

"这么快就被新四军吃掉了，奇怪!"有人不解地自言自语着。

过了十多分钟，又一个便衣人员出现在门口。

"报告! 三十三师垮下去了，枪声已不在黄桥，好像离黄桥有六七里路的样子。"

屋内静下来了，好多人在叹气。

这时，新四军主力在解决了独立六旅和三十三师后，正以不怕疲劳、连续作战的精神，连夜向李守维的部队运动，进行包围，然后聚歼之。王必成、刘培善、杜屏等率二纵乘着漆黑的夜幕，迅速从八字桥迂回前进，截断了李守维的退路;叶飞等率领一纵奔向李守维的侧后，与陶勇的三纵形成了对李守维的合围之势。

这时已是 10 月 5 日下午。陈毅、粟裕见时机成熟，下令对包围之敌发起总攻!

战争也有其戏剧性。第三十三师昨天还在猛攻黄桥，气焰不可一世，今天却已是士无斗志、溃不成军，最终大部被歼，师长孙启人被活捉，只有少数残部突出重围。孙启人被俘后说:"不瞒长官，我看过《霸王别姬》的戏，有十面埋伏，四面楚歌，我今天尝到的滋味，比那还要严重得多!"

晚上 9 时，韩军主力大部被歼。为扩大战果，粟裕发出追击令，要求各部不顾疲劳，不惜一切牺牲，不重缴获，乘胜追击，占领海安。

三个纵队按照粟裕规定的路线和任务，如三刃尖刀，直插海安。

6 日清晨，平日气壮如牛的李守维，此时却是胆小如老鼠，战战兢兢地拽着马尾巴过河，哪知沟深人拥，慌乱中竟被部下挤下水底淹死了。

韩德勤见大势已去，万分惊恐，率领残部向老巢兴化逃去！

八路军、新四军胜利会师

新四军追击部队已达东台，中央急电停止前进。

部队不解，陈毅说："电报的精神，不攻兴化是为了便于将来恩来同志与蒋介石谈判，同时也要我们继续与韩德勤谈判。有理、有利、有节嘛。黄桥这一仗，我们有理、也有利，现在暂停进攻兴化，这是毛主席高明的地方。"

陈毅站起身来，说："黄桥战役后，重庆形势非常紧张，国民党大肆宣传说我们新四军不在江南抗日，到苏北去打韩德勤，使国民党遭受很大损失，是破坏统一战线的行为，决不能容忍！恩来同志不断召集民主党派人士，向他们说明真相，同时请中央命我们暂停攻击兴化，以便和蒋介石谈判时处于有利的地位。据中央分析，目前国共两党关系已趋于很紧张的地步，但统一战线还不致破裂。我们各地的部队，必须十分提高警惕。蒋介石此人非常顽固和残忍，什么坏事都干得出来。这次他命韩德勤打我们，结果吃了大亏，他是一定要报复的！我们和这样的人搞统一战线，不能不随时提高警惕。蒋介石对统战是很勉强的。他同意我们新四军到江南敌后抗战，是要的阴谋，是想借日寇的刀杀我们。这一阴谋未能得逞，他就自己动手。动了手又打不过我们，反而吃了大亏，你们想，他能罢休吗?！"

陈毅望着大家，稍停片刻，又继续说，"我的估计蒋介石可能会考虑这么几手：一是在华北再找我们的弱点进行报复。这着棋，他已经吃过苦头了，不会再在那里大干。二是在苏北再组织力量报复，这种可能性也不大，但他想要那么做，必须经过日军的许多封锁线，他的大部队运动到敌后来与我们拼命，估计困难是很大的。即使如此，我们也要做好准备。三是搞我们皖南的军部。这种可能性很大。因为军部就在他的手心里，顾祝同、冷欣的大部队就靠在我军部旁边，动起手来很容易，军部又得不到救兵。这种危险性很大。我很担心，已经打了好几次电报，劝军部早点离开那个危险区。靠着老虎睡觉，迟早是要被老虎吃掉的。四是蒋介石在重庆把恩来同志抓起来。这种可能性也有，但照目前形势看，如果把恩来同志抓起来，全国舆论就要大哗，群众的压力太大，搞不好，蒋介石要倒大霉，他不一定敢冒天下之大不韪。蒋介石的最后一招，就是利用'曲线救国'的名义，派大批部队投敌，利用敌人的力量和他一起向我们进攻。"**19**

无论是顽军攻打新四军军部还是"曲线救国"，都不幸被陈毅言中了！

至此，黄桥决战胜利结束，共歼敌一万一千多人。其中第八十九军中将军长李守维、独立第六旅中将旅长翁达及旅、团长数人毙命，俘第三十三师师长孙启人、第九十九旅旅长苗瑞林等师、团军官十余名，士兵三千余名。缴获长短枪三千八百余支，轻重机枪一百八十九挺，山炮三门，迫击炮五十九门，还有大批弹药和军需物资。

大战刚过，部队上下都显得轻松愉快。在宿营地，陈毅又跟陈丕显说起笑话来："阿丕，前几天我在严徐庄真够紧张的啊！晚上只睡三四个小时，有几夜连眼睛都没有闭过。说老实话，战争这玩艺，多少总有点子冒险，当然不是冒险主义啰。既担心外线的出击，又担心黄桥镇的坚守，还担心日寇趁机捞一把。"陈毅转而又笑道："我怕万一被敌人赶上山再打游击，已经叫张茜把一挑子书籍文稿都坚壁起来，作了最坏的打算。我们这些人，都不是圣人，还是《国际歌》唱得好：从来就没有什么救世主，也不靠神仙皇帝，要解放人类，就得靠我们自己，靠无产阶级的政党和人民群众共同奋斗。嗳！你还记得我在赣南时写的那首《无题》吗？"

陈丕显随口就背道："生为革命死不哭，莽莽神州叹沉陆。魂兮归来大地红，小住人间三十六。"

"小住人间三十六！如今我已整四十岁了。子曰四十而不惑。谢天谢地，但愿如此。"

陈毅谈兴正浓，感慨地笑着说："不过我1939年曾预言过，当时的苏北

'三角斗争'尖锐复杂，四种力量，日寇是老大，韩顽第二，两李第三，我新四军名副其实是老四。后来经郭村一战，两李溃败，我跃居第三。如今黄桥又一战，韩顽龟缩兴化，我升居第二位，初步军事上扫除了在苏北坚持抗战的障碍，倘若政治上再打胜仗，领导千百万苏北人民战胜日本帝国主义的重任，就非我莫属了。"**20**

1940 年 10 月 10 日，陈毅出席鲁苏皖边区游击总指挥部直属纵队、鲁苏战区游击指挥部第三纵队联合抗日司令部 **21** 在曲塘召开的成立大会。

黄桥战役后，李明扬、陈泰运提出由黄逸峰出面领导一支部队。陈毅等为消除李、陈的疑惧心理，同意在新四军与李、陈之间建立缓冲地带，由黄逸峰以国民党中央军事委员会战地党政委员会委员身份出面，组织这支"中立部队"。黄逸峰任司令，李俊民、周至坤任副司令，周至坤兼参谋长，张孤梅任政治部主任。部队由新四军苏北指挥部、鲁苏皖边区游击总指挥部、保安一旅各派一个连组成，收编白米、曲塘两个常备中队，另吸收一批爱国青年参加，编为四个大队，共一千余人。

"联抗"名义上是一支中立的抗日军队，实际上是中共领导下的一支外围军队，其任务是继续争取李、陈，做统战工作；同时也担任监视和相机进剿顽军的任务。以后，李长江投敌，陈泰运部队大部顽化或伪化，顽军保三旅、周佑民团被消灭，"联抗"完成历史使命，1944 年 10 月正式隶属新四军，归苏中三分区建制。

1940 年 10 月 11 日清晨，陈毅接到刘少奇电报，说黄克诚在 10 日 15—17 时已占领盐城，并以一部向东台前进。

陈毅马上派第二纵队第二团团长段焕竞率领所部由东台沿通榆公路北进，迎接南下的八路军。段焕竞部行至东台以北的白驹、刘庄间的狮子口和大冈以南的曹家庙，即与南下的八路军第五纵队先头部队第一支队第一团（即胡炳云大队）相遇。

1940 年 11 月 7 日上午 10 时左右，秋高气爽，风和日丽。

在海安中坝北面串场河码头上，陈毅、粟裕和党政军机关干部、战士正热烈欢迎刘少奇、黄克诚等的到来。那一天，既是苏联伟大的十月革命23周年纪念日，又是新四军江南指挥部成立一周年纪念日。在这值得纪念的日子里，刘、黄、陈、粟几位聚会于海安，更增添了喜庆气氛。战士们盼望已久的大会师，终于在决战胜利之后实现了。中共中央书记处致电称："此次陈毅、黄克诚两军大胜，苏北大部为我占领并联成一片，此为华中最大一块根据地，对全国有绝大意义。"**22**

当天下午，召开了盛大的欢迎会。粟裕主持会议，陈毅致了欢迎词。在会上，刘少奇作了《目前形势和任务》的讲演。他的热情讲话，使整个会场自始至终沉浸在胜利会师的激奋之中。

会后，陈毅作诗歌《红旗十月满天飞》：

　　十年征战几人回，又见同侪并马归。江淮河汉今属谁，红旗十月满天飞。

随黄克诚一起到来的张爱萍原韵奉和：

　　忆昔聆教几多回，抗日敌后旧属归。南援北进江淮会，兄弟共举红旗飞。

注　释

1.《粟裕军事文集》编辑组：《粟裕军事文集》，解放军出版社1989年版，第62—63页。

2. 即第一次和平会议。

3. 刘树发主编：《陈毅年谱》（上），人民出版社1995年版，第299—300页。

4. 参见《管文蔚回忆录续编》，人民出版社1988年版，第100—101页。

5.《中国抗日战争军事史料丛书》编审委员会编：《新四军·文献》(3)，解放军出版社

2015 年版，第 84 页。

6.《中国抗日战争军事史料丛书》编审委员会编：《新四军·文献》(3)，解放军出版社 2015 年版，第 94 页。

7. 刘树发主编：《陈毅年谱》(上)，人民出版社 1995 年版，第 301 页。

8. 陈丕显：《苏中解放区十年》，上海人民出版社 1988 年版，第 32 页。

9. 刘树发主编：《陈毅年谱》(上)，人民出版社 1995 年版，第 302 页。

10. 参见《粟裕回忆录》，人民出版社 2022 年版，第 176 页。

11. 刘树发主编：《陈毅年谱》(上)，人民出版社 1995 年版，第 303 页。

12. 中国人民解放军政治学院党史教研室编：《中共党史参考资料》第 8 册，第 374 页。

13.《粟裕军事文集》编辑组：《粟裕军事文集》，解放军出版社 1989 年版，第 66—68 页。

14. 刘树发主编：《陈毅年谱》(上)，人民出版社 1995 年版，第 303 页。

15. 参见中共中央党史和文献研究院：《毛泽东年谱》第二卷，中央文献出版社 2022 年版，第 211 页。

16.《中国抗日战争军事史料丛书》编审委员会编：《新四军·文献》(3)，解放军出版社 2015 年版，第 107 页。

17. 参见《管文蔚回忆录续编》，人民出版社 1988 年版，第 123 页。

18.《粟裕传》编写组：《粟裕传》，当代中国出版社 2007 年版，第 130 页。

19. 参见《管文蔚回忆录续编》，人民出版社 1988 年版，第 124—125 页。

20. 陈丕显：《苏中解放区十年》，上海人民出版社 1988 年版，第 47—49 页。

21. 简称"联抗"。

22.《中国抗日战争军事史料丛书》编审委员会编：《新四军·文献》(3)，解放军出版社 2015 年版，第 136 页。

参考文献

1.《陈赓日记》，人民出版社 2013 年版。

2. 陈丕显：《苏中解放区十年》，上海人民出版社 1988 年版。

3.《陈毅军事文选》，解放军出版社 1996 年版。

4. 刘树发主编：《陈毅年谱》（上），人民出版社 1995 年版。

5. 陈毅：《陈毅诗词集》（上），中央文献出版社 2011 年版。

6. 中共中央文献研究室、中国人民解放军军事科学院编：《邓小平军事文集》第一卷，军事科学出版社、中央文献出版社 2004 年版。

7. 黄克诚：《黄克诚回忆录》（上），解放军出版社 1989 年版。

8. 军事科学院《刘伯承军事文选》编辑组：《刘伯承军事文选》（一），军事科学出版社 2012 年版。

9. 李先念传编写组：《李先念传(1909—1949)》，中央文献出版社 2009 年版。

10. 刘秉荣：《贺龙传》，人民出版社 2018 年版。

11.《刘少奇选集》上卷，人民出版社 1981 年版。

12.《吕正操回忆录》，解放军出版社 2005 年版。

13.《毛泽东军事文集》第二卷，军事科学出版社、中央文献出版社 1993 年版。

14.《毛泽东选集》第二卷，人民出版社 1991 年版。

15.《毛泽东选集》第三卷，人民出版社 1991 年版。

16. 聂荣臻：《聂荣臻回忆录》，解放军出版社 2016 年版。

17. 彭德怀：《彭德怀自述》，解放军文艺出版社 2002 年版。

18.《彭德怀传》编写组编:《彭德怀传》,当代中国出版社 2006 年版。

19.《彭雪枫军事文选》,解放军出版社 1997 年版。

20.《沙汀文集》第六卷,上海文艺出版社 1991 年版。

21. 粟裕:《粟裕军事文集》,解放军出版社 1989 年版。

22. 粟裕传编写组:《粟裕传》,当代中国出版社 2012 年版。

23.《萧劲光回忆录》,解放军出版社 2013 年版。

24. 杨成武:《杨成武回忆录》,解放军出版社 2021 年版。

25. 叶飞:《叶飞回忆录》,解放军出版社 2013 年版。

26.《曾生回忆录》,解放军出版社 2012 年版。

27.《张震回忆录》上册,解放军出版社 2003 年版。

28.《周恩来选集》上卷,人民出版社 1980 年版。

29. 庄田:《琼岛烽烟(革命回忆录)》,广东人民出版社 1979 年版。

30.《当代中国人物传记》丛书编辑部:《陈毅传》,当代中国出版社 1991 年版。

31.《当代中国人物传记》丛书编辑部:《刘伯承传》,当代中国出版社 1992 年版。

32.《当代中国人物传记》丛书编辑部:《徐向前传》,当代中国出版社 1993 年版。

33. 东江纵队史编写组:《东江纵队史》,广东人民出版社 2021 年版。

34. 广东人民抗日游击队珠江纵队史编写组:《珠江纵队史》,广东人民出版社 1990 年版。

35. 军事科学院军事历史研究部:《中国人民解放军战史》第二卷,军事科学出版社 1987 年版。

36.《刘少奇在皖东》编审委员会编:《刘少奇在皖东》,中共党史出版社 1990 年版。

37.《山西文史资料全编》编辑委员会:《山西文史资料全编》第二卷,山西文史资料编辑部,1998 年。

38.《山西文史资料全编》编辑委员会：《山西文史资料全编》第四卷，山西文史资料编辑部，1999 年。

39.新四军第四师老战士回忆录编委会编：《抗战在淮北》第 1 辑，长征出版社 1995 年版。

40.新四军第四师老战士回忆录编委会编：《抗战在淮北》第 2 辑，华艺出版社 1997 年版。

41.新四军战史编审委员会编辑室：《新四军抗日战争战史资料选编》第三册，1964 年版。

42.《忆彭雪枫同志》编写组：《忆彭雪枫同志》，河南人民出版社 1979 年版。

43.中共中央文献编辑委员会：《刘少奇选集》上卷，人民出版社 1981 年版。

44.中共中央文献研究室：《刘少奇传》，中央文献出版社 1998 年版。

45.中共中央文献研究室：《毛泽东传（1893—1949）》，中央文献出版社 1996 年版。

46.中共中央文献研究室：《周恩来年谱（1898—1949）》，中央文献出版社 2023 年版。

47.中共中央党史和文献研究院：《毛泽东年谱》第二卷，中央文献出版社 2022 年版。

48.《中国抗日战争军事史料丛书》编审委员会编：《八路军·参考资料》(2)，解放军出版社 2015 年版。

49.《中国抗日战争军事史料丛书》编审委员会编：《八路军·参考资料》(3)，解放军出版社 2015 年版。

50.《中国抗日战争军事史料丛书》编审委员会编：《新四军·参考资料》(1)，解放军出版社 2015 年版。

51.《中国抗日战争军事史料丛书》编审委员会编：《新四军·文献》(1)，解放军出版社 2015 年版。

52.中国人民解放军历史资料丛书编审委员会：《八路军·参考资料》(2)，

解放军出版社 1992 年版。

53. 中国人民解放军历史资料丛书编审委员会：《八路军·回忆史料》(1)，解放军出版社 1990 年版。

54. 中国人民解放军历史资料丛书编审委员会：《八路军·文献》，解放军出版社 1994 年版。

55. 中国人民解放军历史资料丛书编审委员会：《新四军·参考资料》(1)，解放军出版社 1991 年版。

56. 中国人民解放军历史资料丛书编审委员会：《新四军·回忆史料》(1)，解放军出版社 1990 年版。

57. 中共河南省委党史资料征编委员会编：《功垂祖国·纪念彭雪枫同志牺牲四十周年专辑》，河南人民出版社 1986 年版。

58. 中共汕头市委党史研究室、中共梅州市委党史研究室：《韩江纵队史》，广东人民出版社 1995 年版。

59. 何理、王瑞清、刘威选编：《中国现代革命史资料丛刊·百团大战史料》，人民出版社 1984 年版。

60. 海南军区党史办编：《琼岛怒潮》，解放军出版社 1987 年版。

61. 金冶、胡居成、胡兆才：《百战将星——许世友》，解放军文艺出版社 1999 年版。

62. 管文蔚：《管文蔚回忆录续编》，人民出版社 1988 年版。

63. 文思主编：《我所知道的白崇禧》，中国文史出版社 2003 年版。

64. 中共四川省委党史研究室、四川省吴玉章研究会：《吴玉章传·上卷 (1878—1949)》，中国人民大学出版社 2022 年版。

65. 韩海山、宗健、陈勇、史登顺编：《白求恩在唐县》，河北人民出版社 1990 年版。

66. 章学新：《白求恩传略》，福建人民出版社 1984 年版。

总　策　划：蒋茂凝
策划编辑：曹　春
责任编辑：曹　春　许运娜
封面题字：李向东
装帧设计：汪　莹

图书在版编目（CIP）数据

抗日战争．巩固发展：1938 年 10 月—1941 年 1 月 /
《人民军队征战丛书》编写委员会编；舒健，唐跃凡编著．
北京：人民出版社，2025.8（2025.10 重印）．--（人民军队征战丛书）．
ISBN 978 - 7 - 01 - 027513 - 0

Ⅰ．K265.06

中国国家版本馆 CIP 数据核字第 2025JR2209 号

抗日战争　巩固发展

KANGRIZHANZHENG GONGGU FAZHAN

1938 年 10 月—1941 年 1 月

《人民军队征战丛书》编写委员会　编

舒　健　唐跃凡　编著

人民出版社 出版发行

（100706　北京市东城区隆福寺街 99 号）

北京汇林印务有限公司印刷　新华书店经销

2025 年 8 月第 1 版　2025 年 10 月北京第 2 次印刷
开本：710 毫米 ×1000 毫米 1/16　印张：29.25
字数：395 千字

ISBN 978 - 7 - 01 - 027513 - 0　定价：118.00 元

邮购地址 100706　北京市东城区隆福寺街 99 号
人民东方图书销售中心　电话（010）65250042　65289539